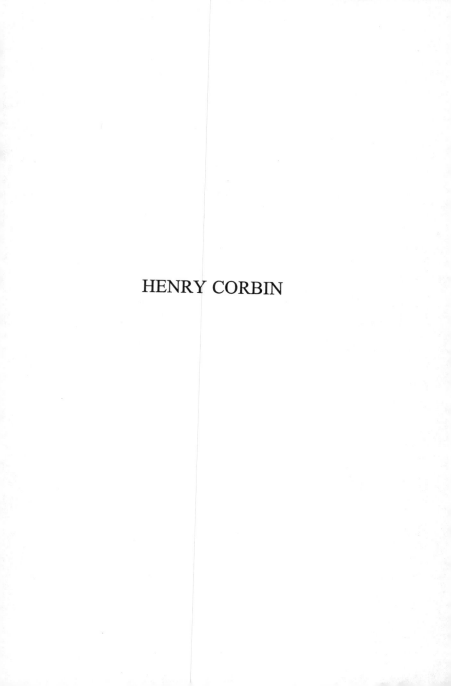

HENRY CORBIN

DARYUSH SHAYEGAN

HENRY CORBIN

Penseur de l'islam spirituel

Albin Michel

Ce livre est dédié à Roxane, Taraneh et Rahim.

LIVRE I

LE PÈLERIN DE L'OCCIDENT

CHAPITRE I

Une biographie spirituelle

Le livre que nous proposons aux lecteurs n'est pas la biographie d'un penseur, il n'est pas non plus la description plus ou moins détaillée de ses œuvres, encore moins l'étude critique d'une démarche philosophique. Il est, avant toute chose, un effort personnel afin de poursuivre la trajectoire d'une expérience exceptionnelle dans sa quête de la spiritualité. Notre voie d'approche épouse, par conséquent, la courbe d'une aventure spirituelle qui reste d'emblée un pèlerinage dans un continent perdu. Il y a l'homme, sa quête et le monde auquel aboutit cette quête. Quant à l'homme polyvalent que fut Henry Corbin, il est difficile de le classer sous une étiquette exhaustive. Philologue, il l'est par le caractère rigoureux de son travail de savant ; on lui doit l'édition critique de nombreux textes arabes et persans, de même que des traductions magistrales d'une rare qualité. Philosophe, il l'est aussi par l'ampleur et la profondeur de sa pensée. À la quête de l'homme à la recherche de l'Esprit, Corbin apporte une contribution essentielle ; cette contribution il la puise dans le fonds prophétologique de la pensée irano-islamique mais, en y puisant, il la repense et, la repensant, il s'y identifie tant et si bien que le problème majeur de la gnose iranienne devient en quelque sorte la nostalgie existentielle de tout Étranger à la recherche de son Ange. Orientaliste, il l'est dans le sens sohrawardien du terme : *mostashriq*, c'est-à-dire le « Quêteur de l'Orient » ou celui qui aspire à émerger hors de son « exil occidental ». Il est donc tout cela et pourtant quelque chose de plus, un pèlerin ou si l'on veut un *homo viator*. D'ailleurs il le dit lui-même sans détour : « Ma formation est originellement toute philosophique, c'est pourquoi je ne suis à vrai dire ni un germaniste ni même un orientaliste, mais un philosophe poursuivant sa Quête partout où l'esprit le guide. S'il m'a guidé vers Freiburg, vers Téhéran, vers Ispahan, ces villes restent pour moi essentiellement des "cités emblématiques", les symboles d'un parcours permanent[1]. »

Cette quête comporte donc plusieurs aspects dont l'ensemble constitue un parcours spirituel qui va des études médiévales restaurées par Étienne Gilson, à la gnose illuminative de Sohrawardî, en passant par les penseurs protestants comme Luther, Hamann et la philosophie existentialiste d'un Heidegger. On peut distinguer un Corbin qui est à la fois, comme le dit si bien Richard Stauffer, un « théologien protestant », un herméneute heideggerien, un orientaliste initié à la gnose et un historien des religions. Il n'y a pas de succession dans ce parcours, puisque les activités de Corbin furent en quelque sorte simultanées. De même qu'il s'était mis autrefois à apprendre l'arabe et le sanskrit en même temps, de même aussi il était déjà un orientaliste quand il s'initia à l'herméneutique de Heidegger. Le passage de Heidegger à Sohrawardî qui excita tant la curiosité n'a de sens que si on l'envisage dans le sens d'une rupture épistémologique où l'Être-là heideggerien se dépasse d'une certaine façon pour épouser la dimension eschatologique d'un Être-pour-au-delà-de-la-mort. Nous y reviendrons plus loin.

Les étapes de ce parcours étonnant tissent la trame d'une topographie spirituelle où les « cités emblématiques » typifient chacune à leur manière les degrés d'une *progressio harmonica* : de Paris à Freiburg, de Téhéran à Ispahan – la Cité d'Émeraude –, l'itinéraire de Corbin gravit les marches de l'échelle de l'Être. Que Corbin ait été un gnostique ou pas, qu'il ait été personnellement initié par l'Ange herméneute dont il n'a cessé de mettre en valeur la fonction pédagogique, nous ne le saurons jamais. Toujours est-il que lorsqu'on épouse d'un regard d'ensemble sa courbe de vie, on est étonné par la coïncidence synchronique des événements. D'ailleurs on a l'impression que Corbin, en les récapitulant comme il le fit avant sa mort, y perçut le dessein occulte d'une main invisible. Toutes les séquences s'enchaînent en effet pour configurer les symboles éloquents d'un parcours exceptionnel : Gilson et le monde médiéval, Bréhier, Plotin et les *Upanishads*, Massignon et la découverte de Sohrawardî, Baruzi et la théologie protestante, Cassirer et la pensée mythique, et Heidegger et la phénoménologie ; et, étayant le tout, le recroisement de deux terres d'élection : l'Iran « couleur de ciel », patrie privilégiée des mystiques et des poètes et la vieille Allemagne, « patrie des poètes et des philosophes ». Deux rencontres essentiellement complémentaires. De même que les cours de Gilson l'avaient amené à l'étude de l'arabe et à la découverte d'Avicenne chez qui il décela la connivence entre la cosmologie et l'angélologie – si capitale pour ses recherches ultérieures –, de même l'appel de Baruzi l'initia à la voix des spirituels protestants d'Allemagne. Mais d'un parcours à l'autre, ce qui reste la préoccupation majeure de Corbin est le problème de l'herméneutique ou ce qu'il appela plus tard le « phénomène du Livre saint ». C'est pourquoi, dit-il, « l'Iran et l'Allemagne furent les points de repère géo-

graphique d'une Quête qui se poursuivait en fait dans des
régions spirituelles qui ne sont point sur nos cartes[2] ».

Hamann lui avait appris que « Parler c'est *traduire* :
d'une langue angélique en une langue humaine[3] » ;
Heidegger lui avait fourni la clef de l'herméneutique ;
Swedenborg lui fit entrevoir la « science des correspondances » ; mais c'est Sohrawardî qui lui a offert une vraie
terre d'asile. Car le monde auquel il le fit accéder n'est
autre que la Perse située géographiquement au centre,
« monde médian et médiateur » ; la Perse ou le vieil Iran,
dit Corbin, « ce n'est pas seulement une nation ni un
empire, c'est tout un univers spirituel, un foyer d'histoire
des religions[4] ». La Perse c'est aussi ontologiquement un
monde de l'Entre-deux, un monde où l'*Image* en tant que
réalité métaphysique requiert une valeur noétique propre
qui s'exhausse au niveau de la Terre du Non-Où (*Nâ-
kojâ-âbâd*), situs privilégié des événements de l'âme et
des récits visionnaires. La Perse c'est aussi eschatologi-
quement une Terre d'Attente, la Terre où l'Imâm caché
prépare l'heure dans l'Entre-les-Temps de l'Occultation.
Dès lors le destin de Corbin est scellé. Le pèlerin a
retrouvé son Orient des Lumières et tout le parcours ulté-
rieur de Corbin va s'orienter à présent vers l'approfondissement de ce monde « médian et médiateur » où
connaissance philosophique et expérience spirituelle restent indissociables. Mais quelles furent à présent les étapes de ce parcours ? Pour donner ne fût-ce qu'une idée
sommaire de sa biographie spirituelle, on ne peut que
paraphraser ce qu'il a dit si bien lui-même dans son
« Post-Scriptum biographique à un Entretien philosophique ». Nous retrouvons Corbin au croisement des grands
événements spirituels de notre siècle : la rénovation des
études médiévales en France, l'intérêt croissant pour
l'orientalisme suscité par la crise de la conscience euro-

péenne, le problème de l'herméneutique que pose la phénoménologie.

Sans doute très tôt Corbin s'intéresse comme tout vrai chercheur à l'exploration des continents inconnus, et c'est avec soif qu'il découvre dès 1923-1924 l'enseignement d'Étienne Gilson à la section des sciences religieuses de l'École pratique des hautes études. Ce qu'il apprend chez Gilson, c'est la manière de lire et d'interpréter les textes anciens. L'admiration que suscite cet enseignement magistral est telle que Corbin est déjà résolu de le prendre en modèle : il essaiera d'appliquer plus tard aux textes arabes et persans, qu'il publiera et traduira en commentant, la même rigueur compréhensive que Gilson avait prodiguée à la rénovation des textes latins. Son ambition est déjà fixée, mais il lui faudra encore retrouver la clef de l'interprétation et subir d'autres métamorphoses. Les cours de Gilson lui font découvrir un autre fait non moins décisif pour sa carrière ultérieure : l'importance des textes arabes traduits en latin dès le XIIe siècle par l'École de Tolède ; et parmi ces textes, l'œuvre d'Avicenne. La connivence entre une cosmologie qui se traduit en angélologie et une anthropologie qui se conforme à la double hiérarchie des Intelligences et des Âmes célestes lui ouvre les immenses perspectives de l'avicennisme. Mais pour se rendre vraiment compte des résonances inouïes du prolongement gnostique (*ishrâqî*) de l'avicennisme en Iran, il lui faudra attendre la découverte d'une autre figure-clef pour l'Islam iranien : celui qui, reprenant la relève de la philosophie orientale d'Avicenne, restaura par là même la théosophie des anciens Sages de l'Iran : le *Shaykh al-Ishrâq*, Shihâboddîn Yahyâ Sohrawardî. Et c'est Louis Massignon, l'auteur de la *Passion d'al-Hallaj*, qui lui ouvre cette porte.

Pour un jeune étudiant embarqué à l'École des langues orientales dès 1926-1927, plongé dans l'étude de l'arabe et plus tard dans celle du sanskrit, il fallait un refuge. Ce refuge-là ce fut Massignon qui le lui offrit. De même que parallèlement à l'étude de la philosophie médiévale, Corbin avait suivi non moins assidûment les cours d'Émile Bréhier sur Plotin et l'influence des Upanishads, et que l'apport de l'Inde sur le néo-platonisme l'avait incité en outre à faire du sanskrit, c'est-à-dire à concilier deux disciplines qui à l'époque s'avéraient comme étant foncièrement contradictoires, de même aussi la découverte de Sohrawardî, grâce à Massignon, mit fin à l'aventure indienne. « Au bout de deux années je devais rencontrer sur la voie de l'Orient la "borne signalétique" m'indiquant la direction décisive d'un chemin sans retour ; désormais ma voie passerait par les textes arabes et persans[5]. »

D'autre part, si Émile Bréhier en tant qu'héritier de l'*Aufklärung* infligeait un démenti net à la philosophie chrétienne que cherchait précisément à restaurer Gilson, Louis Massignon, quant à lui, faisait basculer ses élèves de la mystique la plus fulgurante à l'événement politique le plus anecdotique. Les sublimes ambiguïtés de Massignon sur le shî'isme et la teneur hautement émotive de ses cours communiquaient la flamme de la mystique dans l'âme de Corbin : « On n'échappait pas à son influence. Son âme de feu, sa pénétration intrépide dans les arcanes de la vie mystique en Islam, où nul n'avait encore pénétré de cette façon, la noblesse de ses indignations devant les lâchetés de ce monde, tout cela marquait inévitablement de son empreinte l'esprit de ses jeunes auditeurs[6]. » Par ailleurs Massignon, tout en reconnaissant explicitement la contribution essentielle de l'Iran au monde islamique (le fait de l'avoir libéré de toute attache raciale, éthnique), avouait ne s'y être jamais senti chez lui. Corbin, en revanche, s'y sentait tout à fait chez lui. Et par un paradoxe inexplicable, c'est Massignon qui lui en fournit l'occasion. À la suite des questions réitérées de Corbin sur les rapports de la philosophie et de la mystique, Massignon lui présenta l'édition lithographiée de l'œuvre principale de Sohrawardî, *Hikmat al-Ishrâq* (la Théosophie Orientale) et lui dit : « Tenez, je crois qu'il y a dans ce livre quelque chose pour vous. » Ce quelque chose, dit Corbin, « ce fut la compagnie du jeune Shaykh al-Ishrâq qui ne m'a plus quitté au cours de la vie. J'ai toujours été un platonicien (au sens large du mot bien entendu) ; je crois que l'on naît platonicien, comme on peut naître athée, matérialiste, etc. Mystère insondable des choix préexistentiels. Le jeune platonicien que j'étais alors ne pouvait que prendre feu au contact de celui qui fut l'"Imâm des platoniciens de Perse"[7] ». Ce fut aussi son entrée à l'École des langues orientales qui le dirigea vers la Bibliothèque nationale où il fut nommé comme orientaliste dès novembre 1928 et ce fut, dit-il, « ce passage par la Bibliothèque nationale, qui devait déboucher paradoxalement sur mon échappée définitive vers l'Orient[8] ».

Si la figure hiératique du Maître de l'Illumination (Sohrawardî) lui fait signe à l'horizon et l'invite à entreprendre le voyage vers l'Orient, en revanche l'Allemagne lui permettra d'effectuer ce passage inéluctable : en passant par Luther, Hamann et les théologiens protestants, il trouvera, grâce à Heidegger, la *clavis hermeneutica* de la haute spéculation mystique. Ici intervient la rencontre d'Henry Corbin avec l'Allemagne. Corbin avait déjà été traducteur de Sohrawardî, avant d'être le traducteur de Heidegger et de Barth, mais l'accès au monde de Sohrawardî exigeait une méthode compréhensive. Le passage de Heidegger à Sohrawardî est plus qu'un parcours naturel : il est un revirement du temps des horizons en temps intérieur de l'âme, partant une *rupture*, mais une rupture telle que Corbin ne resta plus jamais au niveau herméneutique que révélait le *Dasein* de la vision heideggerienne. Dès 1939 il part, accompagné de son épouse, en mission pour la Turquie, chargé de recueillir en photocopies tous les manuscrits de Sohrawardî dispersés dans les bibliothèques d'Istanbul. La mission devait durer trois mois, elle durera jusqu'en 1945. Car entre-temps il y eut la Seconde Guerre mondiale. Le dialogue quotidien avec Sohrawardî et la longue période de silence que lui imposait cet exil involontaire lui firent apprendre, dit-il, « les vertus inestimables du silence » et la « discipline de l'arcane » [9]. Il fut coupé de l'influence des écoles philosophiques et se plongea dans l'étude des œuvres du Shaykh, s'initiant progressivement aux mystères de sa pensée, se laissant imprégner de cette atmosphère théosophique (*ishrâqî*) qui devint en quelque sorte comme sa seconde nature.

Pour ce qui est de l'influence de la pensée allemande sur Corbin, il faut mentionner surtout le rôle décisif qu'y jouèrent les frères Baruzi : Joseph, l'aîné, et Jean, le cadet, qui suppléa Alfred Loisy au Collège de France, avant d'y devenir lui-même titulaire de la chaire d'histoire des religions. Ce qui restait à l'ordre du jour dans ses cours, c'était la théologie du jeune Luther, qui était en vogue en Allemagne ; et à sa suite les grands spirituels du protestantisme : Sebastian Franck, Caspar Schwenkfeld, Valentin Weigel, Johann Arndt. « Je commençai, dit Corbin, à percevoir certaines consonances, comme l'appel d'un carillon lointain conviant à explorer des régions que couvre ce que je devais appeler plus tard "le phénomène du Livre saint". C'était la voie de l'*herméneutique* qui déjà s'ouvrait dans les brumes matinales [10]. »

Dès lors commence une série de voyages en Allemagne de 1930 à 1936. En 1930, Corbin se rendra à Marburg an der Lahn ; il y rencontra le célèbre Rudolph Otto, auteur du livre *Das Heilige* (Le Sacré) qui fit date dans l'étude du fait religieux en tant que phénomène numineux. Otto, élaborant les catégories du Sacré, avait tiré le concept du radicalement-autre (*das Ganz andere*) de l'idée *d'anya-deva* des Upanishads. Si le Numineux provoque l'étonnement, c'est qu'il n'est pas susceptible d'être contenu dans les catégories courantes et rationnelles de la pensée discursive. Le « radicalement-autre » est ainsi à la base d'une théologie apophatique, non seulement il s'oppose à la raison, mais il est en tous points son contraire. Au fond le sacré, et la mystique qui en résulte, est en premier lieu « une théologie du *mirum :* du radicalement-autre »[11]. Le Sacré est ce qui nous repousse comme *tremendum* et nous attire en même temps comme *fascinans*, d'où son langage paradoxal qui ébranle notre entendement et s'exprime comme l'union des contraires (*coïncidentia oppositorum*). Ainsi l'idée de théologie apophatique et affirmative incluse dans l'unité ésotérique, de crainte révérentielle, de para-doxes résultant des Attributs de Beauté (*Jamâl*) et de Majesté (*Jalâl*) divins sont toutes des catégories que Corbin retrouvera dans la gnose spéculative de l'Islam et essaiera d'en approfondir les multiples connotations.

Corbin rencontre aussi lors de ce voyage en Allemagne Albert-Marie Schmidt, lecteur de français, qui lui fait cadeau d'une œuvre de Swedenborg : la traduction fran-çaise de *Du Ciel et de l'Enfer*. Dès lors l'œuvre du vision-naire suédois devait accompagner Corbin toute sa vie. Plus tard il mettra à profit cette initiation : dans une longue conférence sur « l'Herméneutique spirituelle comparée (1. Swedenborg ; 2. Gnose ismaélienne)[12] », Corbin étudie la théorie des correspondances, des Âges de l'humanité, l'*hexaémeron* de la création de l'homme spirituel et compare la méthode interprétative de Swedenborg avec le *ta'wîl* shî'ite et ismaélien pour conduire à une « situation herméneutique » commune aux peuples du Livre et à la façon dont les « spirituels, mystiques ou théosophes mystiques ont lu ou lisent la Bible en Chrétienté et le Qorân en Islam ».

C'est par le professeur Theodor Siegfried, habilité par Rudolf Otto, que Corbin entend parler pour la première fois de Karl Barth. Il découvre le commentaire de Karl Barth sur l'Épître aux Romains. Il se plonge, comme il le dit, « avec ardeur » dans l'étude de la « théologie dialectique » de Barth et devient, comme pour Heidegger, le premier traducteur de Barth en français. C'est à Corbin qu'on doit la version française de l'opuscule intitulé *Die Not der evangelischen Kirche* (La détresse de l'Église protestante) qui parut en français sous le titre de *Misère et grandeur de l'Église évangélique*.

En 1931-1932, s'inspirant de Barth pour un renouveau de la théologie protestante, Corbin crée avec ses amis Denis de Rougemont, Roland de Pury, Albert-Marie Schmidt, Roger Jezequel, une revue intitulée *Hic et Nunc*. Richard Stauffer estime que la revue déborde le cadre étroit du barthisme : « Le manifeste publié dans le premier numéro de la revue, s'il reprend les *leitmotive* de la théologie du jeune Barth, montre bien que l'équipe rédactionnelle n'entendait nullement être inféodée à celui-ci[13]. » En effet les principes énoncés dans le manifeste sont d'une portée générale ; ils y déclarent par exemple :

« En face de *philosophes* qui se moquent des hommes et ne voient même pas qu'ils n'ont plus de réponse à offrir à leurs perpétuelles et urgentes questions ; en face des philosophes qui de Descartes à Kant, ou de Hegel à Marx ont cru pouvoir nous sauver de l'angoisse en fondant l'être humain sur soi-même, sur l'intelligence et la volonté supposées déchues, il y a lieu et ordre d'attester avec l'un des prophètes de ce temps[14], que la raison d'un homme n'est pas sa raison d'être : *"Cogitor ergo sum"* (Je suis pensé)[15]... » Pour ce qui est de la contribution de Corbin à cette revue, nous en parlerons dans le paragraphe suivant.

L'aventure barthienne fut de courte durée : « Rapidement d'ailleurs je ne fus plus à l'aise dans le "barthisme" et la théologie dialectique. Nous nous donnions comme ascendance spirituelle Kierkegaard et Dostoïevski. C'était bien, mais cela ne suffisait pas pour bousculer la philosophie comme y avaient tendance mes amis. Déjà Sohrawardî m'avait fait signe, m'avertissant que, puisque cette "bousculade" s'opérait aux dépens d'une philosophie qui ne méritait pas ce nom, il y avait lieu de retrouver l'accès à la *sophia* d'une autre philosophie[16]. » En effet Corbin ne pouvait plus suivre le dernier Barth, auteur de *Die christliche Dogmatik im Entwurf*. L'écart entre le « commentaire du *Rômerbrief* aux étincelles prophétiques, et la lourde, la colossale dogmatique » était trop important pour qu'il pût y souscrire. Ce qui avait séduit Corbin au début, c'était justement ce « manteau de prophète » dont Barth voulait à présent se défaire, car ne déclarait-il pas ouvertement que « je ne me sens ni le droit ni le devoir de garder le manteau de prophète »[17] ? La philosophie de Barth laissait Corbin devant une « hauteur béante » et du fait que cette philosophie ignorait la *res religiosa*, elle annonçait non pas l'avenir du protestantisme comme l'avait espéré Keyserling mais la « théologie de la mort de Dieu qui devait dégénérer en une théologie de la révolution et enfin en une théologie de la lutte des classes ».

Au temps de la connaissance de Barth, Corbin avait
rencontré le grand philosophe russe Nicolas Berdiaev,
l'auteur de l'*Essai de métaphysique eschatologique*. Ici
encore Corbin trouvait une âme sœur, une pensée qui
répondait à ses préoccupations les plus intimes : l'idée
d'un christianisme eschatologique qui avait succombé à la
tentation de l'histoire pour se réduire enfin au christianisme historique et à la sécularisation. Dès lors celle-ci
s'identifiait à l'homme extérieur et non à l'homme intérieur dont la dimension eschatologique annonçait une
métaphysique de Retour à Dieu. Puisque nous parlons des
penseurs russes, disons également que Corbin se lia
d'amitié avec le philosophe russe Alexandre Koyré, célèbre pour son monumental ouvrage sur Jacob Boehme, et
avec Alexandre Kojève (Kojevnikov), responsable en partie du renouveau des études hégéliennes en France. Corbin participa activement aux débats philosophiques qui
animaient les jeunes chercheurs de l'époque. La confrontation entre la phénoménologie de Husserl et celle de Heidegger comme la confrontation de Heidegger et de
Jaspers étaient à l'ordre du jour et nourrissaient les entretiens qui occupaient les longues soirées chez Gabriel
Marcel.

Deux séjours à Hambourg mirent Corbin en contact
avec Ernst Cassirer, le penseur des formes symboliques.
À son égard Corbin dit « qu'il élargit ma voie vers ce que
je cherchais et pressentais obscurément, et qui devait
devenir plus tard toute ma philosophie du *mundus imaginalis* dont je dois le nom à nos Platoniciens de Perse[18] ».
Cassirer montrait en effet que les catégories du temps, de
l'espace et de causalité se transmuaient au niveau de la
vision mythique et épousaient des qualités tout autres que
celles qui régissent les modalités de la connaissance
scientifique. La pensée mythique révélait un mode d'être

qui a ses propres catégories de temps, d'espace et de causalité : si le temps y est réversible et l'espace qualitatif en fonction des événements qui y ont lieu, la causalité, elle, se présente comme la coïncidence des éléments hétérogènes plutôt qu'une causalité séquentielle ; la partie est identique au tout en vertu du principe de « *pars pro toto* ». Tout peut surgir de tout, l'univers peut émerger d'une fleur de lotus comme de la pensée créatrice d'un démiurge fondateur. Car, estime Cassirer, la pensée mythique est *concrète* au sens étymologique du terme (si l'on fait dériver ce mot du verbe *con-crescere* : fait de s'agglomérer en se développant). Et tandis que la connaissance scientifique s'efforce de conclure à la cohésion des éléments distincts, « l'intuition mythique laisse coïncider ce qu'elle lie, unissant les différents éléments par la coïncidence, elle est une sorte de ciment qui peut agglomérer ce qu'il y a de plus hétérogène[19] ». Ainsi le monde de l'*Image*, le *mundus imaginalis* que Corbin devait dévoiler dans la gnose irano-islamique, est aussi un monde de coïncidence entre deux ordres de réalité : le sensible et l'intelligible où l'esprit se corporalise en quelque sorte et où les corps se spiritualisent. Sans doute les catégories de ce monde ne correspondaient pas exactement à celui que révélait Cassirer, mais elles dénonçaient néanmoins l'existence d'une échelle de l'être où les temps et les espaces qualitatifs se différencient au gré des niveaux de présence.

C'est au printemps 1934 que Corbin fit sa première visite à Heidegger à Freiburg. Il y esquisse le plan du recueil d'opuscules qui paraîtra sous le titre de *Qu'est-ce que la Métaphysique ?*. Ensuite un détachement lui permit de passer l'année universitaire 1935-1936 à Berlin au *Französiches Akademikerhaus*, dont le directeur Henri Jourdan est son ami. Il fait un autre séjour à Freiburg en juillet 1936 pour soumettre à Heidegger quelques difficultés de traduction mais, ajoute-t-il, « il me faisait entièrement confiance, approuvait tous mes néologismes français et me laissait une responsabilité un peu lourde[20] ».

Pour ce qui est de l'influence de la pensée de Heidegger sur Corbin, nous en parlerons plus en détail dans le paragraphe suivant. Qu'il nous suffise de dire ici que Corbin ne s'est pas tourné vers l'Islam spirituel parce qu'il avait été déçu par la philosophie de Heidegger ; mais que préalablement à la connaissance de l'œuvre de Heidegger il était déjà un orientaliste. Les premières publications sur Sohrawardî datent de 1933 et 1935, alors que déjà en 1929 il avait obtenu le diplôme de l'École des langues orientales ; sa traduction de Heidegger paraît en 1938. Corbin poursuit sur deux fronts ses recherches, la rencontre avec la pensée allemande suit de près celle qu'il eut avec le monde iranien. Mais s'il ne se referma pas à d'autres influences alors que son destin semblait être scellé, la raison en est que Corbin est toujours resté un Occidental, un penseur inquiet et soucieux de connaître les grands mouvements qui secouaient la première partie de notre XXe siècle. Même à Istanbul, affirme Mme Corbin, alors qu'il s'était tout à fait isolé du reste du monde, plongé qu'il était dans l'œuvre de Sohrawardî, il continua de traduire le *Sein und Zeit*, de même qu'il profitait de sa présence à Constantinople pour approfondir sa connaissance de la théologie orthodoxe grecque et russe, et c'est à ce moment qu'il entreprit une traduction du père Boulgakov[21].

L'Allemagne de l'entre-deux-guerres était selon Habermas[22] un foyer fécond de plusieurs courants philosophiques dont l'influence se fera sentir bien au-delà des frontières de l'Allemagne, couvrant aussi les années cinquante et soixante de l'après-guerre. 1) Avec Husserl et Heidegger il y a une phénoménologie orientée en partie vers une logique transcendantale et en partie vers une ontologie fondamentale ; 2) il y a, avec Jaspers, Litt et Spranger, une *Lebensphilosophie* remontant à Dilthey, de coloration parfois existentialiste, parfois néo-hégélienne ; 3) il y a, avec Scheler et Plessner, et peut-être aussi avec Cassirer une anthropologie philosophique qui cherche à fonder les prémisses d'une philosophie de l'Esprit distinguant l'homme du reste de la nature ; 4) il y a, avec Lukacs, Bloch, Benjamin, Korsch et Horkheimer, une philosophie sociale critique cherchant à effectuer un retour à Marx et Hegel ; 5) il y a enfin avec Wittgenstein, Carnap et Popper le positivisme logique qui s'inspire du Cercle de Vienne. On pourrait ajouter à ces cinq courants le renouveau du protestantisme avec les recherches théologiques axées sur la pensée du jeune Luther et aussi les prolongements de la psychologie des profondeurs de Freud dans les pays de langue allemande, qui revêtaient, avec Carl Gustav Jung en Suisse, un caractère plus général susceptible d'intéresser les historiens des religions. Corbin s'intéressa à la phénoménologie, à l'anthropologie philosophique, à l'école historique allemande, au renouveau du protestantisme, mais son souci majeur resta la *res religiosa* comme « théorie générale des religions ». La philosophie sociale et la sociologie restèrent en marge de ses préoccupations philosophiques. Car il y a chez Corbin, comme nous le verrons dans la conclusion de ce livre, une évaluation plutôt négative à l'égard de l'évolution historique de la pensée occidentale. C'est avec l'œil d'un spirituel que Corbin critique le rationalisme réducteur de notre temps, opposant à la raison instrumentalisée de l'*Aufklärung* la teneur gnostique de la *Vernunft*, à l'incarnation débouchant sur la collectivation sociale la théophanie des formes docétistes, à l'historicisme la hiérohistoire des Événements dans le Ciel, à l'allégorie la polyvalence des symboles, au nihilisme de notre siècle la théologie apophatique. Mais cela ne l'incite pas à se désolidariser du mouvement libérateur des courants extra-philosophiques qui traverse l'Europe de l'entre-deux-guerres ; c'est-à-dire l'effort des grands penseurs pour tenter un saut périlleux par-dessus l'abîme du Néant : ainsi de l'héroïque plongée de Heidegger dans le fond oublié de l'Être pour y penser ce qui reste impensé par l'occultation de l'Être ; ainsi du saut de Jaspers pour retrouver la foi philosophique, ainsi de la philosophie eschatologique de Berdiaev pour redécouvrir la richesse inouïe de l'homme intérieur.

Corbin ne reste pas captif dans un système anti-occidental comme Guénon pour n'y voir que l'esprit du Malin à l'œuvre. Il ne se fait pas réfractaire aux mouvements de la pensée.

Tout au contraire il reste un philosophe dans la mesure où il repense l'Être et le soumet à une interrogation fondamentale. « Que signifie pour nous philosopher ? » demande-t-il dès le début de sa carrière de penseur. Et tout l'acheminement de sa pensée sera une réponse à cette question primordiale. Se mettre à l'écoute, c'est laisser parler l'Autre, peu importe si cet Autre est le Saint-Esprit, l'Ange ou le Jouvenceau des récits visionnaires persans. Penser, c'est dialoguer dans l'alcôve secrète du cœur, penser c'est répondre à l'Appel qui sans cesse nous interpelle. On pourrait dire que tous les *nœuds* de la courbe de sa vie s'orientent fatalement vers cette rencontre avec l'Ange, dont il retrace les multiples métamorphoses chez les grands spirituels de l'Occident comme de l'Orient. Corbin aurait pu faire sienne cette remarque de Heidegger commentant la fameuse phrase de Nietzsche : « Dieu est mort » : « Penser Dieu en tant que valeur, fût-elle même la plus haute, n'est pas Dieu… Donc Dieu n'est pas mort, sa divinité (*Gottheit*) vit toujours, puisqu'elle est plus proche de la pensée que de la foi[23]. » Jamais Corbin ne se lassa de penser le phénomène de la foi, et c'est parce qu'il fut un remarquable penseur qu'il put aussi suivre et recréer, à partir de ses sources vives, tout l'héritage immense de la tradition irano-islamique, exploit qu'un Iranien – disons-le franchement – n'eût pu accomplir, parce qu'il n'aurait pas eu le recul nécessaire qui lui eût permis justement de revoir en perspective la genèse de sa propre tradition. Si Corbin parvint à réaliser un tel exploit, c'est parce qu'il fut, outre un spirituel, un penseur rompu aux disciplines philosophiques occidentales et initié à nombre d'écoles de pointe qui, dans l'entre-deux-guerres, bouleversaient le paysage traditionnel de la pensée en Europe. Pendant toutes les années (à partir de 1960) où j'ai eu l'occasion de le rencontrer régulièrement à Téhéran, je fus surpris de constater avec quel intérêt il suivait les événements de notre temps : que ce fût l'œuvre révélatrice de Soljenitsyne, ou le roman d'un Boulgakov ou même la gnose de Princeton de Raymond Ruyer. On ne pouvait pas malheureusement en dire autant de nos vénérables Shaykhs qui restaient en dehors de l'histoire, isolés dans leur tour d'ivoire scolastique, figés je ne sais dans quelle solitude enchantée qui les rendait quasi réfractaires et par là même vulnérables à toute nouveauté de la pensée.

Mais revenons-en aux étapes de la vie de Corbin. Dès le mois d'août 1944, Corbin reçoit à Istanbul, où il est depuis le commencement des hostilités, un ordre de mission pour la Perse de ce qu'était encore le « gouvernement d'Alger ». En 1945 il se met en marche vers l'Iran, prend le chemin de fer « stratégique » jusqu'à Bagdad, puis gravit en voiture la chaîne de Zagros. Et c'est l'exaltation des hauts plateaux de l'Iran sous un ciel de turquoise. Les quelques pages que Corbin a consacrées à Ispahan montrent à quel point il était sensible à la beauté du paysage et de l'art persans. Il parle de la « vision d'émeraude », du phénomène de miroir que l'on retrouve aussi bien dans les niches finement découpées de la chambre de musique au palais d'Alî Ghapou à Ispahan, que sur le « miroir d'eau réfléchissant à la fois la coupole céleste qui est le vrai dôme du *templum* et les faïences polychromes recouvrant les surfaces[24] ». L'Iran est la terre où s'opère la rencontre du Ciel et de la Terre. Et le phénomène de miroir, qui est au centre de l'architecture iranienne des mosquées, fonde également la métaphysique de l'*Image* professée par toute une lignée de philosophes visionnaires. Il y a ainsi un lien intérieur entre les différentes formes de la vision iranienne du monde, une *Gestalt* dont on retrace l'épiphanie aussi bien dans l'architecture que dans l'espace qualitatif des miniatures, car « toutes leurs images sont des apparitions dans un miroir, à la surface miroitante d'une paroi ou du feuillet d'un livre[25] ». Ispahan est une cité emblématique : « Venir à Ispahan ce sera venir à la Mosquée royale comme lieu de la rencontre entre l'univers imaginal de Hûrqalyâ, la plus haute des "cités d'émeraude", et la merveille architecturale perçue par les sens. Ce sera aussi venir chez les philosophes ishrâqîyân dont la métaphysique de l'imagination permet cette rencontre, parce qu'elle nous ouvre l'intermonde, intermédiaire entre l'intelligible pur et le sensible[26]. »

Comme je viens de le dire déjà, Corbin était extrêmement sensible à la topographie de l'Iran, il y voyait comme la forme terrestre et sensible du *mundus imaginalis*. Je me souviens d'un voyage que nous fîmes ensemble à Ispahan. Nous étions installés dans la petite salle de déjeuner de l'hôtel Shah-Abbas qui reproduisait tant bien que mal les petites niches vides de la chambre à musique du palais d'Alî Ghapou. Dans les murs et les parois on avait découpé dans le vide d'innombrables silhouettes de vases, de flacons, d'aiguillères, de coupes de toutes les formes conçues par une imagination débordante. Cela donnait à ces espaces une sensation de lévitation, le sentiment que tout y est en suspens, que tout semble être une apparition à même de s'évanouir comme un rêve. Je vis Corbin se lever, les yeux illuminés par une sorte de regard intérieur, puis il me prit par le bras et m'avançant vers l'une d'entre les niches vides, me dit d'une voix douce presque sensuelle : « Ceci est le phénomène du miroir, avancez la main dans ce vide et vous n'y toucherez pas la forme ; car la forme n'est pas là : elle est ailleurs, ailleurs... »

Si j'évoque ce trait anecdotique, c'est pour dire à quel point la découverte de l'Iran fut une révélation pour ce qu'il portait déjà en lui. Toutes les descriptions qu'il donnera de la Perse témoignent de cette vision intuitive qui lit par-delà les Images, qui découvre au-delà des apparences des Essences métaphysiques. Le mariage de Corbin avec l'Iran était une prédestination stellaire. Jamais je ne vis un homme vivre, ressentir si profondément ce que lui dévoilaient les yeux de l'Esprit. Si on dit de Dostoïevski qu'il vivait ses idées, on pourrait dire de Corbin qu'il transmuait ses idées en Images. Dans toutes ses réflexions sur les choses en Iran (j'ai souvent voyagé avec lui et puis donc en témoigner), il y avait comme un *ta'wîl* naturel. Il était né avec un don inné de l'herméneutique, l'Iran ne fut qu'un champ de manœuvre pour son regard d'alchimiste. Mais il avait aussi le don de la communication. Les lieux qu'on découvrait avec lui n'étaient plus les mêmes, les objets que l'on revoyait avec son regard transparaissaient dans l'aura d'une nouvelle présence : tout se métamorphosait par son regard, s'élevait à un registre supérieur de l'être. Ceci m'incita à le décrire dans un petit article que je lui consacrai, comme « l'homme à la lampe magique[27] ».

Corbin arrive donc à Téhéran le 14 septembre 1945. Parmi les illustres personnages qu'il devait rencontrer dès l'arrivée, figure le nom du professeur Pour Dâwûd, le traducteur de l'*Avesta* en persan. Pour Dâwûd tenait à l'époque chez lui des réunions auxquelles participait l'élite de Téhéran, comme par exemple l'écrivain Sâdegh Hedâyat (auteur de *La Chouette aveugle*), le professeur Mohammad Mo'în, futur collaborateur de Corbin pour l'édition des textes persans, et Mehdî Bayânî, conservateur à la Bibliothèque nationale. Celui-ci organisa une conférence pour Corbin au sein de la société d'iranologie (*Anjoman-e Irân shenâsî*) le 1er novembre 1945. Le thème de la conférence était *Les motifs zoroastriens dans la philosophie du Shaykh al-Ishrâq*[28]. Cette conférence eut un écho retentissant ; elle marqua, pour ainsi dire, l'entrée triomphale de Corbin dans le monde intellectuel de l'Iran.

Le but de la mission de Corbin était de mettre en œuvre « les longs projets et les vastes pensées » comme il le dit lui-même[29]. Et c'est ainsi qu'il créa le département d'Iranologie à l'Institut français et la collection de la Bibliothèque iranienne qui allait devenir par la suite un phénomène culturel important dans l'histoire philosophique de l'Iran contemporain. À ce stade-là Corbin va mettre en œuvre le projet qui avait germé dans son esprit lorsque étudiant en philosophie il suivait les cours de Gilson à la Sorbonne. Cette tâche immédiate consistait, dit-il, « à recueillir le matériel, créer un cabinet de travail, commencer à publier. Les conditions de travail à Téhéran n'étaient pas celles de nos jours (…), où l'on trouve de grandes collections de manuscrits pourvues de catalogues. C'était au petit bonheur la chance ; il est vrai que la chance favorise habituellement le chercheur obstiné. Je commençai la publication de la Bibliothèque iranienne, et pus la mener, en vingt-cinq ans, avec l'aide de quelques collaborateurs, jusqu'au vingt-deuxième volume. Chaque volume, entièrement fabriqué sur place, demandait un petit tour de force. La collection était essentiellement une collection de textes inédits, en persan ou en arabe (…). Je crois que cette collection, dont les volumes sont aujourd'hui presque tous épuisés, a réussi à creuser un sillage[30] ».

En disant que cette collection « a creusé un sillage », Corbin est probablement fort modeste. En effet cette collection conjuguait deux disciplines qui sont rarement présentes en une seule et même personne : la rigueur scientifique du philologue, de l'orientaliste en tant que tel, et la profondeur du philosophe qui, lisant les textes, se les assimile magiquement, c'est-à-dire en dévoile les sens ésotériques cachés. Le passage de la Bibliothèque nationale à la Bibliothèque iranienne[31] a été plus qu'une continuité dans le temps ; le fil qui relie les deux nœuds accuse une transformation allant de l'un à l'autre ; si la première fut l'appartenance à une vénérable institution, la seconde réfère plutôt « à la réalisation personnelle d'une collection scientifique »[32].

À partir des années soixante il se forma autour de Corbin une pléiade de jeunes chercheurs à laquelle j'ai appartenu moi-même. Si je parle de moi-même ici, la raison en est que j'ai été témoin oculaire des activités de Corbin pendant plus de dix-sept ans et ceci jusqu'à sa mort. Non seulement il influença mes recherches, inspira la direction de mes études puisqu'il fut mon directeur de thèse de doctorat, mais il fut aussi à l'origine d'un mouvement spirituel qui aspirait à établir un pont entre l'Iran traditionnel et la modernité. Je n'étais pas un islamologue, mais *india-*

niste de formation, la rencontre avec Corbin me fit m'intéresser au *fait religieux*, aux phénomènes de l'esprit, peu
importe que ceux-ci s'exprimassent dans le langage
mythologique de la pensée indienne ou qu'ils revêtissent
les formes imaginales de la gnose irano-islamique, car le
philosophe, me disais-je, ne poursuit-il pas sa quête partout où souffle l'esprit ?

En effet il y avait en Iran un clivage culturel, sociologique, entre deux mondes qui restaient séparés les uns des
autres par des cloisons étanches : l'Iran shî'ite de Qomm,
et ses écoles théologiques, et l'Iran moderne qui s'indus-
trialisait à un rythme frénétique. Entre les deux, des groupes d'intellectuels opposés les uns aux autres par des
choix idéologiques et au milieu de ces différents groupes,
la pléiade de jeunes Iraniens qui avaient fait des études à
l'étranger (États-Unis, France, Suisse), avaient connu
l'œuvre de Guénon, découvert la tradition et étaient ren-
trés chez eux désireux d'approfondir cette tradition qui
leur semblait être une planche de salut dans l'océan agité
des bouleversements modernes. D'autre part les théologiens de Qomm étaient surtout des docteurs de la Loi et
parmi eux, ceux qui s'intéressaient à l'Islam spirituel écri-
vaient soit en arabe soit en persan scolastique inaccessible
à la jeunesse. Par conséquent les prodigieuses richesses de
la tradition philosophique iranienne restaient en dehors de
la portée des jeunes. Une grande partie de l'intelligentsia
de l'Iran, influencée par la vulgate marxiste et les sous-
produits de l'Occident, n'avait accès ni aux trésors de la
tradition ni aux grandes créations de la culture occidentale ; elle restait dans le vide, étant incapable de dépasser
le stade social des débats idéologiques. En revanche pour
cette pléiade de jeunes chercheurs, l'œuvre de Corbin fut
une révélation, non seulement elle traduisait les grands
moments privilégiés de la pensée iranienne dans un lan-

gage clair et conceptuel, mais, ce faisant, les vieilles idées
apparaissaient revêtues d'une robe neuve et éclatante : les
séquences s'enchaînaient, des perles rares jaillissaient du
fatras d'un monde scolastique vermoulu, l'univers iranien
ressuscitait paradoxalement dans le langage clair de Descartes ; et, se transmuant en un français élégant, ces idées
se modernisaient presque. Ainsi un Pèlerin de l'Occident
venait en Iran révéler aux jeunes Persans, en français, les
merveilles qu'avaient accumulées leurs illustres ancêtres.
Ceci est un des paradoxes inouïs de notre temps. Au
demeurant, le fait que l'œuvre de Corbin attirait ces jeunes esprits ne tenait pas uniquement à la langue mais aussi
à l'esprit avec lequel Corbin réinterprétait cette tradition.
Je me souviens, une fois je demandais à mon ami Sayyed
Jalâloddîn Ashtiyânî (collaborateur de Corbin pour la
fameuse *Anthologie*) : « Pourquoi n'écrivez-vous pas une
histoire de la philosophie irano-islamique, en en montrant
les grands moments et le lien génétique qui relie les
idées ? » Il me regarda longuement puis me fit cette
remarque qui m'impressionna beaucoup : « Je suis incapable de revoir en perspective la pensée philosophique ; je
ne dispose d'aucune *méthode* adéquate pour ce genre de
recherche ; j'incarne en quelque sorte cette philosophie. »
Aveu courageux d'impuissance mais aussi marque de
lucidité, car Ashtiyânî comprenait parfaitement la nécessité inéluctable de cette tâche primordiale ; c'est pourquoi
il accueillit à bras ouverts la proposition que lui fit plus
tard Corbin de créer une anthologie des grands penseurs
iraniens.

Si Ashtiyânî ne pouvait prendre de recul à l'égard de sa
propre tradition, ce recul était presque naturel pour Corbin : l'objectivité, la distanciation, la critique et l'analyse
étaient des caractères inhérents à l'attitude du regard occidental. D'autre part Corbin, outre le fait qu'il était fran-

çais, c'est-à-dire un Européen (je vis rarement un homme qui fut si européen dans le sens humaniste du terme), possédait à merveille tout l'appareil de la philosophie médiévale et moderne de l'Occident. Il avait ressenti dans sa chair les cassures de la foi et du savoir, de la théologie et de la philosophie ; il avait vécu les affres de la sécularisation, essuyé le drame de la « mort de Dieu », et c'est pour retrouver la Parole de la divinité à partir du temps de la détresse qu'il s'était fait pèlerin de l'Occident. D'où l'accent moderne de sa voix, le *pathos* de sa Quête qui touchait directement tout être soucieux de se mettre à l'écoute des impératifs de l'Esprit.

Corbin était devenu sans l'avoir cherché expressément le pont entre l'Iran de Sohrawardî et l'Occident de Heidegger. Et c'est cette dimension double de sa pensée qui permit à nous, jeunes chercheurs groupés autour de lui, d'approfondir ce rapprochement. Avec lui nous ne nous sentions point dans la constellation close et géocentrique d'un univers pré-galiléen, mais bel et bien dans les temps modernes, à travers sa voie nous apprenions à dialoguer avec les grands sommets de la culture occidentale : Maître Eckhart, Jacob Boehme, Hegel, Wagner et *Parsifal* (que Corbin aimait beaucoup), Berdiaev, Blake, Rilke, Heidegger, Jung et tant d'autres.

Dans les années soixante, nous étions un tout petit groupe : Sayyed Hosayn Nasr, professeur d'islamologie à l'Université de Téhéran, Issâ Sepahbodî, professeur de français, Houshang Beshârat, diplomate au ministère iranien des Affaires étrangères, et moi-même, professeur d'indologie à l'Université de Téhéran, à nous réunir dans le jardin de Zolmajd Tabâtabâ'î, avocat célèbre, mécène entiché de philosophie, qui recevait régulièrement les éminents shaykhs de la philosophie traditionnelle, et surtout le célèbre Sayyed Mohammad Hosayn Tabâtabâ'î, professeur de philosophie à Qomm et un des plus grands commentateurs du Qorân. C'est là, au tout début des années soixante que j'ai rencontré Corbin pour la première fois. Je me permettrai de reproduire ici ce que j'ai déjà dit ailleurs à ce sujet[33].

« C'était à Téhéran, un soir frais de fin d'été dans le jardin de Zolmajd Tabâtabâ'î. Nous étions un petit groupe assis dans la clairière d'un jardin qu'entouraient de longs cyprès et que rafraîchissait aussi l'éventail d'un jet d'eau se déversant sur la nappe d'un bassin en forme de croix. L'atmosphère quasi magique associée à cette première rencontre fut un point de repère dans ma mémoire et c'est, entourée du halo de cette évocation première, que m'apparaît toujours l'image de l'homme qui devait tant marquer ma vie.

« Les hôtes d'honneur étaient ce soir-là deux personnages d'Occident et d'Orient : le Français Henry Corbin et un Iranien, le Shaykh Mohammad Hosayn Tabâtabâ'î (…). De quoi parlions-nous donc ce soir-là ? Des thèmes majeurs de la gnose spéculative qui devaient nous préoccuper toute cette année-là, comme l'année suivante, et ceci durant les quinze années qui suivirent cette première rencontre ; thèmes d'une richesse inouïe ayant trait aux problèmes essentiels qui n'ont cessé d'angoisser les hommes dès les temps les plus immémoriaux. Ce soir-là, je me souviens, Corbin aborda le thème du péché originel, de la chute de l'homme et, les situant dans le cadre du christianisme, demanda au Shaykh : "La gnose de l'Islam admet-elle aussi le péché originel ?", puis citant un auteur français dont j'ai oublié le nom, ajouta : "Deux mille ans de péché originel ont fini par faire de vous des coupables complaisants." Je ne sais même pas si ma citation est fidèle, toujours est-il que cette phrase me frappa beaucoup. Le Shaykh avait une voix si basse qu'on l'entendait à peine, et murmurant comme en lui-même il répondit : "La chute n'est pas un manque, ni un défaut, encore moins un péché : n'eût été le fruit défendu de l'arbre, les possibilités inépuisables de l'Être ne se fussent jamais manifestées." Je n'oublierai jamais le sourire approbateur de Corbin ; ce sourire innocent qui vous communiquait directement la spontanéité d'une pensée généreuse. "C'est parce que l'Occident a perdu le sens du *ta'wîl*, dit Corbin, que nous n'arrivons plus à pénétrer les arcanes des Saintes Écritures et que nous démythologisons la dimension sacrée du monde." C'était la première fois que je mesurais toute l'ampleur insoupçonnée de ce terme que Corbin utilisait souvent et qui resta, comme on le sait, la clé de voûte de toute sa méditation. "Peut-on, fit remarquer le Shaykh, parler de ces choses-là sans tenir compte du *ta'wîl* (de l'herméneutique spirituelle) ? Il ne peut y avoir de vraie spiritualité sans *ta'wîl*." L'accord des deux hommes, en dépit des difficultés d'un dialogue parlé (le Shaykh parlait très bas avec un accent âzari en plus, Corbin l'entendait à peine), était total. C'est plus tard que je devais réaliser les immenses possibilités de ce "concept" et les implications qu'il suggérait. Je compris, alors, que toute la vie de Corbin était en quelque sorte un effort tendu vers l'éclosion de l'art du *ta'wîl*, c'est-à-dire de la *pensée méditante* par excellence dont il avait déjà découvert quelques aspects dans la méthode phénoménologique. Mais ce qui se présentait comme une découverte tardive dans le processus de la pensée occidentale, avec Husserl et Heidegger, avait été pour les penseurs iraniens la clé indispensable de toute méditation. "C'est cela que résume si bien, me disait Corbin, l'expression de *kashf al-mahjûb*, c'est-à-dire le dévoilement du caché." »

Ces rencontres continuèrent même après le départ de Corbin. Et c'est animés de l'esprit de synthèse de Corbin que pendant deux ans nous fîmes avec le Shaykh Tabâ-tabâ'î, qui entre-temps était devenu un ami très proche, une expérience unique en Iran, à savoir l'étude comparative des différentes religions du monde sous la direction d'un shaykh shî'ite traditionnel. Nous y lûmes tour à tour les traductions des Évangiles, la version persane des Upanishads, traduites par Dârâ Shokûh, les Sûtras du Bouddhisme, et le Tao Te Ching ; livre que Nasr et moi-même traduisîmes en toute hâte et dont nous fîmes la lecture avec le Shaykh. Celui-ci commentait les textes avec la perspicacité d'un maître spirituel se sentant à l'aise aussi bien dans la pensée hindoue que dans le monde bouddhique et chinois. Jamais il ne vit d'opposition de fond à l'esprit de la gnose islamique telle qu'il l'avait connue et pratiquée. Partout il voyait les grands moments de l'Esprit et lorsqu'on acheva la lecture de la pensée vertigineuse et si prodigieusement paradoxale de Lao Tseu, il nous fit remarquer que de tous les textes que nous avions lus avec lui, celui-ci était de beaucoup le plus profond, le plus pur. Par la suite il nous réclama à maintes reprises la traduction de ce texte, mais malheureusement le texte et les notes, que j'avais prises lors de ces réunions, avaient tous disparus lors d'un incendie qui ravagea ma bibliothèque le 25 décembre 1963. Nous n'eûmes jamais le courage ni Nasr ni moi-même d'en refaire la traduction.

En 1954, Corbin succéda à Louis Massignon à la section des sciences religieuses de l'École pratique des hautes études. Quant à cette nomination, Corbin remarque : « Le cher Massignon n'était pas étranger à cette élection. Je connaissais son souci, et quelles que furent nos différences de pensée, il me considérait comme le plus proche de lui pour prolonger la direction qu'il avait donnée aux recherches, sinon quant à leur contenu, du moins quant à leur sens et leur esprit[34]. »

Un autre événement d'une importance capitale allait également influencer la courbe de vie d'Henry Corbin : la participation au cercle d'Eranos. C'est en 1949 que Corbin reçut une invitation d'Olga Fröbe-Kapteyn à prendre part aux conférences qui avaient pour thème cette année-là *Der Mensch und die mythische Welt* (L'homme et le monde mythique). La première contribution de Corbin à Eranos avait pour titre « Le récit d'initiation et l'hermétisme en Iran (recherche angélologique) ». Cette participation dura pendant un quart de siècle. Corbin devint au fil des années un des piliers de ce Cercle plutôt hermétique. Il y connut Carl Gustav Jung qui en était en quelque sorte le « génie tutélaire », Karl Kérenyi, Mircea Eliade, Adolph Portmann, savant biologiste, Gerhard van der Leeuw, le phénoménologue néerlandais de la *res religiosa*, Daisetz Teitaro Suzuki, le maître en Bouddhisme zen, Ernst Benz, le théologien de Marburg, Gilbert Durand, James Hillman et Gershom Scholem, Toshihiko Izutsu, l'islamologue japonais également maître en bouddhisme, et beaucoup d'autres personnages illustres.

Toute orthodoxie ecclésiastique, académique et universitaire restait étrangère à l'esprit d'Eranos. Chaque participant y apportait sa contribution comme dans un laboratoire, où il exposait la première esquisse d'une recherche nouvelle. « Presque tous ces essais, disait Corbin, se sont transformés en livres. » Corbin y ébaucha lui-même les grands thèmes de ses livres qui furent publiés plus tard sous des titres différents comme *L'imagination créatrice dans le soufisme d'Ibn 'Arabî*, le monumental *opus magnum* en quatre volumes : *En Islam iranien* pour ne citer que quelques exemples.

Pour le regard transfigurateur de Corbin, tout prenait un sens symbolique, et c'est dans ce même esprit qu'il écrivit deux petits articles intitulés *De l'Iran à Eranos*

(1953) et le *Temps d'Eranos* (1956). Le lien unissant
l'Iran à Eranos n'était pas une assonance fortuite, « mais
une connivence, invitant à goûter la prévenance secrète
qui prépara les étapes incurvant l'itinéraire d'un unique
pèlerinage[35] ». Ici c'est Rudolf Otto qui servait de lien
synchronique. C'est en effet lui qui avait proposé autrefois en 1933 à Mme Fröbe-Kapteyn, de passage à Marburg, le sens, la forme et le nom du projet d'Eranos dont
il devint si l'on veut le *spiritus rector*. En 1930, Corbin
se trouvait aussi à Marburg de même qu'un jeune boud-
dhiste japonais, disciple de la Terre Pure de Sukhavati,
qui était venu jusqu'à Rudolf Otto, sur la trace de
Luther, ce « Bouddha d'Occident », parce que la doctrine de rédemption par grâce du grand théologien alle-
mand éveillait en lui la Compassion d'Amitabha, le
Bouddha de la Lumière infinie. Or, remarque Corbin,
l'Iran, pays de Fravarti (Ange) et Terre Pure, incarnait
aussi cette même réalité « puisque aux origines de la
Terre céleste à la lumière infinie flamboie la Lumière de
Gloire sacrale, le *Xvarnah* des hiérophanies iraniennes ».
Et c'est à Eranos que Corbin, initié à la vision iranienne
des Archanges de Lumière, apportait régulièrement sa
contribution. Dès lors toutes ces séquences non liées
causalement – R. Otto, auteur d'une étude comparative
sur les mystiques d'Orient et d'Occident (Sankara et
Maître Eckhart), la Terre Pure de Sukhavati, l'Iran terre
des Fravartis et du *Xvarnah* – se groupaient *synchroni-
quement* par-delà le temps et l'espace, et cela en dehors
de toute connexion causale, pour créer la configuration
propre de ce que Corbin appelait le « temps d'Eranos » ;
un temps qui était la « mise en présence » des événements constellés en signes. Eranos devenait de la sorte le
centre des signes. Venir à Eranos équivalait à interpréter
les connotations de ces signes, « parce que, dit Corbin,

Eranos est lui-même un *signe*. Il ne peut et ne pourra être compris que si on l'interprète comme un *signe*, c'est-à-dire comme une présence remettant sans cesse et chaque fois "au présent". Il *est* son temps parce qu'il met au présent, de même que chaque sujet agissant *est* son temps, c'est-à-dire une présence qui met au présent tout ce qui se rapporte à elle[36] ».

Le Cercle d'Eranos évoque aussi l'histoire d'une amitié particulière : celle de Jung et de Corbin. Il faut avoir fait le pèlerinage à Ascona pour se rendre compte à quel point l'esprit du Mage de Zurich est présent en ces lieux. Voici ce qu'en dit Corbin lui-même : « Les rencontres avec Carl Gustav Jung étaient quelque chose d'inoubliable. Nous eûmes de longs entretiens à Ascona, à Küssnacht, à Bollingen, dans son château fort, où me conduisait mon ami Carl-Alfred Meier. Que dire de ces entretiens sur lesquels je ne voudrais laisser planer aucune ambiguïté ? J'étais un métaphysicien non pas un psychologue, Jung était un psychologue non pas un métaphysicien, quoi qu'il ait souvent côtoyé la métaphysique. Nos formations et nos visées respectives étaient toutes différentes, et pourtant nous nous comprenions à longueur de dialogues, à tel point que, lorsque parut sa *Réponse à Job* qui fut déchirée férocement de tous les côtés confessionnels, je voulus en donner une interprétation loyale dans un long article[37] qui me valut son amitié. Cet article faisait de lui, en quelque sorte, un interprète de la *Sophia* et de la sophiologie. Oserai-je dire que l'enseignement et la conversation de Jung pouvaient apporter à tout métaphysicien, à tout théologien, un don inappréciable, à condition de s'en séparer au moment où il fallait ? Je pense au précepte d'André Gide : "Maintenant, Nathanaël, jette mon livre…"[38]. »

Ce qui séduisit Corbin dans la psychologie de Jung, c'est que celle-ci osait prononcer courageusement le « mot âme et mettre l'homme à la découverte de son âme[39] ». La pensée de Jung se distingue de la phénoménologie de la conscience historique en vigueur depuis Hegel, par ce fait qu'elle ne cesse de révéler la *préhistoire* de l'âme, de sorte que celle-ci n'est pas dépassée dans un passé périmé mais est toujours là « au commencement »[40]. L'importance de Jung est d'avoir montré le langage symbolique de cette *préhistoire*, de l'avoir distingué de l'allégorie et surtout d'avoir lié le symbole aux structures de l'âme elle-même. Les symboles sont donc la cristallisation des archétypes qui sont eux-mêmes les « organes de la psyché pré-rationnelle ». En soi l'archétype n'a pas de contenu, il est invisible, il peut être comparé au champ magnétique de l'aimant[41] ; et lorsqu'il se manifeste, c'est sous forme de symbole. D'où il s'ensuit que le symbole est la forme visible d'un archétype invisible. Dépouillés ainsi de leur teneur psychologique, les archétypes peuvent être comparés aux Idées divines, à l'*Imago Dei*, aux « Essences fixes » (gnose islamique), en bref toutes les formes archétypiques que revêtent les théophanies de l'Esprit.

Mais l'exégèse de l'âme et la rencontre avec l'Archétype primordial est, pour celui qui en fait l'expérience numineuse, une individuation, où le *moi* est en quelque sorte intégré dans l'Inconscient comme *hierosgamos* dont le fruit est, par exemple, dans le contexte du christianisme, la naissance de l'enfant divin. Jung, dans un article paru à Eranos[42], définit l'*individuation* comme l'expérience du Soi qui devient en quelque sorte le centre de cette intégration. Le Soi n'est pas le point central mais la circonférence qui englobe l'inconscient comme le conscient ; il est le centre de cette totalité tout comme le Moi

est le centre du conscient. Cette intégration, Jung
l'appelle la « symbolique du mandala » (*Mandalasymbo-
lik*). Le *mandala* est ainsi le symbole du Soi (*das Selbst*)
dans le processus de l'Individuation et ceci constitue
l'union des contraires et la création du corps archétypique (le *corpus incorruptibile* de l'alchimie). Un des disciples de Jung, Erich Neumann, reprenant le même thème
dans une conférence sur « l'homme mystique[43] », assimile l'expérience de Soi à la rencontre avec « le point
créateur du Néant » (*der schöpferische Punkt des Nichts*)
qui est l'expérience numineuse. Grâce à cette rencontre
les deux pôles de notre être total mis face à face, c'est-à-
dire le Moi et le non-Moi, se transmuent pour constituer
en quelque sorte une troisième entité que révèle pour
l'homme mystique l'équation métaphysique de « Cela tu
es » (*tat tvam asi*). Le *Cela* de cette équation fondamentale tout en étant le centre annihilant du Néant n'en est
pas moins le point fondateur de la circonférence de
l'Être. En conséquent, cette expérience est par rapport au
Moi qui s'anéantit une annihilation, mais par rapport à la
Totalité qui en émerge elle est le Soi, c'est-à-dire le
temenos, la structure initiale et configuratrice du *mandala* : « là où la théologie mystique et l'anthropologie
mystique deviennent une seule et même chose[44] » ; là où
enfin, selon les mystiques islamiques, le point final de la
Remontée rejoint le point initial de la Descente[45]. Or
l'expérience de Soi, comme Individuation, suggérait pour
Corbin, sans toutefois se confondre, le phénomène de la
Rencontre avec l'Ange dont il retraçait les multiples
exemplifications dans la gnose irano-islamique. L'expérience mystique, que ce soit celle du prophète ou du philosophe gnostique, ne pouvait s'effectuer que par la
présence transmuante de l'Ange comme guide intérieur.
La progression du parcours des deux est donc le résultat

d'une pédagogie angélique qui se traduit intérieurement par la rencontre avec l'Ange-Soi. Ce guide intérieur peut revêtir des noms différents et apparaître tantôt comme l'Archange Gabriel, tantôt comme Nature Parfaite (Sohrawardî et la tradition hermétique), tantôt comme Partenaire Céleste (tradition gnostique), tantôt comme le Héros des Récits visionnaires avicenniens Hayy ibn Yaqzân. Mais sous quelque forme que l'Ange veuille bien se manifester, sa fonction pédagogique est la même : éveiller l'âme en tant qu'Étrangère en ce monde et susciter la conjonction de la bi-unité de l'âme avec son Alter-Ego céleste. C'est ainsi le double aspect de cette conjonction qui crée l'Individuation et amène l'éclosion de la dimension polaire de l'être grâce à laquelle la contrepartie céleste de l'âme se manifeste pour le mystique *in singularibus*.

En définissant l'expérience de Soi, Corbin estime que Jung valorisait l'*Imago* intérieure et le langage primordial du symbole contre « la dissolution de l'âme à laquelle conduisent joyeusement la psychanalyse de Freud, les laboratoires de psychologie et tant d'autres inventions en lesquelles notre monde agnostique est si fertile[46] ». On ne retenait malheureusement de Jung que l'inconscient collectif en négligeant le processus d'Individuation qui restait le thème central de tout son travail sur l'alchimie. Celle-ci révélait, d'autre part, le « monde des corps subtils » dont Corbin avait dévoilé le fondement ontologique dans la pensée irano-islamique : à savoir le monde des Images-Archétypes (*'âlam al-mithâl*), le *malakût* de l'âme où les corps se spiritualisent et où se corporalisent les esprits. Cependant c'est ici qu'intervient, si je puis dire, la différence essentielle inhérente aux deux méthodes psychologique et métaphysique de Jung et de Corbin. Pour qu'il pût se différencier de l'Imaginaire, ce *mundus imaginalis* exigeait une assise ontologique propre et autonome. Or, estime Corbin, « il manque encore au psychologue occidental de disposer de cette assise ou de cet encadrement métaphysique qui assure ontologiquement la fonction de ce monde médiateur[47]... ». Car à défaut d'une assise cosmologique et ontologique, ce monde-là est susceptible de dégénérer en dérèglements de l'imaginaire. C'est pourquoi Corbin forgea le terme d'*imaginal* pour le distinguer nettement de l'imaginaire. L'*imaginal*, précisons-le encore une fois, n'a de réalité que s'il est soigneusement encadré dans une vision cosmologique et platonicienne du monde où les réalités intérieures de l'homme auraient des contreparties ontologiques à l'extérieur et que le passage de l'un à l'autre – c'est-à-dire du temps des horizons (*âfâqî*) au temps intérieur de l'âme (*anfosî*) – s'effectuerait par une rupture qui serait aussi un revirement, voire un *ta'wîl*. À défaut de cette expérience gnostique, l'*imaginal* a toutes les chances de se dégrader en délires imaginaires. C'est donc tout un combat pour l'âme du monde qu'il faut livrer, dit Corbin et dans cette dimension « la psychologie jungienne peut fort opportunément préparer le terrain du combat, mais l'issue victorieuse du combat dépend d'autres armes que celles de la psychologie[48] ».

Il faudrait à présent, pour finir cette introduction, évoquer les derniers moments importants de cette biographie spirituelle. C'est au cours de l'automne 1964 à Téhéran qu'avec son collègue et ami Sayyed Jalâloddîn Ashtiyânî (professeur à la Faculté de Théologie de l'Université de Mashhad) Corbin conçut le projet de mettre à l'œuvre une des grandes tâches encore inachevée de sa vie : l'élaboration d'une vaste *Anthologie des philosophes iraniens depuis le XVIIe siècle jusqu'à nos jours*, en commençant par Mîr Dâmâd, le maître à penser de l'École d'Ispahan, aux confins des XVIe et XVIIe siècles. Il s'agissait de présenter une quarantaine ou une cinquantaine de penseurs, dont les noms n'étaient pas oubliés, mais dont les œuvres restaient difficilement accessibles et à peu près ignorées du reste du monde. Au départ ils prévoyaient atteindre cinq volumes, puis ils réalisèrent qu'il en fallait six ou sept. Le premier volume parut en 1971, le deuxième en 1975, le troisième était terminé et le quatrième en voie de l'être. Corbin n'eut hélas pas le temps d'achever ce corpus, mais il avait eu, par contre, l'intention de réunir les parties françaises en un volume séparé. Ce volume parut après la mort de Corbin sous le titre de *La philosophie iranienne islamique aux XVIIe et XVIIIe siècles* aux éditions Buchet-Chastel en 1981. Quant aux relations d'amitié entre Corbin et Ashtiyânî, elles furent excellentes, Ashtiyânî avait une admiration sans réserve pour Corbin. Je me souviens qu'en automne 1977, il était venu s'installer quelques jours chez moi. L'appartement que je lui avais réservé donnait sur un jardin et nous y contemplions les premiers signes de l'automne et dans l'arrière-espace la chaîne magique d'Alborz qui semait le rêve des hauteurs sur les étendues vastes du désert. Discuter avec Ashtiyânî était souvent un privilège inoubliable ; il avait le don de vous emporter à tire-d'aile vers des horizons invisibles et des espaces inexplorés. Il me demanda un jour de lui traduire quelques pages que Corbin avait consacrées à Mollâ Sadrâ Shîrâzî. J'en donnais tant bien que mal une traduction libre, paraphrasée, essayant de transposer en persan ce qui avait été magistralement bien interprété en français. Ashtiyânî était littéralement enchanté ; la pensée de Sadrâ révélait, grâce à la transmutation que lui faisait subir Corbin, un attrait inédit, une tonalité actuelle. Il écouta silencieusement puis me dit ceci : « Vraiment il a bien saisi le fond de sa pensée. »

Lorsqu'en 1973 Corbin atteignit comme il le dit lui-même la « limite de l'âge », et qu'il devait par conséquent renoncer à son séjour régulier en Iran, voici que prit « providentiellement naissance » une « Académie impériale iranienne de philosophie » dirigée par son ami et collègue Sayyed Hosayn Nasr qui l'accueillit immédiatement comme membre. Le programme de séjour restait donc inchangé. Corbin put régulièrement venir en Iran, y poursuivre ses recherches et donner des cours à l'Académie. D'autre part, on venait de fonder à Téhéran, en 1977, un « Centre iranien pour l'étude des civilisations » dont j'assumais moi-même la direction. Corbin avait à présent un choix : tout le monde était prêt à l'accueillir à bras ouverts dans son établissement. Ses jeunes amis dirigeaient dorénavant des instituts de recherche s'orientant dans les ornières qu'il avait si patiemment creusées. Lorsqu'en automne 1977, j'ai voulu organiser à Téhéran un colloque international ayant pour thème « *L'impact de la pensée occidentale rend-il possible un dialogue réel entre les civilisations ?* », je fis appel à lui et il en devint en quelque sorte le *spiritus Rector*. Le colloque gravita autour de sa personnalité rayonnante et fut un immense hommage à l'homme qui avait tant fait pour l'Iran et sa culture. Ce fut hélas le dernier séjour de Corbin en Iran et je suis heureux qu'il ait été couronné de succès et de gloire ; car il apprécia beaucoup les marques de déférence et d'amitié que tout le monde lui témoignait : des plus grands aux plus humbles. La contribution de Corbin au colloque : *De la théologie apophatique comme antidote au nihilisme* allait directement au cœur du débat et portait comme toujours le problème au niveau de l'esprit. Les deux noms que l'on cita le plus souvent au cours des entretiens qui s'ensuivirent furent ceux de Corbin et de Heidegger. Un grand cycle s'achevait ainsi, la quête de Heidegger à Sohrawardî y trouvait son dénouement et son apothéose. Et dans l'intervention finale, Corbin résuma ainsi l'esprit du colloque : « Pour la première fois dans un colloque comme le nôtre, j'ai entendu citer côte à côte philosophes occidentaux et philosophes iraniens traditionnels. Pour un chercheur animé initialement par la conviction que cette philosophie iranienne recelait un trésor spirituel et qu'il valait la peine de consacrer le travail de toute une vie à sa renaissance, c'est là une récompense intime[49]. »

C'est lors d'une escale à Paris sur mon chemin de retour que je vis pour la dernière fois Corbin en septembre 1978. J'arrivais d'une mission en Amérique latine. Corbin était étendu sur son lit, malade et quelque peu inquiet du cours des événements en Iran, car la révolution iranienne avait bel et bien commencé. Je ne puis dire à quel point nous fûmes contents de nous revoir, je l'embrassai et m'installai au chevet de son lit. « Que se passe-t-il donc en Iran, mon petit Daryush ? » Je n'en savais rien moi-même. Mon absence de quarante jours m'avait complètement mis hors du circuit des événements qui entre-temps avaient pris un rythme frénétique. Les quelques bribes d'information que j'avais pu recueillir à travers la presse mexicaine et péruvienne ne m'en apprenaient pas davantage. Je ne sais ce que je lui ai dit tant j'étais ému. En sortant j'avais les larmes aux yeux car je savais que je ne le reverrais plus. Dans le taxi qui m'emmenait à l'aéroport, j'avais de sombres pressentiments. Je savais que la mort imminente de Corbin annonçait la fin d'un monde, que le pays à « la couleur du ciel », la patrie des poètes et des philosophes basculait vers un gouffre et qu'elle allait bientôt connaître l'une des pages les plus sombres de son histoire. Même après presque dix ans de recul, j'éprouve la même angoisse en revivant ces minutes intenses. Et maintenant que j'écris ces lignes et pense à l'ami disparu, j'entends sa voix qui m'annonce « un monde où l'amour devait précéder toute connaissance, où le sens de la mort ne serait que la nostalgie de la résurrection ».

CHAPITRE II

L'herméneutique et Heidegger

Le passage de Heidegger à Sohrawardî a fait couler beaucoup d'encre : on y a décelé un signe de déception, une disparité et même un mélange incongru. Corbin s'y est expliqué clairement dans son entretien avec Philippe Nemo : « Ce que je cherchais chez Heidegger, ce que je compris grâce à Heidegger, c'est cela même que je cherchais et que je trouvais dans la métaphysique irano-islamique[1]. » Ce que Corbin trouvait chez les penseurs iraniens était en quelque sorte un autre « climat de l'Être » (*eqlîm-e wojûd*, Hâfez), un autre niveau de présence, niveau qui était exclu pour ainsi dire du programme de l'analytique heideggerienne. Le « retour aux choses mêmes » que préconisait Husserl, les mises entre parenthèses, le retrait hors des croyances admises que prônaient les adeptes de la phénoménologie, ne débouchaient pas sur le *continent perdu* de l'âme pas plus que Heidegger, analysant les existentiaux du *Dasein* et la structure de la temporalité, ne parvenait à atteindre ce *huitième climat* ou le monde de l'*imaginal*. Ainsi le passage de Heidegger à Sohrawardî n'était pas uniquement un parcours ordinaire, encore moins une évolution mais une rupture, une rupture qui marquait l'accès à un autre climat de l'être, et qui ne porta tout son fruit que lorsque Corbin, isolé à Istanbul en compagnie du Shaykh al-Ishrâq, en eut peu à peu la vision immédiate.

En effet, comme nous l'avons déjà remarqué, toute la problématique philosophique du jeune Corbin gravite autour de deux thèmes solidaires l'un de l'autre : l'herméneutique et la temporalité. Et pour quiconque s'intéressait à ces choses-là et qui était germaniste par-dessus le marché, l'originalité de la pensée du maître de Freiburg ne pouvait rester indifférente. Car le mérite immense de Heidegger, dit Corbin, est « d'avoir centré sur l'herméneutique l'acte même de philosopher[2] ». D'autre part le concept d'herméneutique a une origine protestante et luthérienne. De Luther à Hamann, à Scheiermacher (1768-1834), à Dilthey, à Barth, à Heidegger, le lien de cette tradition herméneutique est évident. Il n'est pas étonnant dès lors de voir Corbin suivre pas à pas les jalons de ce parcours. Nous le voyons confronté à la notion de la *significatio passiva* chez Luther, à la théologie dialectique de l'appel de l'Autre de Barth ; nous le voyons en compagnie du Mage du Nord et en contact avec sa « philosophie prophétique », idée que d'ailleurs Corbin développera dans la pensée irano-islamique où l'identité de l'Ange de la connaissance et de l'Intelligence agente lui donnera les prémisses d'une philosophie prophétique. Voilà Corbin occupé par le problème de la temporalité : le temps existentiel de la foi et le temps de la Parole de Dieu, et sous-tendant ces différents modes d'être, les différents niveaux herméneutiques qui leur correspondent. « Ce que je trouvais avec enchantement chez Heidegger, dit-il, c'était en somme la filiation de l'herméneutique depuis le théologien Scheiermacher, et si je me réclame de la phénoménologie, c'est que l'herméneutique philosophique est essentiellement la clef qui ouvre le sens caché (étymologiquement l'*ésotérique*) sous les énoncés exotériques. Je n'ai donc fait qu'en poursuivre l'approfondissement d'abord dans le vaste domaine inexploré de la gnose islamique shî'ite, puis dans les régions de la gnose chrétienne et de la gnose juive qui en sont limitrophes. Inévitablement, parce que d'une part le concept d'herméneutique avait une saveur heideggérienne, et parce que d'autre part mes premières publications concernèrent le grand philosophe iranien Sohrawardî, certains "historiens" s'obstinèrent à insinuer vertueusement que j'avais mélangé Heidegger avec Sohrawardî. Mais se servir d'une clef pour ouvrir une serrure, ce n'est tout de même pas confondre la clef avec la serrure. Il ne s'agissait même pas de prendre Heidegger comme une clef, mais de se servir de la clef dont il s'était lui-même servi, et qui était à la disposition de tout le monde[3]. »

Si Corbin suit le cours de philosophie médiévale avec Gilson, Heidegger poursuit ses études théologiques puis philosophiques à l'Université de Freiburg et en 1911, après quatre semestres de théologie, décide de se consacrer entièrement à la philosophie. En 1915 sa thèse d'habilitation dédiée à Rickert a pour titre : *Le traité des catégories et de la signification chez Duns Scot*. Les pages de cet ouvrage traitant de la *grammatica speculativa* aideront plus tard Corbin à mettre en œuvre l'herméneutique luthérienne lorsqu'il sera appelé à suppléer son ami Alexandre Koyré à la section des sciences religieuses de l'École des hautes études, pendant les années 1937-1939. Il y a aussi le concept augustinien du temps où Corbin retrouve le schéma « génialement renouvelé » chez Heidegger[4]. Corbin est séduit par l'herméneutique de *Sein und Zeit*. Quel est le lien qui relie le signifiant et le signifié ? C'est le *Dasein*, le Sujet, que Corbin traduit à l'époque par « *réalité-humaine* ». Le Sujet, en tant que *réalité-humaine* ou *Être-là* (comme on le traduira par la suite), réalise une présence, se constituant en tant que *Da* (là), il est d'ores et déjà être-dans-le-monde (*In-der-Welt-Sein*). Son être est la condition originelle qui précisément rend possible la projection d'un monde. Sa présence n'est pas un présent uniforme et continu dans le temps, mais il est lui-même en tant que *pro-jet*, source de temporalisation. Autrement dit il sécrète son propre temps. D'où la définition de Heidegger : « l'essence de la réalité-humaine consiste en son ex-sistance » (*Das Wesen des Daseins liegt in seiner Existenz*)[5]. Ex-sistant en tant qu'être ex-statique, l'Être-là non seulement projette un monde, mais ce faisant, il l'explique : sa présence au monde qu'il éclaire lui-même de par sa présence au monde est d'ores et déjà compréhension et interprétation (*Aus-legung*). D'où l'importance que revêt pour Corbin le fait que Heidegger ait insisté sur l'herméneutique. Sa présence étant révélante, elle est aussi révélée mais « de telle sorte qu'en se révélant, c'est elle-même qui se révèle, elle-même qui est révélée[6] ». Toute existence, étant une compréhension, est par là même l'articulation d'un projet (*Entwurf*) grâce auquel l'Être-là assume d'une part sa condition originelle d'un être jeté dans une existence qu'il n'a pas choisie et anticipe, par avance, son ultime pouvoir-être, c'est-à-dire son avenir. Le temps s'origine à partir de l'avenir et l'avenir acquiert de la sorte un privilège sur les deux autres extases temporelles à savoir le passé et le présent. Ainsi la trame de l'Être-là est tissée d'historicité : « L'analyse de l'historicité de la réalité-humaine (l'Être-là) essaie de montrer que cet existant (étant) n'est point "temporel", parce qu'il "se trouve dans l'Histoire", mais qu'au contraire, s'il n'existe et ne peut exister qu'historiquement, c'est qu'il est temporel dans le fond de son être[7]. »

Les trois composantes de la structure tridimensionnelle du *Dasein* : la facticité ou la déréliction (*Befindlichkeit*, le fait de se trouver toujours-là), l'existence en tant que présence et source de temporalisation et l'être-auprès-de (*Sein bei*) constituent le souci. Celui-ci interprète le monde comme lumière naturelle. L'homme éclaire le monde par un double mouvement de rétrospection et d'anticipation, de sorte que souci, interprétation, temporalisation demeurent des existentiaux simultanément originels (*gleichursprünglich*), liés à la structure même du *Dasein* et son identification à l'être-dans-le-monde.

Ces existentiaux sont, par conséquent, les modes d'être ou, si l'on veut, les conditions ontologiques, existentiales du comprendre, c'est-à-dire de l'herméneutique. Ceci est la *clavis hermeneutica* que l'étude de Heidegger offrit à Corbin : les modes d'être requièrent leur propre mode de comprendre ; mais pour Corbin qui cherchait des modes d'être autres que ceux que postulait le *Da* de l'analytique du *Dasein*, le problème de l'herméneutique allait dépasser l'horizon de la *Weltanschauung* heideggerienne. Corbin allait ouvrir avec cette même clef d'autres serrures, notamment celles qui restaient en dehors du programme analytique de Heidegger ; c'est-à-dire d'autres modes d'être en rapport avec d'autres niveaux herméneutiques et d'autres modes de temporalisation. Le problème de la *hiérohistoire*, de l'eschatologie, de l'espace imaginal des symboles : toutes choses que ne visait guère l'horizon de la pensée heideggerienne et qui restaient néanmoins les soucis majeurs de la quête de Corbin. L'herméneutique de Heidegger, du moins celle du *Sein und Zeit*, avait pour tâche de mettre en lumière la manière dont le *Da* révèle l'horizon qui lui est caché. Autour de ce *situs* (*Weltanschauung* heideggerienne) s'ordonne ainsi « toute l'ambiguïté de la finitude humaine caractérisée comme un "Être-pour-la-mort" (*Sein zum Tode*)[8] »... tandis que chez les mystiques iraniens, un Mollâ Sadrâ, par exemple, la présence telle que leur dévoile le phénomène du monde n'est plus une présence dont la finalité est l'être-pour-la-mort, mais un être pour au-delà de la mort, un *Sein zum Jenseits des Todes*[9]. Par conséquent la différence converge vers cet *au-delà* qui est le point de rupture : entre ici-bas et l'au-delà le sens de la mort change du tout au tout. Mais quel est le fondement existentiel de la mort chez Heidegger ?

Celui-ci postule que l'Être-là existe selon deux modes fondamentaux : l'existence inauthentique submergée dans la banalité quotidienne du On (*das Man*) soucieuse de se distraire et de se soustraire à ses vraies possibilités, ou sur le mode de l'authenticité qui est existence résolue cherchant à vivre selon ses possibilités propres, inconditionnelles et indépassables. Ce qui distingue ces deux modes d'être de l'existence c'est l'attitude de l'Être-là vis-à-vis de la mort. L'attitude authentique consisterait donc à ne point échapper devant cette possibilité ultime qui lui est propre. L'être-pour-la-mort a son fondement dans le souci, dans le fait que l'Être-là mûrit dès sa naissance sa mort. « Dès que l'humain vient à la vie, dit Heidegger citant un vieux proverbe, déjà il est assez vieux pour mourir[10]. » La mort est quelque chose qui nous appartient en propre et personne ne peut décharger de sa mort quelqu'un d'autre[11]. Elle est une imminence que nous portons toujours en nous, possible à tout instant et par là même indéterminée. Elle est donc notre possibilité « absolument propre, inconditionnelle, indépassable » et a sa source dans cet acte de l'anticipation de soi-même. Mais dans le mode de l'existence inauthentique l'Être-là est submergé dans la banalité quotidienne ; il se perd dans le On, lequel s'exprime d'autre part dans les bavardages et les *parleries*[12]. On en parle comme d'une chose qui arrivera bien un jour mais en attendant c'est le tour du voisin tandis qu'on reste soi-même sain et sauf. Le fait de mourir, dit Heidegger, « est ainsi ramené au niveau d'un événement qui concerne bien la réalité-humaine (l'Être-là), mais ne touche personne en propre[13] ». Ainsi cette mort qui est bien la mienne propre, « sans suppléance possible », la voilà à présent convertie à un événement qui relève du domaine public. La mort c'est à l'On qu'elle revient car celui-ci « justifie et aggrave la *tentation* de se dissimuler à soi-même l'être pour la mort, cet être possédé absolument en propre[14] ».

C'est par la mort que l'Être-là forme un tout achevé. Être-pour-la-mort c'est donc assumer la mort comme possibilité, c'est l'acte de s'élancer par-avance (*vorlaufen*) dans la possibilité ultime[15] ; c'est aussi être-attentif (*warten*) à sa réalisation. Par conséquent l'Être-là ne peut être authentiquement lui-même qu'à la condition de se rendre par lui-même possible pour la mort[16]. Car l'élan anticipateur loin de se dévoiler devant la mort, loin de prendre la fuite devant la possibilité indépassable et inconditionnelle que recèle l'Être-là, se *rend libre pour la mort*[17] ; c'est-à-dire libre pour sa propre mort. Cet élan empêche l'Être-là de tomber en arrière de lui-même ; il le rend seul face à son destin, lui offre la possibilité d'une anticipation existentielle, d'un accomplissement total dans une solitude radicale : « c'est-à-dire la possibilité d'ex-sister en tant que *pouvoir-former-un-Tout (ganzes Seinkönnen)*[18] ».

Or la *Stimmung* qui éveille en quelque sorte l'homme et le met en face à face avec le Néant c'est l'angoisse. Celle-ci est un recul devant... qui n'est plus une fuite comme dans l'existence inauthentique où la dérobade se traduit par la crainte, mais « un repos et une fascination[19] ». L'angoisse est donc essentiellement une répulsion ; elle révèle l'essence du Néant incluse dans la finitude même de l'Être-là ; elle est ainsi un néantissement. « C'est le

Néant lui-même qui néantit » (*das Nichts selbst nichtet*)
dit Heidegger[20]. Le Néant, faisant glisser l'ensemble des
existants, les rend ainsi branlants (*hinfällig*) et, les ébran-
lant, dévoile la solitude, l'étrangeté et le dépaysement de
l'Être-là comme radicalement-Autre en face du Néant[21].
Retenu ainsi à l'intérieur du Néant l'homme émerge hors
et au-delà de l'étant et cet acte d'émergence c'est la
Transcendance. D'où cette phrase de Heidegger qui fait
penser à la catégorie du Sacré mise en œuvre par R. Otto,
« sans la manifestation originelle du Néant, il n'y aurait ni
être personnel, ni liberté[22] ». Et pourtant cette angoisse
originelle n'advient qu'en de rares moments ; elle est le
privilège de quelques élus. C'est grâce à elle qu'en fin de
compte, l'Être-là, affranchi des illusions du On, anéanti
par l'angoisse qui le fait émerger au-delà de l'étant
comme transcendance, achève la liberté pour la mort,
c'est-à-dire la possibilité d'exister comme un Tout
achevé[23].

Si donc l'Être-pour-la-mort réalise grâce à l'angoisse
une existence authentique qui est celle d'assumer l'ultime
possibilité de son être et le pouvoir de former un Tout
achevé, ce Tout-là reste néanmoins au niveau horizontal
d'ici-bas. D'ailleurs Heidegger dit que « l'analyse de la
mort reste purement circonscrite ici-bas[24] ». La transcendance heideggerienne ne se soucie guère de l'au-delà
(*Jenseits*) ; elle n'effectue point une rupture avec notre
plan d'existence. Elle ne se préoccupe ni du devenir posthume de l'âme, ni de l'eschatologie, ni d'une théologie
apophatique, ni enfin de résurrection. Toutes choses que
Corbin retrouve ailleurs dans le monde irano-islamique.
L'acte de transcendance révèle chez les penseurs iraniens
une présence au-delà de la mort. Par exemple pour
Sohrawardî (*infra*, Livre III, chap. V, 2), la Connaissance
orientale (*ishrâqî*) est une connaissance présentielle ('*ilm*

hozûrî) ; étant illumination, elle est également « rendre-présent » (*istihzâr*). Mais cette faculté de rendre-présent est proportionnelle au degré d'immatérialisation (*tajarrod*) qu'acquiert l'homme. Plus l'âme s'esseule, s'abstrait d'elle-même par rapport à la matière, plus elle est présente et plus soustraite par là même au règne de la matière et à l'emprise de la mort. C'est pourquoi arrivée à la présence totale des lumières infinies, l'âme subit une transfiguration de tous les sens et voit et entend par l'œil et l'ouïe intérieurs. Mollâ Sadrâ professe aussi que le degré d'existence est proportionnel au degré de présence. Plus intense est l'acte d'être, l'acte d'existence, plus il est présence à d'autres mondes et plus l'être est absent à la mort. La présence consiste à se séparer des conditions de ce monde-ci, à combler le retard sur la présence totale. Plus l'homme s'immatérialise et s'absente plus il rattrape aussi le retard de la chute et plus il se libère par là même des conditions de l'être-pour-la-mort. La présence totale de l'homme transcende l'*horizontalité* du tout achevé qu'est la liberté pour la mort chez Heidegger et ceci en vertu d'une ascension verticale par laquelle la mort devient une résurrection et le Tout achevé, un Retour à l'Origine, c'est-à-dire le point de coïncidence des deux arcs de la Descente et de la Remontée, et enfin l'endroit où le point initial du cycle de l'Être rejoint le point final du Retour. D'où résurrection au niveau du sensible, puis au niveau de l'Intermonde des Images, résurrection enfin au niveau du monde des Intelligences. De résurrection en résurrection l'homme gravit l'échelle de l'ascension, éclôt en d'autres mondes, fait acte de présence à d'autres niveaux de l'Être. Le *Da* s'étend en verticalité jusqu'à la consommation finale dans le fond abyssal de la surexistence en Dieu. L'être-dans-le-monde ne se limite pas à la dimension d'ici-bas, ni à la temporalisation qui, dans son élan anticipateur, s'élance en avant de soi-même vers la mort, mais se prolonge verticalement à l'Intermonde des Images, au monde des Intelligences, chacun des mondes ayant en plus sa temporalisation propre. Ainsi du temps dense et opaque du monde sensible (*molk*) ; ainsi du temps subtil du monde du *malakût* ; ainsi du temps absolument subtil du monde *de Jabarût* (Intelligences). Aux trois modes de présence correspondent trois modes de connaissance, et chaque mode ayant en outre son herméneutique propre que ce soit le *tafsîr*, le commentaire littéral, le *tafhîm*, le « faire comprendre » par inspiration divine (*ilhâm*) ou le *ta'wîl* qui est une vision immédiate ou dévoilement intérieur (*kashf*). C'est donc dans la différence qualitative de ces deux façons d'être-dans-le-monde qu'éclate toute la dimension de cet *au-delà* qui est un revirement du temps des horizons (*âfâqî*) en un temps intérieur de l'âme (*anfosî*) et la découverte d'un *continent perdu*, voire la révélation de l'envers du décor de notre monde. Et c'est ce *continent perdu*, enseveli sous le sable de l'« oubli de l'Être », que Corbin redécouvre dans la mémoire originelle de la pensée irano-islamique.

CHAPITRE III

Corbin et le monde iranien

Tous les thèmes que Corbin avait mûris et élaborés dans sa jeunesse et dont il avait pressenti l'importance dans ses études sur Luther, Hamann, Heidegger, cherchaient une terre d'accueil à même de les héberger et de les intégrer dans le tout d'une structure organique. Et c'est le monde iranien qui leur prêta cet « encadrement métaphysique ». La vocation spirituelle de l'Iran ne fut-elle pas précisément de nouer le lien entre cette tradition abrahamique qu'il fit sienne en épousant l'Islam et la tradition zoroastrienne qu'il tenait de ses origines immémoriales ? Le monde iranien permit à Corbin d'articuler toutes les idées qui lui étaient chères dans le cadre d'une cosmologie se traduisant en angélologie, et où la fonction médiatrice de l'Ange en tant que principe d'individuation non seulement préservait l'individu de toute identification à une totalité idéologique, mais *sauvait* également le « phénomène », c'est-à-dire la fonction théophanique. Celle-ci, d'autre part pouvait sauvegarder le monothéisme du double piège qui le guette : l'anthropomorphisme et le monothéisme abstrait. Tout se rangeait ainsi dans la structure hiérarchique des univers où le passage d'un monde à l'autre non seulement devenait une herméneutique (*ta'wîl*) mais également une résurrection, un accès aux

Intermondes des Images, une absence par rapport à la finitude de l'être-pour-la-mort. L'herméneutique devenait de
ce fait un revirement de l'historicité de l'histoire empirique à l'*historialité* de la hiérohistoire, et partant de l'histoire de l'âme dans son double voyage de descente et
d'ascension à travers les Intermondes du Retour. Le *ta'wîl*
était lié à la fonction théophanique du monde ; il n'y
aurait pas eu de *ta'wîl* si le monde n'était tissé d'un réseau
de symboles, s'il n'était aussi un *miroir* réfléchissant les
Images provenant d'ailleurs et si ce même *ta'wîl*, nous
transmuant à un autre niveau d'être, ne nous permettait de
percevoir le monde avec les sens transfigurés : c'est-
à-dire avec les yeux de l'âme. Car le *ta'wîl* n'était-il pas un
passage de l'apparent à l'occulte, de l'exotérique à l'ésotérique, voire le « dévoilement du caché » (*kashf al-
mahjûb*) ? Cette herméneutique que Corbin cherchait
depuis sa jeunesse se concrétisait finalement dans cette
conception primordiale de la gnose irano-islamique : *le
dévoilement du caché*. Voici ce qu'il en dit lui-même dans
une de ses œuvres tardives où il est déjà entièrement en
possession de sa méthode herméneutique :

« Voyons plutôt la démarche qu'accomplit l'enquête
phénoménologique. Elle se rattache essentiellement à la
devise de la science grecque : *sôzeïn ta phaïnomena*, sauver les phénomènes (les apparences). Qu'est-ce à dire ?
Le phénomène, c'est ce qui se montre, ce qui est apparent
et qui dans son apparition montre quelque chose qui ne
peut se révéler en lui qu'en restant simultanément caché
sous son apparence. (…) Dans les sciences philosophiques et religieuses le *phénomène* s'annonce dans des termes techniques où figure l'élément *phanie*, tiré du grec :
épiphanie, théophanie, hiérophanie, etc. Le phénomène, le
phaïnomenon, c'est le *zâhir*, l'apparent, l'extérieur, l'exotérique. Ce qui se montre dans ce *zâhir*, tout en s'y

cachant, c'est le *bâtin*, l'intérieur, l'ésotérique. La phénoménologie consiste à "sauver le phénomène", sauver
l'apparence, en dégageant ou dévoilant le caché qui se
montre sous cette apparence. (...) C'est laisser se montrer
le phénomène tel qu'il se montre au sujet à qui il se montre. C'est donc une tout autre démarche que celle de l'histoire de la philosophie ou de la critique historique.

« Mais alors la recherche phénoménologique n'est-elle
pas ce que nos vieux traités mystiques désignent comme
kashf al-mahjûb, le dévoilement de ce qui est caché ?
N'est-ce pas aussi ce que désigne le terme de *ta'wîl*, fondamental en herméneutique spirituelle qorânique ? Le
ta'wîl, c'est ramener une chose à sa source, à son archétype (*tchîzî-râ be-asl-e khwôd rasânîdan*). En l'y reconduisant, on la fait passer de niveau en niveau de l'être, et
par le fait même on dégage la structure d'une essence (ce
qui ne veut pas du tout dire être structuraliste). La structure, c'est le *tartîb al-mazâhir*, le système des formes de
manifestation d'une essence donnée[1]. »

Mais ramener une « chose à sa source », c'est aussi lui
faire subir une sorte de conversion, un changement d'état
allant du successif au simultané. Et c'est ce que lui rappe-
lait d'autre part Swedenborg quand montrant le changement du successif en simultané, il suggérait quelque chose
comme l'événement suivant : « que les choses les plus
hautes et originelles dans l'ordre successif deviennent
l'intime et le cœur dans l'ordre simultané, tandis que les
choses inférieures et les dernières à se produire dans
l'ordre successif deviennent les parties extérieures et
extrêmes dans la structure simultanée[2] ». Si donc le successif pouvait être comparé aux différentes sections d'une
colonne d'un temple dont le pourtour étroit au sommet va
en s'élargissant du sommet à la base, l'ordre simultané
représenterait en revanche cette même colonne s'affais-

sant sur elle-même pour s'étendre sur une surface plane,
le sommet devenant le centre de la nouvelle figure. Ainsi
cette homologation du successif au simultané suggérait
que dans le « cas de la Parole divine, le célestiel, le spirituel et le naturel procèdent par ordre successif, et, pour
finir, se présentent en une structure simultanée : sens
célestiel et sens spirituel de la Parole sont simultanément
dans le sens naturel et littéral, lequel en est le contenant et
l'enveloppe[3] ». Par conséquent les modes de spatialité
varient selon les modes de perception, et à la vision intérieure de l'homme qui fait le *ta'wîl* et qui subit une rupture de niveau, correspondent forcément des modes de
spatialité et de temporalité propres. Ces modes-là, Corbin
ne cessa jamais d'en approfondir les sens multiples tant
dans l'espace *imaginal* des récits que dans le temps subtil
de la hiérohistoire : la Nature devenant ainsi la face symbolique du *Liber mundi* et la *hiérohistoire* le sens spirituel
du *Liber revelatus*, de même que l'« histoire » de la prophétie.

Toutes les idées essentielles de Corbin, disions-nous,
trouvèrent en quelque sorte leur *situs* et leur lieu propre
dans l'espace visionnaire du monde iranien. Le dialogue
de Toi et de Moi de la théologie dialectique se métamorphosait pour devenir la bi-unité du moi et de l'Ange et
partant de l'individuation spirituelle de l'homme ; la
significatio passiva de l'époque luthérienne, les multiples
tonalités de l'art du *ta'wîl* dont les philosophes iraniens
avaient poussé les vibrations jusqu'au vertige, le reliant
ici au récit (*hikâyat*), là au sens intérieur du Livre, là
encore à la métamorphose alchimique du Sujet lui-
même. Le *nunc eschatologique* de la période haman-
nienne s'amplifiait jusqu'aux perspectives prodigieuses
des résurrections et des renaissances dans les mondes de
l'Âme et de l'Esprit ; le monde du symbole trouvait son

espace réel dans le situs *imaginal* où l'Ange spatialisait en
quelque sorte son propre corps de lumière. La temporalité
de l'époque heideggerienne se hiérarchisait selon les
niveaux herméneutiques pour se traduire tantôt en temps
dense du monde sensible, tantôt en temps subtil du monde
de l'âme, tantôt en temps absolument subtil du monde des
Intelligences chérubiniques. Et le sens de dépaysement
que dévoilait le Néant heideggerien prenait à présent la
tonalité nostalgique de l'âme exilée en ce monde-ci à la
recherche de son guide intérieur, c'est-à-dire de son
Ange ; tandis que le néantissement de l'Angoisse dans la
nuit du Néant devenait la crainte révérentielle de la
rigueur majestueuse du Divin qui, tout en nous annihilant
dans sa Majesté, assurait par là même notre surexistence
(*baqâ'*).

Le monde iranien, situé géographiquement entre le
sous-continent indien et le monde arabe, était le pays de
Zoroastre et de Sohrawardî, de Rûzbehân et de Hâfez.
Empire du milieu et « médian et médiateur », il avait
assisté à toutes les synthèses invraisemblables, marié le
prophète Zoroastre avec le Sage Platon et les avait unis
tous les deux à la Niche aux Lumières prophétiques de la
tradition abrahamique. Il avait converti la religion de
Zoroastre en un Ordre de chevalerie spirituelle, transformé l'épopée héroïque des anciens héros de l'Iran en
épopée mystique des récits visionnaires de la période islamique. Il avait poussé la vision de l'Ange et de l'angélophanie à des dimensions vertigineuses et traduit les Idées
platoniciennes en termes d'angélologie zoroastrienne. Il
avait donné à l'Imagination une telle puissance d'évocation que la réalité quotidienne paraissait pâle et fictive par
rapport à sa réalité magique et créatrice. Il avait poussé le
culte de la Beauté jusqu'à l'extase et fait de l'Amour la
religion de l'Éternel féminin. Il avait converti le cycle de

la prophétie en un cycle de l'Initiation et transformé le temps de notre monde en l'entre-les-temps de l'Attente eschatologique. Il avait identifié le futur sauveur zoroastrien Saoshyant au miracle de l'occultation de l'Imâm caché et créé avec les douze Imâms la *forme configuratrice* du Temple de la Prophétie éternelle. Il avait pris en charge cette philosophie qui, avec Averroës, se perdait dans les sables et, en restaurant l'antique sagesse iranienne de l'Orient de Lumière, sauvé la gnose, faisant ainsi de la philosophie une expérience mystique et de celle-ci une philosophie de salut. Il avait enfin valorisé ce *continent* auquel aboutissait l'itinéraire de Corbin, c'est-à-dire le *mundus imaginalis*, ce monde intermédiaire entre le sensible et l'intelligible, Terre de visions qui, à partir du paradis de Yima dans l'Avesta jusqu'aux cités fabuleuses de *Hûrqalyâ*, *Jâbalqâ* et *Jâbarsâ* dans la gnose irano-islamique, symbolisait la Terre pure de l'Ange et des Lumières infinies – cette Lumière-de-Gloire (*Xvarnah*) qui auréolait autrefois les sages et les souverains de l'ancienne Perse.

Ainsi le monde iranien était *intermédiaire* dans tous les sens : au sens géographique, intermédiaire entre le monde spirituel de l'Inde et le monde arabe. Ontologiquement, la Perse représentait l'Intermonde des Images métaphysiques où la connaissance obtenait une valeur noétique propre configurant ainsi une « vision théophanique du monde » ; intermédiaire aussi dans le sens du temps, où l'Occultation de l'Imâm caché devenait pour ainsi dire l'entre-les-temps de l'Attente de la Parousie finale. Cette *structure intermédiaire*, tant au niveau de sa situation géographique qu'au niveau ontologique de l'Image et du Temps, constituait en dernier ressort la *Gestalt* fondamentale du monde iranien ; et c'est ce monde-là que Corbin choisit comme terre spirituelle d'accueil.

CHAPITRE IV

La métaphysique de l'imagination

Il nous faudrait écrire tout un livre pour être en mesure d'expliquer dans ses facettes multiples tout ce que Corbin a pu dire au sujet de ce monde de l'*imaginal* qui caractérise si bien, selon lui, la spécificité propre de l'univers spirituel iranien. Sohrawardî a été le premier à en fonder ontologiquement le rang, mais il apparaît déjà dans la cosmologie d'Avicenne. C'est le fil invisible qui constitue la mémoire du monde iranien et qui se renouvelle et se métamorphose à chaque assaut de l'étranger, à chaque coupure que lui imposent les innombrables envahisseurs qui traversent le plateau iranien. Paradis hyperboréen, le Var de Yima dans le livre sacré de l'ancienne Perse et Lumière-de-Gloire (*Xvarnah*) dans la cosmologie zoroastrienne, elle réapparaîtra dans le « huitième climat » de tous nos philosophes : d'Avicenne jusqu'à Hâdî Sabzavârî, en passant par Sohrawardî et Mollâ Sadrâ sans compter la contribution des grands poètes visionnaires. Elle est cette source éternellement fraîche où l'âme de l'Iran puise son identité et les trésors spirituels que lui ont légués ses ancêtres. « De siècle en siècle, dit Corbin, la méditation des penseurs iraniens a porté son effort sur le statut d'un monde qui n'est ni celui de la perception empirique ni celui de l'entendement abstrait. L'idée de cet univers intermédiaire reparaît depuis Sohrawardî (XIIe siècle), jusqu'à Sadrâ Shîrâzî (XVIIe siècle), Hâdî Sabzavârî (XIXe siècle) et tant d'autres jusqu'à nos jours. Cet univers, ils l'ont désigné de noms différents : tantôt par référence aux sept climats de la géographie traditionnelle, ils l'ont désigné comme le "huitième climat" ; tantôt plus techniquement, comme le *'âlam al-mithâl*[1]. »

Ce « huitième climat » a de multiples résonances tant au niveau de l'ontologie que de la cosmologie et de l'angélologie. Il fonde une métaphysique des Images où celles-ci acquièrent une valeur cognitive et noétique propre. Car les Images surgissent non pas de l'inconscient mais de la surconscience ; elles sont donc de ce fait des Images intellectives. Pour les distinguer nettement de l'imaginaire qui en tant que « folle du logis » ne sécrète que du fictif et de l'irréel, Corbin forgea le terme d'*imaginal*. Le monde de l'Imaginal, *'âlam al-mithâl*, est le monde où ont lieu les visions des prophètes, des mystiques et les événements de l'âme, événements aussi réels que ceux du monde sensible mais qui ont lieu à un autre niveau de l'Être.

Disons tout d'abord que le monde de l'*imaginal* s'intègre dans le schéma d'une cosmologie qui se traduit en angélologie[2]. L'Image métaphysique devient la pensée de l'Ange, le mode de sa spatialisation propre ; elle a une étendue et une dimension, « une matérialité "immatérielle", certes, par rapport à celle du monde sensible, mais enfin, une "corporalité" et une spatialité propres[3] » ; l'espace de conjonction où l'âme humaine et l'Ange s'imaginent l'un et l'autre. Pour bien distinguer la qualité intellective de l'Image de sa nature estimative ou si l'on veut l'*imaginal* de l'imaginaire, Sohrawardî nous fait signifier que lorsque c'est l'Intellect qui la féconde, l'imagination devient un ange, c'est-à-dire une faculté

cogitative et méditative (*mofakkir*). En revanche lorsque
l'estimative (*wahm*) fait irruption en elle, elle se transforme en fantaisie (*motakhayyila*) et devient un démon
(*infra*, Livre IV, chap. III, 3). D'où sa place ambiguë
tantôt déterminée par l'intellect, tantôt égarée par l'estimative.

Si l'Image intellective est la matière subtile de l'Ange,
c'est qu'elle est un *Intermonde* entre l'Intelligible et le
sensible, bénéficiant d'une existence autonome et d'une
puissance transfiguratrice propre. Ce monde intermédiaire
assure en premier lieu la continuité et la progression aux
niveaux ontologiquement supérieurs ; il est le *situs* des
événements de l'âme, des récits visionnaires si importants
dans les états contemplatifs de la mystique ; il rend possible l'articulation d'un langage symbolique puisque les
images se transmuent en ce lieu mi-spirituel, mi-sensible
(*Geistleiblichkeit*) dans lequel les impressions subliminal-
es de l'âme paraissent sous formes symbolisées – et cela
aussi bien au niveau de l'anticipation eschatologique
qu'au niveau posthume du devenir de l'âme (corps subtil
de résurrection). Ce monde, étant un dévoilement intérieur, est une inversion du temps et de l'espace : ce qui
était caché sous les apparences se révèle soudainement
pour envelopper ce qui était jusqu'alors extérieur ; l'invisible se fait ainsi visible ; il est donc *situatif* et non situé[4].
Le passage à ce monde exige un revirement du temps des
horizons en temps de l'âme, donc une herméneutique spirituelle (*ta'wîl*). Finalement, ce monde projette, en raison
de sa faculté de métamorphose, une géographie visionnaire avec ses cités fabuleuses, ses montagnes, ses sources
et ses fleuves.

1) Un monde intermédiaire des Images

Corbin, dans le prélude à la deuxième édition de *Corps spirituel et Terre céleste* intitulé *Pour une charte de l'Imaginal*, écrit : « Il y a longtemps… que la philosophie occidentale, disons la philosophie "officielle", entraînée dans le sillage des sciences positives, n'admet que deux sources du Connaître. Il y a la perception sensible, fournissant les données que l'on appelle empiriques. Et il y a les concepts de l'entendement, le monde des lois régissant ces données empiriques. Certes, la phénoménologie a modifié et dépassé cette gnoséologie simplificatrice. Mais il reste qu'entre les perceptions sensibles et les intuitions ou les catégories de l'intellect, la place est restée vide. Ce qui aurait dû prendre place entre les uns et les autres, et qui ailleurs occupait cette place médiane, à savoir l'imagination active, fut laissé aux poètes. Que cette imagination active dans l'homme (il faudrait dire Imagination agente, comme la philosophie médiévale parlait de l'Intelligence agente) ait sa fonction noétique ou cognitive propre, c'est-à-dire qu'elle nous donne accès à une région et réalité de l'Être qui sans elle nous reste fermée et interdite, c'est ce qu'une philosophie scientifique, rationnelle et raisonnable ne pouvait envisager. Il était entendu pour elle que l'Imagination ne sécrète que de l'imaginaire, c'est-à-dire de l'irréel, du mythique, du merveilleux, de la fiction, etc.[5] »

Le monde imaginal, étant intermédiaire, est bidimensionnel, c'est ce qui le différencie des deux autres : par chacune de ces deux dimensions il symbolise l'univers auquel cette dimension correspond. L'esprit, pour apparaître à la vision du cœur, descend en ce monde et s'y habille de formes et d'étendue ; les données sensibles s'y transmuent en symboles par l'organe de l'imagination théophanique. C'est ici, dit 'Abdorrazzâq Lâhîjî, que se matérialisent subtilement les accidents et se corporalisent les résultantes des actes. D'où la qualité subtile, la matière diaphane de son mode d'être qui incita Sohrawardî à le qualifier de monde des « images suspendues ». C'est l'empreinte de ce monde que l'on découvre dans les images vues sur les miroirs, les formes polies à l'excès, les sources transparentes, les eaux miroitantes, les mirages flottants, etc. Situé entre deux types d'être sans appartenir à aucun d'eux, mais rendant possible leur inter-action et leur simultanéité consubstantielle (où l'un se revêt de forme pour apparaître – esprit – et où l'autre se dépouille de sa matière), il est ce qui soude ces deux modes d'être par l'effet synchronique de la *coïncidence*. « Si nous ne disposons pas, dit Corbin, d'une cosmologie dont le schéma puisse contenir, comme celle de nos philosophes traditionnels, cette pluralité d'univers en ordre ascensionnel, notre Imagination restera *désaxée*, ses conjonctions récurrentes avec la volonté de puissance nous seront une source intarissable d'épouvante[6]. »

2) Le monde de l'Imaginal et la science des miroirs

Le monde de l'Imaginal met en œuvre, disions-nous, une science des miroirs, transparition que Corbin traduit par le « phénomène du miroir ». « La substance matérielle du miroir, métal ou minéral, dit-il, n'est pas la substance de l'image, une substance dont l'image serait un accident. Elle est simplement le "lieu de son apparition" (…). L'Imagination active est le *miroir* par excellence, le lieu épiphanique des Images du monde des archétypes ; c'est

pourquoi la théorie du *mundus imaginalis* est solidaire
d'une théorie de la connaissance imaginative et de la
fonction imaginative[7]. » Une « image en suspens » n'est
ni matérielle ni purement spirituelle ; elle est l'entre-deux.
D'une part, elle a une forme immatérielle, d'autre part
l'esprit y apparaît revêtu d'une forme propre. Et c'est ce
que mit en œuvre, par exemple, l'idée d'*Iltibâs* (amphibolie) chez un Rûzbehân de Shîrâz (cf. *infra*, Livre V,
chap. III, 3). Pour le sensible, le visible a ainsi un double
sens (amphibolie) ; il est et n'est pas à la fois. Toute théophanie est un miroir qui tout en révélant l'être n'en recèle
pas moins la dimension cachée, de même que le miroir,
montrant l'image qui s'y manifeste, renvoie à ce qui reste
voilé au-delà de l'image. L'amphibolie présuppose ainsi
une transfiguration qui rend possible le point de jonction
de ce double sens : elle est ce qui conduit de la dualité du
voyant et du vu, à l'union théophanique où ils inversent
pour ainsi dire leur rôle : l'Amant perçoit à présent toutes
choses avec le regard transfigurateur de l'Aimé. Grâce au
phénomène du miroir il perçoit maintenant la face
humaine transfigurée au niveau de la Face divine, et c'est
avec l'œil de l'Aimé qu'il redécouvre la face humaine de
sorte que l'Amant, l'Aimé et le lien les réunissant ensemble deviennent *homochrome* (*hamrang*). Or ce phénomène n'eût pu être effectué si la vision elle-même ne
restait à une distance égale d'un double écueil qui est le
ta'tîl (la réduction du tout à l'absolu inconditionné) et le
tashbîh (la réduction du tout à la multiplicité). C'est en
d'autres termes en sauvant le « phénomène » qu'on sauve
par là même la valeur noétique de l'Image, c'est-à-dire de
l'*Icône* en la préservant contre l'idolâtrie. C'est aussi cette
« science du regard » (*'ilm-e nazar*) axée sur la vision
théophanique de l'Image métaphysique qui fait d'un poète
comme Hâfez un « Joueur de regard » (*nazar-bâz*). Car le

« joueur de regard » ne voit pas le monde comme un objet, ni en tant que chose représentée, posée là en face de nous, mais comme un Jeu d'Images réfléchies sur les miroirs ensorcelants de l'univers, étant et n'étant pas à la fois. Le regard visionnaire du poète est un Jeu qui a pour enjeu le Jeu par lequel la Divinité regarde le monde, et Hâfez de conclure :

> « *Si la face divine devient l'épiphanie de notre regard*
> *Il n'y a pas de doute que tu es à présent le possesseur*
> *du regard[8].* »

3) L'inversion du Temps et de l'Espace

Dans le récit intitulé *Le bruissement des ailes de Gabriel* de Sohrawardî (*infra*, Livre IV, chap. III, 2), apparaît une figure qui, chez Avicenne, se nommait Hayy ibn Yaqzân (Vivant, fils du Veilleur) mais qui chez Sohrawardî s'appelle l'*Archange empourpré* (*'aql-e sorkh*). À la question du pèlerin qui se retrouve déjà à un autre niveau de l'être, la réponse de l'Archange est celle-ci : « je viens de *Nâ-kojâ-âbâd[9]* ».

Ce terme ne figure guère dans le dictionnaire persan et a été forgé par Sohrawardî lui-même. Littéralement, il signifie le pays (*âbâd*) du Non-où (*Nâ-kojâ*), c'est-à-dire une localité mystérieuse se trouvant en quelque sorte « au-delà » de la montagne psycho-cosmique *Qâf*. L'au-delà de *Qâf* n'est point repérable sur nos cartes tout comme les cités mythiques de *Jâbalqâ, Jâbarsâ* et *Hûrqalyâ*. Topographiquement, cette région commence « à la surface convexe »[10] de la IXe Sphère, la Sphère des Sphères, celle qui englobe l'ensemble du cosmos. Elle éclôt ainsi à l'endroit où on sort des coordonnées de notre monde et de la sphère à laquelle se réfèrent les points cardinaux. Ayant franchi cette limite-là, la question *où* (*kojâ*) perd tout son sens. D'où le nom *Nâ-kojâ-âbâd*. Un lieu hors du lieu, un « lieu » qui n'est pas contenu dans un lieu, dans un *topos*.

Mais franchi ce seuil il se fait une sorte d'*inversion* de temps et d'espace : ce qui était caché sous les apparences se révèle soudainement, s'ouvre et enveloppe ce qui était jusqu'alors extérieur. L'invisible se fait visible. Désormais c'est l'esprit qui enveloppe et contient la matière. La réalité spirituelle n'est plus dans le où. C'est en revanche le « où » qui est en elle. Elle est, dit Corbin, elle-même le « où » de toutes choses[11]. « Son lieu (son *âbâd*) par rapport à celui-ci, c'est *Nâ-kojâ* (non-où), parce que son *ubi* par rapport à ce qui est dans l'espace sensible est un *ubique* (partout)[12]. »

Ce lieu n'est pas « *situé* mais *situatif*[13] ». En d'autres termes c'est l'espace privilégié de l'âme qui se révèle à elle-même, qui montre son propre paysage (le *Xvarnah*) transfigurant en données symboliques les Figures censées reproduire les réalités spirituelles. On n'y accède que par une rupture soudaine avec les coordonnées géographiques. En fait on inverse son regard : on y voit à présent toutes les choses avec les yeux de l'âme. Y pénétrer est donc un *extasis*, un déplacement furtif souvent inconscient et un changement d'état. Souvent le pèlerin ne s'en aperçoit qu'avec émerveillement ou une inquiétude qui lui communique un goût étrange de dépaysement. « On se met en route ; à un moment donné se produit la rupture avec les coordonnées géographiques repérables sur nos cartes. Seulement, le voyageur n'en a pas conscience au moment précis ; il ne s'en aperçoit, avec inquiétude ou avec émerveillement, qu'après coup (…). Or il ne peut que décrire là où il fut ; il ne peut montrer la route à personne[14]. »

4) L'Outremonde post-mortem des formes imaginales

Nous avons déjà dit que le monde de l'Imaginal est absolument indispensable pour éviter un hiatus dans l'échelle de l'être. Dès lors l'Imaginal ne s'identifie pas aux Idées platoniciennes, mais présente un degré intermédiaire entre le monde des Idées et le monde sensible. Pour bien représenter son importance à tous les niveaux et surtout sa fonction essentielle pour la résurrection dans la vision eschatologique des mystiques et des philosophes, Corbin nous attire l'attention sur ce fait que le monde en question se situe à vrai dire dans un *double Intermonde* tant au niveau de l'arc de la Descente (*nozûl*, le passage de l'Un au multiple) qu'au niveau de l'arc de la Remontée par lequel tous les êtres créés aspirent à rejoindre leur source originelle. Situé sur l'« arc de la Descente » cet Intermonde est désigné comme la cité de *Jâbalqâ*, c'est-à-dire le monde de l'Imaginal en tant que tel, précédant ainsi ontologiquement le monde des phénomènes sensibles. Mais en revanche, considéré sous l'angle du Retour, il est la Cité d'ombre *de Jâbarsâ*. Il est donc situé sur l'arc de l'Ascension, c'est-à-dire à un niveau ontologiquement postérieur au monde sensible, puisqu'il marque si l'on veut le seuil fatidique de la résurrection. Il est par conséquent le monde *post-mortem* des formes actualisées de l'âme, le monde des corps subtils archétypiques. Tout ce qui existait en puissance dans l'âme, comme les impressions subtiles, issues des habitudes acquises, des comportements moraux, des résultantes des actes, y apparaît sous formes conformes à la qualité des impressions dont elles procèdent. Ainsi l'Imaginal apparaît-il sur l'arc de la Remontée, constitué principalement de corps subtils et archétypiques (*jism mithâli*). Cette puissance de symbolisation et de typification, comme le dit Corbin, est liée à l'imagination active de l'âme. C'est l'âme (la Forme) qui est principe d'individuation, nous dit Sadrâ Shîrâzî[15]. Elle est ainsi « pure forme » et en tant que Forme, elle est aussi une substance séparée et indépendante de la matière du corps physique (*jawhar majarrad 'an mâddat al-badan*)[16]. Et comme ces « Formes imaginatives » subsistent à la manière dont une chose subsiste par son agent actif (*fâ'il*) et non pas à la façon dont une chose persisterait par son réceptacle passif (*qâlib*), l'Imagination est donc essentiellement une *Imagination active*.

Cette imagination active va donner à l'âme une puissance de créativité, de configuration (*taswîr*) et de typification (*tamthîl*). Mais cette créativité de l'âme fait en sorte que celle-ci ait la faculté d'anticiper les visions eschatologiques. La vision de l'outremonde peut avoir lieu soit dans cette existence même en vertu des expériences mystiques grâce auxquelles l'âme anticipe les visions eschatologiques, soit quand l'âme accède, par la résurrection mineure qu'est la mort, aux intermondes *post-mortem*. Quoi qu'il en soit le principe – que ce soit en ce monde-ci ou dans l'outremonde – est le même : l'âme reproduit, configure son monde.

Pour conclure, nous pourrions dire que le monde de l'*imaginal* embrasse dans toute son ampleur l'histoire de l'âme : entre une *préhistoire* qui est l'histoire de sa descente dans le monde et une *posthistoire* qui est l'histoire de son retour à Dieu, se situe la *hiérohistoire* des événements de l'âme ; il est donc de ce fait la clef qui nous ouvre à la fois la « phénoménologie de la conscience angélique » et l'histoire *post-mortem* du devenir de l'âme dans son chemin de retour vers Dieu.

Pour tout ce qui est de la *géographie visionnaire* de ce monde intermédiaire et de son rapport avec les archétypes de la cosmologie mazdéenne comme le *Xvarnah*, *l'Eran-Vej*, et du symbolisme des cités d'émeraude : *Jâbalqâ*, *Hûrqalyâ*, situées au-delà de la montagne psychocosmique de *Qâf*, etc., nous renvoyons le lecteur à un des ouvrages les plus intéressants de Corbin : *Corps spirituel et Terre céleste*. Dans une première partie, Corbin consacre des pages fort évocatrices à la géographie visionnaire du mazdéisme et le symbolisme de la terre des visions et de la terre de résurrection dans la gnose irano-islamique ; et dans une deuxième partie non moins suggestive, il nous offre un choix judicieux de textes traditionnels allant de Sohrawardî jusqu'aux représentants contemporains de l'École Shaykhie en passant par Dawûd Qaysârî, Mollâ Sadrâ Shîrâzî et beaucoup d'autres encore.

Quant aux conséquences de la *perte* de ce monde qui fut « exilé du schéma de l'Être » en Occident et dont la perte catastrophique réduisit la réalité à la seule dimension des faits empiriques, provoquant ainsi la « rationalisation de l'Esprit », nous en reparlerons plus loin à la conclusion de ce livre, lorsque nous traiterons de l'actualité de la pensée d'Henry Corbin.

CHAPITRE V

Les quatre itinéraires de Corbin dans le monde irano-islamique

L'herméneutique mise en œuvre par Corbin débouche, comme nous venons de le voir, sur le monde intermédiaire de l'*imaginal* où éclosent en même temps le temps subtil de la hiérohistoire et l'espace subtil de l'âme. À partir de cette *plate-forme*, Corbin va poursuivre quatre itinéraires simultanés vers les quatre « climats de l'être » du monde irano-islamique. Dans la mesure où l'espace imaginal est un ordre de simultanéité et de transmutation des formes, nous pourrions dire que tout l'effort herméneutique de Corbin tend à convertir en quelque sorte le temps en espace. Les quatre articulations qui en émergent n'ont aucune priorité les unes par rapport aux autres ; elles ne se traduisent pas en termes d'évolution, elles ne se suivent pas selon le processus de développement historique, mais demeurent quatre structures simultanées, isomorphes et somme toute interchangeables. Elles sont en d'autres termes les quatre rayonnements d'une même *Gestalt*. On peut comparer chacun de ces mouvements à une mélodie musicale dont la structure reste identique et reconnaissable lorsqu'on la transpose dans des registres différents. Les quatre climats d'être que nous avons dégagés de la trajectoire spirituelle de Corbin sont les suivants : 1) *du cycle de la Prophétie au cycle de l'Initiation* ; 2) *de la*

métaphysique des essences à la théosophie de Présence ;
3) *de l'exposé doctrinal aux récits visionnaires* ; 4) *de
l'amour humain à l'amour divin.* Ces quatre itinéraires
s'articulent à partir du foyer rayonnant du *mundus imaginalis.* Le passage qu'ils impliquent s'accomplit à ce
niveau ; car ils sont, chacun à leur manière, le revirement
d'un état en un autre, par conséquent un *ta'wîl* et une rupture de niveau. À la descente de la Lettre (*tanzîl*) de la
révélation correspond la reconduite au sens originel
(*ta'wîl*) du cycle de l'initiation ; aux essences caractérisant l'ensemble de l'étant se substitue la présence de
l'acte d'être comme témoignage ; à la narration du récit
répond l'éclosion d'un événement qui est récit de l'âme
elle-même ; et à l'amour humain se substitue la transfiguration de l'amour divin. Que ce soit donc reconduite au
sens originel, présence de l'acte d'être comme témoignage, intériorisation du récit comme événement de l'âme
ou la transfiguration que fait éclore l'amour divin, il
s'agit, à chaque fois, d'une conversion et d'une métamorphose intérieure du Sujet ; toutes choses qui ont lieu et ont
« leur lieu » dans le monde intermédiaire de l'Imaginal. Il
en émerge par conséquent quatre modes d'expression en
rapport avec chacune des quatre dimensions : *le mode
prophétique (philosophie prophétique), le mode ontologique, le mode narratif et le mode érotico-mystique* ou si
l'on veut quatre voyages mystiques par la foi, l'intellect,
l'imagination et l'affectivité du cœur. Aucun de ces
modes n'ayant de priorité sur l'autre et chacun d'entre eux
pouvant être converti à l'autre en vertu des structures
homologues qui les régissent, le passage effectué est, à
chaque reprise, un *ta'wîl*, une expérience mystique, c'est-
à-dire une *individuation* où le Guide intérieur est typifié
en chaque cas sous une forme conforme au mode
d'expression qui le caractérise : que ce soit l'Imâm du

croyant shî'ite, l'Intelligence agente du philosophe, l'Ange du visionnaire et l'Aimée du fidèle d'amour. Ces quatre itinéraires sont ainsi pareils aux quatre allées s'ouvrant à partir du pavillon central de la transfiguration du regard. Ensemble ils configurent l'*Imago mundi*, ou si l'on veut la forme d'un *mandala* (voir diagramme p. 85).

Ils symbolisent, d'autre part, les exemplifications multiples d'un même archétype (guide intérieur) qui apparaît tantôt comme l'Ange (ou les figures concrètes qui s'y associent), tantôt comme l'Intelligence agente, illuminant la vision philosophique, tantôt comme la figure de la Sophia dans la religion d'amour, tantôt comme l'Imâm dans le cycle de l'initiation spirituelle. L'archétype du Guide intérieur est lié cependant à la fonction théophanique de l'Ange, car, en vertu de la médiation qu'il met en œuvre entre l'Un et le multiple, il rend possible par là même le phénomène de conjonction ou si l'on veut de la mise en sympathie entre l'homme et le divin. Sans cette médiation qui présuppose l'Ange et le monde de l'*imaginal* où il éclôt, le hiatus dans l'échelle de l'Être ne pourrait jamais être évité et le monothéisme périrait en aboutissant soit à l'« idolâtrie métaphysique », c'est-à-dire à la réduction de l'Un au multiple, soit au monothéisme abstrait qui est l'évanouissement de la multiplicité dans l'Un inconditionné. Par conséquent la théophanie de l'Ange sauve le phénomène en le faisant transparaître dans l'espace imaginal de la rencontre. Ainsi les exemplifications d'un même archétype non seulement déterminent la nature et le mode de connaissance mais fondent également une anthropologie propre et un mode de dévoilement spécifique. Si au niveau de la philosophie prophétique le Guide intérieur est l'Archange Gabriel pour le prophète et l'Imâm pour le mystique shî'ite, les types anthropologiques qui les représentent seront respectivement le prophète Mohammad (le Sceau de la Prophétie) et sa contrepartie eschatologique, le douzième Imâm (Sceau du cycle de l'Initiation). Les modes de connaissance en rapport avec chacune de ces deux fonctions prophétiques seront soit la révélation (*wahy*) et la descente du Verbe (*tanzîl*) pour le prophète législateur, soit l'Inspiration (*ilhâm*) et reconduite du Verbe à sa Source (*ta'wîl*) pour l'Imâm en général. L'archétype du Guide intérieur échappe aux lois de la causalité historique, car il symbolise, comme nous venons de le voir, le principe de Soi ou l'individuation mystique. Toute l'histoire ou l'hagiographie du douzième Imâm, par exemple, s'accomplit dans un monde parallèle. Le monde de l'Ange ou de l'Imâm reste entre les mondes tout comme son temps se situe entre-les-temps.

Le Guide intérieur qui émerge du mode philosophique, c'est l'Intelligence agente. L'identification de celle-ci avec l'Ange de la révélation des prophètes est un fait capital pour l'Islam spirituel. Sans cette identification il n'y aurait pas eu de « philosophie prophétique » et la religion n'aurait plus aucun lien possible avec la mystique de l'amour, avec la philosophie et avec le récit visionnaire des poètes. On aurait assisté à l'apparition d'une double vérité, à la cassure entre la foi et le savoir, entre la théologie et la philosophie. Toutes choses qui eurent lieu dans la pensée occidentale mais qui furent évitées en Iran, grâce à la synthèse qu'opéra Sohrawardî. Ce penseur, en prenant en charge la sagesse des anciens Perses, rapatriait les Mages hellénisés en Iran islamique, et reconduisait aussi les philosophes grecs à la Niche aux lumières prophétiques. Il devenait ainsi le foyer créateur d'une rencontre entre iranisme et hellénisme dans la tradition illuminative de l'*Ishrâq*. À présent les Idées platoniciennes se revêtaient de la robe éclatante des Archanges iraniens. Ainsi l'Archange Bahman, l'Ange Gabriel, l'Intelligence agente, devenaient des notions équivalentes.

Mais il fit plus, prenant la relève de la « philosophie orientale » d'Avicenne, Sohrawardî inaugura tout un cycle de récits où il mit en œuvre le *ta'wîl* des figures hiératiques de l'épopée héroïque de l'Iran ancien. Il provoqua « le passage de l'épopée héroïque à l'épopée mystique ». Ainsi la geste des héros de l'Avesta et du *Shahnâmeh* (livre des Rois) de Ferdowsî (xe siècle) rentrait aussi dans le phénomène du Livre saint. C'est pourquoi le Guide intérieur dans le mode narratif des récits mystiques apparaît tantôt comme l'oiseau fabuleux de la mythologie iranienne (*Sîmorgh*), tantôt comme le Jouvenceau sans âge, tantôt comme l'Ange-Bahman du mazdéisme, tandis que le type anthropologique qui les exemplifie est le prototype du Sage extatique, Kay Khosraw, détenteur de la Coupe de Graal (*Jâm-e Jam*) et Sage parfait (le théosophe – *hakîm-e mota'allah*) qui incarne à la fois la cosmo-vision du Sage et la geste épique du héros. Bref un Souverain-Sage qui de tout temps a été l'un des plus grands idéaux éthiques de l'Iran. Il est cette charnière où s'opère le passage du récit (*hikâyat*) à l'événement de l'âme comme expérience personnelle de l'Ange, puisque étant, en outre, héros eschatologique, Kay Khosraw répond à l'appel de l'Ange. Son Guide intérieur est le Sorûsh du *Shahnâmeh* qui est aussi l'exemplification de la Xe Intelligence des philosophes, tout comme le Guide spirituel d'un autre héros, Afrâsiyâh, sera l'oiseau *Sîmorgh* qui servira d'office à son extase et à sa sortie hors de ce monde (Livre IV).

Dans le mode érotico-mystique, c'est l'Ange encore, mais sous forme de l'Aimée, de la Sophia, qui assume la fonction gnostique de « Guide » pour le mystique-pèlerin.

Le type anthropologique est Majnûn, l'Amant parfait et miroir de Dieu (*infra*, Livre V). Majnûn a tellement intériorisé l'Aimée (Leylâ) qu'il ne voit rien d'autre qu'elle ; il en voit le reflet partout dans une montagne, une fleur. L'Aimée est en quelque sorte l'image par laquelle le monde lui apparaît comme transfiguré dans l'auréole de la Beauté. D'où son mode de connaissance qui est l'amphibolie (*iltibâs* – Rûzbehân) : une apparition qui est et n'est pas à la fois, un double sens qui dévoile et voile en même temps. Ses paroles sont des paradoxes fulgurants car de même que la Beauté divine apparaît transfigurée par le miroir du cœur de l'amant, de même aussi l'inexprimable, l'ineffable, apparaît dans le revêtement des paradoxes, d'autant plus déroutants qu'ils sont inspirés, c'est-à-dire qu'ils proviennent de l'ambiguïté même du mystère de l'Être.

Le type anthropologique qui se dégage du mode ontologico-philosophique est Zoroastre/Platon ; c'est-à-dire le Sage-théosophe. Cette identification fut l'œuvre de Sohrawardî. Cependant le passage qui va de la métaphysique des essences à la philosophie de Présence postulée par Mollâ Sadrâ Shîrâzî est l'apothéose d'une philosophie qui se veut pure gnose. Il est le passage de l'étant à l'acte d'être et ceci n'eût pu être effectué si Mollâ Sadrâ n'avait renversé la situation en faisant de la présence (connaissance présentielle) le fondement du dévoilement de l'Être. Ceci est aussi le développement naturel d'une tendance qui, à partir de Sohrawardî, va essayer d'intégrer la mystique à la philosophie. Sohrawardî nous y invitait déjà, lorsque réunissant connaissance spéculative et expérience mystique, il inaugurait la philosophie de l'illumination. La philosophie de l'*Ishrâq* (illumination) est une voie royale. Les héros extatiques qui en incarnent la vérité sont à présent Hermès, Platon, Kay Khosraw, Zoroastre, Mohammad : le prophète grec tout autant que le prophète iranien et arabe. La voie qu'elle décrit est celle de la gnose ; elle est le chemin de la « race des voyants » qui débouche sur le *ta'alloh*, c'est-à-dire l'*apotheosis*. La philosophie devient à présent un récit d'initiation qui conduit de l'exil occidental à la vision immédiate de l'Ange au Sinaï mystique. Le Sage-théosophe possède simultanément la connaissance spéculative et l'expérience mystique. Ce même programme sera repris plus tard par Mollâ Sadrâ lorsqu'il dira du philosophe assimilé à un pèlerin vers Dieu (*Sâlik*) qu'il doit faire la synthèse entre les deux méthodes, que son ascèse intérieure ne doit jamais être vide de méditation philosophique et réciproquement. Sans doute la métaphysique des essences professée par Fârâbî et Avicenne laissait ambigu le rapport entre la mystique et la philosophie. En fait les péripatéticiens n'ont commencé à philosopher qu'à partir de l'*étant* (l'être nécessaire), l'acte d'être, ou si l'on veut, l'origination impérative qui est le pilier central d'une philosophie de présence a été exclue de leur ontologie. Cependant Avicenne avait esquissé déjà dans sa philosophie orientale (*infra*, Livre IV) les prémisses d'une philosophie mystique où la connaissance s'exhaussait au niveau d'un récit visionnaire ; mais il incombait à Mollâ Sadrâ de renverser, grâce à une révolution philosophique, la primauté des essences, qui resta aussi celle de Sohrawardî bien que ce dernier en instaurant une connaissance orientale comme acte de présence (*istihzâr*) et d'immatérialisation (*tajarrod*) postulât, sans la nommer expressément toutefois, une philosophie de présence. L'idée d'*istihzâr* (rendre-présent) revêt chez Mollâ Sadrâ la primauté de l'Être par rapport à la Métaphysique des essences : c'est que l'acte d'être est susceptible d'intensification et d'affaiblissement. C'est l'acte d'être qui détermine d'ores et déjà ce qui est une essence. Il en résulte une perspective où les intensifications de l'être embrassent tous les degrés de l'existence. La métaphysique de l'exister débouche en fin de compte sur une métaphysique de la *Présence* qui est aussi un témoignage. Plus l'être est présent à soi-même, plus il se sépare des conditions de ce monde-ci, plus il comble le retard sur la Présence Totale, et plus il s'éloigne de ce qui conditionne l'absence. « Plus intense est le degré de Présence, plus intense est l'acte d'exister, et dès lors aussi plus cet exister existe pour au-delà de la mort. »

De tout ceci résultent les grands thèmes de la métaphysique sadrienne : primauté de l'acte d'exister ; théorie du mouvement intrasubstantiel ; théorie de l'imagination comme faculté purement spirituelle et finalement philosophie de la résurrection qui dépeint l'histoire gnostique de l'âme, avec la triple croissance de l'homme aux trois niveaux du monde des phénomènes sensibles de l'âme et de l'Esprit. C'est donc en la personne de Mollâ Sadrâ que s'achève la grande synthèse de tous les courants spirituels de l'Islam : l'avicennisme, l'*Ishrâq* de Sohrawardî, la gnose spéculative d'Ibn 'Arabî et la quintessence des enseignements des prophètes et des Imâms. Tout cela permet que s'épanouisse en Iran au XVIe siècle la grande renaissance philosophique qui n'eut aucun parallèle ailleurs dans le monde islamique.

Quant aux rapports qui régissent ces quatre itinéraires, disons seulement qu'ils représentent des structures homologues ou, comme le dit Corbin, *isomorphes*. « ... pour passer d'une dimension à l'autre, il faut la perception d'une structure constante, d'un *isomorphisme*, de même qu'une mélodie peut être produite à des hauteurs différentes : chaque fois les éléments mélodiques sont différents, mais la structure est la même ; c'est la même mélodie, la même figure musicale, la même *Gestalt*[1]. »

Pour finir, nous tenons à souligner que ce livre est une introduction modeste à la pensée d'Henry Corbin envisagée selon les quatre articulations thématiques. Le seul mérite de ce livre, si tant est qu'il en ait du tout, a été de présenter l'ampleur d'une trajectoire spirituelle qui s'étend sur des milliers de pages denses en un ensemble structuré afin que le lecteur puisse en avoir ne fût-ce même qu'un aperçu très sommaire. Nous ne revendiquons point d'avoir épuisé son œuvre ni d'en avoir saisi toutes les nuances subtiles. Nous avons suivi de près sa pensée et même sa terminologie et sa translittération, de sorte qu'on pourrait dire des Livres II à V que c'est du Corbin écrit par lui-même. Nous nous sommes uniquement borné à coordonner les grands thèmes qui apparaissent souvent, sous des variantes différentes, dans l'ensemble de son œuvre et qui pour un lecteur non averti peuvent paraître difficiles d'accès. Le critère motivant notre travail étant la fidélité, nous nous sommes souvent effacés pour laisser parler le Maître lui-même. Il ne nous appartenait pas non plus de vérifier ses sources ni de mettre en question ses interprétations, nous n'en avions ni la compétence ni les moyens. Cela aurait exigé autant de temps que Corbin mit à réaliser l'œuvre de sa vie. S'il fallait résumer en deux mots notre attitude à l'égard de son œuvre, nous pourrions répéter ici ce que Gide disait à propos de sa traduction de Rabindranath Tagore : « J'ai pris mon plaisir à me faire humble devant lui, comme lui-même pour chanter devant Dieu s'était fait humble[2]. »

LES QUATRE ITINÉRAIRES DE CORBIN
DANS LE MONDE IRANO-ISLAMIQUE

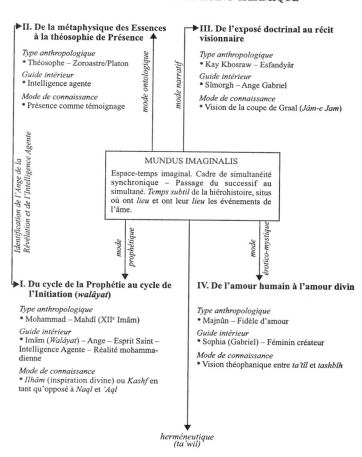

II. De la métaphysique des Essences à la théosophie de Présence

Type anthropologique
• Théosophe – Zoroastre/Platon

Guide intérieur
• Intelligence agente

Mode de connaissance
• Présence comme témoignage

mode ontologique

mode narratif

III. De l'exposé doctrinal au récit visionnaire

Type anthropologique
• Kay Khosraw – Esfandyâr

Guide intérieur
• Sîmorgh – Ange Gabriel

Mode de connaissance
• Vision de la coupe de Graal (*Jám-e Jam*)

Identification de l'Ange de la Révélation et de l'Intelligence Agente

MUNDUS IMAGINALIS

Espace-temps imaginal. Cadre de simultanéité synchronique – Passage du successif au simultané. *Temps subtil* de la hiérohistoire, situs où ont *lieu* et ont leur *lieu* les événements de l'âme.

mode prophétique

mode érotico-mystique

I. Du cycle de la Prophétie au cycle de l'Initiation (*walâyat*)

Type anthropologique
• Mohammad – Mahdî (XIIe Imâm)

Guide intérieur
• Imâm (*Walâyat*) – Ange – Esprit Saint – Intelligence Agente – Réalité mohammadienne

Mode de connaissance
• *Ilhâm* (inspiration divine) ou *Kashf* en tant qu'opposé à *Naql* et *'Aql*

IV. De l'amour humain à l'amour divin

Type anthropologique
• Majnûn – Fidèle d'amour

Guide intérieur
• Sophia (Gabriel) – Féminin créateur

Mode de connaissance
• Vision théophanique entre *ta'tîl* et *tashbîh*

*herméneutique
(ta'wil)*

LIVRE II

DU CYCLE DE LA PROPHÉTIE (*NOBOWWAT*) AU CYCLE D'INITIATION (*WALÂYAT*)

CHAPITRE I

Le phénomène du Livre saint

Le phénomène du Livre saint est au cœur de la méditation d'Henry Corbin sur l'herméneutique du Livre et la communauté religieuse des peuples qui en ont pratiqué l'exégèse spirituelle. Cette question est liée à d'autres problèmes non moins importants dont la compréhension totale est à même de jeter une lumière sur l'ensemble de ce phénomène et son intégration ultérieure dans la philosophie spéculative. Qui sont tout d'abord les « Gens du Livre » (*Ahl al-kitâb*) ? Comment s'y prennent-ils pour effectuer la lecture ésotérique du Livre saint ? Quels sont les critères qui distinguent le Livre sacré de tout autre livre profane ? Quel est le clivage qui, à partir précisément du phénomène du Livre saint, départagea les deux branches principales de l'Islam, à savoir le sunnisme et le shî'isme ; et finalement la communauté de vision qu'ont les « Gens du Livre » peut-elle être le point de départ d'une anthropologie comparée ? Voici les questions essentielles qu'implique pour Corbin le phénomène du Livre saint, et qui lui sont d'autant plus essentielles que ce phénomène explique aussi les prémisses de la « philosophie prophétique » : l'identification de l'Ange de la connaissance et de l'Ange de la révélation.

L'expression qorânique de *Ahl al-Kitâb*, littéralement

les « Gens du Livre », désigne une communauté religieuse qui, tout d'abord, possède un Livre saint et en pratique constamment la lecture à plusieurs niveaux ; une communauté dont l'existence et la motivation religieuse conditionnant son comportement procèdent de ce Livre, parce que sa religion est fondée sur un Livre descendu du Ciel, un Livre qui a été révélé à un prophète missionné par Dieu. Dès lors se rangent, à côté des Musulmans, d'autres communautés qui elles aussi possèdent un Livre : comme les Juifs, les Chrétiens. En Iran les Zoroastriens, en raison de leur Livre sacré l'Avesta, ont également bénéficié de ce rare privilège.

À partir du moment où ce Livre saint règle a priori leur façon d'être dans le monde et conditionne leur savoir de même que leur vision du monde, la tâche première qui incombe aux « Gens du Livre » est celle de la compréhension. Comment comprendre, sans se leurrer, le fond d'un Livre révélé au prophète dans un langage hermétique et codé ?

« Ainsi est fondée la légitimité de la technique du *ta'wîl*, dit Corbin, "reconduire" la lettre de toutes les Révélations à leur sens ésotérique[1]. » Parce que le Livre n'est pas constitué seulement de papier et d'encre mais comporte aussi un sens et parce que ce sens se déploie à plusieurs niveaux proportionnellement à la pureté de l'âme, à l'expérience spirituelle de celui qui en fait la lecture, et parce qu'à l'origine tout Livre sacré est l'apparence visible (*zâhir*) d'un sens invisible et intérieur (*bâtin*), il est donc nécessaire de reconduire l'apparent à son « archétype éternel », partant à la « Mère du Livre » (*Omm al-Kitâb*), car la Mère du Livre est précisément le Verbe divin caché sous l'enveloppe extérieure.

Si le Verbe en inspirant l'âme des prophètes a effectué une sorte de *descente* (*tanzîl*) dans le cœur du prophète, sa lecture ésotérique sera le chemin inverse de la descente, elle sera un *ta'wîl*, c'est-à-dire la reconduite du sens apparent à la source ésotérique ; d'où l'idée d'un revirement du temps des horizons en un temps psychique intérieur ; d'où aussi l'accès à la métahistoire de l'âme et la nécessité d'une *hiérognose*.

D'autre part le phénomène du Livre saint n'éclôt qu'au sein d'une religion prophétique, c'est-à-dire d'une « religion professant la nécessité de médiateurs surhumains entre la divinité qui les inspire et l'humanité commune[2] ». C'est pourquoi ce phénomène est indissociable d'une « situation herméneutique » et comme cette situation embrasse tous les Peuples du Livre, il s'en suit qu'il y a quelque chose de commun dans la manière dont les spirituels et mystiques ont lu la Bible en Chrétienté et le Qorân en Islam. Ainsi le phénomène du Livre saint pourrait être pris comme point de départ d'une étude comparative de la spiritualité et de l'anthropologie religieuse des « Gens du Livre » de l'Orient et de l'Occident.

Principe qu'explique Corbin dans son projet d'herméneutique comparée entre Swedenborg et la gnose ismaélienne. Les deux sommets de la gnose chrétienne et islamique sont mis face à face : d'un côté le grand théosophe visionnaire suédois Swedenborg (1688-1772) qui fut « le prophète du sens intérieur de la Bible », et de l'autre le phénomène religieux shî'ite, qui soit sous sa forme duodécimaine, soit sous sa forme septimanienne, repose sur l'herméneutique du Qôran et le sens intérieur des révélations prophétiques[3].

Le phénomène du Livre saint aura aussi une autre conséquence à l'intérieur même de l'Islam et il sera le point de départ d'un clivage entre le sunnisme et le shî'isme, car à l'encontre de l'Islam sunnite majoritaire pour lequel après la mission du Sceau de la Prophétie, l'humanité n'a rien de nouveau à attendre, le shî'isme laisse ouvert l'avenir en affirmant que même après le Sceau de la Prophétie, quelque chose est encore à attendre, que la tâche herméneutique, se substituant à la révélation des Prophètes, incombe à présent aux Imâms, et ceux-ci restent les « mainteneurs du Livre ». C'est-à-dire qu'ils incarnent la vérité ésotérique du Qorân, puisque l'humanité ne peut jamais rester sans un pôle mystique, possédant la clef des arcanes du Livre.

CHAPITRE II

La prophétie et la *walâyat* (l'imâmat)

Pour ce passage particulier nous nous sommes inspiré des commentaires de Shamsoddîn Mohammad Lâhîjî (ob. 1506)[1], tels que nous les avions déjà développés dans un de nos livres[2]. L'œuvre principale de Lâhîjî est un monument de la spiritualité iranienne, une somme de soufisme shî'ite en persan, écrite pour commenter la « Roseraie de Mystère » (*Golshan-e Râz*), long poème de quelque mille vers, traitant en sentences concises et éminemment symboliques les hautes doctrines du soufisme. Ce poème avait été composé en persan par un célèbre shaykh d'Azerbaïdjan, Mahmûd Shabestarî (1320). Les vues de Lâhîjî correspondent parfaitement à l'esprit de la prophétie et de la *walâyat* tel que l'a vu et développé Henry Corbin dans le volume I de *En Islam iranien* (IV – Prophétologie et imâmologie, pp. 219-283) ou dans ses autres écrits.

La succession des prophètes vient d'un pacte qui fut conclu dans la prééternité entre Dieu et les esprits des hommes. Dieu demanda aux esprits des hommes : « Ne suis-je pas votre Seigneur ? » (Qorân 7 : 171). La réponse affirmative des esprits constitua un Pacte de fidélité que vinrent rappeler, de cycle en cycle, les prophètes, depuis Adam jusqu'à Mohammad, qui est le point final du cycle de la prophétie. Première conséquence : l'Islam ne se situe pas dans l'histoire, mais il tire son origine d'un Pacte qui fut conclu dans la métahistoire. Seconde conséquence : la conception d'un prototype de l'humanité, d'un *Urmensch* créé comme Image totalisant l'universalité des Noms et des Attributs divins et en même temps Prophète primordial, représentant (*khalîf*) de Dieu, et Homme Parfait (*al-insân al-kâmil*). Cet homme fut le premier prophète, Adam, le détenteur et le Porteur du *Dépôt de Confiance*, qui symbolise l'universalité des Noms et des Attributs.

Le Qorân (33 : 72) dit à ce propos : « Nous avons offert (le dépôt de confiance) aux cieux, à la terre et aux montagnes. Ils ont refusé de s'en charger et s'en sont effrayés, alors que l'homme s'en est chargé, car il est ténébreux et ignorant. »

Troisième conséquence : l'Homme Parfait est l'épiphanie de la Réalité mohammadienne, le *Logos*, qui, tel un « esprit spermatique » (Louis Massignon), se transmet de prophète en prophète, jusqu'à Mohammad, qui en est l'épiphanie parfaite. Adam, Noé, Abraham, Moïse, Jésus (d'autres ajoutent David), sont les épiphanies partielles de la lumière mohammadienne, et le cycle de l'être, à partir de la prééternité jusqu'à la postéternité, est le rayonnement du soleil immense de la Réalité mohammadienne. Celle-ci se manifeste dans tous les états spirituels des grands *awlîya* (les Amis de Dieu) et des grands parfaits. Adam est le point initial de l'ascension du soleil de la prophétie, il est, sous le rapport de la forme, le Père, encore que, sous le rapport de l'Esprit, il ne soit que le fils de la Réalité mohammadienne. Dire qu'Adam est le fils du *Logos* révèle d'emblée la prééternité de celui-ci. C'est en faisant allusion à cette prééternité du *Logos* manifesté par les différents prophètes que le prophète de l'Islam a dit :

« J'étais un prophète alors qu'Adam était parmi l'eau et l'argile. »

1) Le cycle de la prophétie

L'apparition du cycle de la prophétie est comparée par les spirituels tantôt au lever de la marche du soleil, tantôt aux points successifs d'une ligne circulaire. Depuis Adam, point initial du cycle de la prophétie, jusqu'à Mohammad, point final de ce même cycle, les différents prophètes qui se sont succédé ont été, chacun, dans leur réalité spirituelle, l'épiphanie d'un attribut de la Perfection mohammadienne. Cette épiphanie partielle du *Logos* est le rapport spirituel qui relie chacun des prophètes à la « Niche aux Lumières de la prophétie » (Réalité mohammadienne).

L'ombre décroissante du soleil dans sa marche vers la pointe du midi symbolise une manifestation progressive de la Réalité mohammadienne. Au moment de son lever, l'ombre du soleil est plus longue, mais au fur et à mesure que progresse son ascension, son ombre décroît pour devenir nulle à la pointe du midi. Ce point extrême correspond à la manifestation totale de la Réalité mohammadienne, c'est aussi le rang du prophète de l'Islam.

Le soleil de la prophétie apparaît du fond du mystère de l'Unité, puis se manifestant dans son ascension sous forme d'ombres décroissantes qui symbolisent les déterminations des prophètes successifs, parvient au degré extrême de l'ascension perpendiculaire qui est le mode d'être de Mohammad. Arrivé au degré de son ultime perfection, le même soleil, dans son déclin crépusculaire vers l'Occident, se manifeste sous forme *d'awlîya* (les Amis de Dieu). Le coucher du soleil représente le cycle de la *walâyat* sur laquelle nous reviendrons plus bas lorsque nous en parlerons dans le contexte shî'ite.

2) *Le Prophète de l'Islam comme Sceau de la prophétie*

Mohammad est le Sceau de la prophétie (*khâtim al-anbiyâ'*), les prophètes qui l'ont devancé ont été respectivement les points successifs du cycle de la prophétie. Chacun des prophètes a été l'épiphanie d'un des attributs de perfection[3]. Étant donc le point final, Mohammad est l'épiphanie entière de tous les attributs de Perfection homologués avec les points ascensionnels des prophètes précédents. L'ultime éclosion de la *nobowwat* se trouve réalisée dans le Sceau même de la prophétie. Vu sous le rapport de la cause finale, Mohammad est le premier en connaissance et le dernier en action.

L'arrivée du soleil au zénith connote aussi un équilibre parfait entre le *zâhir* (l'exotérique) et le *bâtin* (l'ésotérique), une *coincidentia oppositorum* (*had-e i'tidâl*). L'absence d'ombre du soleil de la prophétie signifie aussi une rectitude ontologique : Mohammad est celui qui est établi dans le chemin de la rectitude (*sirât al-mostaqîm*). Il est l'équilibre des comportements, le point équilibrant l'aspect bi-dimensionnel du *zâhir* et du *bâtin*. Il habite la station dite de la « Séparation qui suit l'union » (*farq-e ba'd al-jam'*) ; le degré où l'unité-plurale (*wâhidîyat*) apparaît au sein de l'Un esseulé (*fardânîyat*), où nuit et jour, symbolisant respectivement unité et multiplicité, s'égalisent en une infaillible neutralité et où la multiplicité ne voile pas l'unité, pas plus que celle-ci n'occulte celle-là.

3) Walî, Nabî *et* Rasûl

Les prophètes qui ont précédé Mohammad sont appelés les *anbîyâ'*. Le mot *nabî* dérive de la racine *inbâ'* : annoncer, donner des nouvelles. La *nobowwat* est un état intermédiaire entre la *walâyat* (l'ésotérique des Amis de Dieu) et la *risâlat*, la prophétie de l'envoyé de Dieu qui apporte une religion positive exotérique (*sharî'at*). La *walâyat* est une vérité commune aussi bien à la *nobowwat* qu'à la *risâlat*, compte tenu que tout *rasûl* est *nabî* et que tout *nabî* est *walî* ; tandis que tout *walî* n'est pas forcément *nabî*, et que celui-ci n'est pas non plus nécessairement *rasûl*.

Les relations entre *walî, nabî, rasûl*, offrent maints rapports intéressants :

1. Il y a tout d'abord la structure bi-dimensionnelle de la prophétie dont une face est dirigée vers Dieu, tandis que l'autre se dirige vers la créature[4]. La face tournée vers Dieu est la proximité mystique qui reçoit la grâce divine et la transmet par l'autre face aux hommes : la face dirigée vers Dieu est la *walâyat* et celle qui est dirigée vers les hommes est la *nobowwat*. La *walâyat* est donc l'ésotérique de l'exotérique, la vérité gnostique (*haqîqat*) par rapport à la loi littérale (*sharî'at*).

2. Les rapports entre *walî, nabî* et *rasûl* peuvent être illustrés par trois cercles concentriques[5] : le centre est la *walâyat*, le second cercle correspond à la *nobowwat* et le troisième cercle extérieur symbolise la *risâlat*. La *walâyat* est la face tournée vers Dieu ; elle ne peut être interrompue alors que la *nobowwat* qui est la face tournée vers la communauté est transitoire, donc susceptible d'être interrompue. « C'est pourquoi la dimension de la *walayât* de la personne qui est *nabî* et *rasûl* en même temps prime les

dimensions de *nobowwat* et de *risalât* de la même personne[6].» Car ce qui fait la réalité spirituelle du *rasûl* qui est en même temps *nabî* et *walî* c'est sa *walâyat*, son intimité avec Dieu.

3. Mais ces rapports peuvent être inversés quand on les envisage suivant une autre perspective. Le *walî* tout court est soumis à la *sharî'at* du *nabî* et du *rasûl* ; car ce dernier cumule les deux aspects de *nabî* et *walî*. Donc le *nabî* qui est *nabî* et *walî* en même temps, et le *rasûl* qui cumule simultanément les deux fonctions de *nabî* et de *walî* ont prééminence sur le *walî* tout court, mais si la *walâyat* de ces deux devait faire défaut, leur *nobowwat* et leur *risâlat* en pâtiraient et ne pourraient subsister.

4) *Le cycle de la* Walâyat

Les Amis et les proches de Dieu ont existé depuis toujours et ne cesseront d'exister dans l'avenir. L'axe du monde se maintient, grâce à leur présence éternelle. Dans les propos des Imâms recueillis par Mohammad ibn Ya'qûb Kolaynî (ob. 329/940)[7], nous trouvons des renseignements précis sur la nécessité d'une *walâyat*. En tant qu'ésotérique de toute philosophie prophétologique, la *walâyat* ne peut s'épuiser ni s'éteindre ; sans elle le fondement même de l'univers serait ébranlé. Le monde ne peut subsister sans Garant de Dieu (*hojjat*). Les Imâms sont ceux qui guident les hommes et les dirigent vers la voie de Dieu. Le Garant n'est autre que la présence spirituelle, ininterrompue, du cycle des Amis et des Proches de Dieu. Lâhîjî affirme que, bien que le cycle de la prophétie soit clos et que la porte des révélations divines et de l'envoi de l'archange Gabriel soit fermée, l'inspiration (*wahy*) et les signes de Dieu persistent toujours. Ces enti-

tés spirituelles dépendent du cycle de la *walâyat*. Celle-ci
est le propre du nom « *walî* » qui est l'un des noms
divins : ceux-ci seront toujours manifestés et ne seront
jamais interrompus[8].

Or, comment le cycle de la *walâyat* serait-il possible
après que le cycle du Sceau de la prophétie a atteint son
terme avec le prophète de l'Islam ?

Lâhîjî, reprenant le symbolisme de la marche du soleil
de l'Orient de la *nobowwat*, dit que la lumière de la Réalité mohammadienne apparut à l'Orient de la *nobowwat*
pour aboutir au point culminant du cercle de la prophétie,
mais ayant dépassé l'extrême pointe du midi, ce soleil
projeta son ombre vers l'Occident de la *walâyat* qui est
l'aspect ésotérique de la *nobowwat*. Dans la marche crépusculaire du soleil vers l'Occident, les ombres typifiant
les Amis de Dieu (*awlîya*) se manifestèrent et les Orients
et les Occidents s'opposèrent ; à chacun d'entre les points
(prophètes) du cycle de la prophétie, correspondait un
point (*walî*) crépusculaire du cycle d'occultation (*walâyat*).
De même que ces points sont apparus à l'horizon du
monde de la visibilité, de même ils se sont occultés dans
l'horizon du monde du mystère. À la Parousie du douzième Imâm, Origine (*mabda'*) et Retour (*ma'âd*) se
conjoindront, et la révolution du cycle de l'évolution spirituelle (cycle de la *walâyat*) sera parachevée.

À chacun des points situés à l'Orient de l'arc de la
nobowwat correspond donc un point homologue situé à
l'Occident de l'arc de la *walâyat*.

Du côté de la prophétie, aucun prophète ne fut plus proche de Mohammad que le Christ, et du côté de l'Occident
crépusculaire, l'origine de la *walayât* fut 'Alî ibn Abî
Tâlib, homologue « occidental », « crépusculaire » de
Jésus, et de même que Jésus était investi de divinité, de
même parmi les *awlîya*, 'Alî est le seul à en être investi.

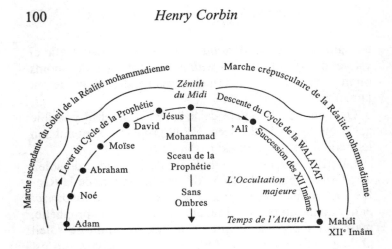

Diagramme 1[9]

De même que pendant le cycle de la *nobowwat* les lois les plus parfaites se révélèrent par le Sceau de la prophétie, de même au point final du cycle de la *walâyat*, les mystères divins et les réalités ésotériques atteindront leur pleine éclosion. De même que les prophètes précédant Mohammad n'étaient que les épiphanies partielles d'un des attributs et des noms particuliers de Dieu, alors que Mohammad en était la manifestation totale et universelle, de même, dans le cycle de la *walâyat*, les Imâms précédant l'Imâm Caché (le XIIᵉ), le Mahdî, seront les épiphanies partielles d'un attribut particulier, alors que le Mahdî qui est le point final du cycle en sera la manifestation universelle de sorte que la perfection de la *walâyat* éclora en son terme final. De même aussi que tous les prophètes puisent leur lumière « législatrice » à la Niche aux lumières de la *nobowwat* du Sceau de la prophétie, de même tous les *walî* puisent les leurs au soleil de la *walâyat* du Sceau des *walî*.

Il y a entre les deux cycles une homologie parfaite : l'homologue eschatologique du prophète de l'Islam est le douzième Imâm, le Mahdî qui viendra clore le cycle de l'être ; c'est l'attente de cet Imâm, dont la Parousie révélera les vérités ésotériques, qui fait du shî'isme une religion d'attente eschatologique, axée sur l'herméneutique spirituelle des vérités cachées lors du cycle de la *walâyat*. Les douze Imâms du shî'isme duodécimain forment avec le prophète et sa fille Fâtima le plérôme des « Quatorze très purs » (*ma'sûm*). Quant aux rapports très complexes du shî'isme et du soufisme, qui offrent des ressemblances si frappantes, et semblent être les deux désignations d'une même chose, Henry Corbin pense que la prophétologie dans la théosophie du soufisme paraît être « un transfert à la seule personne du Prophète des thèmes fondés en propre par l'imâmologie[10] ». Le soufisme serait un shî'isme sans imâmologie.

Maintenant, faisons correspondre ces deux cycles de la prophétie et de la *walâyat*, avec les deux arcs de la Descente et de la Remontée ; voici le diagramme (2) que nous aurons : nous retrouvons une homologie parfaite entre les cycles de la Descente et de la Remontée et les deux cycles de la Prophétie et de la *walâyat*. Ainsi de même que l'arc de la Descente s'originant au degré de l'Unitude aboutit à l'Homme Parfait (qui était la synthèse résumant tous les plans de l'être), de même le prophète initial (Adam, inaugurant le lever du soleil de la prophétie) aboutit à l'extrême pointe du midi, à Mohammad, qui est la manifestation plénière de la Réalité mohammadienne. Et de même que la Remontée débute à partir de l'homme pour déboucher sur l'Origine première de toutes choses, de même aussi le cycle de la *walâyat* commençant après la clôture du Sceau de la Prophétie, c'est-à-dire Mohammad, aboutira à la Parousie du XIIᵉ Imâm. C'est pourquoi la

Parousie du XIIe Imâm est dite aussi l'*aurore* qui viendra dissiper tout d'abord les ténèbres de la nuit de l'Occultation[11].

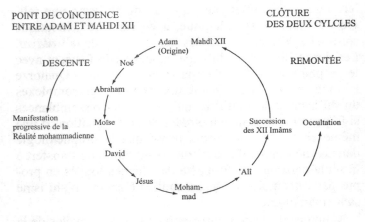

POINT DE COÏNCIDENCE
ENTRE ADAM ET MAHDI XII

CLÔTURE
DES DEUX CYLCLES

Diagramme 2

5) L'intériorisation des cycles de la prophétie : les « sept prophètes de ton être »

L'homologie des grades de Lumière et des cycles de la Prophétie conduisit chez Semnânî à la théorie de sept organes subtils dont chaque centre est à la fois typifié comme « prophète de son être » et caractérisé par une couleur, une *aura* dont la perception visionnaire révèle au mystique son degré d'avancement sur la voie spirituelle. La physiologie de l'homme de lumière[12] – si importante pour la transmutation des sens et la transformation de l'être intérieur dans son ascension du puits de l'inconscience jusqu'à l'éveil de la surconscience – est modelée chez Semnânî sur la théorie des cycles de la Prophétie. C'est dire que les manifestations progressives des lumières, accompagnées de photismes colorés, révèlent en même temps les différentes stations de la sagesse des prophètes. De même elles impliquent le concept d'une « matière spirituelle », apte à faire disparaître le hiatus entre ce qui est appelé l'Esprit et ce qui est dit la Matière. Il y a une seule et même Lumière différenciée en de multiples degrés de condensation et de subtilité[13].

Le revirement des événements auxquels réfèrent les enseignements du Qorân (et la sagesse inhérente aux différents prophètes) en événements intérieurs de l'âme se fait en vertu de la loi des correspondances. Elle présuppose toujours, en raison de l'*intériorisation*, une anthropologie mystique.

Ces centres subtils ou *latîfa* sont respectivement 1) le *latîfa qâlabîya* ou organe corporel subtil, ou l'embryon, le « moule » du corps subtil acquis dit l'« Adam de ton être » ; 2) le *latîfa nafsîya*, l'âme inférieure, l'infraconscience blâmable (*nafs ammâra*) correspondant au « Noé de ton être » ; 3) le *latîfa qalbîya*, siège du Moi spirituel et dans lequel se forme l'embryon d'une postérité mystique qui y est contenue comme une perle dans une conque, postérité qui éclora plus tard comme « Mohammad de ton être ». C'est pourquoi il est désigné comme « Abraham de ton être » ; 4) le quatrième organe (*latîfa sirrîya*), c'est l'organe de l'entretien et du dialogue intime (*monâjât*), il correspond au « Moïse de ton être » ; 5) le cinquième organe est le centre de l'Esprit, le *latîfa rûhîya*, en raison de la noblesse de son rang, il est investi en propre de la vice-régence divine ; c'est le « David de ton être » ; 6) le centre du mystère, le sixième organe est le *latîfa khafîya* et se rapporte au degré du mystère, à l'*arcanum*. C'est par cet organe qu'est reçu l'influx de l'Esprit Saint (*Rûh al-*

Qods). Dans la hiérarchie des états spirituels, « il marquera l'accès à l'état de *Nabî*. C'est le "Jésus de ton être" (*'Isâ wojûdi-ka*)[14] ». Enfin le septième organe subtil, le *latîfa haqqîya*, est rapporté « au centre divin de ton être, au sceau éternel de ta personne ». Il correspond au « Mohammad de ton être ». Corbin dit à ce propos : « C'est ce centre divin qui recèle la "perle rare mohammadienne", c'est-à-dire l'organe subtil qui est le Vrai Moi (*latîfa anâ'îya*), et dont l'embryon a commencé à se former dans le centre subtil du cœur, l'"Abraham de ton être"[15]. »

Ces sept *latîfa* sont homologués, d'autre part, avec le cycle de la prophétie. L'homme progresse par ces centres : à chaque centre subtil, le mystique a des aperceptions chromatiques, des visualisations qui lui indiquent les progrès effectués, les dévoilements acquis. En intériorisant les données qorâniques, et les états spirituels inhérents aux rangs des prophètes, le mystique opère par là même le *revirement* du « monde des horizons » en « monde de l'âme », c'est-à-dire qu'il se transmue lui-même par ce revirement qui est aussi un *ta'wîl*. Tout ce qui se rapporte aux sept prophètes : les paroles qu'ils ont prononcées, les événements dont ils ont été les auteurs, les prophéties relatives à leur dignité spirituelle, en bref tout cela s'accomplit dans les centres subtils dont ils sont chacun la typification. « Chaque fois que dans le Livre tu entends les paroles adressées à Adam, écrit Semnânî, écoute-les par l'organe correspondant de ton corps subtil (*latîfa qâlabîya*)... Médite de quoi il est le symbole, et sois bien certain que l'*ésotérique* du discours se rapporte à *toi* comme discours concernant le *monde de l'âme*, de même que son *exotérique* se rapporte à *Adam* comme concernant les *horizons*... Alors seulement il te sera possible de t'appliquer à toi-même l'enseignement du Verbe divin et de le cueillir comme un rameau encore chargé de fleurs[16]. »

Tous les pèlerins de la voie (*sâlikân*) visualisent ces lumières. Celle de l'organe désigné « Adam de ton être » est gris fumée, celle de « Noé de ton être » est de couleur bleue ; celle d'« Abraham de ton être » est rouge ; celle de « Moïse de ton être » est blanche ; celle de « David de ton être » est jaune ; celle de « Jésus de ton être » est d'un noir lumineux ou la « lumière noire »[17] (*aswâd nûrânî*) ; celle du centre divin, le « Mohammad de ton être », est d'une couleur verte éclatante, la couleur « d'émeraude ». Car conclut Corbin citant Semnânî, la couleur verte est la plus appropriée au secret du Mystère des Mystères (*sirr ghayb al-ghoyûh*)[18]. Ajoutons pour conclure que cette même idée est reprise par Sohrawardî dans son « Récit de l'exil occidental » où l'ascension de l'âme dans le vaisseau de Noé est une remontée de prophète en prophète pour atteindre le sommet du Sinaï mystique[19].

CHAPITRE III

La philosophie prophétique

Toute méditation sur les données essentielles de l'Islam conduisit très tôt, à partir de Fârâbî déjà, à une convergence entre théologie et philosophie, et à l'identité de l'Ange de la connaissance (pour les philosophes) et l'Ange de la révélation (pour les prophètes). Quant à la volonté d'associer la vocation du philosophe à la vocation du prophète, Corbin estime que cela caractérise surtout le trait saillant et original de la philosophie irano-islamique et le destin particulier de l'Iran dans le monde islamique. Avicenne après Fârâbî l'avait déjà esquissée, Sohrawardî l'amplifia aux dimensions d'une « conjonction » où philosophie et mystique devenaient les deux aspects d'une même expérience spirituelle. Mollâ Sadrâ en donna la formule définitive : « La Révélation qorânique, dit-il, est la Lumière qui fait voir, elle est comme le soleil qui prodigue sa lumière. L'intelligence philosophique, c'est l'œil qui voit cette lumière. Sans cette lumière, on ne pourra rien voir. Mais si l'on ferme les yeux, c'est-à-dire si l'on prétend se passer de l'intelligence philosophique, cette lumière elle-même ne sera pas vue, puisqu'il n'y aura pas d'yeux pour la voir[1]. »

L'accord entre le rang du prophète et du philosophe avait déjà été formulé par le célèbre philosophe de l'École

d'Ispahan, Mîr Fendereskî (*ob.* 1640), maître de Mollâ
Sadrâ. Son œuvre illustre, dit Corbin, « de la part du
shî'isme, une reconnaissance de la vocation du philosophe
depuis longtemps revendiquée par les philosophes
(Fârâbî, Avicenne, Sohrawardî), mais qui leur fut rarement accordée dans le reste de l'Islam[2] ». Mîr Fendereskî
établit d'abord des distinctions : la voie de la connaissance pour les philosophes passe par la réflexion (*fikr*) ;
pour les prophètes, elle passe par la révélation (*wahy*) et
l'inspiration (*ilhâm*) sans besoin de *fikr*. La recherche dialectique du philosophe se traduit en éclosion spontanée
chez le prophète. Le Shaykh esquisse toute une théorie
de l'expérience visionnaire qui présuppose l'idée des
sens spirituels, relatifs au monde *imaginal* et finalement
résume ainsi le rapport entre la connaissance du prophète
et celle du philosophe : « là où le philosophe arrive à son
terme final, là même commence la prophétie[3] ».

Il reconnaît cependant aux philosophes le rang de
prophètes mineurs, c'est-à-dire le rang des prophètes non
envoyés (*ghayr-e morsal*), inférieurs aux prophètes mis-
sionnés pour le Salut de la communauté. La vision du
philosophe qu'a Mîr Fendereskî ne peut donc « s'entendre
que du philosophe dont la philosophie est précisément la
marche à la "philosophie prophétique", de ceux qui suivent la voie de l'*Ishrâq* et dont certains, en effet, atteignent aux degrés de la *walâyat*, parce que leur voie est
celle des prophètes et qu'ils sont à égalité avec les parfaits
d'entre les pèlerins de la voie mohammadienne[4] ».

De la sorte l'antagonisme opposant théologie et philosophie est surmonté : et elles se fondent dans le creuset
d'une « sagesse divine » (*hikmat ilâhîya*), qui culmine
ainsi en une philosophie prophétique. Sages-philosophes
et prophètes s'accordent parce qu'ils ont, tous deux, puisé
à la « Niche aux Lumières de la prophétie ». Ce qui dis-

tingue le prophète missionné (*rasûl*) d'un sage, c'est que
le prophète bénéficie de l'injonction impérative d'un message (*risâla*) à annoncer devant les hommes. « Mais puisque la phase suprême où la connaissance philosophique
s'achève en expérience mystique (chez les *Ishrâqîyûn*)
fait passer le spirituel par la même assomption céleste
(*mi'râj*) que le *Nabî* et fait de lui, mystiquement, à son
tour le "Sceau de la prophétie", l'Ange de la connaissance
n'est pas autre que l'Ange de la Révélation[5]. »

Une telle philosophie prophétique a pour but suprême
une expérience mystique, celle-là même qui échoit au
rang des prophètes. Elle est, par conséquent, une *individuation ;* elle s'accomplit dans le « seul à seul » de
l'Ange-Esprit Saint et du philosophe, sans aucune médiation humaine, fût-elle celle d'une Église[6]. Il en résulte
plusieurs conséquences : 1) la philosophie prophétique est
le contraire de la double vérité ; 2) elle nécessite l'angélologie ; 3) elle refuse l'incarnation et l'historicisme qui en
découle ; 4) elle s'amplifie au cycle de la *walâyat* et présuppose, ne fût-ce qu'implicitement, le shî'isme.

1) *La conjonction du philosophe et du* Nabî, *antidote à la double vérité*

Grâce au triomphe de l'averroïsme en Occident (*cf.*
Livre III) le divorce entre foi et savoir, théologie et philosophie devait aboutir à la co-existence de deux ordres de
réalité contradictoires ; une chose peut être vraie théologi-
quement et fausse philosophiquement et *vice versa*. Cette
séparation fut connue en Occident sous la forme de la
double vérité et, passant par les averroïstes de l'Université
de Paris, elle déboucha sur ce qu'on appela plus tard
l'averroïsme latin de l'École de Padoue. Mais tout autre

fut la destinée de la philosophie en Iran, où l'on ignora tout d'Averroës et de l'averroïsme. Le sage et le prophète puisaient à la même source d'inspiration, étaient les co-témoins d'une même expérience, les compagnons d'un même voyage. Si l'ascension du prophète (*mi'râj*) servit de modèle à toute progression verticale vers l'esprit, l'idée du Retour prit pour le mystique le sens d'une assomption, tout comme le philosophe s'illuminant par l'Ange de la connaissance parcourait les mêmes étapes, à partir de son « exil occidental ». Toute la spiritualité se centra sur la figure du prophète. La vocation commune du sage et du prophète faisait en sorte qu'au terme de son ascension, tout philosophe digne de ce nom éprouvait l'expérience du Sceau de la prophétie, accédait à l'état de *nabî*, et rencontrait sa « Nature Parfaite » (Ange) de la même manière que le Prophète rencontrait l'Ange Gabriel. Le philosophe savait que ce qu'il contemple comme Idées est l'équivalent de cela même qui se révéla au prophète en *Images* et récits visionnaires. Dès lors toute cassure entre religion et philosophie était écartée, la religion demeurait tout autant philosophique que la philo-sophie restait « religieuse », c'est-à-dire essentiellement axée sur la prophétologie[7].

2) La philosophie prophétique et l'angélologie

Une religion prophétique ne peut survivre sans une angélologie, puisque c'est l'Ange qui est le médiateur et l'initiateur des prophètes. Une « philosophie prophéti-que » met le philosophe dans la même situation que le prophète, et par là même le rend libre à l'égard de tout magistère humain[8]. L'angélologie est aussi fondamentale et nécessaire pour le judaïsme et l'islam que la prophétologie. Elle fut tout aussi nécessaire, estime Corbin, pour le christianisme de type prophétique, pour la christologie de *Christos Angelos*[9]. Mais en s'engageant sur la voie du paulinisme et du dogme de l'incarnation divine, le christianisme perdit en quelque sorte la fonction théophanique de l'Ange, dès lors que l'incarnation en tant que fait historique repérable chronologiquement prit le dessus sur la théophanie. D'autre part, c'est parce qu'il y a une théologie négative, présupposant au-delà de l'être un super-être (*hyperousion*) inconnaissable au-delà de toute manifestation et détermination, que l'angélologie trouve sa raison d'être. C'est cela même qui motive l'angélologie chez les philosophes gnostiques, et l'imamologie des penseurs shî'ites. L'Imâm ou l'Ange assument l'un et l'autre la fonction théophanique, la traduisant en une théologie affirmative sans laquelle il n'y aurait pas de *Deus revelatus*[10], car l'*Imâm*, tout autant que l'Ange (ou le guide intérieur en général) est le garant de la théologie affirmative. Ces deux aspects de la théologie négative et affirmative, complémentaires l'un de l'autre, constituent ce que Corbin appelle le « paradoxe du monothéisme ». Une théologie sans angélologie dégénère en un monothéisme abstrait, où toute médiation entre l'Un et le multiple est suspendue, où le divin s'abîme dans l'abstraction de l'absence ; mais réduite à la seule dimension de l'anthropomorphisme, elle dégénère en idolâtrie métaphysique. L'*angélologie* laisse le champ libre à la dimension occulte du *Deus absconditus*. Elle permet ainsi le « phénomène du miroir » et, comme l'explique un soufi anonyme, « le prophète, chaque fois qu'il en a besoin, tourne le miroir de son âme (*âyîna-ye jân, speculum animae*) vers le monde saint, pour en recevoir les connaissances, la Vraie Réalité (*haqîqat*)[11] ».

L'expérience mystique du prophète ou du philosophe ne peut s'effectuer que par la présence de l'Ange, son guide. Elle est le résultat d'une pédagogie angélique qui, par la rencontre avec l'Ange, provoque l'Individuation. Ce *guide intérieur* peut revêtir des Noms différents et variés, comme l'Ange Gabriel, l'Archange empourpré, le Maître invisible, la Nature Parfaite (Sohrawardî et la tradition hermétiste) ; le Partenaire Céleste (selon la tradition gnostique) ; le Jumeau Céleste (Mâni), Hayy ibn Yaqzân (Avicenne).

Mais sa fonction est la même : éveiller l'âme, étrangère en ce monde, provoquer la rencontre avec le Soi véritable. C'est le double aspect de cette conjonction qui suscite l'individuation, l'éclosion de la dimension polaire de l'être. C'est la contrepartie céleste de l'âme qui se manifeste pour le pèlerin in singularibus. Et Corbin de conclure : « De même que dans le concept de la religion prophétique est impliquée la nécessité de l'angélologie, de même celle-ci est-elle a fortiori nécessaire pour que le philosophe mystique puisse lui-même répéter les étapes de l'ascension du Prophète, autrement dit pour que soit actualisée l'idée que nous avons plusieurs fois soulignée ici, celle de la vocation commune au philosophe et au prophète. L'un et l'autre reçoivent leur Lumière de la même "Niche aux Lumières de la prophétie" (*Meskât al-nobowwat*)[12]. »

3) Refus de l'Incarnation et de l'historicisme

L'incarnation est un fait unique et irréversible : Dieu en chair et en os s'incarne à un moment précis de l'histoire. Le lieu et la date de l'Incarnation deviennent un point de référence par excellence. « Tandis que l'idée de l'Incarnation postule un fait matériel s'insérant dans la trame des faits historiques de la chronologie, et y fonde cette réalité ecclésiale que le monisme sociologique laïcisera en "Incarnation sociale", en revanche ce qu'appelle l'idée théophanique... c'est une assomption céleste de l'homme, la rentrée dans un temps qui n'est pas le temps de l'histoire et de sa chronologie. La récurrence des théophanies, la perpétuation de leur mystère ne postulent ni une réalité ecclésiale, ni un magistère dogmatique, mais la vertu du Livre révélé, comme "chiffre" d'un Verbe éternel, toujours en puissance de produire des créations nouvelles[13]. »

Pour la philosophie prophétique, les faits essentiels se déroulent dans une dimension *transhistorique* ; un *ailleurs* qui est *réversible* : il peut toujours faire irruption dans le monde et révéler l'aspect eschatologique des choses. Cet ailleurs dévoile l'invisible que recèle toute Image projetée, c'est-à-dire l'Ange. Le philosophe ne voit pas l'Ange mais intellige par lui dans la mesure de son effort, les Imâms l'entendent par audition, les prophètes le voient. Quelle que soit la source de leur connaissance : révélation (*wayh*), Inspiration (*ilhâm*) ou compréhension illuminatrice de l'Intelligence agente, la connaissance est une gnose, un enlèvement du voile, une science du cœur purifiée à l'extrême, apte à réfléchir des lumières suprasensibles, mais une science qui reste essentiellement angélique. Et pour que le rapport théophanique de toute science du cœur puisse transparaître, il lui faut un monde qui lui en assure ontologiquement le plein droit. Ce monde intermédiaire entre le sensible et l'intelligible est celui où « les corps se spiritualisent et où se corporalisent les Esprits », c'est-à-dire un monde affranchi des lois de la matière, mais non de l'étendue et possédant toute la richesse « imaginale » du monde sensible à l'état incorruptible. À ce niveau intermédiaire éclôt la métahistoire des « événements dans le Ciel » : les visions des mystiques, des prophètes. C'est aussi cet intermonde « qui nous préserve de confondre une *icône*, précisément une image métaphysique avec une idole[14] ». En l'absence de ce monde, non seulement l'homme fait une chute libre, de la *métahistoire* dans l'histoire, non seulement il perd sa *vision* pour devenir uniquement un homme « visuel », mais il s'empêtre dans l'idolâtrie métaphysique ou mieux encore « nous restons voués à l'*incarcération* de l'Histoire unidimensionnelle des événements empiriques. Les "événements dans le Ciel" (naissance divine, naissance de l'âme, par exemple) ne nous regardent plus, parce que nous ne les regardons plus[15] ».

Mais retrouver le regard de l'au-delà, le regard des « événements dans le Ciel », équivaut à regagner la dimension polaire et à participer aux événements premiers. Toute philosophie prophétique se réfère non à un fait historique particulier, comme l'incarnation, mais à la *hiérognose* prophétique telle qu'elle fut révélée, le jour de l'Alliance. Et à toute Révélation qui est une descente (*tanzîl*) correspond une *reconduite* (*ta'wîl*) vers ces mêmes événements, voire une Remontée à la source dont est descendue cette Révélation. C'est pourquoi toute philosophie prophétique est aussi un *Ma'âd*, un Retour, voire une « philosophie de résurrection ». Qâzî Sa'îd Qommî (né en 1633) estime quant à lui que les pensées des anciens philosophes, bien qu'ils aient été fort versés dans la théologie négative (*tanzîh*), furent trop courtes pour atteindre au but. Ils furent de même incapables de parcourir les étapes de la résurrection (*Ma'âd*) parce « qu'ils n'ont pas demandé les lumières de la sagesse (*anwâr al-hikmat*) à la Cité de la sagesse (*madinat al-hikmat*), qui est le Prophète, sceau de la prophétie[16] ». Quant à leurs successeurs, les Péripatéticiens de l'Islam, ils ont été tout autant incapables d'expliquer une « philosophie de résurrection » : « Faute d'avoir pu concevoir l'idée d'un "corps immatériel", celui du *mundus imaginalis*, ces philosophes ont pris la fuite devant tout ce qui pouvait rappeler la misérable condition du corps matériel en ce monde, et la plupart ont professé l'idée d'un *Ma'âd* purement spirituel (*rûhânî*). Alors ils en ont été réduits à transformer en allégories toutes les données révélées concernant le paradis et l'enfer[17], parce qu'ils ont ignoré que le *'âlam al-mithâl* est le monde où le sens littéral devient le sens spirituel (...). En revanche il y a eu des philosophes qui ont allumé (leur connaissance) à la Niche aux Lumières (*miskhât*) de la prophétie finale et à la *walâyat 'alawîya*[18]. » Il s'agit par conséquent des philosophes shî'ites dont la « philosophie prophétique » (*hikmat nabawîya*) guidée par les Imâms « constitue en propre le shî'isme comme l'ésotérique de la religion islamique »[19].

4) *Philosophie prophétique et shî'isme*

L'Imâm, en tant qu'herméneute par excellence du Livre, devient un postulat essentiel de la philosophie prophétique. Et c'est cette conscience aiguë de la fin de la prophétie et la conviction concomitante que l'humanité ne peut pas rester sans la présence des prophètes qui détermine, dit Corbin, « le sentiment pathétique du shî'isme » ; sentiment d'autant plus aigu qu'il débouche sur une attente eschatologique et sur la parousie de l'Imâm attendu, présentement occulté, dont la parousie viendra clore le cycle de notre *Aïon*.

Tous les grands penseurs shî'ites iraniens, comme Mollâ Sadrâ Shîrâzî (1640), Mohsen Fayz (ob. 1680), Qâzî Sa'îd Qommî (1639) et beaucoup d'autres, tous ont

approfondi la philosophie dans le sens d'une « philosophie prophétique et imâmique » (*hikmat nabawîya wa
'alawîya*, ce second adjectif étant formé sur le mot *walî-
Imâm*), tantôt comme « théosophie yéménite » (*hikmat
yamanîya*) par allusion aux significations symboliques du
Yémen et de l'angle yéménite de la *Ka'ba* ; d'où cette tradition où joue la consonance des mots *îmân*, la foi, et
Yaman, le Yémen : « La foi vient du Yémen, et la sagesse,
la théosophie, est yéménite[20]. »

Que nous ayons affaire à une « théosophie yéménite »
ou une « théosophie orientale », elles puisent toutes deux
à la même source : les *hadîths* relatifs au cycle des Amis
de Dieu, à l'Imâm comme Face de Dieu. Ainsi la philosophie d'un Sadrâ culmine en une philosophie de témoignage qui, « en posant l'unité du contemplant et de ce
qu'il contemple, détermine l'acte d'être, d'exister, en
fonction de la Présence, c'est-à-dire en fonction des présences de l'âme à toujours plus d'univers[21] » – présences
qui se prolongent au-delà de la mort. Car plus intense est
l'être, plus l'âme est Présence à d'autres mondes, plus elle
est absence à la mort. La fonction médiatrice de l'Ange
comme guide spirituel provoquant la métamorphose intérieure de l'âme a influencé chez un Sadrâ la « mutation
substantielle » du mouvement intrasubstantiel qui atteint
jusqu'à la substance de l'être, dans son immense élan de
Retour vers Dieu. Là est l'endroit où le point final de
l'Ascension (*Ma'âd*) rejoint le point initial de la Descente
(*Mabdâ'*) de l'Être, où les deux arcs de la descente et du
retour se conjoignent, là où la descente du Verbe (*tanzîl*)
et sa remontée (*ta'wîl*) se réunissent dans la « Niche aux
Lumières de la prophétie ».

CHAPITRE IV

Le shî'isme

« Le shî'isme constitue fondamentalement et de plein droit l'ésotérisme ou le sens intérieur de la religion islamique ; cet ésotérisme ou ce sens intérieur est initialement et intégralement l'enseignement auquel les Imâms ont initié leurs disciples et celui que ces derniers ont transmis (...). L'idée de ces témoins qui, même complètement ignorés de la masse des hommes, de génération en génération, "répondent pour" Dieu en ce monde, comporte l'idée d'une communauté spirituelle dont la hiérarchie est fondée, non pas sur les préséances d'un ordre social extérieur, mais uniquement sur les qualifications de l'être intérieur. Aussi échappe-t-elle à toute matérialisation et à toute socialisation. Les "Khalifes de Dieu" sur la Terre, dont parle le premier Imâm, ce furent en premier lieu les onze Imâms, ses successeurs, et plus loin encore, tous ceux dont la succession invisible maintient la pure hiérarchie autour de celui qui en est le "pôle" mystique, l'"Imâm caché", jusqu'à la fin de notre *Aiôn* ; sans eux, l'humanité, qu'elle le sache ou non, ne pourrait continuer de subsister. Et c'est là finalement que se décident le sens et l'enjeu du combat spirituel du shî'isme[1]. »

Le shî'isme est donc 1) l'aspect ésotérique de l'Islam, il résulte de la clôture du message prophétique ; 2) il est par conséquent centré sur la fonction médiatrice et herméneutique de l'Imâm, d'où l'importance primordiale que revêt le terme *ta'wîl* dans l'Imâmologie ; 3) la vocation du shî'isme étant celle d'une communauté spirituelle axée sur l'amour, elle s'oriente d'emblée vers l'intériorité et refuse de réduire l'Islam à l'extériorité de la *sharî'a*. D'où l'attitude intransigeante du shî'isme envers le sunnisme, les théologies exotériques shî'ites, et une certaine forme de soufisme. Ceci constitue le triple combat du shî'isme.

1) Le shî'isme ou l'ésotérisme de l'Islam

Le shî'isme naît à partir d'une question essentielle, posée en raison du drame même de la clôture du message prophétique. Du moment que le dernier des Prophètes est mort et que le Sceau de la prophétie est clos, et comme aussi l'humanité ne peut rester vivante sans un Garant de Dieu, que sera la situation du croyant ? D'autre part, si la signification du Livre ne se réduit pas à son sens littéral, qui va en assurer à présent la compréhension ? Il faut que, postérieurement au prophète, il y ait un « Mainteneur du Livre » (*Qayyim bi'l-Kitâb*)[2], quelqu'un qui puisse nous initier à son sens intérieur. C'est pourquoi le shî'isme professe qu'au cycle de la prophétie a succédé le « cycle de la *walâyat* ».

Ainsi le message s'intériorise et se transmet par la voie des Imâms, et ceci jusqu'à nos jours. Voyons à présent les grandes périodes du shî'isme.

La première période commence avec le premier Imâm, 'Alî Ibn Abî Tâlib (ob. 661). Celui-ci fut le confident des secrets du prophète de l'Islam. À son sujet, le prophète aurait dit : « Je suis la Cité de la Connaissance, 'Alî en est la porte. » Cette période va jusqu'à l'année qui marque la

« Grande Occultation » du XIIᵉ Imâm, c'est-à-dire 329/ 940. C'est par ailleurs l'année où meurt le grand compilateur Mohammad ibn Ya'qûb Kolaynî qui recueillit auprès des derniers représentants du XIIᵉ Imâm les *hadîths* constituant le plus ancien recueil de traditions shî'ites. Une seconde période s'étend de Kolaynî jusqu'à Nasîroddîn Tûsî (ob. 1270) qui participa aussi au shî'isme ismaélien. Cette période est marquée, dit Corbin, « par l'élaboration des grandes sommes de traditions shî'ites, les ouvrages consacrés à tel ou tel thème particulier, les grands *tafsîr* ou commentaires shî'ites du Qorân[3] ». Une troisième période va de Tûsî (depuis l'invasion mongole) jusqu'à l'époque safavide, au début du XVIᵉ siècle. Elle est marquée par l'œuvre importante de Haydar Amolî qui essaya de concilier le soufisme et le shî'isme en constituant un shî'isme intégral. La quatrième période commence à partir de l'époque safavide (depuis l'« École d'Ispahan »), dominée par Mîr Dâmâd et ses élèves, et, englobant la période qâdjâr, aboutit jusqu'à nos jours.

2) *Le shî'isme et le* ta'wîl

Nous disions plus haut que la fonction prophétique a été de permettre la « descente » (*tanzîl*) du Livre et la manifestation de son sens extérieur et exotérique. En s'intériorisant, le shî'isme opère une inversion, et accomplit la fonction complémentaire de la descente qui est *retour* à l'intériorité. Opérer ce retour, c'est ce que désigne étymologiquement le mot *ta'wîl* qui est « reconduire à la source » et donner une interprétation spirituelle du sens apparent de la Lettre. Cette herméneutique incombe à l'Imâm, parce qu'il est, en l'absence du prophète, « le seul Garant de Dieu ».

Mais, opérant l'inversion du sens, le shî'isme échappe par là même au sens historique si par historique nous entendons l'écorce ou « l'apparence ambiguë d'une hiéro-histoire cachée dont les événements ont la réalité et la per-pétuité du *mysterium liturgicum*[4] ». Ainsi, du fait que le shî'isme relate les événements dans le Ciel et préserve le sens éminemment symbolique des Images qui en reflètent la réalité, il accorde un rôle non moins essentiel aux orga-nes suprasensibles de l'homme comme l'Inspiration divine, l'Imagination active. Par conséquent « il nous a fallu dire que toutes les explications sociales et politiques par lesquelles on a voulu expliquer le shî'isme au niveau des lois de la causalité historique sont autant d'explica-tions qui passent à côté de ce qui fait l'essence de la pen-sée et l'objet de la conscience shî'ite, parce que le temps de l'Imâmat reste entre le temps[5]... ».

Cependant, du fait même de son aspect ésotérique, le shî'isme est resté, du moins dans son esprit – puisque nous savons qu'il devint plus tard en Iran la religion offi-cielle de la dynastie des Safavides, et que de nos jours il revendique même davantage –, la religion d'une élite. Les Imâms, pourchassés et persécutés par les puissances tem-porelles, ont toujours mené une vie retirée à l'abri du pou-voir et n'ont cessé de répéter : « Notre cause est difficile et lourde à porter ; seuls en sont capables un ange rappro-ché, un prophète envoyé, ou un fidèle au cœur éprouvé[6]. » Cette attitude a donné aux Imâms l'aspect solitaire d'expatriés, d'exilés, parce que l'Imâm connaît le chemin du retour à la vraie patrie de l'Être, il consacre sa vie entière à la pédagogie spirituelle de ses adeptes. D'où l'éloge de l'exil. « L'Islam a commencé expatrié et rede-viendra expatrié comme il était au commencement. Bien-heureux ceux d'entre la communauté de Mohammad qui s'expatrient (les *ghorabâ*)[7]. »

Cette inclination vers l'intériorité de l'esprit explique aussi l'attitude du shî'isme envers d'autres religions. À partir du moment où la *walâyat* englobe également le fils d'Adam, Seth, la religion de la *walâyat* est ainsi commune à tous les prophètes de la tradition abrahamique.

a) Les six jours de la création (l'hexaêmeron)

L'idée d'un cycle de prophétie permanente commençant à l'aube de l'humanité terrestre et durant jusqu'à l'apparition de l'Imâm résurrecteur à la fin des temps a conduit le shî'isme à interpréter l'*hexaêmeron* mystique, c'est-à-dire les six jours de la création des religions correspondant aux six prophètes abrahamiques. La *walâyat* coïncide, grâce à la révolution complète du cycle de la prophétie, avec le Lever de l'Heure finale (Résurrection). Cette idée avait été déjà formulée par le grand théosophe ismaélien Nâsir-e Khosraw (XIᵉ siècle), elle le sera également par Haydar Amolî (XIVᵉ), le réconciliateur du shî'isme duodécimain et du soufisme, et elle sera reprise par une autre branche du shî'isme tardif, c'est-à-dire le shaykhisme au XIXᵉ siècle, notamment dans l'œuvre de Shaykh Ahmad Ahsâ'î qui fut le fondateur de l'École Shaykhie[8].

Pour la gnose ismaélienne, l'*hexaêmeron* représente les six jours de la création du cosmos, ou si l'on veut de l'univers sacral et religieux (*'âlam al-Dîn*) de l'humanité spirituelle. Ces six jours sont les six périodes de notre cycle actuel, marquées chacune par le nom de son prophète : Adam, Noé, Abraham, Moïse, Jésus, Mohammad. Chaque religion prend son sens à partir du jour final. « Si les hommes recherchaient, dit Nâsir-e Khosraw, cette herméneutique spirituelle, les religions prophétiques se dresseraient chacune à la place où elles se sont dressées, car les chrétiens se sont dressés au cinquième jour, les juifs au quatrième jour, les mazdéens (*Moghân*) au troisième jour[9]. » Le jour d'un prophète est la période propre de ce prophète dans ce cycle, « depuis l'instant de suscitation jusqu'à l'avènement de l'Imâm qui vient clore cette période[10] ». Nous sommes au sixième jour de la création ; le « septième jour » (le *Sabbath*), ce sera l'avènement de l'Imâm de la Résurrection (*Qâ'im al-Qiyâmat*). La personne du dernier Imâm totalise les six jours de la prophétie, de même que la forme du solide physique en récapitule les six faces[11]. Toute l'histoire sacrale de l'humanité (les six millénaires qui dans le shî'isme ismaélien chiffrent le cycle de la prophétie) tend à la venue de cette Forme humaine parfaite qu'est l'Imâm résurrecteur. De même dans le shî'isme duodécimain, la première législation, celle d'Adam, fut la législation inaugurale tandis que celle de Mohammad, le sixième jour, fut la législation terminale. Le temps est ramené à son « point initial dont prit son départ et auquel est ramené le temps ou cycle de la prophétie, et dont prend alors son départ le temps du cycle de la *walâyat*[12] ». Ainsi arrivée à la fin du *temps*, la prophétie se lève encore, mais cette fois sous la forme du dernier Imâm, le *Maître des Temps* qui est la contrepartie eschatologique du dernier Prophète : il est, de ce fait, l'Imâm de la Résurrection. Dans le contexte de l'ismaélisme tout autant que dans celui du shî'isme duodécimain, le Retour du temps de la prophétie à son point initial *spatialise* le temps de l'Imâm de la résurrection, et, convertissant le successif en simultané, il met fin au conflit de l'espace et du temps. D'ailleurs, nous signale Corbin, chez un mystique chrétien comme Swedenborg[13], les six jours, du fait qu'ils sont intériorisés, représentent les six étapes de la création de l'homme spirituel ; le « septième jour » est celui de l'homme célestiel, typifiant l'*Antiquissima Ecclesia*[14].

b) *Salmân le Perse, l'Archétype de l'Expatrié*

Le shî'isme, en raison de son éloge de l'expatriement et de son penchant naturel pour l'ésotérique, a fait de la figure étrange de l'Iranien Salmân le Perse ou Salmân le Pur l'Archétype de l'Étranger.

Étrange destinée que celle de ce fils d'un chevalier perse de la province de Fârs (l'antique Perside). Il fut élevé dans le mazdéisme sous le nom de Rûzbeh Marzûbân. Il devint chrétien pour quelque temps, puis, voyageant de ville en ville, fréquenta de grands maîtres en ascèse et ayant entendu parler du Prophète de l'Islam, il s'en alla le retrouver à La Mekke et ne s'en sépara plus jamais. Il devint le confident et le compagnon intime du Prophète et ceci à tel point que le Prophète déclara à son sujet : « Salmân fait partie de nous, les membres de la Famille. » À ce sujet Haydar Amolî insiste : « l'adoption de Salmân implique que le terme de Famille, de Maison (*Bayt*), ne concerne pas la famille charnelle extérieure (*bayt sûrî*), comprenant aussi bien les épouses et les enfants, mais la "Famille de la Connaissance, de la gnose et de la sagesse" (*Bayt al-'ilm wa'l-ma'rifat wa'l-hikmat*)[15] ».

D'autre part c'est Salmân qui aurait aidé le Prophète à prendre conscience des antécédents scripturaires de ses révélations. Il aurait été le ministre du *ta'wîl* le plus original de l'Islam et « c'est à ce titre qu'il put apparaître comme réellement investi du nom de Gabriel, l'Ange de la Révélation. Ou bien plutôt, il serait en quelque sorte l'Ange de cet ange, une individuation de l'Ange de la Révélation[16]... ». Il résulte de ce « ministère angélique » de Salmân que le phénomène du *ta'wîl* remonte aux origines mêmes de l'Islam, tel que le professent du moins les ésotéristes shî'ites. Étant à la fois l'Étranger émergeant hors de « son exil occidental » et l'herméneute qui initie le Prophète aux antécédents scripturaires de ses révélations, à prendre conscience des « cas de conscience exemplaires » des prophètes antérieurs[17], Salmân le Perse symbolise le pur Islam spirituel, en dehors de toute prétention étroite et légalitaire, de tout lien ethnique particulier, de toute descendance charnelle et humaine. C'est pourquoi « grande a été la fortune de ce motif de l'Étranger (*gharîb*) dans la gnose comme dans la mystique islamique. Au sentiment de l'expatriement s'alimente le dévouement passionné du shî'isme à la cause de l'Imâm, comme la ferveur des vocations soufies. Les uns et les autres ont conscience de tout ce que typifie le cas Salmân, l'Étranger venu de bords lointains, celui que marque du Sceau d'un pur Islam spirituel la célèbre sentence de l'Imâm Ja'far conservée dans le *hadîth* : « L'Islam a commencé expatrié et il redeviendra expatrié, comme il avait commencé ; bienheureux ceux d'entre les membres de la communauté de Mohammad qui s'expatrieront[18]. »

3) *Le triple combat du shî'isme*

Le shî'isme spirituel s'est toujours insurgé contre une religion sociale, contre la réduction de l'esprit à un ordre temporel quelconque, à une idéologie. En proclamant l'éloge de l'expatrié, l'Imâm exhorte le fidèle au renoncement à toutes les valeurs éphémères de ce monde-ci afin de « faire de ce monde le champ de sa migration vers ce qui est déjà invisiblement présent en ce monde, le monde de la palingénésie et de la Résurrection dont l'Imâm est l'annonciateur. Pour employer un langage à la mode, disons que telle est la seule "présence au monde", le seul "engagement" dans ce monde, pour le pèlerin spirituel comme témoin de l'absolu[19]. »

Dans la personne de l'Imâm caché qui reste, comme nous le verrons bientôt, *entre-les-temps*, le shî'isme pressent le mystère de l'existence humaine, tout comme celui-ci avait été pressenti autrefois dans le zoroastrisme en la personne du Sauveur (*Saoshyant*), dans le bouddhisme en la personne du Bouddha Maitreya, dans l'attente du règne de l'Esprit Saint chez les spirituels chrétiens depuis les Joachimites au XIIIᵉ siècle[20].

C'est à partir de cette attitude que s'éclaire le triple combat du shî'isme : a) d'abord, un affrontement ouvert avec le sunnisme en tant que pure religion de la *sharî'at*, celle des docteurs de la Loi refusant la gnose ; b) il y a un second combat « plus douloureux et plus pathétique[21] » que le premier puisqu'il se livre à l'intérieur même du shî'isme. C'est le combat auquel nous assistons en ce moment en Iran, où le shî'isme triomphant dans une « république islamique » dénature l'esprit même d'une religion qui se veut avant tout ésotérique et religion d'amour. Ceci a une longue histoire en Islam et en Iran en particulier. Cet antagonisme a opposé les inquisiteurs, les censeurs, aux sages, aux « fidèles d'amour ». Depuis l'époque safavide, il se traduit par le conflit entre les *'Orafâ'*, les gnostiques fidèles à l'enseignement ésotérique des Imâms et les *Foqahâ'*, les théologiens qui professent extérieurement le shî'isme, mais oublient volontiers son enseignement ésotérique ; c) Il y a finalement un « combat plus subtil encore[22] » qui oppose le shî'isme spirituel à un certain soufisme oublieux de ses origines. Ce thème a été développé par Haydar Amolî dans ses commentaires. Disons cependant que le shî'isme fut intégré dans la pensée philosophique (voir *infra*, Livre III) et culmina en la grande synthèse de Mollâ Sadrâ lorsque la spiritualité shî'ite, la métaphysique de l'être et l'*Ishrâq* se fondirent en l'unité de la conscience spirituelle du shî'ite *ishrâqî*.

a) *Shî'isme et sunnisme*

La grande différence entre shî'isme et sunnisme du point de vue théosophique, dit Corbin, « pourrait se ramener au fait que tout ce que la gnose shî'ite "intentionne" dans la personne de l'Imâm comme pôle se trouve, dans le sunnisme, investi dans la seule personne du Prophète[23] ». Il en résulte par conséquent un déséquilibre.

Ce qu'on appelle tout d'abord *shî'isme* par rapport au sunnisme, c'est la totalité des fidèles qui se rallient à l'enseignement des saints Imâms pour tout ce qui concerne l'herméneutique du Qorân, et la pratique de la religion. Quant au sens du mot *sunna* (tradition), les shî'ites en font également usage, mais ce terme désigne pour eux la Tradition intégrale englobant tout le *corpus* des enseignements des douze Imâms.

L'idée sous-jacente à la distinction des deux branches de l'Islam est, selon Corbin, celle-ci : le sunnisme professe que le prophète Mohammad (ob. 11/632), ayant révélé la dernière loi religieuse, a fermé le « cycle de la prophétie ». Il a déclaré qu'il est le dernier des Prophètes, le « Sceau de la Prophétie », après lui il n'y aura plus de législation nouvelle. L'histoire religieuse de l'humanité est close. Le shî'isme professe qu'il est vrai que Mohammad a été le dernier prophète, mais que l'histoire religieuse de l'humanité n'est pas close pour autant. Le point final du « cycle de la prophétie » coïncide avec le point initial d'un nouveau cycle, celui de l'initiation ou le « *cycle de la walâyat* ». Le mot *walâyat* signifie amitié (persan *dûstî*). Il se rapporte d'une part à la dilection, l'amour, que professent les adeptes à l'égard des Imâms, et d'autre part à la prédilection divine qui, dès la pré-éternité, les qualifie, les sacralise comme les « Amis de Dieu », les Proches ou les Aimés de Dieu (*Awliyâ'Allâh*)[24].

Dès lors, se retournant vers le Prophète, le croyant shî'ite se retourne vers celui-là même qu'avait annoncé le Prophète lui-même comme étant son descendant et le Sceau à venir de la *walâyat*. Ainsi les fidèles et les adeptes de l'Imâm ne restent plus prisonniers dans une destinée close, mais au contraire assument le vrai message prophétique. Ils s'orientent vers celui qui n'apportera pas une nouvelle *sharî'at* mais dévoilera le sens caché de toutes les Révélations passées. « La situation existentielle est fondamentalement différente du côté du shî'isme et du côté du sunnisme[25]. »

La position particulière du shî'isme quant au sens ésotérique du Livre, l'attention pleine d'amour qu'il porte aux Imâms et la dimension eschatologique où se dévoile le sauveur font que le shî'isme refuse d'avoir son avenir derrière lui. À la différence de l'Islam sunnite majoritaire, pour lequel, après le Sceau de la prophétie, l'humanité n'a plus de rêve à attendre, « le shî'isme maintient ouvert l'avenir en professant que même après la venue du "Sceau des Prophètes", quelque chose est encore à attendre, à savoir la révélation du sens spirituel des révélations apportées par les grands prophètes (…). Mais cette intelligence spirituelle ne sera complète qu'à la fin de notre *Aiôn*, lors de la parousie du douzième Imâm, l'Imâm présentement caché et pôle mystique de ce monde[26] ».

*b) Le shî'isme et les théologiens exotériques (*foqahâ'*)*

Comment le shî'isme, qui était centré sur le sens ésotérique du Livre, put-il sécréter une religion légalitaire, « de plus en plus exclusivement vouée aux questions pratiques de droit canonique, de jurisprudence et de casuistique, méfiante à l'égard de tout ce qui est philosophie, théosophie mystique[27] » ?

Cela reste le grand paradoxe du shî'isme. Il suffit de lire les *ghazals* de Hâfez (XIVᵉ siècle) et des poètes qui l'ont précédé pour se rendre compte que cet antagonisme a une longue histoire dans la pensée iranienne. Si, à ses débuts, le shî'isme se range plutôt du côté des mystiques et des opprimés, dans son combat contre les docteurs de la loi sunnites, plus tard, devenu la religion officielle sous la dynastie des Safavides, il assumera en revanche à l'endroit des spirituels (*'orafâ'*) la même position qu'avaient assumée à son égard autrefois les docteurs de la Loi. « La gnose shî'ite, qui avait traversé victorieusement plusieurs siècles de persécution et de clandestinité, se trouvait, avec le succès temporel du shî'isme, devant un nouveau genre d'épreuve[28]. » Comment en est-on arrivé là ? Pourquoi cette prédominance de plus en plus envahissante, encombrante, du droit canonique ?

Sans doute cette surenchère du *fiqh* remonte-t-elle à l'époque où le shî'isme devint religion d'État ; sans doute en s'accrochant au pouvoir et en assumant des charges juridiques, le shî'isme dut-il former pour exercer ses fonctions temporelles un clergé officiel de plus en plus soucieux de régler les choses d'ici-bas et de moins en moins ouvert à la gnose et aux enseignements des saints Imâms. Ce paradoxe-là, l'ismaélisme dut y faire face, du Xᵉ au XIIᵉ siècle de l'ère chrétienne, lors du triomphe de la dynastie fâtimide en Égypte ; tandis que le shî'isme duodécimain l'affronta depuis le début du XVIᵉ siècle, c'est-à-dire depuis le moment où Shah Esmâ'îl, fondateur de la dynastie des Safavides, en restaurant l'unité nationale de la Perse, fit du shî'isme duodécimain la religion officielle de l'État.

En devenant pouvoir temporel, le vrai shî'isme « doit en quelque sorte se cacher à lui-même », c'est-à-dire pour préserver son intégralité, il doit en quelque sorte se cacher au shî'isme officiel[29]. Si, dès l'origine, le shî'isme s'est considéré comme la conscience vivante de l'ésotérique du message prophétique, et si cette conscience s'accompagnait d'un sentiment d'exil par son association aux puissances temporelles, il se forma un shî'isme officiel qui « expatria les expatriés de l'Imâm[30] ». Le shî'isme se retourna donc contre lui-même et fit de ses adeptes des exilés dans leur propre religion. On pourrait citer à cet effet le réquisitoire d'un Nâsir-e Khosraw contre les docteurs de la Loi : « Satan (Iblîs) est bel et bien un théologien (exotériste) si ceux-là (les docteurs de la Loi) sont des théologiens » puis, renchérissant davantage, il ajoute « parce que ces prétendus savants ont traité d'ennemis de la foi tous ceux qui ont la connaissance scientifique des choses créées, les chercheurs du comment et du pourquoi sont devenus muets. (...) Il ne reste personne en ce pays (Khorâsân) que nous venons de mentionner, qui soit capable de *réunir* la science de la Religion éternelle, laquelle est un fruit de l'Esprit Saint, avec la science des choses créées qui, elle, dépend de la philosophie ; c'est que la philosophie, aux yeux de ces prétendus savants, est ravalée au rang des animaux, tandis que par la faute de ces gens c'est la religion de l'Islam qui est devenue un objet de mépris. Ces prétendus savants ont déclaré que le philosophe est un ennemi de la foi, si bien qu'en ce pays il ne reste plus ni Religion Vraie ni philosophie[31]. » On est étonné par l'actualité de ces propos. On dirait que non seulement les choses ne se sont pas améliorées depuis mais qu'elles se sont mêmes aggravées si on prend en considération les dégâts de toutes sortes qu'on inflige aux hommes, à la culture, à la dignité même de croire et ceci toujours *ad majorem gloriam Dei*.

Un État shî'ite peut-il exister sans entrer en contradiction avec l'esprit même du shî'isme ? Si le shî'isme est une religion d'attente eschatologique, la fondation d'un État, quelle qu'en soit la forme, n'anticipe-t-elle pas sur la mission du XIIe Imâm dont la parousie à la fin de notre cycle doit instaurer la justice divine sur la Terre ? Corbin mourut avant la création de la République islamique, nous ne savons pas quel aurait été son jugement à l'égard d'une religion ésotérique d'amour qui dégénérerait en un régime oppressif totalitaire du type de ceux que l'on rencontre dans le tiers-monde.

Au sujet du « combat spirituel » du shî'isme, Corbin estime ceci : pour le shî'isme « authentique » toute ambition politique revendiquant le khalifat est impensable ; « l'idée en serait un insupportable blasphème[32] ». Mais à partir du moment où « cet insupportable blasphème » s'est réalisé dans l'histoire, quel sera à présent le combat spirituel du shî'isme ? Devant ce dilemme, Corbin nous aurait peut-être placés devant cette alternative : « ou bien l'abandon, la socialisation radicale du spirituel succombant à l'attrait des volontés de puissance et pactisant avec des "pouvoirs" qui tantôt ignorent même ce que signifie le mot "spirituel", tantôt en ruinent le sens d'autant mieux qu'ils l'ont connu, car ce n'est pas l'incroyant, mais le croyant seul qui peut profaner et blasphémer. Ou bien la foi dans l'*incognito* divin, fût-ce par une *desperatio fiducialis* (une désespérance qui garde confiance), le sentiment de cet *incognito* perpétué comme un défi et typifié, par excellence, en la personne du douzième Imâm, l'Imâm caché, parce que, dans ce cas, la réalité religieuse ne peut ni être un objet ni être objectifiée, ni socialisée ni collectivisée. Le croyant qu'une telle foi inspire résoudra de lui-même les problèmes que lui pose, dans le monde actuel, sa fidélité aux prescriptions de la *sharî'at*. Son combat sera victorieux[33]. »

Que le croyant shî'ite triomphe de cette dernière épreuve que lui oppose, dans toute son horreur, l'expérience d'un État religieux ou non, une chose est certaine : l'Islam shî'ite aura à faire les frais de cette malheureuse aventure ; et en supposant que le shî'isme en tant que religion légalitaire survive à cette traumatisante épreuve, il ne sera jamais le même, car quelque chose est brisé, une barrière a été franchie que l'on ne peut franchir impunément sans créer une situation irréversible. Peut-être le shî'isme spirituel trouvera-t-il, après cette chute dans le piège de l'histoire, sa vocation originelle qui est celle d'être la religion des expatriés.

c) Shî'isme et soufisme

Les rapports du shî'isme et du soufisme n'ont pas été très faciles. Les shî'ites se sont acharnés contre les soufis, ces derniers ont vitupéré les shî'ites. Le problème fut tranché finalement par Haydar Amolî (né en 1320). Auteur du *Texte des Textes* (*nass al-nosûs*)[34], écrit en commentaire des *Fosûs al-Hikam* d'Ibn 'Arabî, Haydar Amolî reprend les relations du soufisme et du shî'isme dans un autre livre intitulé le *Jâmi' al-asrâr*[35] où il se prononce sur la question grave du « Sceau de la *walâyat* », décisive selon lui pour l'imâmologie du shî'isme. De même que Sohrawardî avait tenté d'intégrer la Sagesse des anciens Perses dans la philosophie islamique, de même Haydar Amolî opère la rejonction entre le shî'isme et la gnose spéculative du soufisme, notamment celle d'Ibn 'Arabî et crée ainsi un shî'isme intégral. Haydar Amolî explique tout d'abord l'origine commune des deux doctrines : « ... entre toutes les branches de l'Islam et les différents groupes mohammadiens, il n'est pas de groupe qui ait vitupéré le groupe des soufis à l'égal de ce qu'ont fait les shî'ites : réciproquement aucun groupe n'a interprété le groupe des shî'ites comme l'ont fait les soufis. Et cela, malgré que leur origine aux uns et aux autres soit une même origine ; que la source à laquelle ils s'abreuvent soit la même ; que le terme auquel ils se réfèrent soit un seul et même. En effet, le terme auquel se réfèrent tous les shî'ites, en particulier le groupe imâmite duodécimain, n'est autre que la personne de l'Émir des croyants (le premier Imâm) et après lui ses enfants et les enfants de ses enfants (les onze autres Imâms). C'est lui qui est la source dont ils tirent leur origine et à laquelle ils s'abreuvent ; il est le point d'appui de leurs connaissances, le terme auquel se réfèrent leurs principes. De même en est-il pour les soufis authentiques (*al-sûfiyat al-haqqa*), parce que celui sur qui ils fondent leurs connaissances et à quoi ils font remonter leur consécration (leur *khirqa*, leur "manteau" de soufis) n'est autre que le premier Imâm, et après lui, l'un succédant à l'autre, ses enfants et les enfants de ses enfants[36]. »

Le soufi est un étranger, un exilé en ce monde. Il aspire à se retrouver « chez lui » et mettre fin à son exil occidental. La loi religieuse révélée par le Prophète ouvre la voie intérieure (*tarîqat*) laquelle aboutit à la vérité spirituelle (*harîqat*), qui, vécue intensément par le soufi, fait de lui un homme métaphysiquement libre. « La profession mystique ne s'oppose pas à la révélation prophétique : elle en est l'accomplissement, parce qu'elle en est la vérité secrète[37]. » Le soufi se métamorphose ainsi intérieurement : il transforme son infraconscience (*nafs ammâra*) en âme pacifiée (*nafs motma'yanna*). L'issue de ce combat, qui est une sublimation en quelque sorte, est le passage de l'unité exotérique en l'unité ésotérique : « le monothéisme abstrait du *tawhîd* exotérique se résout par l'idée, ou mieux dit par l'expérience de la théophanie (*tajallî*)[38] ». Tant que le voile s'interposant entre l'unité et la multiplicité n'est pas devenu « miroir théophanique » (Rûzbehân), il restera dans le monde des oppositions. « C'est pourquoi le pieux croyant monothéiste aussi bien que le théologien dogmatique et dialectique ne sont au fond que des polythéistes qui s'ignorent[39]. »

Le soufi est par rapport au sens intérieur de la prophétie dans la même situation paradoxale que le vrai shî'ite ; d'où l'idée de leur origine commune qui est celle de leur *walâyat*, c'est-à-dire le sens ésotérique de la prophétie. Le shî'isme est le sens intérieur de l'Islam et, d'autre part, le soufi aspire à l'ésotérisme de la *sharî'at*, on pourrait en conclure qu'ils cherchent tous deux le même résultat : la même individuation mystique tout à la fois annihilation (*fanâ'*) et surexistence en Dieu (*baqâ'*). Mais, raisonne Haydar Amolî, tout shî'ite qui se limite à l'exotérisme mutile l'enseignement des Imâms et passe à côté des réalités intérieures ; et tout soufi s'appuyant sur la *tarîqat* s'avère comme étant un « vrai shî'ite » ; mais c'est un shî'ite qui a oublié son origine, car il a mis de côté l'aspect théophanique des Imâms. « Sayyed Haydar, dit Corbin, veut en finir une fois pour toutes avec cette situation, en renvoyant dos à dos shî'ites vitupérant le soufisme, et soufis vitupérant le shî'isme. Il doit faire face sur plusieurs fronts : vis-à-vis du sunnisme légalitaire, vis-à-vis des shî'ites oublieux de l'ésotérique, vis-à-vis des soufis oublieux de leur origine et de ce qu'ils doivent essentiellement au shî'isme[40]. » Haydar Amolî assume lui-même le triple combat du shî'isme. Les shî'ites s'en tenant à la seule *sharî'at* oublient le sens ésotérique de l'enseignement des Imâms et les soufis, oubliant l'origine de leur consécration (la *walâyat*), laissent la religion inté-

rieure suspendue dans le vide. Les uns et les autres com-
mettent la même faute en ignorant l'aspect initiatique des
enseignements des Imâms. Le croyant éprouvé est par
conséquent celui qui, en assumant la cause et l'enseignement intégral des saints Imâms, cumule la totalité :
sharî'at, tarîqat et *haqîqat*[41]. Face au shî'ite réduit à la
seule *sharî'at*, le soufi est le vrai shî'ite, mais face au
soufi oublieux de son origine, le shî'ite intégral (cumulant
les trois fonctions) est le vrai soufi. Tout l'effort de Haydar Amolî tend à convaincre les deux groupes qu'ils ne
peuvent se passer l'un de l'autre. Toutefois le soufisme,
en passant sous silence la source de la *walâyat*, c'est-à-
dire la source de tout ésotérisme, s'est dénaturé. « Tout se
passe en effet, dit Corbin, comme si le soufisme avait
transféré le contenu de l'imâmologie sur la personne du
seul Prophète, en éliminant tout ce qui ne s'accordait pas
avec le sentiment sunnite. L'idée soufie du pôle mystique,
le *Qotb*, n'est autre que celle de l'Imâm ; aussi bien dans
le soufisme shî'ite, l'Imâm reste-t-il le *pôle des pôles*
comme sceau de la *walâyat*, tandis que dans le soufisme
sunnite l'idée du *Qotb* ne fait que se substituer à celle de
l'Imâm professée par le shî'isme[42]. » Ainsi la personne du
Shaykh, ayant usurpé dans le soufisme le rôle du guide
spirituel qui est l'Imâm caché « invisible aux sens mais
présent au cœur[43] », on peut dire que le soufisme sunnite
réussit à instituer une « imâmologie sans Imâm ».

L'élimination de l'imâmologie a une autre conséquence
grave. En rompant l'équilibre de l'exotérique et de
l'ésotérique, de la prophétologie et de l'imâmologie, on
transfère à la personne du Prophète les charismes qui
appartiennent en propre aux Imâms, et ce faisant, on rend
impossible une unité ésotérique authentique. En éliminant
l'imâmologie, on détruit par là même le sens des théophanies. Le shî'ite, en s'ouvrant à la Face de Dieu (l'Imâm),

conserve le sens des théophanies, il entre dans la *tarîqat* sans qu'il ait besoin de recourir à une congrégation soufie. Il aura ainsi toutes les apparences d'un soufi sans qu'il soit le disciple d'un *shaykh* particulier. Le soufisme emprunte la notion de *walâyat* au shî'isme, en l'altérant toutefois. Haydar Amolî, en dépit de l'admiration sans borne qu'il manifeste à l'égard d'Ibn 'Arabî, lui oppose une critique véhémente pour avoir fait de Jésus le sceau de la *walâyat* universelle, sceau qui pour un shî'ite ne peut être que le premier Imâm. La vraie réconciliation consisterait, pour Haydar Amolî, à éviter l'excès, du côté des soufis comme du côté des shî'ites : le soufise remémorant le sens profond de sa *walâyat* qui est la source même de la gnose, et le shî'ite évitant l'excès du *zâhir*, de l'exotérisme qui fait de lui un shî'ite au sens métaphorique du terme.

« En fait, conclut Corbin, la spiritualité shî'ite déborde le soufisme. Certes, il y a des congrégations soufies shî'ites, l'arbre généalogique de la plupart des *tarîqat* ou congrégations remonte aussi bien à l'un des Imâms. Mais l'ésotériste shî'ite est d'ores et déjà, comme tel, sur la Voie (la *tarîqat*), sans même avoir à entrer dans une congrégation soufie. Au sommet d'un Sinaï mystique, la connaissance de l'Imâm comme son guide personnel le conduit à la connaissance de soi[44]. »

CHAPITRE V

L'imâmologie

Le mot arabe *Imâm* signifie « celui qui se tient en avant ». C'est donc le guide spirituel. La qualification embrasse le groupe des « Douze », c'est-à-dire les onze Imâms descendant du prophète par sa fille Fâtima (*al-Zayra*, l'Éclatante) et son cousin, le premier des Douze, 'Alî Ibn Abî Tâlib. Le shî'isme duodécimain est parfois nommé aussi « imâmisme ». L'Imâm est le support de la *haqîqat* (Vérité spirituelle) qui maintient et la loi et l'herméneutique du Qorân. Car les Imâms détiennent la clef du Livre, ils maintiennent le sens du Livre en l'absence du Prophète, d'où la proclamation du Ve Imâm : « Si l'Imâm était enlevé de la Terre une seule heure, elle frémirait en vagues qui rouleraient ses habitants, comme la mer roule dans ses vagues les êtres qui l'habitent[1]. »

Si, côté shî'ite, l'Imâm est le pôle autour duquel pivotent la cohésion et la cohérence de l'être, celui dont la fonction initiatique s'ouvre sur une perspective eschatologique, du côté sunnite, en revanche, l'Imâm reste le pivot de l'ordre social sans assumer une charge herméneutique ni métaphysique. « Sa nécessité ne procède que de la considération des choses temporelles ; ce n'est pas un concept sacral (impliquant une sacralisation de l'univers) mais un concept séculier et laïque[2]. » Il n'est pas immaculé et pur (*'ismat*) ; son choix dépend du consensus ; il est élu, alors que l'Imâm au sens shî'ite étant une personne sacrée (nous entendons les douze Imâms et non leurs représentants) échappe à toute élection. Il symbolise la réalité essentielle de l'homme, son *Alter Ego* spirituel, d'où la sentence : « Celui qui meurt sans connaître son Imâm (c'est-à-dire sans connaître son Soi) meurt de la mort des inconscients[3]. »

Le Qorân à lui seul ne peut être Répondant (*Hojjat*), témoin, tant qu'il n'y a pas un Mainteneur, un herméneute (*mofassir*) qui en connaisse la gnose intégrale. Ce mainteneur-là, c'est l'Imâm, le Guide[4]. Car si l'héritage imparti aux prophètes en vertu de la fonction législatrice dont ils étaient investis fut celui de faire descendre (*tanzîl*) la Révélation sous forme de Livre, celui des Imâms fut en revanche de reconduire (*ta'wîl*) la lettre de cette révélation à sa source. C'est pourquoi tout le cycle de la *walâyat* symbolisé par la succession des douze Imâms est orienté vers le Retour à l'Origine (cf. *supra* diagramme 2).

Les Imâms bénéficient du *nass* (désignation expresse par l'Imâm prédécesseur), de la pureté, de l'impeccabilité (*'ismat*). D'où le terme des « Quatorze Immaculés » (*chahârdah ma'sûm* – persan) pour désigner le Prophète, sa fille Fâtima et les Douze Imâms. L'idée de l'infaillibilité est en rapport avec la fonction hiérophanique des Imâms en tant que « pôle du monde » ou « pôle des pôles » sans lequel l'existence terrestre ne pourrait continuer un instant de plus. Or le pôle peut être tantôt visible, tantôt invisible, caché entre-les-temps. Tel est l'état actuel des choses, puisque nous sommes en ce moment en période d'occultation.

Le shî'isme a interprété le fameux verset qorânique relatif au dépôt de confiance[5] dans le sens de la *walâyat*. C'est ce dépôt-là qui fait des Imâms les « Amis de Dieu »,

les « gardiens de la cause divine » (*al-amr al-ilâhî*) investis de la mission qui double la prophétie. À la double *shahâdat* du sunnisme, le shî'isme substitue la triple
shahâdat[6] : à l'unité de l'unique (*tawhîd*), à la mission
exotérique des prophètes (*nobowwat*) s'ajoute la mission
initiatique et ésotérique des Amis de Dieu (*walâyat*),
orientant l'humanité vers la perspective eschatologique de
la parousie. Le premier Imâm fut, selon les shî'ites, à
l'égard du Prophète de l'Islam comme l'Âme est à
l'endroit de l'intelligence. Aussi le Prophète désigna-t-il
le premier Imâm comme étant « sa propre âme », son
« Soi-même ».

L'Imâm est face de Dieu et face de l'Homme ; il est
une forme théophanique (*mazhar*) parce que la « théophanie est comme telle l'instauration d'un rapport entre celui
qui se montre (*motajallâ*) et celui à qui il se montre
(*motajallâ laho*), celui qui se montre le fait nécessairement sous une forme proportionnée et correspondant à
celui à qui il se montre[7] ». En sauvant la théophanie,
l'Imâm rend possible l'Amour, puisque c'est l'Amour qui
permet la vision intérieure, la vision du cœur. Ainsi non
seulement l'Imâm rend possible l'amour inclus dans tout
face-à-face entre l'amant et l'aimé, mais il fonde également le *tawhîd* ontologique. Car la divinité *en soi* n'est ni
visible ni connaissable : on ne peut admirer que la divinité
révélée dans les formes épiphaniques.

Qâzî Sa'îd Qommî développe longuement l'idée de la
« Face de Dieu » dans ses commentaires du *Kitâb al-
Tawhîb* d'Ibn Bâbûyeh. L'Imâm est simultanément la
Face que Dieu montre à l'homme et la face que l'homme
montre à Dieu : « Quant au fait, dit le Shaykh, que la
lumière de la Face de l'Imâm aveuglait presque les yeux
de ses compagnons, c'est parce que l'Imâm est la Face de
Dieu (*Wajh Allâh*, la théophanie), et que l'Imâm est tout

entier tourné vers Dieu, et qu'il n'y a avec lui aucun revêtement composé des Éléments qui empêcheraient que l'on
ait la vision de son être au niveau de la pure Lumière[8]. »
Le croyant shî'ite est à l'égard de l'Imâm dans la même
situation que le philosophe à l'endroit de l'Intelligence
agente ou « le gnostique valentinien à la rencontre de
son Ange personnel[9] ». L'Imâm typifie, pour le shî'ite,
l'Ange-personne, le Guide intérieur, le Moi céleste. En
élaborant la forme théophanique de l'Imâm comme Face
de Dieu et face de l'homme, toute polarité divino-
humaine disparaît et il s'ensuit que « la Face sous laquelle
l'homme connaît son Dieu est eo ipso la Face sous
laquelle Dieu connaît l'homme[10] ».

Il en résulte que l'Imâm en tant que figure théophanique céleste échappe aux lois de la causalité historique, et
qu'il symbolise d'autre part le principe du Soi ou d'individuation mystique. En fait toute l'histoire ou l'hagiographie du XIIe Imâm par exemple s'accomplit dans un
monde parallèle, intermédiaire, qui reste « entre les mondes » tout comme son temps se situe « entre les Temps ».
La théophanie présuppose l'autonomie d'un monde
imaginal où la vision de la Face de Dieu transmue toutes
choses en symbole. C'est le monde de l'« Orient intermédiaire » qui, dans l'hagiographie du XIIe Imâm, apparaît
comme l'*Île verte*[11] entourée d'une mer blanche située
dans un « Non-Où », pôle de toute orientation.

« Celui qui se connaît soi-même connaît son Seigneur » ; « Celui qui a contemplé sa propre âme (son
soi-même) a contemplé son Seigneur, c'est-à-dire son
Imâm » ; enfin « Celui qui meurt sans avoir connu son
Imâm meurt de la mort des inconscients » [12]. La spiritualité shî'ite professe dans cette expérience de Soi, dont
l'Imâm est l'agent actif, l'accès à la conscience d'une
relation personnelle, où Dieu se montre in singularibus

pour celui qui l'adore. D'où l'importance des visions, des songes dans lesquels l'Imâm se montre à ses adeptes comme étant leur secret le plus intime, l'Âme de leur âme. Tous les récits révèlent que ces visions s'accomplissent, non pas dans un lieu repérable géographiquement, mais dans un monde autre qui fait soudainement irruption dans l'ordre sensible, bouleversant les coordonnées familières, provoquant une rupture de niveau dont souvent l'adepte n'est pas conscient, comme par exemple dans le récit de l'Île verte où le pèlerin entreprend un voyage mystérieux dans le monde imaginal. De même que les Anges amènent à éclore la spiritualité dormante des créateurs grâce à l'illumination gnostique de l'Individuation, de même aussi les Imâms qui sont pour ainsi dire leur contrepartie eschatologique agissent sur l'angélicité virtuelle des êtres « les faisant sortir de l'état d'animalité pour les conduire jusqu'à l'état angélique en acte qui en fait des êtres du paradis (*ahl al-jinnat*)[13] ». Et de même que dans l'ordre de la *cosmologie*, la connaissance qu'a Dieu de ce monde est une « science » médiatisée par ses Anges, lesquels sont les « Témoins » de sa création, de même aussi dans l'ordre *eschatologique*, la connaissance que Dieu a de ses croyants est médiatisée par la connaissance des prophètes et des Imâms, lesquels sont à présent Témoins devant Dieu pour les hommes lors de la résurrection. Il s'établit ainsi une homologie entre l'angélologie et l'Imâmologie. Si au niveau de l'Origine (*Mabda'*), l'angélologie assume une fonction cosmologique de création et de descente, au niveau du Retour (*Ma'âd*), en revanche, c'est l'Imâmologie qui assumera la fonction inverse de l'eschatologie, mais une fonction qui est aussi sotériologique, car la connaissance de l'Imâm, assimilée à la connaissance de Soi-même, nous fait accéder à la gnose salvatrice et par là même nous sauve.

C'est pourquoi en tant que Témoin de Dieu pour l'homme lors du chemin de Retour, l'Imâm est l'œil par lequel Dieu regarde sa création. Les Imâms sont à la fois les yeux par lesquels Dieu nous regarde et les yeux par lesquels nous regardons les Attributs de Dieu, compte tenu du fait que l'Essence est inaccessible et nous ne connaissons de Dieu que ses reflets théophaniques.

De tout ceci il résulte que l'Imâm est l'image éclatante, réelle de l'Homme Parfait, ou comme le dit Corbin, l'*Anthropos céleste*, « thème par lequel l'imâmologie shî'ite atteste son lien avec les motifs théologiques de l'*Anthropos* céleste, familier à toutes les gnoses qui l'ont précédée ». L'Imâm est par conséquent le Premier et le Dernier, le Manifesté et le Caché, le Contemplant et le Contemplé. Ces couples de termes soulignent les aspects eschatologiques de l'Imâm, de même qu'ils mettent en valeur sa préexistence éternelle comme Logos mohammadien. Si la genèse de l'univers est un mouvement qui fonde l'univers (*Mabda'*), le mouvement inverse est un point de Retour (*Ma'âd*) à l'Origine. À ces deux mouvements de Descente et de Retour correspondent respectivement *tanzîl* et *ta'wîl* (descente de la Révélation et reconduction de la Lettre à son Verbe), *sharî'at* et *haqîqat* (Loi religieuse et vérité spirituelle), *nobowwat* et *walâyat* ou *imâmat* (mission prophétique et cycle de l'Initiation)[14]. Dès lors, toutes les fonctions des Imâms se « situent » sur l'Arc de l'Ascension. Au niveau de la prophétie, l'Imâm représente le sens ascendant, ésotérique de la prophétie, c'est-à-dire la troisième Attestation (*shahâdat*)[15] sans laquelle la deuxième Attestation de l'Islam, le message prophétique, serait inopérante et caduque. Au niveau de la lettre, l'Imâm est l'*herméneute* par excellence puisqu'il reconduit le Livre à son Archétype éternel ; et au niveau de la Loi (*sharî'at*) il en est la Vérité suprême, puisque sa pédagogie spirituelle amène à éclore l'angélicité virtuelle de l'homme et débouche sur l'Individuation mystique de la connaissance de Soi. Car sans ces médiateurs (Imâms) non seulement il n'y aurait de salut pour personne, mais même « la Révélation qorânique ne serait plus depuis longtemps qu'un musée de curiosités théologiques, telle qu'elle l'est en fait justement aux yeux d'un agnostique[16] ».

CHAPITRE VI

Les douze imâms, forme configuratrice du temple de la prophétie

Le nombre des grands prophètes-envoyés correspond à celui des sphères planétaires. Et de même que les étapes de la révolution des planètes se reflètent dans la configuration des douze figures du zodiaque, de même aussi les sept périodes de la prophétie sont rythmées respectivement par la succession des douze héritiers spirituels (*awsîya*) ou Imâms. D'autre part, chaque *Nabî* (prophète-envoyé) investit avant sa mort un successeur spirituel, lequel prend sa place précisément pour assumer la fonction non de la prophétie mais de l'Imâmat. Ainsi Seth fut investi par son père Adam, Sem par son père Noé, Ismaël par Abraham, Josué par Moïse, Simon-Pierre (Shâ'mûn al-Safâ) par Jésus. Mohammad a investi selon les shî'ites son cousin 'Alî ibn Abî Tâlib. Mais de même que tous les prophètes antérieurs furent trahis en quelque sorte « systématiquement » par les leurs, de même le prophète de l'Islam rappelle aux siens que son peuple trahirait le pacte de fidélité envers celui qu'il instituait comme son héritier spirituel, c'est-à-dire le premier Imâm. C'est l'idée de cette trahison qui a dominé la conscience des shî'ites. « C'est là, dit Corbin[1], une représentation pathétique dominant la conscience shî'ite, la manière dont elle s'explique la grande défection commise par le sunnisme majoritaire à l'égard de ce qui fait pour elle l'essence de l'Islam comme religion spirituelle, à savoir l'imâmisme[2]. »

Le nombre douze est symbolique et on le retrouve dans les douze signes du zodiaque, les douze chefs des tribus d'Israël, les douze sources jaillies du rocher frappé par la baguette de Moïse, les douze mois de l'année, etc. Il s'établit une homologie parfaite entre l'ordre visible et le cosmos spirituel. Le monde visible est régi par les sept astres, les sept cieux, les douze constellations zodiacales, tandis que l'ordre cosmique est conditionné par les sept prophètes-pôles (*aqtâb*) et les douze Imâms qui ont suivi respectivement chaque cycle prophétique. Chacun des prophètes fut une manifestation de la même réalité prophétique qui trouva finalement son plein épanouissement dans le « Sceau des Prophètes », de même que tous les Imâms ont été les manifestations de la même réalité imâmique. C'est ayant ceci en vue que le prophète de l'Islam en parlant de son héritier spirituel, le premier Imâm, aurait dit, toujours selon les shî'ites : « 'Alî a été missionné secrètement avec chaque prophète ; avec moi il l'a été publiquement[3]. »

Qâzî Sa'îd Qommî partant de la structure dodécadique de l'Imâmat parvient à projeter dans une grande vision cosmologique la structure du temple cubique de la Ka'ba, transfiguré en temple spirituel. Qâzî Sa'îd montre comment, par exemple (nous schématisons à l'extrême), les douze Imâms typifient les douze rapports fonctionnels nécessaires à la structure de la forme cubique qui est celle de « Trône stabilisé sur l'Eau primordiale » (l'Intelligence comme Lumière qui entoure ses propres cognoscibles). Le rapport de l'Intelligence-Lumière, comme centre et périphérie entourant ses intelligibles, est le sens de ce que le « Trône repose sur l'eau ». Et ce rapport se stabilise grâce aux huit arêtes du cube qui sont les douze relations fonctionnelles déterminant la forme cubique à la fois au niveau de l'Intelligence, de l'*imaginal*, et au niveau sensible du temple terrestre de la Ka'ba. Car l'Archétype du Temple, passant (en raison du principe de transposition) d'une étape à l'autre de l'univers, n'en conserve pas moins sa forme identique fonctionnelle, tout comme une mélodie garde sa structure identique et reconnaissable lorsqu'on la transpose dans des tonalités différentes[4].

Or ce qui spatialise et stabilise cette structure d'ensemble, c'est précisément ces douze relations fonctionnelles, assimilées, au niveau cosmologique de la Réalité mohammadienne (l'Intelligence-Esprit), aux douze créatures de Lumière, les douze Imâms. L'imâmologie shî'ite duodécimaine devient la Forme, la *puissance configuratrice* d'un ensemble organisant tant le monde invisible que l'univers visible et ceci à tous les niveaux où cette même *Gestalt* se présente dans des registres différents. Et comme d'autre part, la forme du Temple de la Ka'ba est le reflet du Trône cosmique, le pèlerinage accompli autour du Temple de Dieu aurait pour le pèlerin une action configuratrice sur la formation de son corps de lumière, c'est-à-dire sur « l'atteinte à sa forme totale, telle que son corps de lumière soit simultanément le centre et le contour de son être essentiel, total[5] ».

Et de même que les intelligibles gravitent autour de l'Intelligence, les « anges rapprochés » autour du *malakût*, de même aussi les pèlerins, accomplissant les rites de circumambulation, s'intègrent au centre dynamique du centre de la Ka'ba. Un même pèlerinage d'initiation et de réintégration se répète à tous les niveaux de l'être.

1) Le douzième Imâm et l'Entre-les-Temps de l'Occultation

Selon les traditions shî'ites, le Prophète de l'Islam aurait dit : « Les Imâms après moi seront au nombre de douze ; le premier est 'Alî ibn Abî Tâlib ; le douzième est le Résurrecteur (*al-Qâ'im, al-Mahdî* – littéralement le *Guidé*, qui est par là même *al-Hâdî*, le Guide), à la main duquel Dieu fera conquérir les Orients et les Occidents de la Terre[6]. » S'adressant à son héritier spirituel, 'Alî, le Prophète aurait déclaré : « Ô 'Alî ! Les Imâms guidés et guides, tes descendants les Très-Purs, seront au nombre de douze (...). Tu es le premier ; le nom du dernier sera mon propre nom (Mohammad) ; quand il paraîtra, il remplira la terre de justice et d'harmonie, comme elle est maintenant remplie d'iniquité et de violence[7]. »

Pour la conscience shî'ite, le douzième Imâm est ainsi l'achèvemement ésotérique de la mission prophétique du Prophète de l'Islam. D'où le sens messianique de certains *hadîths* attribués au prophète dans lesquels il déclare, par exemple : « S'il ne restait à ce monde qu'un seul jour de durée, Dieu allongerait ce jour pour y susciter un homme de ma descendance dont le nom sera mon nom et dont le surnom sera mon surnom ; il remplira la Terre de paix et de justice, comme elle est aujourd'hui remplie de violence et de tyrannie[8]. »

Un halo de récits surnaturels auréole pour ainsi dire le personnage mystérieux de ce dernier Imâm : ils nous font penser à la naissance du Bouddha, né d'une façon surnaturelle, à celle du Christ, à l'Immaculée Conception. D'autre part dans les récits relatifs à la naissance miraculeuse du dernier Imâm, il y a un effort manifeste à marier dans le Ciel le christianisme et l'Islam. Car l'Islam, notamment dans sa version shî'ite, n'est-il pas tout compte fait l'aboutissement de tout le cycle des Révélations commencé à partir d'Adam ? Et le dernier Imâm n'est-il pas aussi le Sauveur qui au terme de notre *Aiôn* reconduira toutes les lettres de la Révélation à leur source originelle ? Les récits[9] nous apprennent que la future mère du douzième Imâm est une princesse byzantine, donc chrétienne, la princesse Narkès (*Narcisse*) dont la mère est une descendante des apôtres du Christ. Sa lignée remontant à Sha'mûn (Simon-Pierre), héritier spirituel du Seigneur Christ.

Le mariage du christianisme et de l'Islam représente selon Corbin le passage du plérôme des Douze de la période chrétienne au plérôme des Douze de la période mohammadienne, et ce passage s'achève précisément par la médiation de la mère du XII⁰ Imâm. Grâce à elle s'accomplit ainsi l'initiation du christianisme à l'Islam ou plutôt à la gnose islamique[10].

Disons tout d'abord que l'idée du sauveur s'occultant dans un monde invisible inaccessible aux coordonnées du monde sensible est fortement ancrée dans la conscience religieuse de l'Iran : déjà un élève de Mîr Dâmâd, Qotboddîn Ashkevârî, avait reconnu en la personne du futur Zoroastre eschatologique, le Saoshyant, celui que les shî'ites désignent comme l'Imâm attendu. « Ce témoignage, précise Corbin, fait entrevoir à l'historien de la philosophie religieuse un cycle grandiose où la pensée de l'Iran shî'ite s'incurve sur celle de l'ancien Iran, comme sous l'effet d'une norme intérieure qui maintiendrait la pensée iranienne orientée, par vocation et dès l'origine, vers une métaphysique eschatologique[11]. »

Un autre penseur iranien tardif, Ja'far Kashfî (ob. 1850-1851), dans son principal ouvrage rédigé en persan, crée toute une cosmologie et une métaphysique imâmite axée sur l'opposition entre la Lumière et les Ténèbres, il ordonne en plus une historiosophie qui suit les trois périodes essentielles du mazdéisme, à savoir création (*khalq = bundahisn*), mélange (*khalt = gumecisn*), séparation (*farq = vicarisn*). Finalement la parousie du XIIe Imâm ressemble beaucoup à celle des héros eschatologiques du zoroastrisme : séparer la Lumière des Ténèbres et reconduire le monde à sa pureté initiale de lumière. « Bien qu'ici ni le nom de Saoshyant ni le nom du Paraclet ne soient expressément prononcés, le XIIe Imâm assume la fonction de l'un et de l'autre. Du même coup aussi, nous nous trouvons en présence d'une interprétation du dualisme qui surmonte celui-ci sans rien devoir à un zervanisme ou à un néo-zervanisme, comme chez les Gayâmartiens dans la gnose ismaélienne[12]. »

Que la pensée iranienne se soit sentie si familière dans le climat messianique du shî'isme, cela n'est point, comme nous venons de le voir, une surprise. Tout le cycle des douze millénaires de la cosmologie du zoroastrisme aboutissant à la transfiguration finale du monde, toute l'orientation eschatologique du futur sauveur iranien l'y prédisposait déjà. Sans doute les formes avaient changé, sans doute le cadre religieux s'était déplacé vers le cycle prophétique des religions abrahamiques, mais le message profond d'une transfiguration du monde vécue intensément par la conscience iranienne – si ancrée dans l'idée d'exil de l'homme en ce monde – est resté intact.

L'Imâm comme Saoshyant, comme le Héros extatique iranien Kay Khosraw, a bien été enlevé de ce monde mais il est présent quelque part ailleurs. Le Saoshyant qui apportera le salut à toute la création manifestée est invisible. Il est issu de la semence de Zoroastre conservée dans les eaux du lac Kansaoya et gardée par une légion de Fravartis (Anges), jusqu'à ce qu'une jeune fille dénommée

Eredat-fedhri se plonge dans les eaux du lac et soit fécon-
dée par elles[13]. L'Imâm est « caché aux sens, mais présent
au cœur de ses adeptes » ; puisque étant le « pôle du
pôle », rien ne subsisterait sans sa présence. Une première
conséquence est que l'Imâm vit dans un lieu mystérieux
qui n'entre guère dans les catégories habituelles que nous
avons de l'espace. Ce lieu situé dans un « Non-Où », tout
en étant en dehors de notre espace, projette néanmoins
son espace propre ; on peut dire aussi que l'Imâm *spatialise* le temps de l'Occultation en une sorte de Terre, ou de
lieu supraterrestre. Si les hommes ne le voient pas, c'est
qu'ils se le sont voilé à eux-mêmes, parce que la conscience humaine est devenue incapable de percer son mode
d'être, de dévoiler l'espace *imaginal* où il réside. Le temps
que nous vivons actuellement est le temps de l'occultation
(*ghaybat*) ; et l'Imâm attendu, qui en est le pôle, a été
identifié d'ailleurs par maints auteurs shî'ites, entre autres
par Haydar Amolî avec le Paraclet[14] annoncé par Jésus
dans l'Évangile de Jean. Dès lors la parousie n'est pas un
événement extérieur qui s'imposera un beau jour du
dehors, mais un événement qui dévoilerait intérieurement
l'espace et le lieu de l'Imâm attendu, et nous rendrait
capables de le voir. Car le temps eschatologique, inauguré
après le Sceau de la Prophétie, ne se consommera qu'au
terme de la parousie du dernier Imâm qui fera tomber les
voiles du secret et nous fera accéder à la visibilité éclatante de la Présence. De même que l'individuation gnostique de l'homme le fait remonter par l'arc de l'ascension
au niveau de la conscience du Divin, de même la parousie
du dernier Imâm, consommant le cycle de l'occultation,
fait remonter l'humanité à la source de l'être.

Il s'instaure ainsi une homologie entre le cycle individuel du salut et le cycle collectif de la libération qui
englobe l'humanité entière. Ceci en raison de l'axiome

qui régit la pensée de tous les théosophes shî'ites : « Rien ne remonte au Ciel, hormis ce qui en est descendu[15]. » La *préhistoire* de la descente coïncide avec la *posthistoire* de la remontée car lorsque le point final de l'ascension rejoint le point initial de la descente, le cycle de l'être se parachève. À l'inverse de la pensée évolutionniste des idéologies régnantes, la *hiérohistoire* située entre la *préhistoire* et la *posthistoire* de l'Être est une histoire cyclique. « Cette hiérohistoire est axée selon la verticale en style gothique[16]. » Ce n'est pas l'histoire d'un progrès indéfini dans le temps, mais le *revirement* des temps des horizons en temps de l'âme ; c'est donc l'histoire d'une *conversion*, d'un passage à un autre niveau de l'Être, passage qui ne peut s'effectuer que par une *rupture* de niveau. Cette rupture-là s'opère pour l'humanité entière par la parousie ; mais, d'ici là, nous vivons dans le temps de l'attente qui est l'*entre-les-Temps*, le temps existentiel de l'occultation.

Mais en restant *entre-les-Temps*, l'Imâm garde ouvert l'horizon d'un *espace* réel entre deux mondes dont la réalité nous rend compte que quelque chose de plus réel que ce monde-ci est là qui nous attend, sans lequel rien de tout ceci n'aurait de sens. Car c'est en ce temps-là et en cet espace-là que l'Esprit vit, puisqu'il est essentiellement le Temps de l'Âme ; le temps existentiel de notre Présence, là où la Tradition se renouvelle, se réactualisant sans cesse en chacun de nous comme une source d'inspiration intarissable et non comme le « cortège funèbre » des opinions reçues, ou la casuistique des boutiquiers de la religion. Vivre ainsi le temps existentiel de l'attente équivaut aussi à vivre dans toute sa profondeur l'exil en ce monde et la nostalgie du Retour.

2) *La chevalerie spirituelle*

Pour finir, disons aussi deux mots sur l'idée de « chevalerie spirituelle » associée au concept même du XIIe Imâm. L'idée de chevalerie (*fotowwat*), en persan *javânmardî*, signifie jeunesse, juvénilité. Le *fatâ* ou le *javânmard* est avant tout un « jeune homme » mais dans son sens ésotérique il s'applique à la juvénilité spirituelle, à une sorte de seconde naissance qui vient avec l'initiation. L'œuvre de Shihâboddîn 'Omar Sohrawardî (né en 1145, mort à Bagdad en 1235, à ne pas confondre avec l'autre Sohrawardî, *Shaykh al-Ishrâq*) nous en donne un aperçu clair dans les rapports de ce concept avec le soufisme et la réalité sociale. La *fotowwat* s'enracine originellement dans le soufisme puis le débordant cherche à sacraliser tous les métiers, à en transmettre les secrets sous forme de cérémonies religieuses. Elle est de la sorte proche de l'idée de compagnonnage tel qu'on le retrouve dans la corporation des métiers au Moyen Âge en Occident. On entre dans la *fotowwat* grâce à un rituel d'initiation qui comporte trois modes d'engagement : par la parole, par la réception de l'épée et par la participation à la Coupe rituelle[17]. L'activité des compagnons, liés par un acte de fraternité, devient ainsi un service de chevalerie, de sorte que tout compagnon est un *javânmard*. Lorsque par exemple le pèlerin (*salik*) ou l'*homo viator* se libère, au cours de son pèlerinage intérieur, des liens charnels, il arrive à la station du cœur, c'est-à-dire à la demeure de la jeunesse. Dès lors le mot persan *javânmard* ou *fatâ* en arabe désigne celui en qui sont réalisées les énergies spirituelles et c'est avec cette éthique de pureté que la *fotowwat* s'étend aux associations de métier et pénètre toutes les activités professionnelles d'un sentiment de

« service chevaleresque » avec ses rites d'initiation, ses grades, ses secrets et son pacte de fidélité[18]. Et quant au pacte de fidélité, il équivaut à rester fidèle à la nature fondamentale de l'homme *fitrat*, révélée dans la question que Dieu lui adressa à la pré-éternité : « Ne suis-je pas votre Seigneur ? » (7 :171). Car cette nature initiale détermine toute l'anthropologie de l'homme spirituel, de même qu'elle oriente le sens de sa quête dont le dénouement est le Retour parmi les siens, au monde auquel il appartient.

Les livres sur la *fotowwat* s'échelonnent au long des siècles et portent tous l'empreinte du soufisme. Si la *fotowwat* marque la pénétration de l'idée de chevalerie spirituelle dans l'Islam, simultanément elle a conscience, « de par ses origines, d'être un rameau dérivé du soufisme. C'est par là même qu'elle put pénétrer les différents états et professions, en proposant à chacun une forme de *fotowwat* qui lui fut appropriée. Elle a vraiment marqué un sommet de l'idéal spirituel proposé à la société islamique ».

L'idée de la *fotowwat* sera intégrée plus tard à l'idée shî'ite de la *walâyat*. Et par là il faut entendre le pacte d'amitié divine, le pacte des « Amis de Dieu » (*dûstân-e Haqq*) qui ordonne, sur la structure d'un service chevaleresque, le rapport de Dieu et de l'homme[19].

On pourrait dire pour conclure que l'éthique de chevalerie est un éthos permanent au fond de l'âme iranienne depuis l'ancienne prédiction de Zoroastre. La parousie qui annoncera la Résurrection est le pendant exact, en eschatologie shî'ite, de l'idée de *Frashkart*, transfiguration ou rejuvénation du monde, en religion zoroastrienne. « Éthique zoroastrienne des *Fravartis* (Archanges mazdéens) et éthique du *javânmard*, c'est tout le message de "chevalerie spirituelle" légué par l'Iran[20]. » Le chevalier shî'ite tout comme le chevalier zoroastrien est celui qui assiste le

sauveur, combat avec lui, à ses côtés, pour préparer la
palingénésie du monde, afin d'en hâter la transfiguration
finale. Et Corbin de résumer : « De l'idée shî'ite comme
de l'idée zoroastrienne, il est vrai de dire que l'idée se traduit en une communauté de chevaliers de la foi. L'*ethos*
iranien perpétue et conjoint la tradition antique des *pahla-
vân* et la tradition abrahamique de la *fotowwat*. Compagnons du Saoshyant ou compagnons de l'Imâm caché, les
uns et les autres sont tendus vers le même but final.
"Puissions-nous être de ceux qui produiront la Transfiguration du monde", répétait un refrain liturgique des fidèles
zoroastriens. "Que Dieu hâte la joie de sa venue", répète
chaque fidèle shî'ite à chaque mention du nom du XIIᵉ
Imâm. Les deux oraisons jaculatoires vibrent à l'unisson ;
elles attestent l'éthique du chevalier de la foi dont est
inséparable la métaphysique eschatologique[21]... »

CHAPITRE VII

L'ismaélisme

Henry Corbin s'est beaucoup intéressé à l'ismaélisme et ses rapports avec le shî'isme duodécimain. Dans son *Histoire de la philosophie islamique*, Corbin aborda les grandes périodes de l'ismaélisme : le proto-ismaélisme, l'ismaélisme de l'époque fâtimide et l'ismaélisme réformé d'Alamût. Cette recherche est pourtant précédée d'importantes publications de textes persans et arabes. Nous savons que la plupart des penseurs ismaéliens, hormis Qâzî No'mân (ob. 363/974), ont été des penseurs d'origine iranienne. D'où l'importance incontestée de Abû Ya'qûb Sejestânî (xe siècle) dont Corbin publia le texte persan (lui-même une traduction d'un original arabe, introuvable jusqu'à présent) sous le titre de *Kashf al-Mahjûb*[1] (Le dévoilement des choses cachées), premier volume de la Bibliothèque iranienne. Apparaissent par la suite l'important traité de Nâsir-e Khosraw intitulé *Kitâb-e Jâmi' al-Hikmatain* (Le Livre réunissant les deux sagesses)[2] dont nous parlerons plus tard et le Commentaire de la Qasîda ismaélienne d'Abû'l-Haitham Jorjânî, attribué à Mohammad ibn Sorkh de Nishapour (x^e-xie siècles), texte persan[3]. C'est sur la base de cette *qasîda*, remise à Nâsir-e Khosraw par l'émir de Badakhshân, 'Alî ibn Asad, que Nâsir-e Khosraw élabora son traité des « deux Sagesses » : celle des anciens philosophes et celle des théosophes de la religion ismaélienne. L'événement a lieu en 460/1070, c'est-à-dire neuf ans après que le philosophe ismaélien eut achevé son autre ouvrage célèbre, le *Zâd al-Mosâfirîn*. En 1961 Corbin publie la *Trilogie ismaélienne*[4] contenant trois traités : le *Kitâb al-Yanâbî'* (Le Livre des Sources) en arabe de Sejestânî (période fâtimide) ; un second traité en arabe, la *Risâlat al-Mabda' wa'l-Ma'âd* (Traité de l'Origine et du Retour) qui est l'œuvre d'un dâ'î yéménite, Hosayn ibn Mohammad ibn al-Walîd (ob. 667/1268). Ce traité donne un résumé de la doctrine ismaélienne telle qu'elle est professée au Yémen au XIIIe siècle ; il représente un ismaélisme qui, en dépit de la chute des Fâtimides au Caire, continue à perpétuer la tradition proprement fâtimide. Cette tradition désigne la *da'wat qadîm* (la religion ancienne) par opposition à la *da'wat jadîd* (nouvelle) qui, elle, est l'ismaélisme réformé d'Alamût (proclamation de la Grande Résurrection, le 8 août 1164, qui mit un terme à la *sharî'at* en dévoilant une pure religion de l'ésotérisme). La nouvelle *da'wat* comprend aussi les Ismaéliens orientaux ou iraniens par rapport aux Ismaéliens occidentaux ou égyptiens. Le troisième traité de la *Trilogie* est une œuvre en persan, d'un auteur anonyme qui se présente comme un commentaire sur la *Roseraie du Mystère* de Mahmûd Shabestarî (ob. 720/1320), d'où le nom du Traité : *Ta'wîlât-e Golshan-e Râz*. « Ce traité nous montre la gnose ismaélienne méditant et s'assimilant un texte soufi avec une aisance qui serait inconcevable, s'il n'y avait pas dès l'origine un ensemble d'intentions communes[5]. » Ce texte illustre en outre le sort de l'ismaélisme en Iran après la chute d'Alamût, lorsqu'il apparaît revêtu du manteau du soufisme. Corbin ne s'est pas intéressé à l'histoire – d'ailleurs assez embrouillée de l'ismaélisme comme M.W. Ivanow dont l'œuvre histori-

que surtout a tenté de mettre un peu d'ordre dans les événements qui ont marqué cette doctrine –, mais aux grands
thèmes métaphysiques. Il publia aussi de nombreux articles (soit sous forme de conférences à Eranos ou ailleurs)
qui parurent tout récemment dans un recueil sous le titre
de *Temps cyclique et gnose ismaélienne*[6]. Un important
texte ismaélien intitulé « Le Livre du Sage et du Disciple » (*Kitâb al-'âlim wa'l-gholâm*) a déjà paru partielle-
ment dans un des derniers livres posthumes de Corbin,
L'homme et son Ange[7]. Cependant empressons-nous de
signaler ici que le texte intégral de cette œuvre d'une
extraordinaire audace métaphysique paraîtra prochaine-
ment en un recueil séparé[8].

Comme on vient de le constater, la contribution de Corbin à l'étude de l'ismaélisme est énorme. Sans doute une
étude plus développée de l'ismaélisme tel que l'a interprété Corbin déborderait de beaucoup le cadre de cette
étude qui reste orientée sur l'ensemble de la trajectoire
spirituelle d'Henry Corbin dans le monde irano-islamique
dont fait également partie l'ismaélisme, au même titre que
le shaykhisme. Ce qui semble avoir attiré Corbin dans la
gnose ismaélienne – car à vrai dire l'ismaélisme reste une
religion éminemment gnostique –, c'est le thème du
tawhid dont les connotations multiples furent développées
jusqu'au vertige par les Ismaéliens théosophes. La notion
de l'Unité ésotérique résulte d'une Instauration créatrice
immédiate (*Ibdâ'*) qui permet une théologie négative et
affirmative à l'abri du double piège du *ta'tîl* (monothéisme abstrait) et du *tashbîh* (idolâtrie métaphysique).
Cet ésotérisme pur fait de l'ismaélisme une « religion de
la Résurrection opposant, comme le dit Nâsir-e Khosraw,
les docteurs de la Loi (*foqahâ-ye dîn-e Islam*) et les rado-
teurs de preuves ineptes aux Ésotéristes et Herméneutes
spirituels des symboles (*Ahl-e Bâtin o ta'wîl*)[9] ».

Il ne nous est pas possible de développer tous ces thèmes dans cette brève esquisse. Nous essaierons néanmoins de montrer dans les pages qui suivent les rapports de l'ismaélisme et du shî'isme duodécimain, les grandes périodes de l'ismaélisme, et quelques thèmes de prédilection de Corbin comme le *tawhîd* ésotérique.

1. Le shî'isme septimanien (ismaélisme) et le shî'isme duodécimain ont l'un et l'autre traversé des siècles de persécution. L'ismaélisme a été désigné sous plusieurs noms, tantôt identifié avec les qarmates, tantôt accusé d'être le parti des « hérétiques » (*malâhid*), tantôt appelé « Septimanien » (*sab'îya*) par allusion au rythme heptadique que l'ismaélisme trouve à tous les plans de l'Être et dont la succession des sept Imâms n'est que la version mytho-historique. Il y a aussi la dénomination plus générale de *Bâtinîya*, les « Esotéristes ». Quant aux Ismaéliens eux-mêmes, ils se sont donné des désignations telles que *Ahl-e Bâtin*, les Gens de l'ésotérisme, *Ahl-e Ta'wîl*, les Gens de l'herméneutique et *Ahl-e Ta'yîd*, ceux qu'assiste l'inspiration divine[10]. L'ismaélisme tient donc son nom du fait que sa vision extrêmement complexe du monde, quant à la cosmologie, aux millénaires de sa prophétologie, à la succession des Imâms, est rythmée par le septénaire, tandis que le shî'isme duodécimain fonde tout son monde religieux sur le plérôme des douze Imâms. L'un et l'autre sont nés à l'entourage immédiat des Saints-Imâms, notamment du sixième, l'Imâm Ja'far Sâdiq (ob. 765). Lorsque celui-ci, figure extrêmement charismatique, quitte ce monde, son fils aîné, l'Imâm Ismâ'îl, était décédé avant lui. Il se pose ainsi cette question fondamentale : « L'investiture de l'Imâmat revenait-elle au fils de celui-ci, ou bien l'Imâm Ja'far avait-il le droit, usant de sa prérogative comme il le fit, de reporter l'investiture sur un autre de ses propres fils, Mûsâ Kâzem, frère cadet

d'Ismâ'îl ? En fait, ces questions de personnes sont dominées par quelque chose de plus profond : la perception d'une structure transcendante dont les figures célestes des Imâms exemplifient la typologie. Celle-ci départage les shî'ites duodécimains et les shî'ites septimaniens[11]. »

Mais quel est donc ce quelque chose de plus profond ? Corbin pense que la variante entre les Sept et les Douze ne tient pas uniquement à une incidence temporelle, il y va plutôt de deux rythmes cosmiques différents qui peuvent trouver, au niveau de l'ésotérisme, un terrain d'entente. Si le shî'isme duodécimain ne bénéficie pas du même appareil complexe d'initiation et de *ta'wîl* (comme les sept grades ésotériques, assimilés aux sept périodes des cycles), du moins toute sa théosophie est-elle fondée aussi sur l'initiation. Ainsi le *ta'wîl* comme instrument de connaissance et reconduite à l'origine de toute Révélation considérée comme descente (*tanzîl*) fait-il de ces deux branches du shî'isme l'Islam des Spirituels ou celui des Intimes et des Initiés. Ceci est donc le dénominateur commun entre les deux[12], mais cela n'empêche que chacune des deux est régie par un rythme de l'histoire spirituelle : d'une part le nombre des douze (chacun des six grands prophètes a eu ses douze Imâms) ; d'autre part le nombre sept, chez les Ismaéliens : la succession de chaque prophète passe par les sept Imâms ou plusieurs heptades d'Imâms. Cette différence de rythme révèle aussi une différence astronomique. Corbin pense que l'Imâmologie des shî'ites duodécimains symbolise le Ciel des Fixes, le ciel des douze constellations du zodiaque, tandis que celle du shî'isme septimanien représente les sept cieux planétaires et leurs astres mobiles. Pour les duodécimains, le dernier Imâm est *déjà-là* ; il est apparu mais demeure en un état occulté jusqu'à sa parousie finale ; tandis que pour les Ismaéliens le dernier Imâm est le secret de l'avenir, la

Forme parfaite que l'humanité enfantera au dernier jour, « lequel ne peut se lever avant que soit accomplie la totalité du cycle des révolutions planétaires. Mais de part et d'autre, le "temps de l'Imâm" se *spatialise* en une Terre supraterrestre[13]... ». Ainsi l'un et l'autre ont des traits essentiels communs, tout en étant très différents, et il est impossible de mener une étude théologique approfondie de l'un sans prendre en considération l'autre. Et quant à la désignation fallacieuse d'Assassins attribuée aux Ismaéliens iraniens, Corbin est formel : « Et c'est sans doute à leur ignorance théologique qu'il faut imputer la désinvolture avec laquelle de nos jours encore, certains publicistes irresponsables, se faisant les complices inconscients de la propagande abbasside, désignent les Ismaéliens d'Alamût en Perse, aux XIIᵉ et XIIIᵉ siècles, comme les "Assassins", alors qu'il s'est agi là d'un calembour douteux et qu'il faudrait avoir la bonne foi d'en finir avec cette flétrissure d'un mouvement de résistance désespérée contre les Turcs et le sunnisme[14]. »

Corbin distingue tout d'abord un proto-ismaélisme qui s'étend du VIIIᵉ siècle jusqu'à l'avènement de la dynastie fâtimide au Caire (296/909) avec 'Obaydallah al-Mahdî, lequel passe pour réaliser sur terre l'espoir ismaélien du royaume de Dieu. Au fond, pense Corbin, le triomphe politique qui marque l'avènement des Fâtimides du Caire apparaît comme un paradoxe ; il le sera aussi dans la proclamation de la réforme d'Alamût. « Dans quelle mesure une sodalité ésotérique est-elle compatible avec l'organisation officielle d'un État[15] ? » Dans la création d'un État n'y a-t-il pas le danger de sacrifier la religion à l'État ? Cette période est surtout marquée intellectuellement par un livre important intitulé *Omm al-Kitâb* (l'Archétype du Livre) conservé en un persan archaïque. Le livre se présente comme un entretien entre le Vᵉ Imâm, Mohammad

Bâqir (ob. 115/733) et trois de ses disciples dits les *roshanîyân*, c'est-à-dire des « êtres de Lumière ». « Il contient, dès le début, dit Corbin, une réminiscence très nette des Évangiles de l'Enfance (faisant déjà comprendre comment l'imâmologie sera l'homologue d'une christologie gnostique). Autres motifs dominants : la science mystique des lettres (le *jafr*), particulièrement goûtée déjà dans l'école de Marc le Gnostique ; les groupes de cinq, le *pentadisme* qui domine une cosmologie où l'on retrouve des traces très nettes du manichéisme, et d'où l'analyse dégage un *kathenothéisme* d'un extrême intérêt[16]. » Un autre thème dominateur y est les « sept combats de Salmân » contre l'Antagonisme. Salmân le Perse y apparaît comme une théophanie primordiale de l'*Anthropos* céleste. Il fait transparaître la théophanie qui est pour l'ismaélisme le secret même de l'Unité ésotérique. Car sans cette *théophanie* qu'est la médiation de l'Anthropos-Imâm-Salmân, le monothéisme se niant lui-même dégénère en « idolâtrie métaphysique ». Nous verrons bientôt la fonction essentielle qu'assume cette *unité* ésotérique dans la gnose d'un Sejestânî.

Au terme de cette période obscure et jusqu'à la fondation de la dynastie fâtimide, on constate l'éclosion des grandes œuvres systématiques, en possession déjà d'une technique parfaite et d'un lexique de philosophie élevé. « Plus nettement encore que chez les shî'ites duodécimains, écrit Corbin, les grands noms parmi ces maîtres de la pensée ismaélienne, hormis Qâdî No'mân (ob. 363/974), sont des noms iraniens[17] » : Abû Hâtim Râzî (ob. 322/933), le médecin philosophe Zakarîyâ Râzî (Rhazès), Abû Ya'qûb Sejestânî, penseur profond, auteur d'une vingtaine d'ouvrages ; Ahmad ibn Ibrâhim Nishâpûrî (v[e]/xie s.), Hamîdoddîn Kermânî (ob. 408/1017), auteur prolifique qui écrivit plusieurs traités de controverse avec

les Druzes, « frères séparés » de l'ismaélisme[18], Mo'ayyad
Shîrâzî (ob. 470/1077), auteur prolifique en arabe et en
persan, le célèbre Nâsir-e Khosraw (ob. vers 470/1077),
dont toutes les œuvres sont en persan.

La mort du khalife fâtimide al-Montansir bi'llâh (487/
1094) provoqua le détrônement du prince Nizâr, héritier
légitime de l'Imâmat, au profit du prince al-Mosta'lî, et
scinda la communauté ismaélienne fâtimide en deux branches : la branche dite occidentale (les *Mosta'liyân*) qui
continua de suivre l'ancienne tradition fâtimide. Leur histoire comprend aussi une période yéménite, consécutive à
l'assassinat du dernier Imâm fâtimide en titre (al-Amir
524/1130), lorsque le centre de la *da'wat* fut transféré au
Yémen ; puis une période indienne, lorsqu'à la fin du
XVIᵉ siècle le quartier général du chef de la communauté
(*dâ'î al-Motlaq*) fut transféré en Inde. Les Ismaéliens de
la branche indienne sont appelés les *Bohras*. L'autre branche dite orientale représente la tradition *nizârî*, celle de
l'ismaélisme réformé d'Alamût dont le centre principal
fut la célèbre commanderie ismaélienne située au sud-est
de la mer Caspienne.

Cette période d'Alamût fut marquée par la forte personnalité de Hasan Sabbâh (ob. 518/1124), personnage
étrange défiguré à travers la légende et reconnu comme le
chef des Assassins. Son rôle fut d'étendre le réseau des
commanderies ismaéliennes à travers tout l'Iran et d'organiser la lutte sans merci contre la dynastie turque et sunnite des Seljûkides. Ce qui caractérise cet ismaélisme
iranien, dit Corbin, « c'est qu'il n'hésite pas à faire pencher la balance en faveur de la *haqîqat* ou vérité gnostique
contre la *sharî'at* ou Loi religieuse positive, et partant à
admettre la préséance de l'Imâm sur le prophète. Tel fut
le sens de la proclamation de la "Grande Résurrection"
(*Qiyâmat al-Qiyâmât*) à Alamût, le 8 août 1164[19] ». Ce

fait dominant fut l'initiation prise par l'Imâm Hasan, grand maître (*Khodâvand*), mort en 561/1166. Ce qu'impliquait en effet cette Proclamation ce n'était rien de moins que l'avènement d'un pur Islam spirituel, libéré de tout esprit de servitude de la Loi, une religion personnelle de la Résurrection, parce qu'elle faisait découvrir ainsi le sens réel des Révélations prophétiques. Après la catastrophe mongole qui mit fin à Alamût (614/1256), l'ismaélisme survécut en Perse en revêtant le manteau du soufisme, ce qui « donne fréquemment au soufisme iranien l'aspect d'un crypto-ismaélisme[20] ». C'est en raison de ces affinités foncières que les Ismaéliens considèrent comme étant des leurs bon nombre de maîtres du soufisme comme Sanâ'î (1151), 'Attâr (1231), Rûmî (1273). On hésite parfois « à décider si un texte provient d'un soufi imprégné d'ismaélisme ou d'un Ismaélien imprégné de soufisme[21] », tel est le cas du célèbre poème persan de Shabestarî dont nous avons déjà parlé, la *Roseraie du Mystère*. Quant à la branche nîzârî, elle continue de vivre jusqu'à nos jours dans la tradition des fidèles de l'Agâ Khân, qui est issue elle-même de la réforme iranienne d'Alamût. Dans l'histoire postérieure à la chute d'Alamût, W. Ivanow distingue encore aux XVIe et XVIIe siècles une sorte de renouveau ; il le désigne comme la « période d'Anjûdân », du nom d'une localité importante à 20 miles à l'est de Soltânâbâd (aujourd'hui Arâk), qui fut un moment le lieu de résidence des Imâms. Les descendants de ceux qui prirent refuge en Inde, ce sont ceux qui y sont appelés aujourd'hui les *Khojas* et qui reconnaissent pour chef spirituel S.A. l'Agâ Khân, 49e Imâm[22]. Cependant l'origine de la communauté ismaélienne en Inde remonte à une époque plus lointaine, car les invasions mongoles au XIIIe siècle précipitèrent un flot de réfugiés ismaéliens et dès avant l'avènement des Fâtimides, des « missionnaires » (*dâ'î*) ismaéliens avaient pu créer dans le Sind un État ayant pour capitale Moltan.

Malheureusement la littérature des Ismaéliens orientaux de langue persane connut, en raison de la chute d'Alamût et des persécutions affreuses qui suivirent, une interruption totale, beaucoup d'œuvres importantes furent anéanties, et celles qui survécurent à la catastrophe furent conservées au Badakhshân, en Asie centrale. Quant à la littérature de la branche occidentale des Mosta'lîyân, écrite toute en arabe, elle se conserva mieux. « Sans doute le Yémen (comme le Badakhshân) avait-il la chance de ne point se trouver sur les grands trajets par lesquels passe l'Histoire ; c'est toujours une situation heureuse pour les bibliothèques. Non seulement furent ainsi conservées les principales œuvres systématiques de l'époque fâtimide, provenant en majorité d'auteurs iraniens écrivant en arabe, mais il y eut aussi toute une dynastie de philosophes yéménites, qui ne sont certes pas les moins oubliés de nos histoires de la philosophie, et pour cause, tant un désastreux secret les a rendus inaccessibles[23]. »

Le tawhîd *ésotérique*

Un des thèmes ismaéliens qui a préoccupé Corbin est celui du *tawhîd*, ou l'affirmation de l'Unique, consistant à éviter le double piège du *ta'tîl* (agnosticisme) et du *tashbîh* (assimilation du Manifesté à sa Manifestation). D'où la dialectique de la double négativité que Corbin retrouve dans la version persane de l'œuvre de Sejestânî intitulée le *Kashf al-Majhûb* (Le dévoilement des choses cachées). Corbin a intégralement traduit ce texte en français, mais cette traduction n'a pas été encore publiée[24]. J'ai pu, grâce à l'autorisation aimable de Mme Corbin, parcourir le texte et le comparer à l'original. La traduction de Corbin y est comme toujours précise, élégante et imprégnée de l'intelligence d'un homme qui non seulement traduit un texte mais le transpose magistralement dans un autre registre tout en gardant les nuances et les finesses de l'original. Voyons à présent comment Sejestânî envisage l'Unité ésotérique.

Le Principe est Super-Être, il est l'impératif qui fait-être (*hast-konandeh*, persan) en tant qu'opposé à ce-qui-fait-être (*hast-kardeh*) ou dans le langage d'aujourd'hui nous dirions l'*étant*. Ainsi les Ismaéliens ont eu une vision très aiguë de la différence ontologique qui différencie l'Être, l'Originateur (*Mobdi'*), le Mystère des Mystères (*ghayb al-ghoyûb*), bref celui-qui-fait-être (le KN, *Esto*) et l'étant en tant que tel. Au-delà de l'Un, il y a l'Unifique qui monadise toutes les monades. *Ce-qui-fait-être* (*hast-konandeh*) ne peut être décrit que négativement. Il est exclu du Créateur, de la limite, des Attributs, du lieu, du temps. En déclarant que Dieu est non-chose, non limité, non qualifié, non dans l'espace, non dans le temps, non-être, on réalise l'attestation de l'Unique dans sa transcendance. Si cette première négation consiste à poser la transcendance de l'Unique en l'isolant de toutes les marques propres aux créatures, c'est en revanche par la négation subséquente qu'est obtenue la marque d'une conscience vraie du créateur, telle qu'elle soit absente de toute prétention visant à le destituer (*ta'tîl*). Par cette seconde négation le créateur n'est plus seulement non-chose, mais également « non-chose et *non* non-chose ; il est non limité et *non* non limité ; il est non qualifié et *non* non qualifié ; il est non-dans-un-lieu et *non* non-dans-un-lieu ; il est non-dans-un-temps et *non* non-dans-un-temps ; il est non-être et *non* non-être[25] ».

De cette manière, conclut Sejestânî, on évite et l'assimilation (*tashbîh*) et la destitution (*ta'tîl*). On évite l'assimilation grâce à la première négation et la destitution grâce à la négation subséquente. « Ainsi se vérifie-t-il que la transcendance du Créateur n'est authentiquement réalisée qu'à la condition d'exclure à son tour l'antithèse de ces négations, aussi bien celle de la première négation qui doit nous préserver de L'assimiler, que celle de la négation subséquente qui doit éviter de Le destituer. Comprends[26]. »

Ainsi est fondée et délimitée la « fonction théophanique » puisque la vérité est dans la simultanéité de cette double négation qui, tout en nous sauvant du double piège du *ta'tîl* et du *tashbîh*, reconnaît et établit par là même les *hodûd*, c'est-à-dire les limites et les degrés des choses. C'est pourquoi un autre yéménite du XIIᵉ siècle définit aussi le *tawhîd* comme « consistant à connaître les *hodûd* (degrés) célestes et terrestres, et à reconnaître que chacun d'eux est unique en son rang et degré, sans qu'un autre lui soit associé[27] ».

Cette « fonction théophanique », Corbin la retrouvera dans toutes les manifestations de la gnose islamique, dans le concept d'amphibolie (*iltibâs*) de Rûzbehân (*cf.* Livre V), dans l'Imagination théophanique d'Ibn 'Arabî, dans le phénomène du miroir de l'art persan, dans l'« unité ontologique » de Haydar Amolî ; et il insistera toujours sans se lasser que la « fonction théophanique » n'est pas l'incarnation, mais qu'elle implique une vision « docétiste » des choses ; qu'elle présuppose l'existence *réelle* d'un monde intermédiaire, *imaginal*, entre l'Esprit et le corps, sans lequel la théophanie ne peut être sauvée faute de *situs* ontologique propre. Et c'est dans ce *sens* qu'il faut interpréter aussi ce phénomène souvent insaisissable qu'il désigne comme le « paradoxe du monothéisme ». Le mérite immense de la gnose ismaélienne est d'avoir prévu très tôt (même à partir du Xe siècle, Sejestânî par exemple) l'importance de ce phénomène à l'encontre de l'Être Nécessaire des philosophes avicenniens (lesquels n'ont commencé à philosopher qu'à partir de l'*étant* – le *fait-être*) et d'avoir évité, parfois au prix d'une surenchère de l'ésotérisme, la catastrophe de l'*Idolâtrie métaphysique*. Car éviter cette catastrophe, « c'est reconnaître, dit Corbin, que la seule ipséité du Principe que nous puissions atteindre, c'est la connaissance que, de par l'acte même de son être, la première Intelligence, l'archange Logos, possède du Principe qui l'instaure. Mais cette connaissance est elle-même une Inconnaissance : l'Intelligence sait qu'elle ne peut atteindre le fond essentiel du Principe[28] ». C'est en somme ce que Nicolas de Cues désignait comme la « docte ignorance » (*docta ignorantia*), c'est-à-dire une théologie apophatique impliquant nécessairement la nécessité d'une théologie affirmative. Car au fond il n'y a qu'une théologie apophatique qui puisse servir d'antidote au nihilisme corrosif de notre temps[29].

C'est ce militantisme dans l'ésotérisme qui opposa de tous temps les audacieux penseurs ismaéliens aux docteurs de la Loi. Il suffit pour cela de se reporter au réquisitoire véhément et intransigeant que lança un Nâsir-e Khosraw contre les *foqahâ'* ; mais c'est également cette tendance qui incita l'Imâm Hasan à proclamer à Alamût ce 8 août 1164 la Grande Résurrection qui devait abolir la *sharî'at*, anticiper l'eschatologie et instaurer une pure religion de l'Esprit.

Et c'est encore cette audace métaphysique qui a rendu si attrayante l'aventure extraordinaire de l'ismaélisme aux yeux d'Henry Corbin, et bien que cette audace se soit attirée pas mal d'ennuis et de malentendus à travers les siècles, elle n'en reste pas moins, comme le dit si bien le grand Nâsir-e Khosraw, la position des Ésotéristes et des Herméneutes spirituels des symboles (*Ahl-e bâtin-o ta'wîl*) face aux pieuses inepties des docteurs de la Loi[30].

DE LA MÉTAPHYSIQUE
DES ESSENCES
À LA THÉOSOPHIE
DE LA PRÉSENCE

CHAPITRE I

Averroïsme et avicennisme

C'est un lieu commun de croire que la critique d'Al-Ghazâlî avait porté un coup décisif à la philosophie islamique et que, grâce à Averroës, cette philosophie avait atteint son apogée et en même temps son terme. C'est l'idée de Renan, selon qui la philosophie islamique se perdait alors dans les sables. En fait l'averroïsme devait fructifier principalement en Occident et aboutir, en passant par les Maîtres ès Arts de l'Université de Paris, à la théorie de la double vérité propre à l'averroïsme latin ; c'est-à-dire à la scission entre la foi et le savoir, la religion et la philosophie. Peut-être bien en fut-il ainsi pour le destin de la philosophie en Islam sunnite puisque l'avicennisme, comme nous allons le voir bientôt, disparaissait sous la crue de l'averroïsme. Mais il en fut tout autrement dans le monde iranien. Le traité véhément (la « Destruction des philosophes ») d'Al-Ghazâlî contre les philosophes, la restauration d'un aristotélisme de stricte observance par Averroës et la disparition de l'avicennisme n'y laissèrent aucune trace. L'événement qui y advint et qui prit la relève d'Avicenne, ce ne fut pas la destruction de son néo-platonicisme mais l'instauration de la théosophie illuminative (*Hikmat al-Ishrâq*) par Sohrawardî. Ce fut aussi le « ferment spirituel » issu de l'union des deux écoles, celle de l'*Ishrâq* de Sohrawardî et celle de la gnose spéculative d'Ibn 'Arabî. Il ramena au premier plan la question des relations du soufisme et du shî'isme et leur intégration dans la philosophie de la Présence chez Mollâ Sadrâ.

En Occident, échec de l'avicennisme latin périssant sous les attaques de Guillaume d'Auvergne, puis succès de l'averroïsme aboutissant à l'école de Padoue. En Iran, une nouvelle destinée qui « inspira à l'avicennisme la sève du néo-platonisme de Sohrawardî » et des renaissances successives qui en assument la continuité jusqu'à nos jours. La philosophie, devenant de ce fait de plus en plus mystique, parcourt le chemin inverse de la sécularisation : elle reste à l'abri des scissions de la foi et du savoir, de la religion et de la philosophie.

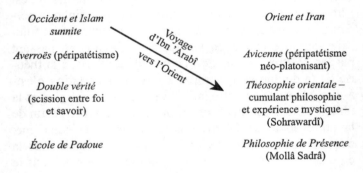

En effet le grand philosophe de l'Andalousie, Ibn Roshd, connu en Occident dès le XIIIe siècle sous sa forme hispanisée d'Averroès (1126-1198) peut être considéré, pense Corbin, comme le *symbole du clivage départageant les deux versants occidental et oriental* de la pensée islamique.

Quelle a été la portée de ce péripatétisme auquel Averroès avait voué la tâche de sa vie ?

Pour le comprendre, il faut prendre en considération les divergences qui l'opposent à Avicenne. Averroës veut restaurer coûte que coûte le péripatétisme authentique. C'est pourquoi il exerce une critique des plus sévères à l'égard du néo-platonisme.

1) Il rejette l'émanation, puisque, pense-t-il, toute émanation est un crypto-créationnisme et que l'idée d'une création quelconque est inacceptable pour un péripatéticien. Dès lors, cesse le principe avicennien de *ex uno non fit nisi unum* (de l'Un ne peut procéder que l'Un) et avec lui l'ordre de causation qu'il implique. Désormais l'Intelligence séparée peut être cause d'une âme céleste non plus parce qu'elle pense cette âme, comme c'est le cas chez Avicenne mais parce qu'elle est *connue* de cette âme. Ainsi l'Intelligence n'est plus cause créatrice, mais cause finale. D'où l'idée de rejet de toute procession des Intelligences et de toute idée d'émanation.

2) Averroës s'attaque également à la cosmologie d'Avicenne et exclut toute la seconde hiérarchie angélique des Anges-Âmes, dont le monde correspond à l'imagination active. Il reproche à l'angélologie d'Avicenne sa structure triadique interposant l'Âme céleste entre l'Intelligence séparée et la Sphère céleste. Averroës détruit de la sorte le *mundus imaginalis*. Dorénavant il n'y aura plus de « rencontre symphonique » du philosophe et du prophète au niveau de l'intermonde de l'imagination. Le monde des intelligences s'affrontera au monde sensible, sans une médiation quelconque leur permettant de symboliser l'un avec l'autre. « Comme on ne peut rationaliser les données de la révélation prophétique, il n'y a plus que le choix entre un littéralisme intenable et un allégorisme inoffensif. Vérité rationnelle et vérité révélée, philosophie et théologie, s'affronteront dans un duel sans issue, et le divorce du croire et du savoir, aussi bien que le divorce de

la pensée et de l'être, ont pesé sur des siècles de pensée occidentale, tandis que la tradition philosophique iranienne, avicennienne et *ishrâqî* ignorait tout de ce divorce[1]. »

On peut ainsi mesurer toute la divergence entre l'Occident où triomphe la double vérité[2] de l'averroïsme latin et l'Orient où se perpétue l'avicennisme marié à la philosophie de l'*Ishrâq* de Sohrawardî. Où persiste encore le monde des Anges célestes, il y a des réalités symboliques, partant des récits visionnaires. Où il fait cruellement défaut, apparaît le *roman*. Ce n'est pas un hasard non plus que le roman moderne surgisse à la Renaissance comme conséquence du caractère unilatéral des sciences européennes qui avaient exclu de leur champ de recherche ce que Husserl appelait le « monde de la vie ».

3) Cette perte de l'*imaginal* sera également suivie de la perte de l'Individuation spirituelle, et aura une conséquence sur la portée gnostique de l'Intelligence agente. En effet Averroës admet, outre l'Intelligence agente séparée et unique, une intelligence humaine, indépendante de l'organisme, mais cette Intelligence, loin d'être l'individu, se confond avec le périssable, ce qu'il y a d'éternité en l'homme n'appartient qu'à l'Intelligence unique et séparée. L'Intelligente agente « se particularise dans une âme comme la lumière dans un corps ». Mais cette lumière-là n'appartient pas en propre au corps. Devant l'Intelligence agente, l'espèce humaine ne dispose que d'un intellect passif. L'entrée en contact de l'Intelligence avec l'intellect passif produit un intellect qui a la potentialité de la matière (*intellectus materialis*) à l'égard de la forme, ce n'est donc plus un intellect séparé (*mojarrad*) individualisé. Pour Avicenne en revanche l'intellect possible est mis en acte par l'Illumination de l'intelligence, celle-ci y produit la connaissance comme la lumière produit la vue dans les yeux. C'est par elle que l'homme voit. L'intellect

de l'homme n'est pas passif à son égard, il est au contraire le partenaire de l'Ange.

Ainsi, le monde de l'âme disparu, l'intellect réduit au concept logique d'une collectivité, toutes les voies sont dès lors ouvertes à la sécularisation incluse déjà dans la doctrine de la double vérité.

Tout autres apparaissent alors les choses vues de l'autre extrémité du monde islamique, c'est-à-dire de l'Iran où l'avicennisme continue de vivre et de se métamorphoser en un avicennisme *ishrâqî*, et ceci jusqu'à nos jours. L'influence radicale qui s'y exerce ce n'est plus la critique docte d'Al-Ghazâlî, ni la destruction du néoplatonisme par le philosophe cordouan, mais la gnose spéculative d'Ibn 'Arabî et de son école. L'effort de la pensée n'a plus pour tâche de briser le lien qui relie la religion à la philosophie mais de faire en sorte que le philosophe soit à la fois pénétré de connaissance philosophique et d'expérience mystique. C'est lui seul qui mérite le nom de « *khalife* de Dieu », dit Sohrawardî.

CHAPITRE II

Avicenne ou un aristotélisme
fortement néoplatonisé

Avicenne est né au mois d'août 980 près de Bokhârâ, en Transoxiane, c'est-à-dire à l'extrémité orientale du monde iranien qui est désigné comme « l'Iran extérieur ». Il est au carrefour de la pensée orientale et occidentale : la perspective occidentale telle que son œuvre fut connue par la scholastique latine médiévale et la perspective orientale, celle nommément de l'Islam iranien où la tradition avicennienne n'a jamais cessé de vivre et de se métamorphoser jusqu'à nos jours. Au Xe siècle la pensée est en plein essor dans le monde islamique, l'époque d'Avicenne coïncide avec de grands événements[1].

Dès le milieu du XIIe siècle, la pensée d'Avicenne, de même que celle d'al-Kindî, d'al-Fârâbî et d'al-Ghazâlî, pénètre dans l'Occident chrétien grâce aux traductions. Viendront ensuite les traductions des œuvres d'Averroës. Les traductions d'œuvres d'Avicenne se limitent surtout à un ouvrage fondamental, la somme qui a pour titre le *Shifâ* (*Livre de la guérison de l'âme*), laquelle comprend la Logique, la Physique et la Métaphysique. C'est l'impact de ces traductions fragmentaires qui suscite le phénomène que l'on désigne du nom d'« avicennisme latin », encore qu'il n'y eut à proprement parler point de penseurs chrétiens qui eussent été avicenniens jusqu'au bout au même titre qu'il y eut par exemple des averroïstes inconditionnels. La doctrine avicennienne en vertu de sa teinte néoplatonicienne put s'accommoder avec certaines formes de platonisme déjà connues comme celle de saint Augustin, du pseudo-Denys l'Aréopagite ou de Jean Scot Érigène. La cassure entre Avicenne et le christianisme se produisit « à la limite où la doctrine avicennienne fait corps avec son angélologie et partant sa cosmologie ». C'est le rattachement direct de l'individu au plérôme céleste et ceci sans la médiation d'un *magister* qui provoqua en Occident la « peur de l'Ange ». Et cette peur jeta une ombre totale sur le sens symbolique des récits d'initiation et visionnaires d'Avicenne. Dans son ensemble, l'angélologie avicennienne, à l'encontre de l'averroïsme, garantissait l'autonomie d'un monde intermédiaire de l'imagination pure ; elle rendait possible la conjonction de l'Ange de la Révélation et de l'Intelligence agente dont dépendait l'exégèse spirituelle, le *ta'wîl* ; et elle assurait surtout l'autonomie de l'individu et son individuation par l'illumination de l'Ange-Intelligence agente. Tout cela était loin de rassurer les penseurs chrétiens ; c'est pourquoi il n'y eut jamais de penseurs chrétiens de stricte observance avicennienne.

1) La métaphysique des essences

La métaphysique d'Avicenne est une métaphysique des essences et celle-ci restera la pensée dominante dans la tradition iranienne de l'avicennisme jusqu'au jour où Mollâ Sadrâ Shîrâzî lui substituera une métaphysique de l'exister et de Présence. Il donnera ainsi à l'acte d'être la préséance sur l'essence. L'essence, ou la nature, ou la quiddité d'une chose est neutre tout autant par rapport à la condition négative qui l'empêche d'être une idée générale qu'à l'endroit de la condition positive qui l'actualise dans un individu. L'exister, l'être est alors quelque chose, un accident qui se surajoute à l'essence, mais un accident nécessaire. Dès lors la notion d'être se dédouble en être nécessaire et possible. Possible est ce quelque chose qui est, mais qui n'existerait jamais sans qu'une cause la rende nécessaire. *L'Être Nécessaire* crée le monde par émanation ou par l'acte même de la pensée divine ; et cette connaissance que l'Être Divin a éternellement de Soi-même n'est rien moins que la Première Émanation, la Première Intelligence, *al-'aql al-awwal*. La création a donc pour cause dans la philosophie des *Mashshâ'ûn* (Péripatéticiens) la polarisation de l'être en être nécessaire et possible, et l'intellection que Dieu se fait de Soi-même, c'est-à-dire l'acte « même de la pensée divine se pensant soi-même ».

La cosmologie d'Avicenne se présente ainsi comme une « phénoménologie de la conscience angélique[2] ». Sa théorie de connaissance est solidaire de sa métaphysique. La procession des Intelligences chérubiniques est une *angélologie* qui fonde tout autant la cosmologie que la gnoséologie, dont dépend par ailleurs l'anthropologie avicennienne.

a) Cosmologie (procession des Intelligences)

La procession des dix Intelligences s'effectue selon un rythme ternaire. La Première Intelligence émanée à partir de l'Être nécessaire a une triple contemplation[3]. De cette contemplation émanent respectivement la deuxième Intelligence, l'Âme du premier Ciel et le corps éthérique de ce premier Ciel. Ce Ciel est mis en mouvement par le désir qui l'entraîne vers l'Archange dont il émane et dont il est aussi la Pensée. Ces triples actes de contemplation se

répètent dans chacune des Intelligences, donnant naissance, chaque fois, à la triade d'une nouvelle Intelligence,
d'une nouvelle Âme et d'un nouveau Ciel, jusqu'à la
dixième Intelligence – qui est l'Intelligence agente. Ainsi
se complète la double hiérarchie supérieure des dix
Intelligences, celles qu'Avicenne appelle les chérubins
(*karûbîyûn*) ou Anges sacro-saints (*malâ'ikat al-qods*) et
la hiérarchie inférieure des Âmes célestes, celle qu'il
dénomme comme Anges de la magnificence (*malâ'ikat
al-'izza*). Les Âmes célestes n'ont pas de faculté de perception sensible, mais possèdent l'imagination à l'état
pur.

Arrivé au niveau de la dixième Intelligence, l'énergie
de l'émanation s'épuise et la dixième Intelligence se brise
en une multitude d'âmes humaines, tandis que de sa
dimension d'être possible procède la matière sublunaire.
La dixième Intelligence est à la fois l'Intelligence agente
des philosophes et l'Ange-Esprit Saint des prophètes. Le
rapport entre les Intelligences et les Âmes qui en procèdent est décrit comme une relation entre domination
(*qahr*) et obéissance d'amour (*mahabbat*). « Dès lors elle
est atteinte par le désir, l'amour (*'ishq*) qui la porte vers
ce qui n'est pas encore réalisé en elle, vers son principe de
perfection[4]. »

Il s'instaure d'autre part toute une série d'homologies
entre la double hiérarchie des Intelligences, des Âmes et
des Cieux avec les facultés de l'homme. Chaque âme
humaine est à l'égard de l'Intelligence agente dans le
même rapport que chaque Âme céleste à l'endroit de
l'Intelligence dont elle procède. De même l'intellect pratique (*'aql 'amalî*) est à l'intellect contemplatif ou théorique (*'aql nazarî*) dans le même rapport que le Ciel par
rapport à l'Âme céleste qui le commande. Ces deux séries
d'homologie confirment parfaitement la correspondance

entre la cosmologie et l'anthropologie dans la métaphysique d'Avicenne[5].

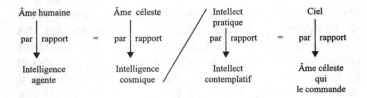

Âme humaine		Âme céleste		Intellect pratique		Ciel	
par	rapport	= par	rapport	par	rapport	= par	rapport
Intelligence agente		Intelligence cosmique		Intellect contemplatif		Âme céleste qui le commande	

b) Angélologie

Le premier Causé ou Intelligence première apparaît
sous des Noms et des Formes différents dans la philosophie islamique. Il est tantôt l'Intellect premier qui, dans le
Récit de Hayy ibn Yaqzân d'Avicenne, est le Premier des
Chérubins. Dans la théosophie ismaélienne, il est appelé
l'Archange Très Proche ou Sacro-saint. Dans la philosophie de Sohrawardî, il a pour nom Bahman (*Vohu Manu*)
qui est le nom du premier des Archanges zoroastriens[6].

Qu'est-ce qu'une *angélologie* et quelle est sa portée
dans les religions monothéistes en général ? Selon Corbin,
le monothéisme se contredit lui-même s'il se prive de
l'angélologie. La vision de l'Ange sauve la théophanie du
double piège du *ta'tîl* et du *tashbîh*. L'Ange est l'herméneute des mondes cachés, des plans d'être qui s'étagent
au-dessus de l'homme terrestre. L'ascension de l'homme
vers l'origine s'effectue sous la conduite de l'Ange (fonction *sotériologique* de l'Ange qui dérive de sa fonction
herméneutique) : « en tant que chaque Ange entraîne vers
lui l'Âme aimante issue de lui, et en tant que l'Intelligence agente entraîne hors de l'"Occident" vers
l'"Orient" les âmes issues d'elle et qui se tournent vers
elle. C'est cela même qui fait de la connaissance une
gnose, et de celle-ci le fruit d'une pédagogie angélique[7] ».

À la fonction herméneutique correspond la fonction eschatologique de l'Ange. La première dévoile le monde de l'âme, la seconde l'entraîne vers sa patrie originelle. L'avicennisme propose au pèlerin terrestre comme but suprême d'atteindre la dignité où il deviendra un *'âlam 'aqlî* ou un *sæculum intelligibile*.

La théologie apophatique est nécessaire pour éviter l'anthropomorphisme et il n'y a de théologie affirmative possible que par l'*angélologie*. Elle nous soustrait au double piège de l'agnosticisme et de l'anthropomorphisme en faisant lien entre l'Être et la créature : sans lui, les Noms et les Attributs divins n'auraient plus à se manifester. L'angélologie résout le paradoxe même de la théophanie : d'une part le refus de toute vision opposé à Moïse (« Tu ne me verras point »), d'autre part, l'affirmation du prophète qui dit : « J'ai vu mon Seigneur sous la plus belle des formes[8]. » C'est précisément ce paradoxe qui sera analysé par un fidèle d'Amour tel Rûzbehân de Shîrâz comme le mystère même de l'amphibolie.

La médiation de l'Ange provoque aussi l'individuation par laquelle le moi rencontre sa contrepartie céleste. Cette conjonction avec le Guide intérieur est la réintégration de la totalité de l'être, ou comme le dit Corbin, la « bi-unité de leur unité » originelle. Elle exige un monde propre, un espace approprié où l'âme humaine et l'Ange-Compagnon puissent *imaginer* l'un l'autre. D'où la nécessité d'un monde capable de matérialiser la pensée de l'Ange. « Le corps dont elles (les âmes célestes) disposent et qui "matérialise" la pensée du même Archange est d'une matière céleste, une *quintia essentia* subtile et incorruptible. Pour cette raison, et parce que n'étant point comme les imaginations humaines dans la dépendance de la connaissance sensible, leurs imaginations sont vraies[9]. »

L'âme aspire à s'unir à l'Intelligence dont elle émane, tout comme le disciple aime se conformer au maître qu'il vénère ou l'amant s'unir à l'aimée. Et le désir qui fait mouvoir la sphère des êtres d'un mouvement perpétuel et circulaire est le désir d'amour et la nostalgie du retour. Voici ce qu'en dit Avicenne lui-même : il faut que « l'Âme saisisse la beauté de l'objet qu'elle aime ; l'image de cette beauté accroît l'ardeur de l'amour ; cette ardeur fait que l'âme regarde en haut et, de là, provient un mouvement par lequel elle se puisse appliquer à l'objet auquel elle se veut assimiler. Ainsi l'imagination de la beauté cause l'ardeur de l'amour, l'amour cause le désir, et le désir cause le mouvement[10] ».

c) *Gnoséologie*

Lorsque la procession des Intelligences descend jusqu'à la Xe Intelligence (celle qui échoit à l'humanité), l'Énergie émanatrice trahit un épuisement. La Xe Intelligence produit la multitude des âmes humaines qui représentent respectivement l'Intelligence et l'Âme. « Or, cette multitude d'âmes est celle d'individualités qui, à la différence de l'Âme unique de chaque ciel, ne sont en elles que *numériquement* différentes, mais identiques quant à l'espèce[11]. »

Aussi bien l'intellect humain a-t-il une structure analogue à celle de l'Ange. L'intellect humain se divise en effet en deux grandes catégories : l'intellect contemplatif ou théorique (*'aql nazarî*) et l'intellect pratique (*'aql 'amalî*). Si le premier est cette faculté d'âme qui reçoit la quiddité des choses universelles, l'intellect pratique réalise en revanche les intellections particulières. Au premier appartiennent les jugements, au second les actes particuliers et les intellections particulières. L'intellect pratique est à l'intellect contemplatif ce que le Ciel de l'âme est par rapport à l'âme motrice qui le commande.

D'autre part l'intellect contemplatif comporte quatre degrés. 1) L'« intellect en puissance » (*'aql hayûlânî*) ou l'intellect matériel, c'est-à-dire qu'il est dans le même état qu'une matière en puissance à l'endroit de toute forme ; 2) Il entre en acte par les sensations et les images et devient l'« intellect en acte » (*'aql bi'l-fi'l*), rendant ainsi « présente en acte » la forme intelligible ; 3) Il devient « l'intellect acquis » (*'aql mostafâd*), ou l'intellect qui a acquis la connaissance par mode d'actuation provenant de l'extérieur. L'extérieur, c'est l'Intelligence agente elle-même qui irradie en lui les formes intelligibles ; 4) Enfin à force de rentrer en conjonction (*itisâl*) fréquente et constante avec l'Intelligence agente, il devient alors l'« intellect saint » (*'aql qodsî*) qui est la plus élevée d'entre les intelligences ou la *Faculté sainte* (*qowwa qodsîya*), la plus haute des facultés, celle même qui échoit à la prophétie[12]. L'Intelligence agente est aussi synonyme de *Rûh* ou *Esprit Saint* (*rûh al-qodsîya*) lequel, nous dit Avicenne, « reçoit les intelligibles de l'Esprit angélique sans enseignement des hommes », c'est-à-dire dans l'immédiateté de la connaissance intuitive.

L'Intelligence agente qui a pour fonction de faire passer l'intelligence matérielle (potentielle) de la puissance à l'acte en l'illuminant, comme la lumière fait passer à l'acte de la vision les yeux qui restaient en puissance dans les ténèbres, est désignée comme *agente*, c'est-à-dire *active*. D'où la dénomination de « Donateur de formes » (*wâhib al-sowar*) puisqu'il irradie sur l'intelligence en puissance les formes intelligibles actuées dans la pensée. Notre intellect contemplatif est à l'Intelligence agente ce que l'Âme motrice est par rapport à l'Intelligence dont elle émane. Dans la mesure où l'âme reçoit l'illumination de l'Ange, son action cogitante est plutôt une *passion*, son *cogito* est en réalité un *cogitor*. « L'idée du *Dator forma-rum* implique que *comprendre* l'Ange, c'est *être compris* par lui, puisqu'il faut pour cela que lui-même irradie sa propre Forme sur l'âme qui le comprend. L'*Ego* sujet du *Cogitor*, n'est plus l'*ego* "égotifiant" de l'homme sans Ange[13]. »

L'Ange peut revêtir plusieurs noms : Intelligence agente, Gabriel, Ange de l'humanité, Adam spirituel, mais c'est toujours la même figure céleste qui apparaît. Qu'il s'agisse de la conjonction de l'âme prophétique avec l'Intelligence agente ou de la descente du « suprême Nâmûs », c'est-à-dire de l'Ange Gabriel sur les prophètes, nous avons toujours affaire à cette même figure clef dont Corbin a montré, par ailleurs, les multiples exemplifications dans la pensée islamique.

L'individualité spirituelle de l'homme est sauvegardée, car il s'établit un compagnonnage spirituel entre l'Ange-Esprit Saint et les âmes émanées de lui. « Les voici parte-naires d'un même combat, d'un même pèlerinage que la fin du *Récit de l'Exil Occidental* typifie comme une ascension de Sinaï en Sinaï spirituels, superposés les uns sur les autres[14]. »

En raison de sa fonction pédagogique, l'Ange tâche de réintégrer les âmes à leur univers spirituel propre (*'âlam 'aqlî*), parce que les âmes humaines pareilles aux âmes célestes sont des Étrangères, des Exilées. En imitant l'Ange céleste, l'âme humaine s'arrache à son exil par un mouvement qui la porte vers l'Ange, son Guide intérieur. Mais il dépendra de l'âme humaine qu'elle devienne ange ou démon en acte.

D'autre part toute pédagogie s'accompagne également d'une sotériologie. Ce qui avait une fonction cosmo-logique dans les traités théoriques d'Avicenne et de

Sohrawardî assumera dans les récits mystiques de nos penseurs un rôle éminemment sotériologique. Ce n'est donc pas un hasard qu'à la fin du *Récit de Hayy ibn Yaqzân*, l'Ange dira à son adepte : « Si tu le veux, suis-moi[15]. »

Tout cela montre bien que sur la question du *Noûs poietikos* qui a séparé dès l'origine les interprètes d'Aristote, Avicenne a opté, contrairement à saint Thomas, pour une intelligence séparée et extrinsèque à l'Intellect humain, sans l'identifier pour cela au concept de Dieu comme les augustiniens.

CHAPITRE III

L'avicennisme latin

L'avicennisme échoua en Occident. Sa doctrine de la connaissance fondée sur l'angélologie provoqua l'alarme et la « peur de l'Ange ». En confiant la vocation prophétique au philosophe, la philosophie d'Avicenne investissait la personne individuelle d'une autonomie qui était incompatible avec les privilèges du magistère de l'Église. L'angélologie néoplatonicienne d'Avicenne avec la cosmologie qu'elle suppose effraya les docteurs de la scolastique médiévale et ne permit guère que l'avicennisme pût être intégré à celle-ci. D'autre part, la gnoséologie avicennienne, en raison de l'importance majeure qu'elle accordait à l'Ange de la connaissance, empiétait sur le domaine des prérogatives divines. En revanche si l'avicennisme put prendre racine en Iran et se métamorphoser en avicennisme théosophique (*ishrâqî*), la raison en est qu'il était précisément orienté vers une prophétologie grâce à laquelle philosophe et prophète trouvaient une vocation commune et que l'illuminateur du sage et l'inspirateur du prophète se fondaient dans le creuset commun de la Niche aux Lumières prophétiques.

Il y eut pourtant, dit Corbin, aux confins des XIIᵉ et XIIIᵉ siècles, une sorte d'avicennisme latin à l'état pur dont il subsiste quelques textes. Cet avicennisme tendait à conserver intégralement la *noétique* du philosophe, qui est un aspect de sa cosmologie et de son angélologie. Pour comprendre néanmoins la raison de cet échec il suffirait de se reporter aux sarcasmes de Guillaume d'Auvergne.

Dans une autre direction, l'avicennisme exerça une influence importante mais au prix d'une déformation radicale. On lui substituait un « amalgame » qu'Étienne Gilson a désigné à juste titre comme un « augustinisme avicennisant ». Cet amalgame consista à substituer Dieu en personne à l'Ange-Esprit Saint de l'avicennisme. Ainsi on rejetait l'angélologie d'Avicenne et l'on gardait l'idée d'un intellect humain purement passif à l'égard d'une illumination venant de l'extérieur. Or, si l'on admet que l'Intelligence agente n'est pas une faculté de l'âme et si l'on rejette également la solution averroïste, « il ne reste qu'à transférer à Dieu la fonction illuminatrice de l'Intelligence agente ». Le type le plus parfait de ce genre d'avicennien fut Roger Bacon. Sans doute avait-il tendance à confondre la notion de Dieu comme source originelle de toutes les illuminations avec ce que les théologiens de son temps appelaient l'Intelligence agente, mais cela ne le gêne en rien pour se réclamer ouvertement du patronage d'Avicenne qu'il place bien au-dessus d'Averroës. Bref, les représentants de l'augustinisme avicennisant ne pouvaient mieux être définis qu'en ces termes : « Ce sont les théologiens qui, sous l'influence d'Avicenne, empruntent la terminologie d'Aristote pour formuler la théorie augustinienne de l'illumination[1]. » De cette réunion sera née la doctrine de Dieu comme Intelligence agente.

Le transfert de Dieu à l'Intelligence agente, déformant les prémisses de la doctrine d'Avicenne, aboutissait à une altération radicale de sa conception. Du coup s'effondrait tout l'édifice qui articulait les liens entre la cosmologie, la gnoséologie et la sotériologie.

Duns Scot reprocha à Avicenne ce qui fait l'originalité gnostique de sa pensée, à savoir que religion et philosophie puisent à la même source. D'autre part, la dimension « mytho-poiètique » de ses récits visionnaires était en partie la mise en œuvre gnostique de la vocation pédagogique de l'Intelligence agente. Le projet avicennien ne visait pas seulement la conciliation entre la philosophie grecque (*falsafa*) et la sagesse sémitique (*hikma*) comme le veut Louis Massignon[2], mais instaurait une destinée différente où la « phénoménologie de la conscience angélique » se développe depuis l'acte initial de la cosmologie jusqu'à l'angélologie de la connaissance pour déboucher enfin sur l'expérience mystique d'une sotériologie.

Si l'on médite le *Récit de l'Oiseau* d'Avicenne et le personnage d'Absâl, il semble impossible de contester le fait qu'Avicenne ait atteint une réalisation spirituelle nettement différente d'une connaissance théorique. Sa doctrine de la conjonction et de la croissance spirituelle de l'homme n'en fait que confirmer la validité. Si l'on réfléchit sur la progression de l'âme, telle qu'elle s'exprime dans la doctrine avicennienne de l'Intellect, on comprend qu'il soit vrai de dire « qu'à son sommet tout acte de connaissance devient une prière[3] ».

CHAPITRE IV

Sohrawardî
et la théosophie « orientale »

Le lien qui unit Corbin à Sohrawardî est des plus profonds. Sohrawardî fut son maître invisible. De même qu'en ressuscitant la « théosophie des Lumières des Sages de l'ancienne Perse », Sohrawardî n'avait agi ni pensé en simple historien, de même le phénoménologue Corbin, repensant l'héritage spirituel irano-islamique à partir de ses sources vives, allait le *prendre en charge*. En parlant de ce moment essentiel, Corbin écrit : « Il (Sohrawardî) ne délibère pas sur des concepts, sur des influences, sur des traces historiques décelables ou contestables. Simplement il *est là* : il fait acte de présence. Le passé du vieil Iran zoroastrien, il le prend en charge, il le met ainsi au présent. Ce n'est pas un passé sans avenir, toute filiation matérielle étant interrompue. À ce passé il redonne son avenir, un avenir qu'il commence par être lui-même parce qu'il se sent responsable de ce passé (...). Désormais les sages de l'ancienne Perse, les *Khosrovânîyûn*, sont en vérité les précurseurs des *Ishrâqîyûn* (les Platoniciens) de l'Iran islamique (...). L'intrépidité, certes, d'un jeune homme de trente-cinq ans dont l'acte de présence (le *Dasein*) provoque et légitime le revirement du passé en avenir, parce que c'est tout l'avenir de ce passé qui se constitue de nouveau comme présent, au présent de son "acte de présence". Et c'est cela l'*historialement vrai*[1]. »

Quel est le rapport de Sohrawardî avec l'Iran ? Quelle est la généalogie de sa pensée ? Comment réussit-il à prendre en charge le passé de l'Iran ?

Shihâboddîn Yahyâ Sohrawardî, connu sous le nom de *Shaykh al-Ishrâq* c'est-à-dire le « maître en théosophie orientale », naquit en 1155 dans le nord-ouest de l'Iran, à Sohraward, dans la province de Jabal, au voisinage de l'Azerbaïdjan, l'antique terre des Mèdes. Il mourut en martyr à Alep, victime de l'intolérance et du fanatisme des docteurs de la Loi, en 587/1191, à l'âge de trente-six ans. Toute son œuvre est tendue à une tâche unique : restaurer coûte que coûte en Iran islamique la sagesse théosophique de l'ancienne Perse, c'est-à-dire rapatrier les Mages hellénisés à leur terre d'origine. Quelque quatre siècles avant le grand byzantin Gémiste Pléthon, son œuvre réunit pour la première fois les noms de Platon et de Zarathoustra en une métaphysique de la Lumière, où les Idées platoniciennes sont interprétées en termes d'angélologie mazdéenne.

Son œuvre, en dépit de sa mort précoce, est considérable. La liste établie par Shahrazûrî, son biographe dévoué, comporte une cinquantaine de titres d'ouvrages et d'opuscules dont une grande partie a été conservée[2].

Voici ce que dit Sohrawardî dans le prologue de son *Hikmat al-Ishrâq* :

« Cette Connaissance (*'ilm al-anwâr*, Connaissance des pures Lumières), ce fut en effet l'expérience-intime (*dhawq*) de Platon, l'Imâm et le chef de file de la Sagesse (*imâm al-hikmat wa ra'îsuha*), homme doué d'une grande force et de la Lumière intérieure. Ainsi en avait-il été en des temps plus anciens, depuis Hermès, le père des Sages théosophes, jusqu'à l'époque de Platon lui-même, pour d'autres théosophes éminents, piliers de la Sagesse, tels qu'Empédocle, Pythagore et quelques autres encore. Or les doctrines de ces anciens Sages se présentaient sous forme de symboles. Aussi n'y a-t-il pas de réfutation contre eux. Même si l'on prétend argumenter contre l'apparence exotérique de leurs doctrines, on ne rencontre nullement ainsi leurs intentions véritables, car on ne réfute pas les symboles. Or, c'est précisément sur le symbole qu'était fondée la doctrine *orientale* (*qâ'idat al-ishrâq*) concernant la Lumière et les Ténèbres, doctrine qui constitua l'enseignement propre aux Sages de l'ancienne Perse, tels que Jâmasp, Frashoshtra, Bozorg-mehr et d'autres encore avant eux.

« Mais cette doctrine des Anciens Sages de la Perse ne doit pas être confondue avec le dogme fondamental des Mages mazdéens impies, ni avec l'extrémisme de Mânî, ni avec aucune doctrine aboutissant à une pluralisation du Principe Divin.

« Ne t'imagine pas que la Sagesse (*hikmat*) est présente dans cette période qui est proche de nous et qu'elle n'exista pas dans une autre. Non ! Le monde ne fut ni ne sera jamais privé de la Sagesse, ni d'une personne (*shakhs*) qui en maintienne dans le monde les preuves et les témoignages. C'est cette personne qui est le khalife de Dieu sur Sa terre. Et ainsi en sera-t-il tant que dureront les cieux et la terre.

« La différence entre les Anciens Sages et ceux qui leur ont succédé en des temps plus récents est une différence qui tient au vocabulaire (*al-alfâz*), une différence qui tient également à leurs usages respectifs, soit en exposant directement leur pensée (*tasrîh*), soit en la présentant sous le voile d'allusions symboliques (*ta'rîd*). Mais tous ont affirmé l'existence de trois mondes. Tous ont été d'accord dans l'affirmation de l'Un (*al-tawhîd*) ; il n'y a nulle contradiction entre eux quant aux sources des problèmes (*'usûl al-masâ'il*) (…).

« Il y a plusieurs degrés (de la Sagesse) ; ils forment une hiérarchie (*tabaqât*), et se répartissent de la manière suivante.

« Il y a le théosophe (*hakîm ilâhî*) qui a pénétré très avant dans l'expérience mystique (*tâ'alloh*), mais qui est dépourvu de connaissance philosophique (*bahth*).

« Il y a le philosophe (*hakîm*) parfaitement maître de la spéculation philosophique, mais dépourvu d'expérience mystique.

« Il y a le théosophe qui a pénétré fort avant à la fois dans l'expérience mystique et dans la connaissance philosophique (…).

« S'il se rencontre à une époque donnée (un Sage) qui est à la fois profondément pénétré en l'expérience mystique et en la connaissance philosophique, c'est à lui que revient l'autorité terrestre (*al-ri'âsat*), et c'est lui le khalife de Dieu. » (*Le Livre de la Sagesse orientale, op. cit.*, pp. 88-90.)

De ce texte on peut tirer plusieurs conclusions : Sohrawardî y révèle la filiation et la généalogie de sa pensée du côté grec tout autant que du côté iranien ; il nous apprend que la sagesse ou *hikmat* existera toujours sans interruption puisque nous avons affaire là à un phénomène de *philosophia perennis* ; il nous montre que dans la hiérarchie (*tabaqât*) des Sages, le point culminant est celui qui réunit à la fois une expérience mystique et une connaissance philosophique.

1) *Généalogie de l'*Ishrâq

Dans son livre des *Motârahât* (*Physique, Livre VI*), Sohrawardî parle du grand arbre de la Sagesse dont les rameaux ne cessent de croître et de se propager sous la poussée d'une sève mystérieuse que Sohrawardî appelle le « Levain éternel » (*al-khamîrat al-azalîya*) qui s'élève d'esprit en esprit. « Nous avons confié, dit Sohrawardî, en dépôt la science de la Vraie-Réalité à notre livre qui a pour titre la *Théosophie orientale*, livre dans lequel nous avons ressuscité l'antique sagesse que n'ont jamais cessé de prendre pour pivot les Imâms de l'Inde, de la Perse (*Fars*), de la Chaldée, de l'Égypte, ainsi que ceux des anciens grecs jusqu'à Platon, et dont ils tirèrent leur propre théosophie ; cette sagesse, c'est le Levain éternel[3]. »

Ce « Levain éternel » conduit Sohrawardî à esquisser l'« arbre généalogique » des *Ishrâqîyûn*. Toute opposition entre Sages grecs et Sages orientaux disparaît. Les uns et les autres sont les « gardiens du *Logos* » sur le versant occidental et sur le versant oriental. Cet arbre généalogique, Corbin se le figure de la façon suivante selon les indications du Shaykh lui-même.

À l'origine, à la souche de l'arbre il y a Hermès, le Père des Sages. Sur le versant oriental, il y a les anciens Sages perses (les *Pahlawîyûn*) : Gayomart, le roi primordial ; viennent ensuite les deux héros dont la geste épique, antérieure à celle de Zarathoustra, est déjà évoquée dans l'*Avesta*. Puis viennent les rois sages, Fereydûn et Kay Khosraw. Les sages extatiques, les *khosrawânîyûn*, seront nommés d'après ce dernier. Le levain des *khosrawânîyûn* sera transmis jusqu'à Sohrawardî lui-même par trois maîtres du soufisme à savoir Abû Yazîd Bastâmî, Mansûr Hallâj, Abû'l-Hassan Kharraqânî.

Sur le versant occidental le levain passe par Asklepios, Empédocle, Pythagore, Platon ; il passe grâce aux Pythagoriciens en Islam à Akhî Akhmîm (Dhû'l-Nûn Misrî) et Abû Sahl Tostarî. En fin de compte les deux versants convergent comme les courbes d'un cyprès au sommet dans le groupe des *Ishrâqîyûn* dont le discours est l'organe de la *Sakîna*[4]. La *Sakîna* (Présence) est, d'autre part, identifiée par Sohrawardî à la fois à la notion de *Xvarnah*, Lumière-de-Gloire zoroastrienne et à la « Niche aux Lumières » prophétiques. De la sorte les philosophes grecs tout comme les Sages perses ont puisé leur connaissance à la même « Niche aux Lumières » (*mishkât al-nobowwat*). C'est, par conséquent, le même *intellectus sanctus* qui inspire prophète et philosophe, le même Ange-Esprit qui est à la fois l'Ange de la Connaissance et l'Ange de la Révélation.

Le double projet de Sohrawardî consiste à rapatrier les Mages hellénisés en Iran islamique et à reconduire les philosophes grecs à la Niche aux Lumières prophétiques de l'Islam.

Sohrawardî devient lui-même le foyer créateur d'une rencontre entre iranisme et hellénisme dans la tradition de l'*Ishrâq*. Ces deux versants, complémentaires l'un de l'autre, constituent essentiellement la doctrine théosophique du Shaykh al-Ishrâq : la volonté d'intégrer la tradition du prophétisme iranien à la tradition abrahamique de la Bible et du Qorân et d'un autre côté, reconduire Platon et la tradition platonicienne à la théosophie iranienne de la lumière.

2) *Sohrawardî et l'Iran*

Ce qui dans la résurrection de l'ancienne sagesse de Perse est *historialement vrai*, c'est que Sohrawardî en prenant en charge le passé de l'Iran se fait lui-même son *histoire* tout comme il en annonce l'avenir. Le peuple iranien n'est pas « oriental » parce qu'il habite géographiquement à l'Orient du monde islamique ; il est « oriental » parce qu'il porte le levain éternel de la sagesse « orientale ». Cet Orient-là Sohrawardî le découvre dans l'âme de l'Iran sous forme de Lumière-de-Gloire, le *Xvarnah* royal qui auréolait autrefois les souverains sages de l'Iran zoroastrien. La manière dont il dépeint la filiation « orientale » des anciens Mages ne ressortit pas davantage à la philosophie de l'histoire, pas plus qu'elle ne se soumet aux lois de la causalité historique. Ce n'est pas un principe ethnique qu'il affirme, mais, précise Corbin à juste titre, une « ascendance hiératique ».

Voici ce qu'il en dit lui-même dans le *Livre du Verbe du Soufisme* : « Il y avait chez les anciens Perses une communauté dont les membres étaient guidés par le Vrai et qui par lui observaient l'équité (7 : 159). C'étaient des Sages éminents à ne pas confondre avec les Mages (*Majûs*). C'est leur haute philosophie de la Lumière, dont témoigne d'autre part l'expérience personnelle de Platon avec celle d'autres Sages antérieurs, que nous avons ressuscitée dans notre livre intitulé le "Livre de la Théosophie orientale". Et je n'ai pas eu de prédécesseur pour quelque chose comme cela[5]. »

Sohrawardî estime que le prophète et les héros de l'ancienne Perse ont partagé eux aussi le destin prophétique qui s'annonce dans la hiérohistoire des « Gens du Livre ». Il assume de la sorte à l'égard de la sagesse de l'ancienne Perse zoroastrienne le même rôle de médiateur que Salmân le Perse (Salmân Farsî) assuma entre la communauté iranienne et la famille du Prophète (*ahl al-Bayt*).

Il va encore plus loin ; il met en œuvre le *ta'wîl* à propos des figures hiératiques de l'épopée héroïque de l'Iran. Par conséquent la geste des héros de l'Avesta du *Shahnâmeh* de Ferdowsî (xe siècle) rentre elle aussi dans le phénomène du Livre.

On peut imaginer ainsi que Sohrawardî ait lu le *Shahnâmeh* de la même façon que les mystiques lisent la Bible ou le Qorân, c'est-à-dire comme s'il avait été composé pour son propre cas[6]. Le récit se revivant en métahistoire de l'âme et aboutissant à une expérience mystique personnelle. C'est en raison de toutes ces caractéristiques que l'apparition de Sohrawardî dans la vie philosophique de la Perse islamique fut d'une telle importance que la trace ne s'en effaça jamais plus. Il marqua et le destin de la philosophie islamique et celui du peuple qui devait en assumer la charge et ceci jusqu'à nos jours.

CHAPITRE V

Conjonction de la philosophie
et de l'expérience mystique

La dimension mystique de la pensée d'Avicenne était trop fragmentaire pour que le problème de la complémentarité de la connaissance théorique et de l'expérience mystique pût être posé explicitement et sans équivoque. Avec Sohrawardî, l'idée même de la philosophie prenait un sens tout nouveau, elle devenait la « voie royale », l'entre-deux réunissant et cumulant le savoir théorique et exotérique des philosophes et la réalisation spirituelle ésotérique des mystiques. Conjoindre philosophie et spiritualité devenait pour le Shaykh un impératif de l'âme. Les héros extatiques qui en incarnent la vérité, ce sont à présent Platon, Hermès, Kay Khosraw, Zoroastre et Mohammad : le prophète grec tout autant que le prophète iranien et arabe. La voie qu'ils décrivent est celle de la gnose, elle conduit le pèlerin à la vision directe. Elle est le chemin de la « race des voyants » qui débouche sur le *ta'alloh*, c'est-à-dire l'*apotheosis* ou la gnose. C'est la voie qui conduit l'exilé occidental jusqu'au Sinaï mystique. Elle est une « voie royale » (*sirât mostaqîm*) qui ne dévie ni à droite ni à gauche[1].

Dès le début de son prologue à la *Théosophie orientale*, Sohrawardî définit le vrai sage comme celui qui possède simultanément la connaissance spéculative et l'expérience mystique.

D'où l'adage répété par tous les penseurs iraniens que la théosophie *ishrâqî* est à la philosophie ce que le soufisme est au *kalâm*, c'est-à-dire à la scolastique dialectique de l'Islam.

Pour ce qui est de la lignée des anciens Perses, la dénomination de la « voie royale » s'attribue à Kay Khosraw, le Souverain-Sage visionnaire qui en s'y engageant achève le passage de l'épopée héroïque en épopée mystique ; elle sera par conséquent la voie des *Khosrawânîyûn* (*infra*, Livre IV).

Quant aux caractéristiques essentielles de la doctrine *ishrâqî*, elles sont selon Corbin les suivantes :

1) Volonté de renouer avec la théosophie de la Lumière professée par les anciens Sages de l'Iran.

2) Cette résurrection présuppose la conjonction des deux voies de la connaissance théorique et mystique dans la voie *royale*.

3) Cette connaissance-là n'est pas seulement théorique mais également une connaissance « orientale », voire salvatrice.

1) Les Orients et les Occidents

Le mot *Ishrâq* que donne Sohrawardî à sa philosophie ne doit pas être interprété dans le sens géographique du terme. L'Orient est l'endroit où surgit la Lumière. La Lumière est le dévoilement de « l'épiphanie primordiale de l'être ». Elle désigne, par conséquent, la splendeur de l'aurore, l'illumination « matutinale ». La sagesse qui prend naissance à cet orient illuminateur est ainsi une « sagesse orientale » dans la mesure où elle dirige l'adepte depuis la connaissance abstraite, caractérisée par la médiation d'une forme représentative (*'ilm sûrî*), vers une présence qui est immédiate, illuminative, n'étant autre que l'orient de l'âme. Cette connaissance-là est une connaissance illuminative parce qu'elle est *orientale*. Dans l'usage courant cette illumination s'oppose à la connaissance représentative des Péripatéticiens, puisque les *Ishrâqîyûn* sont aussi des néo-platoniciens.

Tout pèlerin est un quêteur de l'Orient (*mostashriq*) et toute quête un cheminement vers l'Orient (*istishrâq*)[2]. Le pèlerin mystique est un quêteur d'Orient qui, de vision en vision, d'extase en extase (ces extases sont appelées « mort mineure »), s'élève à travers les « Orients » qui se lèvent successivement jusqu'à la « mort majeure ». La mort au monde occidental survient lorsque l'âme se lève définitivement à son Ciel.

Les univers spirituels qui s'étagent en mondes multiples sont désignés respectivement comme « Orient majeur » (*al-sharq al-akbar*) ou l'Extrême-Orient spirituel et « Orient mineur » (*al-sharq al-asghar*). Le monde corporel est l'Occident où déclinent les âmes. L'Orient est simultanément principe et fin (*arkhe* et *telos*), Origine et Retour, clés de voûte des deux arcs de la Descente (*nozûl*) et de la Remontée (*so'ûd*).

Ainsi, dans l'ordre descendant de la procession de l'Être, les Intelligences se lèvent à l'*Orient* ou l'horizon de la Déité ; les Âmes se lèvent à l'Orient des Intelligences. Les âmes humaines déclinent à l'Occident des ténèbres de la Matière. C'est-à-dire au pays de l'exil, typifié par la ville de Qayrawân dans le *Récit de l'Exil occidental*.

Inversement dans l'arc de la Remontée vers l'Origine (*so'ûd* et *ma'âd*), chaque ascension est symbolisée par une mort à l'*Occident* et un lever à l'*Orient*. L'âme se lève à son « Orient mineur » qui est le monde de l'âme, s'effaçant du même coup de l'horizon du corps qui était pour elle l'Occident ; puis elle se lève à l'« Orient majeur » qui est le monde des Intelligences. Elle s'élève ainsi plus haut que le monde de l'âme, lequel devient à présent un *Occident* par rapport à l'« Intelligence orientale » (*al-'aql al-mashriqî*).

Entre ces deux *Orients* il y a l'« Orient intermédiaire » (*al-sharq al-awsat*), l'Orient moyen qui n'est autre que le « huitième climat » que dans ses récits Sohrawardî appellera du terme persan de *Nâ kojâ âbâd* (le Pays du Non-Où). Cela englobe tout l'univers du *Malakût* se levant à l'âme, intermédiaire entre celui-ci et l'Occident dans lequel s'égarent les âmes enténébrées[3].

Les âmes et les Intelligences symbolisent respectivement les deux « Orient mineur » et « Orient majeur » (*mashriqânî*), parce que *l'Orient* est le lieu où se lève la Lumière et que si les Intelligences se lèvent à l'horizon de la Déité, les Âmes, elles, se lèvent à l'horizon des Intelligences. Il y a de la sorte une succession d'Orients et d'Occidents dans la Descente puis dans la Remontée de l'âme. « De même qu'elle décline d'un horizon à l'autre jusqu'à l'exil occidental, de même l'âme se lève d'un monde à l'autre en une série ascendante de matins et d'illuminations[4]. » C'est cela l'*istishrâq*, la quête de l'Orient d'extase en extase ou le cheminement vertical à travers les « Orients » jusqu'à l'extase finale en l'« Orient majeur ».

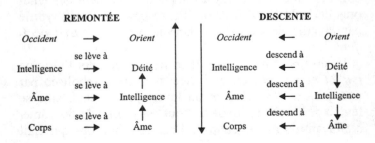

REMONTÉE				DESCENTE		
Occident	→	*Orient*		*Occident*	←	*Orient*
	se lève à				descend à	
Intelligence	→	Déité		Intelligence	←	Déité
	se lève à				descend à	
Âme	→	Intelligence		Âme	←	Intelligence
	se lève à				descend à	
Corps	→	Âme		Corps	←	Âme

2) Connaissance présentielle
et connaissance représentative

Chez les penseurs islamiques la pensée a trois sources de validité correspondant à leurs niveaux respectifs. La tradition (*naql*) dont se nourrit particulièrement la théologie. L'intellect (*'aql*) dont s'inspire la dialectique philosophique, celle du *kalâm* et de la *falsafa*. Ce que l'on appelle, enfin, dévoilement (*kashf*) ou vision intuitive, ou « hiérognose », qui est la manifestation des vérités premières, source constituant la théosophie (*hikmat ilâhîya*) et la gnose mystique (*'irfân*)[5].

La connaissance orientale (*'ilm ishrâqî*) est à la fois le but et le moyen de la Quête du pèlerin de l'Orient (*mostashriq*). La connaissance orientale est aussi une connaissance présentielle (*'ilm hozûrî*) qui s'oppose à la connaissance représentative (*sûrî*) laquelle se conforme d'ailleurs à la théorie péripatéticienne de la connaissance. La connaissance présentielle en revanche n'a pas pour objet un universel logique, mais est unitive, intuitive, présentielle (*ittisâlî, shohûdî, hozûrî*)[6].

Lorsque le voile est levé, l'âme révèle sa vérité, projette sa propre illumination (*ishrâq hozûrî*) sur l'objet ; et en rendant l'objet présent de sa propre présence, il le dévoile à lui-même sans le truchement de quelque médiation. Lorsque l'objet est en face du regard et que tout voile s'y interposant est levé, il vient à l'âme une « illumination présentielle sur l'objet ». L'âme le connaît immédiatement parce qu'il est lui-même présent en elle, non point par l'intermédiaire d'une forme[7].

La connaissance, étant illumination (*ishrâq*), est également « rendre présent » (*istihzâr*).

D'autre part, la faculté de « rendre présent » est proportionnelle au degré de séparation (*tajarrod*) c'est-à-dire de l'affranchissement du sujet à l'égard de la matière de ce monde-ci. Plus l'âme s'esseule, c'est-à-dire plus elle s'abstrait de la matière, plus elle est dominée par la lumière. Au sommet de la hiérarchie de l'Être est la « Lumière des Lumières » dont l'esseulement transcende tout esseulement. Car c'est à partir de l'ipséité de cette « Lumière des Lumières » que jaillit cette Lumière que les anciens Perses appelaient *Xvarnah* et qui donne préséance aux êtres les uns sur les autres[8].

Sohrawardî nous apprend dans son Livre des *Élucidations* (*Talwîhât*) que cette connaissance, il l'a acquise d'Aristote dans un songe. Mais l'Aristote avec lequel s'entretient notre Shaykh est un Aristote marqué d'une forte teinte platonicienne que personne ne pourrait rendre responsable des argumentations discursives qui caractérisent l'Aristote historique.

La première réponse d'Aristote au chercheur qui l'interroge est celle-ci : « Éveille-toi à toi-même. » Commence alors une initiation progressive à la connaissance de soi, mais une connaissance qui n'est ni l'effet d'une abstraction, ni d'une représentation de l'objet par le truchement d'une forme, mais un connaître qui est identique à l'âme même. Il s'agit d'une connaissance illuminative par laquelle l'âme se voit elle-même, et ce faisant, transmue toutes choses en symboles. Aux dernières questions du chercheur, Aristote répond que les philosophes de l'Islam n'ont pas égalé Platon d'un degré sur mille. Puis se référant aux deux grands soufis Abû Yazîd Bastâmî et Sahl Tostarî il déclare : « Oui, ce sont eux les philosophes au sens vrai[9]. »

La connaissance orientale est par conséquent une connaissance salvatrice, rédemptrice, car son organe dans l'être humain est l'intellect sacro-saint (*'aql qodsî*). C'est une connaissance qui opère la transmutation de toutes les données matérielles, se manifestant au *mundus imaginalis* de l'âme. Elle est, de ce fait, une transfiguration des sens.

a) La transfiguration des sens

Sohrawardî écrit dans l'*Épître sur l'état d'enfance*[10] : « L'âme destitue l'oreille de sa fonction auditive, et elle écoute directement elle-même. C'est alors dans l'autre monde qu'elle écoute, car avoir la perception auditive de l'autre monde, ce n'est plus l'affaire de l'oreille. » Cette audition Sohrawardî l'appelle aussi une « vision intérieure ». Dans son récit persan : *Un jour avec un groupe de soufîs*[11], le Shaykh enchaîne : « Lorsque l'œil de la vision intérieure (*dîdeh-ye andarûnî*) est ouvert, il faut fermer l'œil de la vision extérieure (*dîdeh-ye zâhir*) sur toutes choses, et il faut clore les lèvres. Les cinq sens il faut y renoncer. En revanche il faut mettre en action les sens intérieurs, de sorte que, si ce malade saisit quelque chose, qu'il le saisisse par la main *intérieure*. S'il voit quelque chose, qu'il le voie par les yeux intérieurs. S'il entend quelque chose, qu'il l'entende par l'ouïe intérieure. S'il perçoit quelque parfum, qu'il le perçoive par l'odorat intérieur, et que son goût intime soit de la nature de l'âme. Lorsque cet état spirituel est réalisé, il peut contempler de façon continue le secret des Cieux spirituels (*sirr-e âsmân-hâ*, l'ésotérique ou le *Malakût* des cieux). À tout moment, il est en communication avec le monde suprasensible. »

Entrer en communication avec le monde suprasensible équivaut à éveiller la physiologie des organes subtils de l'homme intérieur dont les sens sont transfigurés en sens spirituels. C'est également substituer à l'imaginaire l'*imaginatio vera*.

Cette connaissance étant *gnose* acquiert une dimension eschatologique ; elle voit dorénavant toutes choses en sa dimension d'*outremonde*, « entre le Ciel et la Terre », par opposition aux philosophes d'ici-bas qui n'arrivent pas à pénétrer par-delà le seuil de ce monde-ci. Ainsi le monde devient-il pour l'œil de celui qui voit réellement « un atelier à produire du transcendant, de l'invisible » (*kâr-khâneh-ye mojarrad sâzî*)[12].

Pour Mollâ Abdorrahîm Damâvandî (XVIIe siècle), par théosophie, il faudra entendre une connaissance dont Dieu n'est plus l'objet mis en délibération comme dans le cas des philosophes ordinaires (*rasmî*) mais le sujet actif des actes de connaître. Ceci est une connaissance au-delà de l'intellection, donc un dévoilement (*kashf*). C'est l'état du théosophe (*hakîm mota'allih*) et des mystiques ('*orafâ'*) opposés en cela aux philosophes et théologiens (*motakallim*). La science ('*ilm*) équivaut à *connaître* Dieu et la gnose (*ma'rifat*), c'est *atteindre* Dieu. Il y a une différence entre connaître (*dânestan*, persan) et atteindre (*rasîdan*). Bien que, précise Corbin, Damâvandî ne le mentionne pas expressément, nous retrouvons également chez lui la différence classique depuis Sohrawardî entre connaissance présentielle et connaissance représentative. Celle-là est l'effacement des formes de l'objet connu. La forme de l'objet disparue reste la pure présence de l'âme qui se connaît elle-même immédiatement. D'où il déduit que cette connaissance-ci est un don divin (*mowhibatî*) comparée à l'acquisition (*kasbî*) que représente l'autre. Le théosophe atteint Dieu par perception intuitive (*kashf*) en raison du culte intérieur pratiqué dans le cœur ('*ibâdat-e qalbîye*) et non point à cause du culte extérieur pratiqué par le corps ('*ibâdat-e qalibîye*). Pour que soit actualisée la connaissance théosophique, il faut que le Sage ait subi préalablement la transfiguration des sens décrite dans le *hadîth* : « Je suis la vue par laquelle il voit... » Parvenu à ce niveau suprême, le mystique s'exhausse au rang de la théosophie prophétique et devient ainsi un héritier des prophètes[13]

CHAPITRE VI

Mollâ Sadrâ
ou la théosophie de la présence
comme témoignage

Mollâ Sadrâ, dit Corbin, pourrait être appelé le « saint Thomas de l'Iran, si un saint Thomas pouvait se dédoubler d'un Jacob Boehme et d'un Swedenborg ». Sadroddîn Mohammad Shîrâzî, connu plus fréquemment sous son surnom honorifique de Mollâ Sadrâ, est une des plus grandes figures de l'École d'Ispahan à l'époque safavide. Né à Shîrâz en 1572, il fit ses études à Ispahan, la brillante capitale intellectuelle et politique de la dynastie safavide dont la réputation faisait dire à ses habitants qu'« Ispahan est à elle-même la moitié du monde » (*Esfâhan, nesf-e jahân*). À Ispahan, Mollâ Sadrâ eut principalement pour maîtres trois personnages illustres dont les noms ont marqué de leur empreinte l'histoire de la pensée iranienne. En premier lieu le Shaykh Bahâ'oddîn 'Amilî (appelé aussi Shaykh-e Bahâ'î, ob. 1031/1621) qui lui enseigna les sciences islamiques traditionnelles[1].

L'autre maître qui eut une grande influence sur Mollâ Sadrâ fut le grand Mîr Dâmâd (ob. 1040/1630), près de qui il étudia les sciences philosophiques et spéculatives. Les élèves avaient donné comme surnom à leur maître le titre honorifique de *Mo'allim thâlith, Magister tertius*, pour mettre en valeur son rang dans la succession des grands philosophes par rapport à Aristote (*Magister Primus*) et Fârâbî (*Magister Secundus*)[2].

Le troisième maître de Mollâ Sadrâ fut Mîr Abûl-Qâsim Fendereskî, mort à Ispahan en 1640, et qui fut lié à l'entreprise de traduction des œuvres sanskrites en persan à l'âge d'or des relations entre l'Inde et l'Iran sous le règne privilégié de Akbar Shâh[3].

Contrarié par l'hostilité des fanatiques, Sadrâ se retira en un lieu désert. Il dira dans l'introduction de sa grande somme : « Lorsque j'eus constaté l'hostilité que l'on s'attire de nos jours à vouloir réformer les ignorants et les incultes, en voyant briller de tout son éclat le feu infernal de la stupidité et de l'aberration (...) et après m'être heurté à l'incompréhension des gens aveugles aux Lumières et aux secrets de la sagesse (...) gens dont le regard n'a jamais dépassé les limites des évidences matérielles (...), alors cet étouffement de l'intelligence et cette congélation de la nature s'ensuivant de l'hostilité de notre époque me contraignirent à me retirer dans une contrée à l'écart[4]. »

Mollâ Sadrâ mena un combat sur deux fronts : d'une part il fit face aux soufis ignorants de son temps qui, méprisant l'utilité de la dialectique, se complaisaient dans une sorte de paresse stérile ; et, d'autre part, il s'engagea dans une lutte sans merci contre les fanatiques qui instauraient une religion privée de son sens intérieur. Ces docteurs de la Loi le contraignirent à fuir Ispahan et à se réfugier dans la solitude de Kahak. Ce qu'il chercha à établir est cette « voie royale » qu'avait professée bien avant lui Sohrawardî. À cette fin Mollâ Sadrâ explique fort clairement les deux rôles complémentaires que doivent jouer la révélation et la méditation philosophiques. Si la révélation qorânique est la lumière qui fait voir et que l'enseignement de l'Imâm lève précisément le voile, la

philosophie, elle, est l'œil qui contemple cette lumière.
Pour que se produise le phénomène de la vision il faut
qu'il y ait de la lumière et des yeux qui voient cette même
lumière. Si on supprime la lumière les yeux ne verront
plus rien ; mais si d'autre part on ferme les yeux comme
le font les fanatiques et les docteurs de la Loi, on restera
tout autant dans les ténèbres. Dans les deux cas nous
aurons affaire à la cécité de la vraie vision. Seule en
Islam, l'école shî'ite, du fait qu'elle garantit cet accord et
puise à la « Niche aux Lumières prophétiques », a pu sauvegarder cette voie de l'entre-deux qui est aussi une « philosophie prophétique »[5]. D'où sa méthode de l'entre-deux
(*bayn al-tarîqayn*) qui réunit révélation qorânique et
méditation philosophique. « Ce qui convient le mieux, dit-
il, c'est que le pèlerin de Dieu (*al-sâlik ilâ'llâh*) fasse la
synthèse des deux méthodes. Que son ascèse intérieure
(*tasfîya*) ne soit jamais vide de méditation philosophique
(*tafakkor*) ; et réciproquement que sa méditation n'aille
jamais sans un effort de purification intérieure[6]. » Ceci est
exactement la doctrine que professait Sohrawardî dans le
prologue de son grand *Livre de la théosophie orientale*.

Déçu par l'aveuglement des docteurs de la Loi, Mollâ
Sadrâ se retire dans un ensemble de jardins, en bordure du
désert, situé aux environs de Qôm. Ce lieu de retraite
appelé Kahak eut une importance décisive sur le développement de ses expériences personnelles. Au cours des
neuf à onze années passées à Kahak, Mollâ Sadrâ atteignit
à cette réalisation personnelle sans laquelle la connaissance théorique n'est hélas qu'une vaine et futile affaire.

« Lorsque j'eus persisté, écrit-il, dans cet état de
retraite, d'*incognito* et de séparation du monde, pendant
un temps prolongé, voici qu'à la longue mon effort intérieur porta mon âme à l'incandescence ; par mes exercices
spirituels répétés, mon cœur fut embrasé de hautes flam-

mes. Alors effusèrent sur mon âme les lumières du *Malakût* (le monde angélique) (…) : tous les secrets métaphysiques que j'avais connus jusqu'alors par démonstration rationnelle, voici que maintenant j'en avais la perception intuitive, la vision directe[7]. »

Sorti de sa retraite, il vient s'installer dans sa ville natale, Shîrâz, où le gouverneur de Fârs, Allâhwerdî Khân, avait fait construire à l'intention du Shaykh une grande *madrasa*. L'enseignement qu'il y donna nous permet de parler de l'« École de Shîrâz » comme nous avions parlé déjà de l'« École d'Ispahan »[8]. Mollâ Sadrâ mourut à Basra en 1640 au retour de son septième pèlerinage à La Mekke.

L'œuvre qu'il laissa est monumentale. Elle fut presque entièrement publiée en Iran, en éditions lithographiées, au XIXᵉ siècle, à l'époque Qâjâr[9].

Mollâ Sadrâ a écrit le commentaire en marge de la Métaphysique du *Shifâ'* d'Avicenne. Il a commenté aussi l'œuvre capitale de Sohrawardî, le *Livre de la théosophie orientale*. Il a commenté le « Livre des Sources » (*al-Osûl mina'l-kâfî*) de Kolaynî, un des quatre livres fondamentaux du shî'isme duodécimain recueillant l'enseignement des Imâms. Il a écrit un *Tafsîr* sur les larges portions du Qorân où il essaie de pénétrer avec sa perspicacité habituelle le sens caché et gnostique du Livre saint. Son chef-d'œuvre reste néanmoins les « Quatre voyages spirituels » (*Kitâb al-Asfâr al-arba'a al-'aqlîya*). « C'est un monument qui, dans l'ancienne édition lithographiée, ne comprend pas moins de mille pages *in-folio* (…). Leur ensemble forme une cohorte imposante, qui commence avec deux des plus célèbres disciples immédiats, qui furent les gendres de Mollâ Sadrâ : Mohsen Fayz et Abdorrazzâq Lâhîjî. Elle se prolonge de génération en génération jusqu'à nos jours, en passant au siècle dernier

par 'Abdollah Zonûzî et son fils Mollâ 'Alî Zonûzî, Mollâ
Hâdî Sabzavârî et combien d'autres ! C'est toute la philosophie iranienne pendant plus de trois siècles que nous
voyons se profiler[10]. »

L'ampleur de l'œuvre de Mollâ Sadrâ, sa profonde
connaissance de la gnose et de la philosophie, montrent
bien la grande synthèse que devait opérer sa doctrine.
Mollâ Sadrâ a été un avicennien, mais un avicennien
ishrâqî, ce qui veut dire qu'il a franchi la distance qu'il y
a entre Avicenne et Sohrawardî[11]. Il connaissait profondément l'œuvre de Sohrawardî et il eut le sentiment de para-
chever cette œuvre en en assurant mieux les bases, en en
développant les implications et les conséquences, là où le
temps avait manqué à Sohrawardî pour le faire[12].

Il était profondément influencé par la gnose spéculative
d'Ibn 'Arabî qu'il connaissait à fond et qu'il cita fréquemment. Mais il resta avant tout un penseur shî'ite, pénétré
de l'enseignement des Imâms, d'où l'importance pour lui
du *corpus* des *hadîths* des Imâms qu'il commenta avec
tant de ferveur. Car c'est bien cette tradition qui, en nour-
rissant et en stimulant la méditation spéculative des
shî'ites, permit que s'épanouisse en Iran au XVIe siècle la
grande renaissance philosophique, laquelle demeura
« sans parallèle ailleurs en Islam[13] ». La synthèse prodigieuse de Mollâ Sadrâ montre ainsi à l'œuvre l'activité
d'une pensée créatrice « par laquelle, comme telle, la tradition se recrée au présent[14] ».

Mollâ Sadrâ tient donc à la lignée des *Ishrâqîyûn* (les
Platoniciens de Perse) et pourtant cela ne l'empêche point
d'opérer une véritable « révolution » dans la métaphysique de l'Être. Il instaure, avec de grands moyens dialecti-
ques, et une connaissance magistrale de tous les textes
classiques, une métaphysique de l'Être qui donne à l'acte
d'être la préséance sur l'essence. L'idée de l'*istihzâr*

(rendre-présent), professée déjà par Sohrawardî comme l'état de séparation de la matière (*tajarrod*), revêt chez lui la primauté de l'Être par rapport à la Métaphysique des essences. C'est que l'acte d'être est susceptible d'intensification et d'affaiblissement. C'est l'acte d'être qui détermine d'ores et déjà ce qui est une essence. Il en résulte une perspective où les intensifications de l'être embrassent tous les degrés de l'existence. La métaphysique de l'exister débouche en fin de compte sur une métaphysique de la *Présence* qui est aussi un témoignage. Plus l'être est présent à soi-même, plus il se sépare des conditions limitatives de ce monde-ci, plus il comble le retard sur la Présence Totale, plus il s'éloigne de ce qui conditionne l'absence. « Plus intense est le degré de Présence, plus intense est l'acte d'exister, et dès lors aussi plus cet exister existe pour au-delà de la mort. »

De tout ceci résultent les grands thèmes de la métaphysique sadrienne : 1) primauté de l'acte d'exister sur la quiddité ; 2) théorie du mouvement substantiel ou plutôt transsubstantiel ; 3) unification du sujet qui intellige avec la forme intelligée ; 4) théorie de l'imagination comme faculté purement spirituelle, indépendante de l'organisme physique, c'est-à-dire la théorie de l'*imaginal* ou du *mundus imaginalis* ; 5) philosophie de la résurrection qui dépeint l'histoire gnostique de l'âme, avec la triple croissance de l'homme aux trois niveaux du monde des phénomènes sensibles de l'âme et de l'Esprit.

CHAPITRE VII

Priorité de l'existence

La métaphysique de l'Être formulée par Mollâ Sadrâ est « révolutionnaire » en ce sens qu'elle renverse du tout au tout la métaphysique des essences héritée de Fârâbî et d'Avicenne. L'ontologie des Péripatéticiens considérait qu'une essence est immuable, c'est-à-dire qu'une essence ou quiddité (*mâhîyat*) est ce qu'elle est, sans que son être impliquât nécessairement son existence ; celle-ci est un attribut qui se surajoute à l'essence : en d'autres termes l'existence est un prédicat de la quiddité. Mollâ Sadrâ inverse cette perspective. À présent c'est la quiddité qui est le prédicat de l'existence, puisque c'est en existant que l'être est ce qu'il est. Dans la métaphysique des essences, l'être n'est pas l'exister mais la simple copule du jugement logique, d'où divorce entre la pensée et l'être. La pensée isole ainsi les deux partenaires et selon qu'elle se prononce pour la priorité de l'un ou de l'autre, en vient à en conclure que l'un est la qualification de l'autre[1]. En revanche, la métaphysique de Mollâ Sadrâ, en refusant cette différenciation de l'être et de l'exister, n'admet guère qu'il y ait de l'être qui n'existe pas, car cela serait contradictoire à la notion même de l'être. Il y a entre la quiddité et l'essence une union *sui generis*. « L'acte d'exister *est* la quiddité elle-même existante, non pas quelque chose qu'elle *a* ou qui s'y surajoute. Bref, le concept de l'être est le concept même de sa réalisation, de l'essencification effective (*tahaqqoq*), de l'actualisation déterminée soit dans les individus concrets (*fî'l-a'yân, in singularibus*) soit dans les pensées. »[2] Ainsi en est-il de l'Être comme de la lumière qui précède et devance toute représentation possible et qui ne peut être définie par quelque chose qui soit plus lumineux.

Sohrawardî, par exemple, avait également professé une métaphysique des essences, cependant sa philosophie « orientale » mettant en œuvre le *Xvarnah* postulait, en raison de l'intensification et des dégradations des lumières ascendantes d'Orient en Orient, la mobilité de l'être. D'autre part, la notion *d'istihzâr*, rendre-présent, impliquait l'idée de présence à d'autres niveaux de l'Être. C'est pourquoi on peut dire à son sujet que c'est une métaphysique de Présence qui n'ose pas encore affirmer son nom. Mollâ Sadrâ eut l'intime conviction qu'il parachevait l'œuvre de Sohrawardî tout comme celui-ci avait eu le sentiment non moins intime qu'il prenait le relais de la philosophie orientale d'Avicenne. « Mollâ Sadrâ a conscience d'apporter à l'édifice ce qui lui manquait, et c'est pourquoi le lien entre Sohrawardî et Mollâ Sadrâ est un grand moment dans l'histoire philosophique de l'Iran[3]. »

Ainsi cet acte d'être peut se situer à tous les degrés de l'échelle de l'être, depuis l'existence mentale (*wojûd dhihnî*) jusqu'aux existences sensibles, imaginales et intelligibles. Il s'ensuit que tous les étants participent ensemble à cette réalité de l'être ; ils y sont associés par une participation au contenu du concept même (*ishtirâk ma'nawî*), non point par une simple participation verbale ou homonymale (*ishtirâk lafzî*)[4]. Cette communauté spirituelle (*ishtirâk ma'nawî*) permet donc d'englober la totalité de l'existence, y compris le Premier Être, dans une même

participation : l'unité de l'être (*wahdat al-wojûd*). Il
résulte que, contrairement à la métaphysique des essences, une essence, en fonction de ses modes ou actes d'être,
loin d'être fixe et immuable, connaît même des moments
d'intensification et des moments d'affaiblissement.
L'univers de Mollâ Sadrâ est un monde où les essences
subissent des métamorphoses continuelles, de sorte que
l'échelle de ces transformations est pratiquement illimi-
tée. Le mouvement se trouve de la sorte introduit jusque
dans la catégorie même de la substance et ceci provoque
à tous les niveaux de l'existence un « mouvement intrasubstantiel » (*harakat jawharîya*). On peut parler chez
Mollâ Sadrâ « d'une mobilité, d'une *inquiétude de l'être*,
qui se propage d'une extrémité à l'autre de l'échelle des
êtres, et partant, de l'aptitude d'une essence à passer par
un cycle de métamorphoses, dont les étapes marquent
autant de plans d'univers[5] ».

Pour la métaphysique des essences, le statut de
l'homme, par exemple, est constant. Pour la métaphysique
de Mollâ Sadrâ qui est surtout existentielle, un être comme
l'homme comporte une multitude de degrés depuis « celui
des démons à face humaine jusqu'à l'état sublime de
l'Homme Parfait »[6]. Le corps passe ainsi par une multitude d'états depuis le corps matériel et périssable jusqu'au
corps archétypique, voire jusqu'au corps divin (*jism
ilâhî*). Par conséquent une même essence est susceptible
de passer par des degrés d'intensification et de dégradation infinis : les âmes peuvent être plus ou moins âmes,
les hommes plus ou moins hommes, la définition classique de l'homme comme animal rationnel n'est nullement
une idée fixe, figée dans une mesure à même d'être vala-
ble pour chaque être humain, car le mouvement intrasubstantiel entraîne ces essences de bas en haut ou de haut en
bas de l'échelle infinie de l'Être. C'est pourquoi la méta-

physique de Sadrâ rend nécessaire l'existence des inter-mondes, des maillons intermédiaires à même d'assurer le flux continuel ascendant et descendant des métamorphoses. D'où aussi l'existence des Idées platoniciennes, ou celle du monde de l'*imaginal*, qui permettent la différenciation des essences qui passent à travers trois modes d'existence principaux : existence matérielle, existence imaginale, existence intelligible. D'où aussi l'idée de l'existence mentale (*wojûd dhihnî*), existence véritable du niveau de la pensée puisqu'une essence, étant d'emblée un acte d'existence, existe réellement soit au niveau de la pensée soit concrètement au niveau du sensible. Cette thèse inverse tout divorce entre la pensée et l'être et exclut toute séparation opposant l'être à l'exister[7].

Toutes les essences connaissent des intensifications et des dégradations, des variations, des mutations, des métamorphoses (*tahawwol*) hormis l'« Existence divine primordiale, laquelle ne comporte, dit Sadrâ, pas de quiddité, parce que c'est l'acte d'être à l'état pur, dont on ne peut concevoir qu'il y en ait de plus complet, de plus intense ni de plus parfait[8] ». Mollâ Sadrâ repousse à la fois et la métaphysique péripatéticienne qui fait de l'être un prédicat de l'essence, et la vision d'un certain soufisme qui tendrait à ne faire « de chaque quiddité individualisée qu'un simple accident de l'Existence unique »[9].

Cependant cette position de thèse (selon laquelle il n'y a pas d'essences immuables, mais que chaque essence est déterminée en fonction du degré d'intensité de son acte d'être) en appelle une autre : celle du mouvement trans-substantiel ou intrasubstantiel qui introduit la mutation, la variation jusqu'au noyau même de la substance et fait de l'univers entier un Retour vers l'Être. Corbin résume ainsi le fondement ultime de la philosophie de Sadrâ : « Mollâ Sadrâ est le philosophe des métamorphoses, des transsubstantiations. Son anthropologie est en parfait accord avec ce que postule l'eschatologie du shî'isme, s'exprimant dans l'attente de la parousie du XIIᵉ Imâm comme avènement de l'Homme Parfait. Cette anthropologie est liée elle-même à une cosmogonie et à une psychologie grandioses : chute de l'Âme dans l'abîme des abîmes ; sa lente remontée de degré en degré jusqu'à la forme humaine, qui est son point d'émergence au seuil du *Malakût*... ; prolongement de l'anthropologie en une physique et métaphysique de résurrection. Le concept de matière ne sera ni celui du matérialisme ni celui du spiritualisme. La matière passe par une infinité d'états : il y a une matière subtile, spirituelle (*mâdda rûhânîya*), voire divine. Sadrâ est sur ce point en profond accord avec les Platoniciens de Cambridge, comme avec F.C. Œtinger (*Geistleiblichkeit*)[10]. »

CHAPITRE VIII

Le mouvement intrasubstantiel

Sadrâ, référant à l'inquiétude de l'être qui parcourt comme un immense frisson toute l'échelle de l'être, dit : « c'est que l'Impératif divin opère d'abord en descendant du Ciel vers la Terre. Il opère ensuite la remontée vers lui, en faisant être les minéraux par le mélange équilibré des Éléments, puis les végétaux naissent de la substance la plus pure de ces Éléments, puis les animaux, finalement l'homme. Et lorsque l'homme atteint la plénitude de son être par la connaissance et par la perfection, il atteint le degré de l'*Intelligence agente*. Là prend fin l'échelonnement des degrés du Bien et de l'Émanation : le point final du cycle de l'Être a rejoint le point initial[1] ».

À la chute de l'âme jusqu'à la *Matière ultime* (réceptivité pure)[2], s'oppose un immense élan de l'être qui, s'élevant depuis les profondeurs inorganiques, monte graduellement jusqu'à l'éclosion de la forme humaine, c'est-à-dire le règne de l'homme. De là franchissant le seuil de la mort, elle parvient au *Malakût*, puis une troisième croissance spirituelle marquera le devenir posthume de l'âme et sa remontée dans les Intermondes. La mobilité de l'univers de Mollâ Sadrâ n'est pas celle « d'un monde en *évolution*, mais celle d'un monde en *ascension*. L'orientation de ce monde dans le sens vertical, en style gothique, pourrait-on dire, correspond à l'idée de *Mabdâ'* et *Ma'âd*, l'Origine et le Retour, par lesquels la *métahistoire* fait irruption dans notre monde[3] ».

L'idée de ce mouvement intrasubstantiel (*harakat jawharîya*) est solidaire de la métaphysique de l'Être de Sadrâ. À partir du moment où il n'y a pas de quiddité en soi, mais que chaque quiddité est déterminée par l'acte d'être et varie en fonction de l'intensité ou de l'affaiblissement de l'existence, l'élan de Retour s'instaure à tous les niveaux de l'être ; et les essences jadis immuables aspirent aux métamorphoses d'une inquiétude infinie. Le corps, par exemple, ne se limite pas uniquement à son existence concrète sur le plan sensible. Il faut le prendre en considération depuis l'Élément qui est un état qualitatif jusqu'aux métamorphoses successives qui le conduisent tour à tour de l'état minéral à l'état végétal, ensuite à l'état animal puis à l'état du corps parlant, apte à percevoir les réalités spirituelles. La matière elle-même ne se confond pas avec la matérialité sensible ; elle passe par une infinité d'états : elle est un corps grossier, puis corps subtil dans les Intermondes, enfin corps divin et spirituel. L'âme humaine aussi a désormais une *histoire*, mais pas une histoire dirigée dans le sens horizontal d'un devenir progressif, mais une « histoire métaphysique » depuis sa préexistence jusqu'à sa chute dans l'abîme des abîmes et sa remontée pour atteindre l'« état hominal ». À partir de cet état, l'âme, traversant successivement les « résurrections mineures » dans la mort et la « résurrection majeure » dans la naissance à l'*outremonde*, accède finalement au plan d'être qui est celui de l'homme spirituel « de sorte que, dit Sadrâ, les Âmes accomplissent leur retour à Dieu le Très-Généreux »[4].

Il y a dans cette Remontée l'idée de *Mi'râj* de l'âme, son ascension depuis les profondeurs de l'être minéral jusqu'à la forme humaine. Véritable remontée des Enfers qui est l'histoire des métamorphoses de l'âme, jusqu'à ce qu'elle atteigne au monde de la réalité humaine (*'âlam al-insânîya*), le « règne hominal »[5].

Il convient, d'autre part, de ne pas confondre l'idée du Retour qu'implique précisément le mouvement intrasubstantiel avec la notion de *tanâsokh* ou de métempsychose. Le corps de résurrection (*jism okhrawî*) est un corps que l'âme s'est constitué pour elle-même, il est en quelque sorte un corps acquis (*moktasab*) en raison de son activité, de ses comportements, de ses habitudes bonnes ou mauvaises. Il est dans le « même rapport avec l'âme que l'ombre avec ce qui projette l'ombre[6] ». Il ne faut pas par conséquent se représenter ce *retour* ou ce mouvement transsubstantiel comme un « transfert local et matériel », comme si l'âme se séparait d'un corps pour en revêtir un autre (comme c'est le cas dans la réincarnation) mais en tant que le passage d'un mode d'être à un autre mode d'être. Dès lors que le transfert est un « transfert quant à la substance » (*intiqâl jawharî*) qui implique aussi l'idée de métamorphose. « Il faut se représenter, dit Corbin, un processus continu de rénovation (*ittisâl tajaddodî*), une succession continue de métamorphoses de l'être (*akwân ittisâlîya*). On peut dire que l'idée authentique du *ma'âd* substitue à l'idée de transmigration celle de transsubstantiation, à l'idée de métensomatose (*tanâsokh*) celle de métamorphose. Tandis que l'idée d'un transvasement ou "transfert local" de l'âme implique d'insurmontables difficultés, en revanche la progression d'imperfection en perfection, d'intensité plus faible en intensité croissante, de ce monde-ci à un autre monde, non seulement n'offre rien d'impossible, mais est bel et bien l'idée d'une vérité éprouvée (*mohaqqaq*). C'est l'idée même de cette ascension de l'être humain, de degré en degré, de monde en monde[7]. »

C'est pourquoi aussi le « corps acquis », subtil, a une existence autonome, indépendante du corps matériel qui le véhicule, il peut, en raison des puissances latentes accumulées, comme les comportements, les habitudes acquises (*malikât*), être conforme à ou en affinité avec (*monâsabat fî'l-bâtin*) l'une des quatre catégories d'être : l'ange, le démon, l'animal, la bête féroce. Il appartient, par conséquent, à l'âme ou bien d'atteindre à l'angélicité en acte ou bien de retomber au-dessous d'elle-même. Aussi la « surhumanité des prophètes et des Imâms » est-elle déjà par rapport à cette nature humaine ce que celle-ci est par rapport à l'animal[8].

CHAPITRE IX

Unification du sujet qui intellige avec la forme intelligée

Mollâ Sadrâ déclare : « Il est donc établi que l'homme a : 1) une existence dans la Nature matérielle (la *physis*), et sous cet aspect, il n'est ni objet d'intellection ni même objet de perception sensible ; 2) une existence dans le *sensus communis* (*hiss moshtarik*, en grec *koinêstherion*) et l'imagination, et sous cet aspect il est objet d'une perception sensible (l'imagination apparaît donc ici comme la condition transcendante rendant possible toute perception sensible) ; 3) une existence dans l'Intelligence, et sous cet aspect il est objet d'intellection (*ma'qûl*) (...) Eh bien ! l'homme a également une existence "imaginale" (*wojûd mithâlî*) substantielle, subsistant par soi-même dans le monde des Images "en suspens" (c'est-à-dire n'immanant pas à un substrat), de même qu'il a un archétype intelligible (*mithâl 'aqlî*) substantiel, existant par soi-même, dans le monde des Intelligences. De même en est-il pour chaque existant physique d'entre les existants physiques. Cet existant a une triple existence : 1) intelligible (*'aqlî*), 2) imaginale (*mithâlî*), 3) matérielle (*mâddî*)[1]. »

Ce concept est lié d'autre part au mouvement substantiel. L'homme ne parvient à la perfection du monde imaginal et du monde intelligible que dans la mesure où il s'élève, pourrions-nous dire, ontologiquement au niveau de présence qui lui correspond, et après avoir subi les métamorphoses qui l'y prédisposent. Le degré de connaissance est ainsi en fonction du degré de l'être : il y a conformité parfaite entre les *modes d'intelligence*, et les *modes d'être* qui leur correspondent. Il n'y aurait pas d'affrontement et de dualité entre sujet qui intellige et forme intelligée si on considérait l'âme humaine comme étant, dès l'origine, une substance séparée en acte, possédant son intellect en puissance. Or il n'en est rien, car l'âme humaine est loin de jouir dès l'origine d'un tel privilège, il lui faut le conquérir. Il doit passer par des métamorphoses afin de gagner son statut plénier d'âme humaine, afin que son mode d'être soit en conformité avec l'objet qu'il intellige. Car lorsque l'âme accueille les formes intellectives, celles-ci la métamorphosent et c'est parce qu'elle se métamorphose elle-même que l'union cognitive avec le niveau atteint est intelligée. En d'autres termes, il est aussi vrai de dire que, dans l'âme qu'elle métamorphose, la Forme intelligée s'intellige soi-même, que de dire que c'est l'âme qui est elle-même la Forme s'intelligeant soi-même[2]. Dès lors, les métamorphoses que subit l'âme racontent en quelque sorte son *histoire*. « Une histoire qui, selon l'ambivalence du mot *hikâyat* (voir Livre IV), est une imitation, une reproduction, une récitation[3]. »

L'âme dans l'« histoire » de ses mutations, ses métamorphoses, sa remontée, récite l'« histoire » des Formes mêmes qu'elle accueille en elle tout comme celles-ci reproduisent l'histoire dont l'âme est elle-même le récit. « Il ne nous semble pas exagéré de dire que Mollâ Sadrâ fondait ainsi en toute rigueur une authentique phénoménologie de la conscience, appelée à l'exhausser en une phénoménologie de l'Esprit Saint qui est l'Intelligence agente avec laquelle l'âme s'unit dans son acte d'intellection. Et pour un philosophe ou théosophe *ishrâqî* ce sont là les prémisses qui ont à guider son expérience mystique[4]. » En effet dans chaque intellection au niveau du sensible comme au niveau de l'imaginal ou du spirituel, c'est toujours le même sujet divin qui s'intellige soi-même. L'intelligé en acte (*ma'qûl*) ne peut exister qu'intelligé en acte. Son être en soi est identique à son état d'intelligibilité (*ma'qûliyat*) qu'il ait face à lui un sujet qui intellige ou pas. Il est donc à la fois le sujet qui intellige (*'aqîl*) et l'objet intelligé (*ma'qûl*). L'homme parvenu au niveau de l'imaginal ou de l'intelligible se laisse intelliger par l'âme ou l'Intelligence agente proportionnellement au niveau de présence acquis ; il se laisse *réciter* l'histoire de ses propres intellections. C'est-à-dire que l'unification du sujet qui intellige et de la forme intelligée est soumise à la loi d'unité qui régit les trois modes d'existence : le mode sensible, le mode imaginal et le mode intelligible.

Mais l'état de cette union unitive (*ittihâd*) ne s'acquiert qu'au terme d'un long apprentissage et d'une métamorphose intérieure, et il y a des multitudes d'êtres humains qui n'arrivent jamais à quelque chose qui y ressemble même de loin. Au demeurant Sadrâ dit qu'à l'origine de son union avec le corps, l'âme est elle-même matière, il faut conquérir graduellement sa séparation de la matière, son immatérialisation (*tajarrod*), sa capacité d'atteindre le seuil du *Malakût*, d'être en quelque sorte un être angélique (*malakûtî*). Il faut, en d'autres termes, que l'âme s'élève de degré en degré d'intellection pour parvenir enfin au niveau de l'unification avec l'Intelligence agente -Esprit Saint.

C'est par le mouvement intrasubstantiel que l'âme s'exhausse à l'immatérialité du monde imaginal (*tajarrod barzakhî*) et à celle du monde intelligible (*tajarrod 'aqlî*)[5].

Car il est de la condition même de l'âme de percevoir l'ensemble des réalités du monde intelligible et de s'unir avec elles ; il est aussi de sa condition de « devenir elle-même son monde intelligible (*'alâm 'aqlî*), monde dans lequel existent la forme de tout existant intelligible et l'image mentale de tout existant matériel. Ainsi s'ouvre, conclut Corbin, une phénoménologie non pas de l'Esprit tout court mais de l'Esprit Saint, une hiérohistoire auto-biographique de celui que les *Ishrâqîyûn* nomment l'Archange de l'humanité, le Seigneur de l'espèce humaine (*Rabb al-naw'al-insânî*), pure histoire intérieure vision-naire, dont nos événements extérieurs ne sont que les symboles, quelque chose comme une autobiographie d'archange[6] ».

CHAPITRE X

L'imaginal et le monde de l'âme

« Sache, dit Sadrâ, qu'une même quiddité a *trois modes d'existence* dont certains sont plus forts ou intenses que les autres. (…) Puis il existe un autre monde, intermédiaire entre les deux mondes précédents (intelligible et matériel), un monde que l'âme crée et instaure parce qu'elle est l'*Image* du Créateur, quant à son essence, ses attributs et ses opérations. Ce monde est ce "royaume de l'Âme" (…), un monde renfermant les images des substances et des accidents, immatériels aussi bien que matériels, ou mieux dit, ces substances et ces accidents à l'état ou en leur mode d'être *imaginal*. L'existence des formes des choses pour l'âme, leur manifestation d'une manière qui n'en manifeste pas les effets sensibles extérieurs, c'est cela qu'on appelle *existence mentale* et *épiphanie imaginale* (*wojûd dhihnî wa-zohûr mithâlî*)[1]. »

Autant il est difficile pour une métaphysique d'essence de prendre en compte l'existence intermédiaire d'un monde entre l'intelligible et le sensible, autant pour une métaphysique dont les modalités d'existence varient au gré des intensifications et des dégradations de l'être, il est aisé de soutenir l'existence ontologique autonome d'un monde de l'entre-deux. Ce monde-là, Sadrâ l'appelle « l'existence mentale » (*wojûd dhihnî*), mais une exis-

tence qui est synonyme de la créativité même de l'âme.
En effet l'âme humaine actualise son propre monde et
celui-ci est le *mundus imaginalis* (*'âlam al-mithâl*) situé
entre l'intelligible et le sensible. L'idée d'existence mentale est solidaire elle-même de l'état intermédiaire de la
créativité de l'âme, voire de l'*imaginal*. Ainsi, par exemple, il y a des choses possibles qui n'ont pas d'existence
matérielle comme l'oiseau mythique *Sîmorgh*. Impossible
donc d'y référer sans présupposer la présence d'un monde
mental où celui-ci aurait une existence de plein droit. Les
conséquences de ce monde intermédiaire sont énormes
tant au niveau de la résurrection, sur laquelle nous reviendrons bientôt, qu'au niveau du flux vertical du mouvement intrasubstantiel. Car l'*imaginal* est précisément ce
qui comble le hiatus du sensible à l'intelligible sur
l'échelle de l'Être. C'est, d'autre part, pour n'avoir pas
reconnu l'existence de ce monde autonome que les théologiens et les philosophes comme Ghazâlî et Avicenne ont
échoué devant l'entreprise d'une « philosophie de résurrection ». Car il leur a manqué précisément, dit Sadrâ,
l'ontologie de l'Intermonde et c'est cela qui les a empê-
chés d'intégrer le Qorân à la philosophie. Bien entendu
Sohrawardî fut le premier à en fonder le schème philosophique, mais il n'en reste pas moins qu'ils eurent des difficultés à concevoir ce qu'est vraiment un corps de
résurrection.

1) Disons tout d'abord que l'Imagination est pour
Mollâ Sadrâ une faculté spirituelle qui ne périt pas avec
l'organisme physique ; elle est comme le « corps subtil de
l'âme ». Elle a, en d'autres termes, plus de réalité existentielle (*mawjûdîyat*) que les existants extérieurs. Il n'est
pas possible de la percevoir avec l'œil extérieur ou avec
nos sens impurs[2]. De la sorte Mollâ Sadrâ et tous les
Ishrâqîyûn surmontent avec aisance le dualisme qui en

Occident oppose l'esprit à la matière. Le devenir posthume de l'âme comporte donc la nécessité d'une « matière
spirituelle » dont l'idée remonte au néo-platonicien Pro-
clus et au néo-Empédocle connu en Islam. Mais cette idée
est également apparentée à la *spissitudo spiritualis* des
Platoniciens de Cambridge.

Là où le statut de l'*imaginal* n'est pas reconnu de son
plein droit, là où l'*imaginal* n'a pas le droit de cité, l'imagination est confondue avec l'irréel et la fantaisie. « Plus
de place pour le monde intermédiaire des formes et des
figures à la fois spirituelles et concrètes, parce que, entre
la pensée abstraite sans forme ni figure et l'étendue du
monde matériel sensible, il n'y a plus que cet imaginaire[3]. » C'est pourquoi Sohrawardî, qui est le vrai fondateur de l'ontologie du monde des Images (*supra*,
Livre I, 4), estime que l'imagination est placée dans un
entre-deux : entre l'Intellect et la faculté estimative
(*wahm*). Lorsque c'est l'Intellect qui l'instruit, l'imagination active devient méditative et cogitative. En revanche
lorsque l'estimative fait irruption en elle, elle se transforme en démons, en fantasmes délirants ; elle devient de
l'*imaginaire* tout court. Reconnaître l'autonomie de ce
monde, c'est aussi reconnaître sa fonction *noétique* propre
qui aura un rôle essentiel dans l'actualisation des formes
potentielles du « corps subtil » lors de la résurrection.

2) Il résulte que le monde *imaginal* est absolument
nécessaire pour éviter un hiatus dans l'échelle de l'être. Il
sert ainsi de « courroie de transmission » entre le sensible
et l'intelligible. Il se situe de ce fait dans un double intermonde (*barzakh*), tant au niveau de l'« arc de la Descente » (*nozûl*) qui précède ontologiquement le monde des
phénomènes qu'au niveau de l'« arc de l'Ascension » où
il dévoile les *Formes* symboliques du corps subtil acquis.
Et à ce niveau de l'arc du Retour, l'*intermonde* post-

mortem est ontologiquement postérieur au monde sensible, puisqu'il marque, si l'on veut, le seuil de la *Résurrection*. Ainsi au niveau de la Descente, l'*Imaginal* représente le monde des Archétypes-Images, et au niveau du Retour, le monde *post-mortem* des Formes actualisées de l'âme, qui lui est d'ailleurs parallèle et bénéficie du même statut d'être. D'où l'importance capitale de ce monde intermédiaire pour la *philosophie de la Résurrection*, déduite elle-même à partir du mouvement intra-substantiel en vertu duquel l'univers entier est une sorte *d'atelier à produire les corps séparés de la matière* ; voire des corps immatériels.

3) Mais l'« imaginal » est aussi une « matière spirituelle » (*mâddat rûhânîya*), elle est l'enveloppe subtile de l'âme et la matière onirique dont sont constituées les couleurs, les voix, les sonorités musicales perçues en songes. Et cette question ressortit non pas à la psychologie, mais à la métaphysique. Car ces phénomènes subtils appartiennent tous au statut d'un monde qui a ses propres lois, son espace, son temps et sa causalité ; un monde de « pensée immatérielle » (*tajarrod khayâl*) ontologiquement plus réel, plus vrai que le monde des phénomènes sensibles. C'est en vertu de cette immatérialité aussi que les Images du monde imaginal sont appelées des « Images en suspens », c'est-à-dire sans substrat auquel elles puissent immaner. Pourtant elles ne s'identifient point aux Idées platoniciennes (*mothol aflâtûnîya*), mais représentent un degré intermédiaire entre les Idées et le monde sensible. Et c'est grâce à ce monde médiateur que s'opère l'individuation des êtres préalablement à leur arrivée au monde matériel. « C'est l'âme (la Forme) qui est principe d'individuation », dit Sadrâ[4]. Elle est « pure forme » et en tant que Forme, elle est aussi une substance séparée et indépendante de la matière du corps physique (*jawhar mojar-*

rad 'an mâddat al-badan)[5]. Et comme ces « Formes imaginatives » subsistent à la manière dont une chose subsiste par son agent actif (*fâ'il*) et non pas à la façon dont une chose persisterait par son réceptacle passif (*qâlib*), l'Imagination est donc essentiellement une *Imagination active*.

4) Cette imagination active va donner à l'âme une puissance de créativité, de configuration (*taswîr*) et de typification (*tamthîl*). « Lorsque toutes les facultés de l'âme sont alors devenues comme si elles étaient une faculté unique, laquelle est la puissance de configurer et de typifier (…) ; son imagination est devenue elle-même perception sensible ; sa vue imaginative (*basar khayâlî*) est elle-même sa vue sensible (*basar hissî*). De même son ouïe, son odorat, son goût, son toucher, tous ces *sens imaginatifs* sont eux-mêmes des facultés sensibles. Car si *extérieurement*, les facultés sensibles sont au nombre de cinq, ayant chacune leur organe localisé dans le corps, en fait *intérieurement* toutes constituent une unique *synaisthesis* (*hiss moshtarak, sensus communis*)[6]. »

Cette idée de transfiguration des sens en rapport avec la faculté créatrice de l'âme, Corbin en montre déjà les échos dans l'œuvre d'un Rûzbehân, d'un Sohrawardî chez qui le terme persan de *dîdeh-ye andarûnî* (vision intérieure) connote le même sens et fait allusion au même phénomène. Mais chez Sadrâ cette puissance de configuration de l'âme jouera aussi un rôle important dans l'eschatologie, puisque celle-ci est orientée dès l'origine sur la doctrine de l'imagination. Et Sadrâ commentant cette déclaration de Sohrawardî : « Les âmes ont le pouvoir de faire exister les Images », ajoute : « Celui qui aura compris ce thème comme l'exige la compréhension de son sens vrai, celui-là pourra établir la thèse de la résurrection corporelle (*ma'âd jismânî*)[7]. »

Ainsi, conclut Sadrâ, « toutes les facultés sensibles externes sont des ombres et des vestiges de ces facultés internes qui toutes reviennent au centre essentiel de l'âme, à l'âme elle-même »[8].

5) Mais cette créativité de l'âme fait en sorte que celle-ci a la faculté d'anticiper les visions eschatologiques. « L'âme, dit Sadrâ, se représente imaginativement soi-même dans une forme qui lui correspond, et elle rencontre les choses promises, d'une manière qui s'accorde avec la foi qu'elle professa (…). D'où le Prophète a dit : la tombe est ou bien un jardin d'entre les jardins du paradis, ou bien une fosse de l'enfer[9]. » La vision de l'outremonde peut avoir lieu soit dans cette existence même, soit après la mort (résurrection mineure). Quoi qu'il en soit, le principe – que ce soit en ce monde-ci ou dans l'outremonde – est le même : l'âme reproduit, configure son monde. Pourtant, « les choses de l'outremonde, dit Sadrâ, ont un mode d'être plus fort et une efficacité plus intense, parce qu'elles sont d'une simplicité plus parfaite et ne sont nullement dispersées dans les choses matérielles. Elles sont comme le noyau ; les choses d'ici-bas sont comme le son ou comme l'écorce. (…) dans le cas des choses existant dans l'outremonde, leur existence concrète est identique à leur existence comme représentation et perception (*wojûd sûri idrâkî*). D'autant plus douce est la délectation qu'elles procurent, d'autant plus violente la souffrance qu'elles infligent[10] ».

Tant que l'âme demeure dans le corps matériel d'ici-bas, elle est comme « l'embryon dans la matrice ». Par la mort à ce monde-ci, elle naît à l'autre monde ; elle est ainsi dans le *barzakh* qui est son « berceau ». Le corps subtil que l'âme emporte dans son voyage posthume n'est autre que son *corps imaginal* (*jism mithâlî*), ou le corps acquis (*jism moktasab*), c'est ce corps-là qui doit atteindre sa maturité. « C'est pourquoi, seule la doctrine de l'Imagination active, substantielle et substantiant le corps que l'âme se constitue pour elle-même, permet d'entendre parfaitement le sens du *ma'âd jismânî* ou résurrection "corporelle"[11]. »

CHAPITRE XI

Les trois résurrections

1) *Une philosophie de la présence comme témoignage*

La métaphysique de l'Être, chez Mollâ Sadrâ, culmine en une métaphysique de la Présence qui, impliquant également une métaphysique du témoignage, marque le sommet de la philosophie prophétique. Mais « de ce sommet même, dit Corbin, on peut discerner la ligne qui, en conduisant à une métaphysique de l'imagination active et de l'*imaginal*, culmine en une métaphysique de la Résurrection[1] ». Voilà donc des *termes* synonymes qui connotent les différentes nuances d'une même réalité : intensité de l'être (*wojûd*), notion de présence (*hozûr*) et témoignage (*shohûd*) ; et tout cela mis en relation avec le *ma'âd*, la résurrection ou l'*être-au-delà-de-la-mort*.

Lorsque Mollâ Sadrâ professe que le degré d'existence est proportionnel au degré de présence, cela veut dire que plus intense est l'être, plus il est Présence à d'autres mondes, plus il est absence à la mort. « Plus l'existence de l'homme est Présence, plus aussi l'être humain est le Témoin d'autres mondes, moins son être est de l'être pour la mort" et plus il est de l'être *pour au-delà de la mort*. La métaphysique de la Présence s'amplifie en une métaphysique de la vision et de la présence testimoniale (*shohûd*), elle-même annoncée par l'imâmologie et réalisée par l'intériorisation de celle-ci[2]. »

Parce que la métaphysique de Mollâ Sadrâ est une métaphysique qui donne la priorité à l'acte d'être (au monde impératif de l'Instauration) ; parce qu'elle est protégée par là même contre tout « réflexe agnostique » visant à la dévier de son ascension verticale vers l'Être, parce qu'elle est aussi d'ores et déjà une philosophie de résurrection (être pour au-delà de la mort), elle est une présence « engagée ». Mais une Présence engagée, *hic et nunc*, par-delà et au-delà de la mort, pour un devenir posthume[3]. Cet engagement empêche l'âme de chuter dans les pièges de l'histoire, parce qu'il n'y a d'engagement réel qu'envers la dimension de la métahistoire. « Cet engagement, un être ne peut l'assumer que si lui est révélée sa "dimension polaire", ce qui *eo ipso* fait d'ores et déjà de son acte d'exister un acte de présence aux mondes au-delà de la mort[4]. » Car l'être n'émerge pas d'une antériorité du néant comme dans la philosophie existentielle moderne, mais il est profondément ancré dans la préexistence éternelle des Esprits antérieurs à la chute dans l'abîme des abîmes. D'où le sens de la présence qui consiste précisément à se séparer des conditions de ce monde-ci, à combler en quelque sorte le *retard* (*ta'akhkhor*) sur la présence totale, car ce retard n'est pas un néant, il est le voile d'inconscience qui enveloppe l'âme. Et dans la mesure où cet être enlève ce voile et s'immatérialise (*tajrîd*) par rapport aux conditions de ce monde soumis à la distance, à l'étendue, au temps, il s'en sépare aussi, et plus il s'en sépare, plus il rattrape le retard de la chute, plus il comble l'absence de la mort et plus il se libère par là même des conditions de l'être-pour-la-mort. Toute la philosophie de Résurrection de Mollâ Sadrâ ne fait qu'expliciter cette intuition fondamentale de la métaphysique de l'Être conçue comme une métaphysique de Présence. Par rapport à cette vision eschatologique des choses nous pourrions dire avec Corbin que « pour un Mollâ Sadrâ, tous les postulats de notre philosophie, tous nos "réflexes agnostiques", n'ont d'autre sens que d'aggraver le "retard" d'un être, le contraindre à rester en arrière de soi-même[5] ».

Mais la philosophie de la Présence implique aussi une métaphysique du témoignage. Être présent c'est aussi être témoin (*shâhid*). Les *hadîths* shî'ites qualifient les douze Imâms comme Témoins de Dieu. « Le témoin oculaire c'est quelqu'un qui est "présent à", quelqu'un qui a la vision directe[6]. » Ainsi chaque Imâm a une double fonction : « envers celui à qui il est présent et qui est présent par lui aux autres, et envers ces autres *pour lesquels* Celui-là est présent *par lui*, de même qu'ils sont par lui présents à Celui-là[7] ».

La métaphysique de la Présence éclôt en une métaphysique du témoignage des Témoins de Dieu. Cette double *fonction* de médiation, outre qu'elle amplifie la présence au niveau de l'imamologie et de la philosophie prophétique, nous protège aussi contre le double *péril* qui guette toujours le monothéisme et auquel Corbin ne se lasse jamais de référer, parce qu'il constitue selon lui le « paradoxe même du monothéisme » : se préserver à la fois et du monothéisme rigide des abstractionnistes (*ta'tîl*) et de l'anthropomorphisme inconscient des associateurs (*tashbîh*). C'est par conséquent l'Imâm en tant que *témoin* oculaire qui nous préserve finalement contre ce double péril. D'où cette maxime souvent répétée par les shî'ites : « Celui qui meurt sans connaître son Imâm meurt de la mort des inconscients. »

Si donc la philosophie de l'Être est une métaphysique de présence et celle-ci une métaphysique de Témoignage et d'une présence au-delà de la mort, quelle est à présent cette métahistoire qui nous permet de nous étendre par-delà et au-delà de la mort ? Ici entre en ligne de compte la théorie des trois résurrections et de la triple croissance de l'homme spirituel.

2) La triple croissance et le devenir posthume de l'âme

Celui qui meurt, sa résurrection s'est déjà levée (*idhâ mâta faqad qâmat qîyamatoh*) disent les textes mystiques de l'Islam. Dans la gnose du soufisme, par exemple, l'arrêt de l'effusion de l'être (*ta'tîl-e fayz* – persan) est inconcevable, c'est-à-dire qu'il est impossible de concevoir que le monde matériel cesse d'exister et qu'il se résolve totalement dans l'indistinction de l'occultation cosmique à la façon indienne de la nuit de Brahman. Le flux miséricordieux de la création ne s'arrête pas un instant et le mouvement des êtres pour rejoindre les noms dont ils sont les épiphanies ne s'épuise jamais. D'une part, sur l'arc de la Descente, s'échelonnent les degrés hiérarchisés de l'être, dont chaque degré supérieur est la cause initiale et finale du degré qui lui est immédiatement inférieur ; d'autre part, nous avons l'arc de l'Ascension par lequel le mouvement ascensionnel des êtres parcourt le chemin inverse de la descente. Le minéral trouve sa perfection, c'est-à-dire sa cause finale dans le végétal, ce dernier dans l'animal, celui-ci dans l'homme, et l'**homme** trouve sa perfection dans l'état de l'Homme Parfait qui est le terme final de la perfection à l'issue duquel l'homme participe à sa résurrection majeure et le cycle de l'être se parachève. La genèse de l'homme depuis son état embryonnaire jusqu'à l'épanouissement de ses facultés intellectuelles est jalonnée par trois résurrections selon Sadrâ. Le mouvement des êtres, depuis le minéral jusqu'au seuil de la mort, qui est le passage à la fixation, à l'état d'immatérialisation (*tajarrod*) est un mouvement intrasubstantiel au terme duquel s'achève la perfection matérielle des êtres. Shaykh Mohammad Tabâtabâ'î compare le mouvement substantiel des êtres au mouvement rotatif du potier, lequel, ayant achevé un pot, le met de côté, mais la rotation de la roue ne s'arrête pas pour autant. Les objets et les pots mis de côté symbolisent les êtres qui ont franchi le seuil de la mort. Une première fois, l'homme naissant à ce monde ressuscite au monde sensible, c'est la naissance de l'homme sensible. Une seconde fois, par la sortie hors de ce monde physique, il ressuscite à l'intermonde de l'Âme, cela est dit la « résurrection mineure » (*qîyamat soghrâ*). Ceci n'est par rapport aux métamorphoses futures de l'âme que le « temps du berceau ». Une troisième fois, la résurrection est reprise à un registre encore plus haut qui est la « résurrection majeure », c'est-à-dire le passage de l'Âme au monde des Intelligences ou comme le commente si bien Corbin, « croissance de l'homme psychique ou psychospirituel en homme pneumatique ou spirituel[8] ».

Quant à cette perpétuelle ascension de l'homme qui est aussi sa triple croissance, Sadrâ dit : « Nous te l'avons déjà exposé, la structure de l'*exister* a été déployée par Dieu en trois niveaux : comme un monde (*donyâ*), comme intermonde (*barzakh*), comme outremonde (*âkhira*). En rapport avec ce monde-ci, il a créé le corps matériel ; en rapport avec l'intermonde, il a créé l'Âme ; en rapport avec l'outremonde, il a créé l'Esprit ou l'Intelligence. Et il a constitué au nombre de trois les intermédiaires qui opèrent le transfert à chacun de ces mondes : il y a l'Ange de la mort ; il y a le coup de la Trompette sonnant "l'Heure ultime" ; il y a "le souffle de la Trompette à l'éclat fulgural" (39 : 68). La mort concerne les corps matériels ; la Trompette sonnant l'heure ultime concerne les Âmes ; la Trompette à l'éclat fulgural concerne les Esprits[9]. » Ainsi la nature humaine ressuscite par la mort physique au monde de l'Âme, du monde de l'Âme elle ressuscite au monde de l'Esprit. Tous les schémas sont en fait réductibles à la structure d'un triple univers et toutes les triades se correspondent. Aux trois mondes du Sensible, de l'Imaginal et de l'Intelligible, correspondent trois organes de connaissance : les sens, l'imagination, l'intellect. Et à cette triade de connaissance correspond également la triple croissance, ou la triple résurrection du monde, de l'intermonde ou de l'outremonde. « Tant que l'homme est présent à ce monde-ci, dit Sadrâ, son statut est celui d'une visibilité correspondant à la nature du corps matériel[10]. » Par conséquent l'Âme et l'Esprit sont cachés sous le voile du corps. Mais lorsque l'âme ressuscite à l'Intermonde, le corps disparaît, c'est-à-dire qu'il meurt par l'intermédiaire de l'Ange de la mort (résurrection mineure). Dans l'intermonde l'Âme effectue sa seconde croissance (*nash'at thânîya nafsânîya*). C'est elle qui est le visible tandis que s'occulte le corps. C'est elle qui sert de corps subtil, acquis (*jism moktasab*) à l'Esprit. C'est elle aussi qui y configure sa propre forme, c'est-à-dire y actualise les formes latentes accumulées en elle, et la projette sous forme symbolisée conforme à la qualité des habitudes acquises. L'intermonde constitue, de ce fait, « un monde distinct entre ce monde-ci et l'outremonde »[11]. C'est le « Séjour qui dure (40 : 42) comme dure l'aube entre la nuit et le jour[12] ». Et ceci jusqu'au

moment où « sonnera l'Heure ultime, celle du grand Bou-
leversement (*al-Tammât al-kobrâ* [79 : 34])[13] ».

La croissance de l'âme dans l'intermonde comporte un
paradis et un enfer. L'âme y crée son propre paradis et
son propre enfer. Les impressions subtiles de l'âme issues
des habitudes acquises (*aklâq*) des « formes des œuvres »,
des résultantes des actes, emmagasinées dans le for intérieur de l'âme, se révèlent à la résurrection mineure sous
forme de symboles, revêtues de figures et de formes
conformes à la qualité des actes dont elles procèdent.
C'est pourquoi ce *corps acquis* est aussi un corps archétypique (*jism mithâlî*) car l'organe de sa transsubstantiation
est sa puissance imaginative.

Ainsi par exemple pour Shaykh Mohammad Lâhîjî,
« les formes symbolisées dans les intermondes » se présentent sous forme de Houris, de jardins édéniques, de
fruits délicieux, de ruisseaux de miel. Ceux-ci symbolisent les mérites et les bonnes œuvres, tandis que leurs
contraires, c'est-à-dire les démérites et les mauvaises
œuvres, s'actualisent sous forme de serpents, de scorpions, de feu, et d'autres images sataniques. L'âme y
apparaît « revêtue de ces symboles délicieux ou répu-
gnants, selon que les fruits des œuvres moissonnées lors
de l'existence terrestre sont bons ou mauvais. L'amour et
la dévotion seront symbolisés sous forme de ruisseaux
de vin ; les invocations, les prières sous forme de grappes
de raisin, de pommes (...). Les passions sous forme de
chiens et serpents ; (...) la voracité sous forme de loup et
l'envie et la convoitise sous forme de scorpions[14] ». Ces
images correspondent aux paradis et enfers des intermondes : jouissances délicieuses des sauvés et souffrances
indicibles des damnés et des réprouvés.

Aussi les gnostiques de l'Islam disent : « la tombe est
un jardin d'entre les jardins du paradis, ou au contraire, un

abîme d'entre les abîmes de l'enfer ». La *tombe* c'est la
tombe au sens vrai, non pas le cimetière, mais l'Intermonde, où l'âme est comme un petit enfant dans son
berceau[15]. L'*Intermonde* situé sur « l'arc du Retour » est
aussi le *huitième climat*. Mais tandis que sur l'« arc de la
Descente » le « huitième climat » représente le monde
« oriental » des Images-Archétypes (*'âlam al-mithâl*), sur
l'arc de la Remontée ce même « climat » est symbolisé
par l'Intermonde « occidental » (*post-mortem*) et est constitué par les formes symbolisées des résidus de nos actes.
Il est donc le monde des événements de l'Âme, « et l'histoire de l'Âme, souligne Corbin, par rapport à ce monde-
ci, est de la *métahistoire*. Ce sont les événements de la
métahistoire que perçoit la conscience imaginative. Toute
perception des événements eschatologiques présuppose la
dimension métahistorique[16] ».

À la troisième croissance, l'âme, après être ressuscitée
à l'Intermonde, renaît au monde de l'Esprit et des Intelligences chérubiniques. Alors commence, dit Sadrâ, sa nouvelle croissance en Esprit (*nash'at rûhânîya 'aqlîya*).
C'est donc le passage de l'Intermonde au monde de la
Haqîqat. L'éclat fulgural de la première sonnerie de la
Trompette de Séraphiel foudroie les âmes dans l'Intermonde, tandis que la seconde sonnerie les ressuscite au
monde de l'Esprit. « Ainsi, par la naissance et la croissance à l'intermonde (*barzakh*) suivie par la naissance et
la croissance à l'outre-monde (*âkhira*), s'accomplissent
les phases du *ma'âd jismânî*, la résurrection corporelle.
Une première fois, lors de son *exitus* de ce monde-ci,
l'âme ressuscite à l'Intermonde avec son corps psychospirituel subtil (*caro spiritualis*), celui qu'il s'est constitué
lui-même par son être et son agir, et qui poursuit sa croissance dans l'intermonde, le monde de l'Âme ; c'est la
Qiyâmal soghrâ, Résurrection mineure. Ensuite, lors de la

Qiyâmat kobrâ, Résurrection majeure, le corps de résurrection atteint le statut de corps-esprit. Le corps passe ainsi par les trois états que Mollâ Sadrâ décrit ailleurs, états qui correspondent aux trois degrés de la réalité humaine selon la conception des Gnostiques : l'homme charnel, l'homme psychique, l'homme spirituel[17]. »

3) *La postérité de la pensée de Mollâ Sadrâ*

La pensée de Mollâ Sadrâ eut une postérité on ne peut plus fructueuse. Outre l'École d'Ispahan dont il fut le principal animateur, sa pensée resta, pour la plupart des philosophes qui vinrent après lui, la synthèse par excellence et la forme définitive de la philosophie en Islam iranien ; synthèse dans laquelle les différents courants de pensée, comme l'avicennisme *ishrâqî*, la théosophie orientale de Sohrawardî, la gnose spéculative d'Ibn 'Arabî, s'étaient tous intégrés dans le cadre du shî'isme duodécimain constituant ainsi les prémisses indépassables d'une philosophie prophétique. En effet la pensée de Mollâ Sadrâ est plus théosophique que philosophique au sens propre du terme. Et c'est en tant que « théosophie » et gnose que la philosophie islamique a survécu en Iran et ceci jusqu'à nos jours. Dans son *Anthologie des philosophes iraniens depuis le XVIIᵉ siècle jusqu'à nos jours*, conçue dès 1964 avec son collègue et ami Sayyed Jalâloddîn Ashtiyânî, Corbin put mettre au jour une vingtaine de penseurs islamiques et montrer l'impact extraordinaire de la pensée de Mollâ Sadrâ sur les philosophes ultérieurs. Corbin n'eut hélas pas le temps d'achever ce projet. Mais ses études, ses introductions, parurent après sa mort en un volume séparé intitulé *La philosophie iranienne islamique aux XVIIᵉ et XVIIIᵉ siècles*, en 1981.

Outre les grands philosophes des XVIIe et XVIIIe siècles étudiés, comme Rajab 'Alî Tabrîzî (1669-70), 'Abdorrazzâq Lâhîjî (1661-62), Mollâ Shamsâ Gîlânî (XVIIe siècle), Sayyed Ahmad 'Alawî 'Amilî Ispahânî (1650), Mollâ Mohsen Fayz Kashânî (1680), Qâzî Sa'îd Qommî (1691), Fâzel Hindî (1721), Mollâ 'Abdorrahîm Damâvandî (1737) et beaucoup d'autres, Corbin fit également allusion, dans la suite de son *Histoire de la philosophie islamique* parue dans l'Encyclopédie de la Pléiade, à la continuité étonnante de la pensée de Mollâ Sadrâ au XIXe siècle (l'École de Téhéran à l'époque Qâjâr avec Mollâ 'Abdollah Zonûzî (1841-42), l'École de Khorâsân avec Mollâ Hâdî Sabzavârî né en 1798). En effet toutes les œuvres de Zonûzî sont inspirées de Sohrawardî et de Mollâ Sadrâ, de même qu'un Sabzavârî par exemple typifie à merveille cette catégorie des sages que Sohrawardî met au rang suprême : ceux qui sont des maîtres aussi bien en philosophie spéculative qu'en expérience spirituelle. Sabzavârî professa comme Sadrâ la priorité originelle de l'être, de l'exister, et prolongea l'enseignement du grand Maître. Il en est de même, par exemple, du Shaykh Mohammad Tabâtabâ'î (mort en 1981) qui fut un philosophe *ishrâqî* au sens sohrawardien du terme. Les œuvres de Sayyed Jalâloddîn Ashtiyânî aussi sont des commentaires et des élucidations savantes et magistrales sur la pensée de Mollâ Sadrâ. Tout ceci pour dire que la pensée de Mollâ Sadrâ eut une destinée on ne peut plus féconde en Iran et continue d'y vivre en dépit des temps difficiles. Corbin est le seul penseur occidental à ma connaissance qui non seulement mit en évidence ce fait souvent ignoré que la philosophie islamique ne se perdait pas dans les sables avec Averroës, mais qu'au contraire, changeant de registre, et refusant le divorce irrémédiable de la foi et du savoir, elle se métamorphosait en gnose en

Iran et aboutissait à la prodigieuse synthèse de Mollâ Sadrâ dont l'influence créatrice et durable continue encore de féconder maints penseurs *ishrâqî*, pour lesquels la philosophie est avant toute chose un regard visionnaire sur le monde.

LIVRE IV

DE L'EXPOSÉ DOCTRINAL
AU RÉCIT VISIONNAIRE

CHAPITRE I

La philosophie « orientale » d'Avicenne

Si l'averroïsme devait déboucher, en Occident, comme nous l'avons déjà vu dans le Livre III, à la séparation de la foi et du savoir, de la théologie et de la philosophie, il en fut tout autrement en Iran, et cela surtout grâce à l'avènement de la théosophie de la Lumière de Sohrawardî. La pensée d'Avicenne, tout en articulant harmonieusement l'angélologie, la cosmologie, la gnoséologie et l'anthropologie dans un ensemble cohérent, n'en demeurait pas moins ambiguë quant à la conjonction pure et simple de la philosophie et de la mystique telle que devait l'envisager plus tard Sohrawardî en faisant du « théosophe » (*hakim mota'allih*) le prototype de celui qui possède simultanément la connaissance spéculative et l'expérience mystique. Or la pensée d'Avicenne révélait une dimension profondément gnostique, dimension qui, inaugurant le cycle des récits visionnaires, permettait déjà le passage de l'exposé doctrinal au roman mystique, faisant de la connaissance un événement de l'âme. C'est précisément cet espace mytho-poïètique de sa pensée qui fut désigné du nom de « philosophie orientale » (*hikmat mashriqîya*).

Celle-ci comporte donc des récits d'initiation qui éclosent en une sorte d'angélophanie (vision de l'Ange) advenant entre la veille et le sommeil, se développant en dialogues au cours desquels l'Ange, qui est le Guide Intérieur, initie son disciple à la voie initiatique. Celle-ci est souvent un pèlerinage intérieur associé aux éléments symboliques d'un rituel d'initiation. Le fonds de tous ces récits comporte trois séquences : 1) l'éveil de l'âme en tant qu'étrangère, exilée en ce monde – exil occidental ; 2) sa rencontre avec l'Ange qui est le Guide, la contrepartie céleste de l'âme, ou selon Avicenne, l'Intelligence agente ; 3) le voyage intérieur qui débouche au *Malakût*, et, opérant une rupture de niveau (d'où les phénomènes d'une géographie visionnaire), aboutit à la gnose.

Le fonds de cette « philosophie orientale » d'Avicenne, il faut le chercher d'une part dans ce qui est resté de ses *Notes sur la Théologie dite d'Aristote* (théologie qui est une paraphrase en arabe des dernières *Ennéades* de Plotin) et, d'autre part, dans la trilogie de ses récits mystiques où Avicenne aurait déposé « le secret de son expérience personnelle, offrant ainsi le cas rare d'un philosophe prenant parfaitement conscience de lui-même et parvenant à configurer ses propres symboles c'est-à-dire son *Imago mundi*[1] ».

Les récits qui constituent un cycle sont au nombre de trois : le *Récit de Hayy ibn Yaqzân*, le *Récit de l'Oiseau* et le *Récit de Salâmân et Absâl*.

Ces récits apparaissent sous forme d'*étapes* que franchit successivement l'âme lorsque, se libérant de ses entraves, elle émerge progressivement hors de son « exil occidental ». À la démarche conceptuelle de percevoir l'univers en essences intelligibles, en catégories, s'oppose dorénavant la vision imaginative se représentant des figures concrètes et des personnes symboliques. La rupture de niveau, ou si l'on veut le renversement des rapports, une fois consommée, l'âme révèle son monde intérieur, lequel enveloppe à présent l'univers visible, celui-ci s'occulte, et l'invisible se fait visible. L'âme dévoile ses secrets, elle s'éveille à sa condition d'exilée, et, ressentant la nostalgie du retour, se met en marche à la quête des siens, vers une *terra incognita* au-delà de tous les horizons et climats connus. Elle pénètre dans un monde qui ne peut plus être repérable par nos coordonnées habituelles. Ainsi se lève à l'horizon l'*Orient* qui désigne toujours le monde des Lumières, des Intelligences, alors que l'*Occident* symbolise le monde des Ténèbres et réfère à la matière sublunaire où déclinent les âmes.

L'ange *s'individualise* sous les traits d'une personne précise et concrète dont l'annonciation correspond « au degré d'expérience de l'âme à laquelle il s'annonce[2] ». L'apparition de l'Ange pose d'emblée le problème de la conjonction de l'Ange de la Révélation des prophètes et de l'Intelligence agente des philosophes. Dans les récits mystiques, l'Ange se particularise dans l'âme et s'annonce comme étant la contrepartie céleste de celle-ci. Ceci dévoile de prime abord les deux aspects complémentaires de cette rencontre qui est simultanément l'éveil de l'âme en tant qu'étrangère en ce monde, c'est-à-dire sa prise de conscience de l'exil, et l'émergence hors de soi-même. Cette émergence équivaut à reconnaître le Guide comme le Symbole de son vrai Moi. Dès lors les séquences s'enchaînent : la rencontre ouvre la perspective du voyage vers l'Orient, une ascension verticale vers l'Origine. D'où la dimension polaire de la quête. Pour que soit possible cette rencontre il faut que s'épanouisse chez l'exilé l'aptitude à la dimension polaire, c'est-à-dire l'éveil à la surconscience. Le « Climat » auquel invite l'Ange n'est compris dans aucun des climats géographiques, puisqu'il est un « huitième climat » à la limite où s'inversent toutes les coordonnées physiques. La direction dans laquelle s'étend ce climat n'est pas non plus à l'horizontale mais à la verticale. Ainsi l'Orient (lieu de l'Origine [*mabda'*] et du Retour [*ma'âd*]) est au pôle céleste, au Sinaï mystique, voire au seuil de l'au-delà. D'où les symboles inhérents à toute quête : cités fabuleuses, château fort de l'âme, Source de la Vie, éclosion de l'espace de l'âme. La découverte du moi intérieur est aussi celle de la verticalité et de la hauteur ; car le Retour est une Remontée à une Origine dont on ne fut séparé d'ailleurs qu'en mode illusoire. Cette découverte est finalement une connaissance orientale, et non re-présentative, partant une Présence immédiate, à la façon dont est présent à soi-même, celui qui connaît son Soi-même : c'est-à-dire son Ange.

1) Le Récit d'Hayy Ibn Yaqzân

Le *Récit d'Hayy ibn Yaqzân* débute par un prologue qui rappelle certains autres récits inspirés de l'hermétisme en Islam. Il forme une invitation et une initiation au voyage mystique dont il décrit les étapes jusqu'à l'Orient en compagnie de l'Ange illuminateur, dont la relation personnelle avec le philosophe s'individualise sous les traits du personnage de Hayy ibn Yaqzân (*Vivens, filius Vigilantis* = Vivant-fils du Veilleur).

Dans son beau livre sur *Avicenne et le Récit visionnaire*, Corbin révèle tout le riche symbolisme des récits avicenniens : l'archétype de l'Ange-Soi, le sens de l'individuation, la portée pédagogique de tout récit d'initiation. En bref, le rapport de l'avicennisme, de l'angélologie et le lien profond qui unit cette dimension de la pensée d'Avicenne à l'œuvre de celui qui devait en prendre le relais, c'est-à-dire Sohrawardî. Il montre aussi pour la première fois que ces trois *Récits* forment un cycle et que si le *Récit de Hayy ibn Yaqzân* s'arrête au seuil de l'invite de l'Ange, le *Récit de l'Oiseau* poursuit le voyage de l'Orient jusqu'à la cité où réside le Roi suprême, tandis que le *Récit de Salâmân et Absâl* typifie la mort mystique de l'âme ou l'union avec l'Intelligence agente qui est aussi anticipation triomphante. Corbin fait davantage : il retrace les métamorphoses du *Récit de l'Oiseau* dans les moments essentiels de la poésie mystique persane et ceci jusqu'au *Colloque des Oiseaux* de 'Attar en passant par le Récit de Abû Hamîd Ghazâlî. En ce sens, cette œuvre capitale ouvre bien des portes secrètes qui, sans le recours de sa connaissance profonde des symboles qui ont régi durant des siècles la mémoire mytho-poïètique de l'Iran, n'auraient jamais été mises à jour.

Quel est donc le contenu du *Récit de Hayy ibn Yaqzân* ?

Le héros du récit raconte que, se promenant un jour avec ses compagnons, il rencontre un sage : « il était beau ; sa personne resplendissait d'une gloire divine... on ne voyait en lui que la fraîcheur qui est propre aux jouvenceaux ; aucune faiblesse ne courbait son maintien, nul défaut n'altérait la grâce de sa stature[3] ». L'interrogeant sur son nom, son lignage et son pays, il répond : « Mon nom est *Vivens* ; mon lignage, *filius Vigilantis* ; quant à ma patrie, c'est la Jérusalem céleste (litt. la "Demeure Sacro-sainte" [*al-Bayt al-Moqaddas*]). Ma profession est d'être toujours en voyage : faire le tour de l'univers au point d'en connaître toutes les conditions. Mon visage est tourné vers mon père, et mon père est *Vigilans*[4]. »

Après un long entretien le Sage lui révèle la science de la physiognomonie (*'ilm-e farâsat*)[5]. Cette science, précise Corbin dans son commentaire, est celle qui fait apparaître l'espace caché de l'âme, une science en laquelle excellent les Anges puisqu'ils sont des *herméneutes* par excellence. Il s'agit donc « d'amener à disparaître l'apparent, le *zâhir*, tout l'appareil de facultés et de puissances et d'apparences sécrétées par ces puissances qui enveloppent l'âme[6] » de sorte que l'âme orientale, l'Étrangère apparaisse à elle sous le revêtement ténébreux de la condition terrestre. La physiognomonie devient ainsi une exemplification du *ta'wîl*, non pas d'un simple *ta'wîl* des textes tel que le pratiquent les exégètes, mais d'un *ta'wîl* de l'âme. Désormais la connaissance est perçue par l'œil de l'âme, par une Image qui transmue tout en symboles[7].

Le Sage invite le pèlerin à se défaire de ses deux compagnons encombrants : le coléreux, que rien ne peut dompter et le glouton, le lubrique qui lèche, dévore et convoite tout. Dès lors, les appétits irascibles et concupiscibles ne sont plus des abstractions conceptuelles mais des personnages concrets, voire deux démons inassouvis de l'âme[8].

Le pèlerin pose ensuite au Sage des questions sur son chemin, le voyage à accomplir et lui demande s'il peut entreprendre ce voyage avec lui ; le Sage répond :

« Toi et tous ceux dont la condition est semblable à la tienne, vous ne pouvez entreprendre le voyage que je fais moi-même. Il vous est interdit ; à vous tous la voie en est fermée, à moins que ton heureux destin ne t'aide, toi, en te séparant de ces compagnons. Mais maintenant l'heure de cette séparation n'est pas encore venue : un terme lui est fixé, que tu ne peux anticiper. Il faut donc pour le moment te contenter d'un voyage coupé de haltes et d'inaction ; tantôt tu es en route, tantôt tu fréquentes ces compagnons[9]. »

L'entretien se poursuit et le pèlerin l'interroge sur chacun des climats où il est allé. Le Sage lui explique la *triple division* de cette géographie visionnaire : l'une intermédiaire entre l'Orient et l'Occident ; l'une au-delà de l'Occident ; l'autre au-delà de l'Orient[10].

L'Orient est le royaume de l'âme, du soleil levant. À mesure que l'on monte vers l'Orient, apparaissent tour à tour comme dévoilements successifs les Anges terrestres, les Âmes célestes, les Archanges chérubins, puis le Roi retiré en son extrême solitude à la beauté voilée par sa propre beauté. Ceci est le *lieu* de la philosophie orientale[11]. L'ascension à ces hautes sphères de l'Être parcourt le chemin inverse de la procession des dix Intelligences, telle que nous l'avons déjà vue paraître dans la cosmologie et l'angélologie avicenniennes (*supra*, Livre II).

Pour acquérir la force du voyage, dit le Sage, il faut « se plonger dans la source d'eau qui court au voisinage de la Source permanente de la Vie[12] ».

À la fin du récit, le Sage se met à décrire le Roi comme quelqu'un « qui échappe au pouvoir des gens habiles à donner des qualifications ». Puis il vante sa splendeur et sa beauté : « Il semblerait que Sa beauté soit le voile de Sa beauté, que sa Manifestation soit la cause de son Occultation, que son Épiphanie soit la cause de son Abscondité. (…) Parfois certains esseulés d'entre les hommes émigrent vers Lui. (…) Il les rend conscients de la misère des avantages de votre climat terrestre. Et lorsqu'ils reviennent de chez Lui, ils reviennent comblés de dons mythiques. (…) Maintenant, si tu le veux, suis-moi, viens avec moi vers Lui. Paix[13]. »

2) Le Récit de l'Oiseau *(Risâlat al-Tayr)*[14]

Le *Récit de l'Oiseau* est la suite « logique » (sans doute selon les prémisses de la logique des Orientaux) du Récit précédent. Il donne une réponse positive à l'invite de l'Ange en s'engageant vers l'Orient comme compagnon de Hayy ibn Yaqzân. Devenir compagnon de l'Ange c'est aussi suivre la même voie que le Prophète lors de son *Mi'râj* (Assomption) en compagnie de l'Archange Gabriel, c'est entreprendre une ascension qui n'a pas lieu *in corpore* mais en Esprit[15].

L'Image de Soi symbolisé comme un être ailé, nous la retrouvons chez Sohrawardî sous la forme des deux ailes de Gabriel, et sous forme de Sîmorgh, chez Ghazâlî et chez 'Attâr. À l'âme devenue transparente comme un miroir *transparaît* cette Image qui représente pour le pèlerin la totalité de son être. L'oiseau est, par conséquent, la contrepartie céleste de notre être exilé, la « personne » transcendante qui nous guide, nous protège et nous inspire. Son Image est l'« organe de notre vision » mais une vision proportionnée au mode d'être[16].

Le *Récit de l'Oiseau* répond à l'invite contenue dans le Récit précédent, mais une réponse qui est d'ores et déjà un voyage vers l'Orient, cet Orient dont on entrevoyait déjà les splendeurs dans le Récit du Sage. Les deux récits, l'un dans le prolongement de l'autre, exemplifient ainsi une même vision ; ils correspondent à une même situation psychique, à une même projection mentale. Il n'y a pas de solution de continuité entre les deux puisqu'ils marquent l'enchaînement de deux actes successifs dans la Trilogie des récits avicenniens.

Le Récit raconte l'histoire des oiseaux qui, attirés par le sifflement agréable des chasseurs, cèdent à l'agrément des lieux et tombent dans les rets. « Les anneaux se refermèrent sur nos cous, les filets s'emmêlèrent à nos ailes, les cordes s'empêtrèrent à nos pieds. Tout mouvement que nous tentions ne faisait que serrer plus étroitement nos liens et aggraver notre situation[17]. »

Les oiseaux se résignent et, oubliant leur déchéance, s'abandonnent inconscients aux entraves de leur cage. Mais voici qu'un jour ils voient à travers les mailles des filets une compagnie d'oiseaux qui avaient dégagé leur tête et leurs ailes hors de la cage et s'apprêtaient à l'envol. Des bouts de corde encore visibles s'accrochaient à leurs pieds. Cette vision leur fait ressouvenir de leur état antérieur. Le héros du récit se met à crier vers eux et demande leur aide : « enseignez-moi par quelle ruse chercher la délivrance[18] ? ». À force d'insistance, les oiseaux finissent par répondre et disent : « Nous avons été les prisonniers de la même souffrance que la tienne » puis ils lui font expérimenter le même traitement. Le filet tombe, les ailes émergent, la porte de la cage s'ouvre et l'oiseau recouvre sa liberté. Mais l'entrave reste accrochée au bout des pieds et les oiseaux n'y peuvent rien puisqu'ils en souffrent également. Alors commence le voyage vers les deux flancs d'une montagne. Les oiseaux ne prêtent aucune attention aux tentations des pièges. Ils franchissent ensuite successivement six montagnes et arrivent à la septième. Ils y font halte, et y voient des jardins verdoyants, des pavillons, des courants d'eau vive, des fruits et des parfums en abondance. Ils renoncent à ces délices et continuent leur voyage pour atteindre la huitième montagne, dont le sommet est si élevé qu'il se perd dans le ciel. Ils y sont recueillis par d'autres oiseaux pleins de prévenance qui écoutent attentivement leur récit et s'y associent avec une extrême sollicitude.

Par-delà cette montagne, il est une Cité où réside le Roi suprême. Les oiseaux arrivent à sa cour et attendent son audience. Ayant traversé des voiles ils arrivent à l'oratoire du Roi. « Lorsque le dernier rideau eut été tiré et que la beauté du Roi resplendit devant nos yeux, nos cœurs s'y suspendirent et nous fûmes frappés d'une stupeur[19]… »

Le Roi dit : « Nul ne peut dénouer le lien qui entrave vos pieds, hormis ceux-là mêmes qui l'y nouèrent. Voici donc que j'envoie vers eux un Messager qui leur imposera la tâche de vous satisfaire et d'écarter de vous l'entrave. Partez donc, heureux et satisfaits[20]. »

Le *Récit de l'Oiseau* marque, par rapport au *Récit d'Hayy ibn Yaqzân*, une transformation importante : la « passe » de l'initiation intérieure a été franchie. L'oiseau avicennien et l'exilé sohrawardien ne sont eux aussi que des « passants » dans ce monde céleste. Il leur faudra retourner à la vie de tous les jours. Mais à cette nuance près que désormais ils sont différents : leur réponse à l'invite de l'Ange et le pèlerinage intérieur qui s'en est suivi aura changé de tout au tout leur condition. Le pèlerin ne marche plus seul : *Maintenant nous sommes en route, nous marchons en compagnie du Messager du Roi*[21].

3) *Les métamorphoses de l'Oiseau dans la poésie mystique persane*

On distinguera selon Corbin trois moments essentiels dans les métamorphoses de l'oiseau dans la poésie mystique persane : les deux Récits d'Avicenne et de Ghazâlî et la grande épopée de 'Attâr, le *Mantiq al-Tayr* (le *Colloque des Oiseaux*).

Le Récit d'Abû Hâmed Ghazâlî (ob. 1111) se situe chronologiquement entre celui d'Avicenne (ob. 1037) et l'œuvre célèbre de Farîdoddîn 'Attâr (ob. 1229). Il semble assez peu connu. Le grand théologien l'écrivit en arabe et son frère Ahmad (auteur d'un Bréviaire d'Amour) le traduisit en persan. La tonalité affective, le niveau d'expérience mystique sont totalement différents du Récit d'Avicenne. Il semble qu'entre les deux Récits, le seul dénominateur commun soit l'oiseau et le thème du pèlerinage vers le Roi. L'épisode final marquant la délivrance, ainsi que les étapes d'ascension de Ciel en Ciel, sont composés d'une autre manière. Plus trace d'enthousiasme du revoir ni d'accueil courtois du Roi renvoyant les pèlerins chez eux en compagnie de son Messager[22]. Au contraire, les oiseaux sont terrifiés par l'accueil du Roi. « Ce n'est pas une rencontre avec soi-même, un face à face avec *leur* Soi-même, mais un choc avec le Numineux hostile, étranger, quelque chose comme une invitation manquée, et les Oiseaux sont au bord de la psychose[23]. » Et tandis que les oiseaux du Récit avicennien s'élevaient au sanctuaire royal au terme d'une lutte acharnée et héroïque, ceux de Ghazâlî s'y font admettre par grâce.

Le *Colloque des Oiseaux* de 'Attâr est tout différent. Le terme du pèlerinage est le palais de la *Sîmorgh*. C'est un oiseau mythique dont le nom figure déjà dans l'Avesta sous la forme de *Saêna meregha*[24]. Dans la poésie persane, elle apparaît dans une double tradition : celle de l'épopée héroïque et celle de la poésie et gnose mystique.

Par un jeu auquel se prête la forme persane *Sî-morgh* (trente oiseaux), 'Attâr découvre un moyen d'exprimer cet état *d'identité dans la différence et de différence dans l'identité*, paradoxe qui apparaît et se dérobe sans cesse aux moyens d'expression[25].

Comme dans le Récit avicennien nous y trouvons l'épisode du départ des Oiseaux, le parcours des sept vallées d'épreuves qui marquent les degrés de l'ascension céleste. Ce sont les vallées mystiques de la recherche, du désir, de la connaissance, de l'indépendance, de l'unité, de la stupeur, du dénuement. C'est après avoir franchi ces vallées qu'on découvre le Palais de l'Oiseau fabuleux. Les deux thèmes en commun avec le Récit de Ghazâlî sont la description des misères endurées par les oiseaux et le premier accueil froid qui leur est réservé à la cour royale. Mais « la "passe" de l'initiation que le théologien Ghazâlî ne peut franchir, 'Attâr la *dépasse*, emporté par un mouvement mystique qui s'inscrit dans son œuvre en un trait de génie[26] ».

Les oiseaux sont partis en milliers, ont voyagé de longues années, beaucoup ont péri chemin faisant, mais sur ces milliers à suivre l'appel de la huppe, il ne reste qu'un petit nombre pour arriver au but final. Les uns se noient dans l'océan, les autres périssent par les flammes du soleil, d'autres se font dévorer par des bêtes féroces. D'autres encore s'entretuent, ou s'arrêtent en cours de route, ou oublient carrément la raison de leur quête.

Il n'en arrive que *trente* (= *sî*). Ils voient la Majesté divine, le rayonnement des milliers de soleils flamboyants, sont pris de désespoir, de stupeur. Puis apparaît le héraut de la majesté, qui, les voyant misérables, leur demande : « D'où venez-vous, quel est le lieu de votre résidence ? »

Il se fait ensuite une rupture inattendue. On présente aux oiseaux un certain écrit mystérieux en leur ordonnant de le lire jusqu'au bout car c'est par la voix du symbole que cet écrit fera monter à leur conscience le secret de leur voyage. « C'est à la quête de son frère royal, de son Moi céleste que le pèlerin est parti[27]. » Cet ébranlement purifie l'âme des oiseaux. « Le Soleil de la Proximité resplendit sur eux ; enveloppée de ses rayons, leur âme est portée à cette incandescence qui va permettre au Mystère de transparaître[28]. »

À ce moment dans le reflet de leur visage, les *Sî-morgh* voient la face de l'éternelle Sîmorgh. « Ils regardèrent : c'était bien cette Sîmorgh, sans aucun doute, *cette* Sîmorgh était bien *ces* Sîmorgh[29]. » Ils se voyaient eux-mêmes au total Sî-morgh ; et Sîmorgh était au total Sî-morgh. Et lorsqu'ils regardaient simultanément des deux côtés, Sîmorgh et Sî-morgh étaient une seule et même Sî-morgh, une seule et pourtant plusieurs.

Et la Majesté divine de dire : « Ma Majesté semblable au soleil est un Miroir. Celui qui vient se voit dans ce miroir : corps et âme, âme et corps, il s'y voit tout entier. Puisque vous êtes venus *Sî-morgh* (trente oiseaux), vous êtes apparus *trente* (*sî*) dans ce miroir... Moi, je suis de beaucoup supérieur à Sî-morgh (trente oiseaux), car je suis l'essentielle et éternelle Sîmorgh. Abîmez-vous donc en moi, afin de vous retrouver vous-mêmes en moi[30]... »

Ce que chaque oiseau a rencontré au terme de sa quête, c'est le mystère de son Soi-même : un Soi-même qui déborde son moi terrestre et exilé, un Soi-même qui est son être total, si proche et pourtant si lointain. La réciprocité qui éclôt de ce mystère ne peut s'exprimer que par un symbole tel que la *Sî-morgh*, c'est-à-dire un langage paradoxal – celui de Maître Eckhart : « Le regard par lequel je le connais est le regard même par lequel il me connaît » ... ou *Talent eum vidi qualem capere potui*[31].

Le cycle de l'oiseau s'achève hors de l'espace cosmique, comme hors du cercle de la logique. Le cycle des Récits avicenniens aussi va s'achever par une sortie hors de ce monde par la mort mystique d'*Absâl*. Avec elle s'accomplira le dernier acte de la trilogie avicennienne.

CHAPITRE II

Avicenne et Sohrawardî

Il est de coutume en Iran d'opposer aux *Mashshâ'ûn*, Péripatéticiens ou disciples d'Aristote, les *Ishrâqîyûn*, les théosophes ou les Platoniciens. Cependant il est rare de voir un *ishrâqî* qui ne soit pas aussi d'une certaine façon un avicennien tout comme il est difficile de rencontrer un avicennien qui n'ait eu une dimension autre que le péripatétisme de stricte observance. C'est, dit Corbin, cette « perpétuelle interpénétration qui permet de considérer concrètement cette notion de "philosophie orientale" instaurée par Sohrawardî, mais déjà précisée – esquissée ne serait pas assez dire – dans l'un des Récits avicenniens[1] ».

Par ailleurs Sadrâ Shîrâzî parle de Sohrawardî comme étant le chef de l'école des Orientaux (*mashrîqîyûn*), Orientaux qui furent aussi des Platoniciens et Sharîf Jorjânî d'ajouter que les *Ishrâqîyûn* sont des philosophes dont le chef est Platon. Ainsi de même que Fârâbî (259/872) rénova la philosophie des Péripatéticiens, et mérita l'appellation de *Magister secundus*, de même Sohrawardî ressuscita et rénova la philosophie des *Ishrâqîyûn*, c'est-à-dire des Platoniciens[2].

Cependant les œuvres d'Avicenne et de Sohrawardî offrent maints traits comparables. À côté d'ouvrages systématiques, elles comprennent l'une et l'autre de petits récits spirituels qui sont autant de textes poétiques se démarquant de la dimension strictement philosophique où s'enchaînent les exposés théoriques. Sohrawardî se veut avant tout le restaurateur de la Sagesse des anciens Perses et pour ce faire il se construit toute une généalogie dont le « levain éternel » puise tout autant aux sources de la sagesse grecque qu'à la Lumière-de-Gloire (*Xvarnah*) de l'antique vision de la Perse.

Sohrawardî, tout en reconnaissant sa dette envers Avicenne, estime que celui-ci, n'ayant pas pu avoir accès aux sources de l'ancienne sagesse iranienne, ne put par conséquent mener à bon escient son projet. Car ce projet comporte, selon Sohrawardî, outre la connaissance des sources, une compatibilité entre philosophie et expérience mystique.

Le reproche que Sohrawardî adresse à Avicenne se ramène à ceci : Avicenne n'a pas connu la *vraie source orientale* ; celle-ci implique la sagesse des Orientaux, c'est-à-dire les « sources de la Lumière-de-Gloire et de la souveraineté de Lumière (*yanâbî'al-Khorrah wa'l Râî*) ». La philosophie de l'*Ishrâq* est en fin de compte une philosophie du *Xvarnah*, du flamboiement céleste qui auréolait autrefois les souverains Mages de l'ancien Iran[3].

Il y a, par conséquent, entre les deux penseurs, une continuité et une rupture. Cette continuité permet à Sohrawardî de prendre le relais de l'œuvre d'Avicenne. D'où l'éloge que lui adresse Sohrawardî, mais pour préciser toutefois que son récit commence là où le récit de son illustre prédécesseur s'arrête, il allègue le fait que ce dernier n'a pu avoir accès aux sources orientales. Avicenne a donc ignoré cette source qui est la science infuse des anciens Mages (les *Khosrowanides*), c'est-à-dire la *theosophia* par excellence.

« Il y avait, dit Sohrawardî, chez les anciens Perses, une communauté qui était dirigée par Dieu ; c'est par Lui que furent conduits les Sages éminents, tous différents des Maguséens (Majûsî). C'est leur haute doctrine de la Lumière, doctrine dont témoigne par ailleurs l'expérience de Platon et de ses prédécesseurs, que j'ai ressuscitée dans mon livre intitulé *La Théosophie orientale* (*Hikmat al-Ishrâq*) et je n'ai pas eu de prédécesseur pour un pareil projet[4]. »

Mais il y a un autre point qui va démarquer Sohrawardî de l'œuvre de son prédécesseur et ceci est l'expérience suprême que Sohrawardî s'inspirant du verset qorânique (79 : 34) appelle le « Grand Ébranlement ». Voici ce qu'il en dit dans le Prélude de son *Récit de l'exil occidental* :

« Lorsque j'eus pris connaissance du "Récit d'Hayy ibn Yaqzân", malgré ses admirables sentences spirituelles et les suggestions profondes qu'il contient, je le trouvai dépourvu de mises en lumière relatives à l'expérience suprême qui est le Grand Ébranlement (Qorân [79 : 34]), gardé en trésor dans les Livres divins (…). C'est le secret sur lequel sont affermies les étapes spirituelles des soufis et de ceux qui possèdent l'intuition visionnaire. Il n'y est point fait allusion dans le "Récit d'Hayy ibn Yaqzân", hormis à la fin du livre, là où il est dit : "Il arrive que des anachorètes spirituels d'entre les humains émigrent vers Lui…" Alors j'ai voulu à mon tour en raconter quelque chose sous forme d'un récit que j'ai intitulé *Récit de l'exil occidental*, dédié à certains de nos nobles frères. Pour ce qu'il en est de mon dessein, je m'en remets à Dieu[5]. »

C'est donc de la phase finale du *Récit d'Hayy ibn Yaqzân* que s'inspira Sohrawardî pour poursuivre le chemin inverse de l'exil occidental. La dernière phrase du Récit d'Avicenne aboutit à une invitation au voyage : « Si tu le veux, suis-moi vers Lui. » Et c'est pour suivre précisément l'Ange que Sohrawardî entreprend son *Récit de l'exil occidental*. Toutefois le *Récit de l'Oiseau* d'Avicenne (traduit en persan par Sohrawardî) avait déjà entamé ce voyage ; il avait répondu à l'intention initiatique du Sage, puisque le pèlerin arrivé au terme du pèlerinage retournait vers sa condition terrestre de Messager du Roi ; mais en dépit de cette anticipation, Sohrawardî estime que les récits avicenniens ignorent deux choses : la source orientale de toute quête, et le phénomène mystique qui doit nécessairement éclore en toute entreprise de ce genre, c'est-à-dire le Grand Ébranlement.

Le Grand Ébranlement est une expérience mystique vécue intensément qui fait de la doctrine théorique ou de l'exposé doctrinal un événement de l'âme, mais un événement tel qu'il ne peut être traduit extérieurement que par le langage mytho-poïétique des récits visionnaires. En soulignant ce trait essentiel, le Shaykh al-Ishrâq révèle sans ambage toute la distance qui sépare sa « philosophie orientale » de celle qu'avait voulu inaugurer avant lui Avicenne. Toutefois l'expérience commune qui s'en dégage est une exemplification du *ta'wîl* qui fait du récit une *exégèse* de l'âme et non du texte. Ce sera d'ailleurs aussi tout le sens herméneutique du Récit en tant que *Hikâyat* (« Histoire » et « Initiation »). *Hayy ibn Yaqzân* et le *Récit de l'exil occidental* nous montreront cette *exêgesis* comme un exode qui dépasse le cosmos physique et en intériorise le schéma. Quant à sa propre exégèse de ce texte, Corbin précise sa pensée : « Notre exégèse ne peut à son tour ressaisir le texte qu'en y suivant à la trace l'expérience à laquelle il s'origine, et qui a transmué en symboles les données de la physique, de la psychologie et de la cosmologie[6]. »

CHAPITRE III

Sohrawardî
et les récits visionnaires

En parlant des caractéristiques essentielles de la doctrine de l'*Ishrâq*, Corbin les énumère de la façon suivante :

1) La volonté de renouer avec la vision de la Lumière proposée autrefois par les anciens Sages de la Perse zoroastrienne.

2) Cette restauration qui est aussi une résurrection présuppose *eo ipso* la conjonction de deux voies de la connaissance philosophique et mystique dans la Voie Royale. Elle est donc une *exégèse* de l'âme et une rupture de niveau.

3) Cette connaissance, parce qu'elle est gnose, implique en tant que *ta'wîl* le passage de l'exposé doctrinal au récit mystique, vécu comme un événement advenant dans l'âme et s'exprimant par le médium de l'Imagination active qui est l'organe noétique propre des récits visionnaires. Ce revirement est aussi chez Sohrawardî le passage de l'épopée héroïque à l'épopée mystique.

Les récits mystiques projettent un espace où le voyage mystique du pèlerin acquiert tout son sens. En tant qu'événement de l'âme le récit extériorise en quelque sorte le monde de l'âme tout en intériorisant le monde physique extérieur. Il est donc un passage où « la doctrine devient événement réel ». Il est également transfert à l'Orient, puisque l'exil du pèlerin, du fait même qu'il est une *descente*, est orienté d'ores et déjà vers le Retour, vers la Patrie « orientale ».

Montrer ce passage, c'est mettre en évidence trois faits qui ressortent de ces textes : 1) l'événement en tant que tel ; 2) le monde dans lequel se produit cet événement ; 3) l'organe par lequel est perçu cet événement.

D'autre part, il est impossible de parler de l'événement de l'âme sans disposer d'un monde médian, entre le monde des perceptions sensibles et le monde des pures intelligences. C'est ce monde intermédiaire que Sohrawardî désigne comme le *'âlam al-mithal* et que Corbin interprète comme le monde de l'« imaginal » (*mundus imaginalis*).

L'effort de Sohrawardî sera donc de constituer la base ontologique de ce monde intermédiaire ; car privés de leur lieu propre, les événements eschatologiques, les récits visionnaires, seront désaxés, voire désorientés. Ce monde est le « huitième climat ». Sohrawardî forgera en persan le terme de *Nâ-kojâ-âbâd* pour désigner ce « lieu » propre, lequel est bien un lieu, mais sans endroit, sans emplacement repérable sur nos cartes géographiques[1].

1) L'Événement en tant que Récit *(*Hikâyat*)*

Le mot arabo-persan *hikâyat* connote à la fois l'idée d'*histoire* et l'idée d'*imitation* (le grec *mimêsis*). Toute histoire extérieure ne fait que symboliser, *imiter*, réciter une histoire intérieure, celle de l'âme et du monde de l'âme. C'est qu'en fait toute *histoire* qui se passe en ce monde visible est l'*imitation* d'événements d'abord accomplis dans l'âme, « dans le Ciel ». C'est pourquoi le *lieu* de la hiérohistoire, c'est-à-dire des gestes de l'histoire sacrale, n'est pas perceptible par les sens, parce que leur signification réfère à un autre monde. Seule l'herméneutique spirituelle sauvegarde la vérité de la *hikâyat*, la vérité des histoires du Qorân ou de l'épopée héroïque, parce qu'elle en saisit le sens spirituel au niveau auquel s'accomplit en réalité l'événement, c'est-à-dire dans le temps qui lui est propre, le temps de la *métahistoire*. « Quiconque l'a compris n'éprouve jamais la nécessité de "démythiser" ou de "démythologiser" les récits de la Bible et du Qorân, parce que ces récits ne sont pas de l'histoire, ils ne sont pas davantage du mythe[2]. »

La *hikâyat* en relatant l'événement l'arrache au passé, de sorte que le temps devient réversible, parce que l'événement n'est jamais clos et ne devient une *histoire* que dans la mesure où il est un événement compris et vécu, l'acte de l'herméneutique devient partie intégrante de la *hikâyat* ; d'où l'idée de reconduire, par exemple, chaque *hikâyat*, chaque « histoire » à l'événement métahistorique dont elle est l'*imitation* et qu'elle typifie et « historialise »[3].

a) Les trois niveaux de la hikâyat
(herméneutique narrative)

Corbin envisage trois niveaux pour la sructure herméneutique de la *hikâyat*. Un niveau A qui correspond à la donnée littérale et extérieure ; un niveau B qui correspond au sens conceptuel ou philosophique du récit censé supporter ces données. Mais le sens ésotérique du récit d'initiation ne consiste ni en ce sens théorique ni dans la transposition du niveau A au niveau B. Atteindre vraiment le sens ésotérique, faire que se produise l'événement à l'intérieur de l'âme, cela ne consiste pas simplement à substituer un sens ésotérique à la succession des données extérieures du récit. « Chaque fois que l'on fait cette substitution on ne fait que de *l'allégorie*[4]. » Car dégrader le récit visionnaire en allégorie équivaut à faire subir au symbole un processus de démythisation. L'allégorie peut être comprise par la voie de l'exposé rationnel, puisqu'elle se situe au même niveau de compréhension que celui-ci. En revanche le récit mystique dit précisément ce qui ne peut être dit que sous la forme des symboles perçus par le récitateur. Là il y a changement de niveau noétique par rapport à l'exposé théorique. Ce changement de niveau, qui est aussi une herméneutique, ne consiste pas à ramener les événements du récit au niveau des évidences conceptuelles mais tout au contraire les élever, les faire monter au niveau du *Malakût*, c'est-à-dire au niveau de l'âme où ont lieu effectivement les événements du récit[5].

C'est cette *reconduction* que Corbin désigne comme le niveau C. Pour que la doctrine devienne vraiment un événement dans l'âme, il faut que le pèlerin s'éveille à la conscience de cet événement comme de quelque chose qui lui arrive réellement à lui, et dont il a assumé pleinement la charge. Ce passage au niveau C ne s'effectue qu'au fur et à mesure de la métamorphose de l'âme (la rencontre avec l'Ange). L'événement devient une expérience mystique personnelle. Comme par exemple l'individuation que provoque la rencontre avec l'Ange, ou l'Intelligence agente des philosophes.

Ainsi atteindre au niveau C n'est pas redescendre du niveau B au niveau A. « C'est ce que l'on fait, dit Corbin, de nos jours, en parlant de démythisation[6]. » Si on le fait toutefois, c'est parce qu'on est incapable d'atteindre le niveau C. On atteint à ce niveau-là dans la mesure où l'on monte du niveau A au niveau B et où l'on comprend le secret de ce passage ; c'est-à-dire dans la mesure où l'exposé doctrinal se transmue en événement réel de l'âme dans le *Malakût*. Sitôt effectuée cette conversion, on subit cet événement-là comme une expérience de réalisation personnelle. « Lis le Qorân, dit Sohrawardî, comme s'il n'avait été révélé que pour ton propre cas. »

En reconduisant à l'Orient la geste des héros de la Perse ancienne, Sohrawardî fait en sorte que leur geste devienne sa propre histoire à lui[7]. C'est ce passage-là qui marque, comme nous le verrons bientôt, le revirement de l'épopée héroïque à l'épopée mystique.

Le sujet qui récite, l'événement récité et le héros du récit se confondent au niveau C de l'expérience personnelle. « De cette triade, dit Corbin, le récital mystique fait une unité, une tri-unité. » D'où la portée d'injonctions telles que : « Si tu *es* Khezr » ou d'une exclamation triomphale comme « je *suis* moi-même le Graal de Kay Khosraw »[8].

La *hikâyat*, du fait qu'elle est aussi un *ta'wîl*, a une dimension polaire, et c'est cette « dimension qui brise la dimension latitudinale de la conscience historique[9] » et fait en sorte que la *hikâyat* devienne une histoire sacrée, voire une « anti-histoire ».

Mais toute « histoire sacrée » est eschatologique. Celui qui récite le Livre crée son propre Livre, et en fait la lecture comme si ce Livre avait été révélé spécialement pour lui. La perspective eschatologique des récits sohrawardiens résulte précisément de la mise en œuvre de son herméneutique. Car comprendre une histoire sainte, c'est « y reconduire la vérité du "phénomène" à rebours du temps et contre la mort[10] ». Le revirement du temps profane de l'histoire en une hiérohistoire des récits de l'âme ne passe pas en tel lieu précis ou tel autre mais dans l'espace « magique » de *l'imaginal* : entre la *pré-éternité* et la *post-éternité*.

2) *Nâ-kojâ-âbâd (monde imaginal)*

Le monde dans lequel se produit l'événement est un monde où ont lieu et où ont leur « lieu » les événements de l'âme, les récits mystiques et les visions prophétiques. Par exemple, dans *Le Bruissement des ailes de Gabriel*, apparaît une figure qui, chez Avicenne, se nommait Hayy ibn Yaqzân (le Vivant, fils du Veilleur) mais qui est dénommée ici l'« Archange empourpré » (*'aql-e sorkh*). À la question du pèlerin qui se retrouve déjà à un autre niveau de l'être, la réponse est celle-ci : « Je viens de *Nâ-kojâ-âbâd.* » Le même terme réapparaît dans un autre récit, le *Vade-mecum des Fidèles d'Amour*. À l'interrogation de Ya'qûb pleurant Joseph, même réponse : « Je viens de *Nâ-kojâ-âbâd.* »

Ce terme ne figure pas dans le dictionnaire persan mais a été forgé par Sohrawardî lui-même. Littéralement, il signifie le pays (*âbâd*) du non-où (*nâ-kojâ*). À première vue, ce terme peut nous apparaître comme l'équivalent exact du terme *ou-topia*, lequel n'apparaît pas non plus dans les dictionnaires grecs puisqu'il fut forgé par Thomas Morus pour distinguer l'absence de toute localisation propre. Étymologiquement, pense Corbin, il serait sans doute exact de traduire *Nâ-kojâ-âbâd* par *outopia* et pourtant en raison des connotations mystiques qu'éveille le terme persan, il serait un contresens. Car les deux mondes ne se situent pas au même niveau ontologique. Le mot *Nâ-kojâ-âbâd* désigne une cité, une localité se trouvant en quelque sorte « au-delà » de la montagne psycho-cosmique de Qâf[11]. L'au-delà de Qâf n'est pas repérable sur nos cartes tout comme les cités mystiques de *Jâbalqâ*, de *Jâbarsâ* et de *Hûrqalyâ*. Topographiquement, cette région commence « à la surface convexe »[12] de la IXe Sphère, la

Sphère des Sphères, l'endroit où l'on sort des coordonnées de notre monde auquel se réfèrent les points cardinaux. Ayant franchi cette limite-là, la question « où »
(*kojâ*) perd tout son sens. D'où le nom *Nâ-kojâ-âbâd*. Un
lieu hors du lieu, un « lieu » qui n'est pas contenu dans un
lieu, dans un *topos*. Mais sortir du où, de la catégorie de
l'orientation sensible, c'est quitter les apparences extérieures qui s'y rapportent et qui enveloppent les réalités
occultes cachées « comme l'amande l'est sous l'écorce[13] ».

Lorsqu'on franchit ce seuil, il se fait une sorte *d'inversion* de temps et d'espace : ce qui était caché sous les
apparences se révèle soudainement, s'ouvre et enveloppe
ce qui était jusqu'alors extérieur. L'invisible se fait visible. Désormais c'est l'esprit qui enveloppe et contient la
matière. La réalité spirituelle n'est plus dans le où. C'est
en revanche le « où » qui est en elle. Elle est elle-même le
« où » de toutes choses ; elle n'est donc pas elle-même
dans un lieu, elle ne tombe pas sous la question « où ? »[14].

Ainsi ce lieu n'est pas « *situé* mais *situatif*[15] ». En
d'autres termes, c'est l'espace privilégié de l'âme qui se
révèle à elle-même. On n'y accède que par une rupture
soudaine avec les coordonnées géographiques. En fait on
inverse son regard, plutôt que de percevoir avec les yeux
de la chair, on voit à présent avec les yeux de l'âme, telle
que celle-ci se révèle à elle-même dans l'éclosion plénière
de ses symboles. Y pénétrer est toujours une *extasis*, un
déplacement furtif et un changement d'état. Souvent le
pèlerin ne s'en aperçoit qu'avec émerveillement ou une
inquiétude qui lui communique un goût étrange de dépaysement. « Il ne peut que décrire *où* il fut ; il ne peut indiquer à d'autres où passe la route[16]. »

Un exemple tiré d'un récit de Sohrawardî en communi-
quera peut-être l'atmosphère : voici ce que dit le héros du
Bruissement des ailes de Gabriel :

« Je réussis un certain temps à me frayer un passage hors de l'appartement des femmes, et à me débarrasser des entraves et de la ceinture des petits enfants. C'était une nuit où l'obscurité à la noirceur de jais avait pris son envol sous la voûte azurée (…). Soudain le désir me prit de visiter le *khângâh*[17] de mon père. Ce *khângâh* avait deux portes : l'une donnait sur la ville, l'autre donnait sur le jardin et la plaine immense.

« J'allai. Je fermai solidement la porte qui donnait sur la ville et, l'ayant ainsi fermée, je me proposai d'ouvrir la porte qui donnait sur la plaine immense. Ayant fait jouer la fermeture, je regardai attentivement. Voici que j'aperçus dix sages (*pîr*) d'une belle et aimable physionomie, dont les places respectives formaient un ordre hiérarchique ascendant[18] (…). Saisi d'une crainte immense et tremblant de tout mon être, je faisais un pas en avant pour faire aussitôt un pas en arrière (…).

« Je m'apprêtais à saluer le Sage qui était à l'extrémité de la rangée, mais justement son extrême bonté naturelle le fit me devancer, et il m'adressa un sourire si plein de grâce que ses dents devinrent visibles dans ma prunelle (…).

– *Moi* : En deux mots, dis-moi, ces nobles seigneurs, de quelle direction ont-ils daigné venir ?

– *Le Sage* : Nous sommes une confrérie d'êtres immatériels (*mojarradân*). Tous, nous venons de *Nâ-kojâ-âbâd* (le pays du « non-où »).

Je n'arrivais pas à comprendre.

– *Moi* : À quel climat (*eqlîm*) appartient donc cette ville ?

– *Le Sage* : À un climat dont le doigt (l'index) ne peut indiquer la route.

Cette fois, je compris que c'était un Sage dont la haute connaissance pénétrait jusqu'au fond des choses[19]. »

3) L'Imagination active comme organe
de la perception suprasensible

L'imagination est pour Sohrawardî tantôt ange tantôt démon. Elle est placée en effet dans un entre-deux, un *barzakh*, entre l'intellect et la faculté estimative (*wahm*). Lorsque c'est l'intellect qui l'instruit et l'initie à parler, l'Imagination active est bonne et devient un ange. On l'appelle alors méditative ou cogitative. En revanche, lorsque l'estimative fait irruption en elle, elle devient mauvaise et se transforme en *démon*. On l'appelle faculté de l'imaginaire ou fantaisie. Dans ce second cas, elle opère des assemblages, des collages tels que l'homme est hanté par des cauchemars épouvantables, des êtres à plusieurs têtes, des fantasmes délirants. Mais lorsqu'elle est subordonnée à l'intellect, c'est par elle (la cogitative) que les êtres spirituels se manifestent « en personne » (*shakhs*). C'est elle qui permet aux spirituels (*mashâyekh*) esseulés dans leur coin de contempler les Esprits des prophètes et des Awliyâ de la même façon que le Prophète eut autrefois la vision de l'ange Gabriel sous la forme du jeune Dahyâ al-Kalbî[20].

L'Imagination active au service de l'intellect projette dans les sens les images intellectives qui sont de nature spirituelle comme par exemple la vision de l'Ange, l'arbre géant au sommet du Sinaï, le Buisson ardent. Mais elle fonctionne « entre-deux » ; elle fait monter le sensible à l'état subtil et y fait descendre l'intelligible pur, le revêtant d'une forme appropriée à sa nature lumineuse. Cette rencontre se fait toujours au niveau du *caro spiritualis*[21].

Si donc la métaphysique de l'Imagination culmine en une rencontre avec l'Ange comme dans l'exemple que nous avons vu, l'imaginaire associé à la faculté de l'imagination estimative ne produit en revanche que les formes démoniaques. « La faculté estimative, dit Sohrawardî dans *Le livre du Verbe du soufisme*, c'est Iblis qui refuse de s'incliner devant le khalife et Verbe de Dieu, quand tous les Anges, qui sont les facultés de l'âme, s'inclinent devant ce Verbe (qui est l'âme). "Iblis refusa et s'enorgueillit, car il était au nombre des incroyants" (2 :34). C'est pourquoi toutes les réalités immatérielles qu'admet l'intellect, cet Iblis, qui est la faculté estimative, les nie et les rejette[22]. »

L'organe noétique du monde de l'*imaginal* peut opérer la transmutation des données sensibles pour les restituer en symboles à déchiffrer. Cette transmutation équivaut à une dématérialisation. « Elle change en un pur miroir, en une transparence spirituelle, la donnée physique imposée aux sens ; c'est alors que portée à l'incandescence, la Terre, et les choses et les objets et les êtres de la Terre laissent transparaître à l'intuition visionnaire l'apparition de leurs Anges[23]. » Car cette imagination ne construit pas de l'irréel, ceci serait le rôle de l'imaginaire égaré par l'estimative, mais *dévoile* le réel caché. Son action est en somme celle du *ta'wîl*, l'herméneutique spirituelle pratiquée par tous les Sages et Maîtres spirituels de l'Islam et dont « la méditation alchimique est un cas privilégié : occulter l'apparent, manifester le caché[24] ». Mais voir tout avec l'œil de l'âme, c'est aussi subir une transfiguration de tous les sens. « Lorsque l'œil de la vision intérieure est ouvert, il faut fermer l'œil de la vision extérieure », dit Sohrawardî. Car ainsi on parvient à contempler de façon continue le secret des cieux spirituels, on pénètre dans le *Malakût*, on éveille les organes subtils du corps, on substitue à l'imaginaire l'*imaginatio vera*, on devient,

bref, un compagnon de l'Ange. Sauver l'image, l'élever
au niveau du monde qui lui est propre, la préserver de
toute réduction qui n'aboutirait qu'à sécréter des fantasmes délirants : c'est cela le secret du *Malakût*.

CHAPITRE IV

L'exil occidental

(une *hikâyat* initiatique)

Les grands thèmes du récit sohrawardien se retrouvent dans le *Récit de l'exil occidental* (*Qissat al-ghorbat al-gharbîya*). Ce récit fait partie des œuvres où la rencontre avec l'Ange est décrite comme « doctrine devenant événement de l'âme ». Dans sa traduction de ces récits (*L'Archange empourpré*), Henry Corbin groupe les traités selon qu'ils énoncent la « doctrine du philosophe mystique » ou qu'ils se réfèrent au niveau C de la *hikâyat* où cette même doctrine devient un événement de l'âme, une rencontre avec l'Ange[1].

Ici l'enfant de l'Orient est envoyé en exil vers un Occident qui est le monde de la matière et que symbolise la ville de Qayrawân. Reconnu par ce peuple, le pèlerin est enchaîné, jeté au fond d'un puits, d'où il ne peut sortir que les nuits. « Mais pendant les heures de la nuit, nous dit le narrateur, nous montions (lui et le père) au château, dominant alors l'immensité de l'espace, en regardant par une fenêtre. Fréquemment venaient à nous des colombes des forêts du Yémen, nous informant de l'état des choses dans la région interdite. Parfois aussi nous visitait un éclair du Yémen, dont la lueur en brillant du "côté droit" (cf. 28 : 30), du côté "oriental", nous informait des familles vivant dans le Najd[2]. »

Puis vient un message de la famille d'au-delà, porté par une huppe, l'invitant à se mettre en route sans tarder. Alors c'est le réveil puis le départ et la quête de cet Orient qui ne se situe pas à l'Est de notre monde, mais au Nord cosmique. Le retour vers l'Orient, c'est aussi l'ascension de la montagne *Qâf*, la montagne cosmique aux cités d'émeraude. Et c'est en cet Orient magique que s'opère la rencontre de l'exilé avec celui qui est son Ange, ou selon la tradition hermétique reprise par Sohrawardî, sa Nature Parfaite[3].

Le récit offre trois séquences essentielles : 1) la chute dans la captivité et l'évasion ; 2) la navigation sur le vaisseau de Noé qui est le chemin initiatique du retour ; 3) au Sinaï mystique, où s'effectue la rencontre avec l'Ange personnel.

Le récit est un témoignage saisissant de la tri-unité que la *hikâyat* (récit mystique) instaure entre le récitant, la geste récitée et le héros du récit. Comme il l'a fait pour le *Livre des Rois* (nous le verrons bientôt), Sohrawardî met en œuvre ici de façon exemplaire sa règle herméneutique : « Lis le Qorân comme s'il n'avait été révélé que pour ton propre cas. »

Le monde de l'Ange, la région interdite, est désigné ici comme le Yémen. Le terme équivaut à Orient. Le motif qui en introduit le symbole est le « côté droit » (*yaman*) de la vallée où Moïse aperçut le Buisson ardent. D'autre part, le Buisson ardent représente l'imagination active inspirée par l'Ange. C'est précisément dans cette conscience imaginative que sera entreprise la navigation du gnostique dans le vaisseau de Noé. La pénétration dans le monde de l'âme sera décrite dans d'autres récits (l'*Épître des hautes tours* ou le *Vade-mecum des fidèles d'Amour*) comme une progression dans les espaces dépliés d'un *mandala* ; elle est de la sorte une « scénographie imaginale »[4] du microcosme que le gnostique doit parcourir pour retrouver sa patrie spirituelle.

Dans l'*Exil occidental*, l'ascension du vaisseau est verticale. Le récit progresse de prophète en prophète, d'étape en étape vers les sommets de l'Être. Le pèlerin s'identifie tout d'abord à Noé[5]. Il est séparé de son fils, pour la même raison que Noé : ce fils n'est pas de sa vraie famille. Il s'identifie ensuite à Loth : « Et je sus que la ville qui se livrerait à des turpitudes » (21 : 74) « serait renversée de fond en comble » (11 : 84)[6]. Il s'identifie ensuite à Moïse, à Salomon et à Alexandre construisant un rempart contre Gôg et Mâgôg[7].

Cette série d'identifications n'est pas allégorique « mais *tautégorique*, parce que psychodramatique au sens initiatique de ce mot : elle est authentiquement ce qu'elle est à ce niveau herméneutique que nous avons caractérisé comme le niveau C, tel que le récitateur conjoint dans son acte l'identification avec le héros »[8]. Le récitateur d'ailleurs commence à s'exprimer à la première personne[9] : « Or il y avait avec *moi* des génies qui travaillaient à *mon* service. » C'est cela même la portée de l'événement spirituel vécu contenu dans tout rituel d'initiation. La navigation conduit à son terme et le héros arrive au sommet du récit initiatique, lequel est le Grand Rocher culminant au sommet du Sinaï mystique. Ce Grand Rocher marque le seuil de l'au-delà, c'est-à-dire le « côté convexe » de la Sphère des Sphères, le « huitième climat ».

Dans le récit du *Vade-mecum des fidèles d'Amour*, c'est la chevauchée mystique qui se substitue à la navigation de l'arche de Noé. Le héros-cavalier s'élance d'un seul trait hors des neuf défilés. Il parvient à un portail qui est celui du « Château fort de l'Âme », le *Shahrestân-e Jân*, englobant la totalité du monde spirituel. Le sage qui l'y accueille a pour nom la « Sagesse éternelle » (*Jâvîdân Kharad*)[10]. Il l'invite à s'approcher et « là même, dit Sohrawardî, est une source que l'on appelle "l'Eau de la Vie" (*Âb-e zendegânî*), il peut apprendre et comprendre le Livre divin[11] ».

Au Sinaï mystique le pèlerin se dirige vers la Source de la Vie, puis il fait l'ascension du Sinaï et le Rocher qui est l'oratoire du père. Là, il aperçoit son père à la façon d'un Grand Sage[12].

Le Sage lui dit : « Courage ! Maintenant tu es sauvé. Cependant il faut absolument que tu retournes à la prison occidentale, car les entraves, tu ne t'en es pas encore complètement dépouillé[13]. » Aux gémissements du pèlerin au désespoir, le Sage répond : « Que tu y retournes, c'est inéluctable pour le moment. Cependant je vais t'annoncer deux bonnes nouvelles. La première, c'est qu'une fois retourné à la prison, il te sera possible de revenir de nouveau vers nous et de monter facilement jusqu'à notre paradis, quand tu voudras. La seconde, c'est que tu finiras par être délivré totalement ; tu viendras te joindre à nous, en abandonnant complètement et pour toujours le pays occidental[14]. »

Désormais l'exilé a trouvé la voie du salut et la joie de celui qui a retrouvé les siens.

CHAPITRE V

La rencontre avec l'ange personnel

(processus d'individuation)

L'Ange apparaît dans l'œuvre de Sohrawardî sous l'aspect de Guide propre (*pîr*) du pèlerin et ceci souvent sous la forme d'un Sage d'une jeunesse éternelle. Ce jeune maître spirituel (*pîr-e javân*) typifie l'Ange de la rencontre dans tous les récits mystiques de Sohrawardî. Il s'agit donc ici de la dixième des Intelligences hiérarchiques, l'Intelligence agente des philosophes, l'Esprit Saint ou Ange Gabriel. Dans le traité du *Vade-mecum*, ce même Ange apparaît cette fois sous le nom persan de *Jâvîdân Kharad*, qui est alors l'équivalent iranien de la *sophia aeterna*[1].

La reconnaissance de l'Ange reconnu tantôt comme un enfant éternel, tantôt comme un jouvenceau sage, tantôt comme Gabriel ou la « sagesse éternelle » est la mise en œuvre de cette devise qui est le fondement même de toute gnose. « Celui qui se connaît soi-même (son âme) connaît son Seigneur. » Aussi bien la figure de l'Ange-Esprit Saint, comme Ange de la race humaine, s'individualise-t-elle pour chacun sous l'aspect de son Soi ou sa « Nature parfaite », celle dont un ancien traité hermétiste en arabe fait dire à Socrate qu'elle est « l'ange personnel du philosophe[2] ».

1) *Ange-Soi – Nature Parfaite*

Dans ses premiers traités, Sohrawardî professe encore l'angélologie avicennienne. Par exemple, au début du récit initiatique *Le Bruissement des ailes de Gabriel*, le visionnaire est confronté à la confrérie des dix sages, dont les places respectives forment un ordre hiérarchique ascendant, qui représente le schéma avicennien des dix Intelligences. Quand plus tard Sohrawardî aura dépassé ce schéma, l'Intelligence-Ange changera aussi de *situs* : il sera à présent au niveau de l'*ordre latitudinal* des Seigneurs des Espèces, c'est-à-dire au niveau où les Idées platoniciennes sont traduites en termes d'angélologie zoroastrienne[3].

On rencontre souvent dans la gnose islamique la sentence : « Celui qui se connaît soi-même (son âme, *nafsaho*) connaît son Seigneur », avec ses variantes : « Celui qui se connaît soi-même connaît son Imâm. Celui qui connaît son Imâm connaît son Seigneur ». La devise, dit Corbin, a été méditée à l'infini par les spirituels de l'Islam. Chez Sohrawardî, ce « soi » est représenté par la « Nature Parfaite », ou bien par l'Ange initiateur rencontré au cours de ces Récits. D'autre part, la vision de la « Nature Parfaite » est associée à la geste mystique d'Hermès[4].

Mais la « Nature Parfaite » est à l'âme individuelle ce que l'Ange-archétype (l'Esprit Saint) est à l'humanité entière. La Nature-Parfaite est la Figure individualisée, singularisée de l'Ange pour le pèlerin. Elle se présente comme son Guide personnel et son propre soi. Cette « Nature Parfaite » (*al-Tibâ' al-tâmm*) est en dernière analyse l'« Ange personnel du philosophe » non pas certes comme son ange gardien, mais comme la contrepartie spirituelle, ou l'*alter ego* céleste de l'homme terrestre. Elle est « l'individuation du rapport de l'Ange-Esprit Saint avec chacun des siens, chacun de ceux dont il est le *mor-shîd*, le guide[5] ». Elle ne peut se manifester « en personne qu'à celui dont la nature est parfaite, c'est-à-dire à l'homme de lumière ; leur rapport est cet *unus-ambo* où chacun des deux assume simultanément la position de *moi* et de *toi* – image et miroir : mon image me regarde par mon propre regard ; je la regarde par son propre regard[6] ».

2) Les deux ailes de Gabriel

La connaissance de soi aboutit à l'union, ou plutôt à la réunion de ce moi empirique et ce moi transcendant (le Soi). « Le moi céleste garde sa réalité objective, comme celle du miroir qui me fait face et en qui je me connais et me reconnais[7]. »

Le miroir étant ce qui me fait connaître ma « face » réelle, briser ce miroir détruirait cette union même, car de la sorte il n'y aurait plus de visage, plus de connaissance face à face : face de Dieu pour l'homme et face de l'homme pour Dieu. C'est le même thème que nous avons déjà perçu dans le voyage initiatique des oiseaux chez 'Attâr. Tout le mystère de Sîmorgh consiste en la co-présence simultanée de l'éternelle Sîmorgh et des *sî-morgh*, les trente oiseaux.

Le rapport essentiel qui relie le moi terrestre au moi céleste ou transcendant est symbolisé dans les récits de Sohrawardî par les deux ailes de l'ange Gabriel, « une aile de lumière et une aile non pas exactement de ténèbres, mais enténébrée plutôt, teinte de la lueur rougeâtre du cré-puscule du soir[8] ».

Les deux ailes typifient par conséquent la « structure dyadique » de l'être humain, du moins celle du gnostique, dyade dont l'aventure terrestre a séparé les membres. De l'aile droite procède la Nature Parfaite. De l'aile gauche, l'âme qui reste empêtrée dans le monde de la matière. « Les deux ailes jumelées symbolisent le "jumeau céleste" et le "jumeau terrestre" dont parle la gnose manichéenne, c'est-à-dire le rapport entre l'âme déchue et sa contrepartie céleste[9].

Dans le récit de *L'Archange empourpré*[10], le pèlerin prisonnier, échappant à la surveillance des geôliers, s'aventure dans le désert. Et là dans le désert il aperçoit soudain une personne qui vient de son côté. Observant la couleur rouge dont l'éclat empourprait son visage et sa chevelure, il lui dit :

« Ô jouvenceau, d'où viens-tu ? »

– Enfant, lui dit-il, tu fais erreur en m'interpellant ainsi. Je suis, moi, l'aîné des enfants du Créateur, et tu m'appelles "jouvenceau" ?

– Mais alors comment se fait-il que tu n'aies pas blanchi comme il arrive aux vieillards ?

– Blanc je le suis en vérité ; je suis très ancien, un Sage dont l'essence est lumière. Mais celui-là même qui t'a fait prisonnier dans le filet, celui qui a jeté autour de toi ces différentes entraves et commis ces geôliers à ta garde, il y a longtemps que lui-même m'a projeté, moi aussi, dans le Puits obscur. Et telle est la raison de cette couleur pourpre sous laquelle tu me vois. Sinon je suis moi-même tout blanc et tout lumineux. Qu'une chose blanche quelconque, dont la blancheur est solidaire de la lumière, vienne à être mélangée avec du noir, elle apparaît alors en effet rougeoyante. Observe le crépuscule et l'aube, blancs l'un et l'autre, puisqu'ils sont en connexion avec la lumière du soleil. Pourtant le crépuscule ou l'aube, c'est un moment entre-deux : un côté vers le jour qui est blancheur, un côté vers la nuit qui est noirceur, d'où la pourpre du crépuscule du matin et du crépuscule du soir. »

Reconstituer ce *couple*, retrouver la bi-unité de leur constitution originelle, c'est aussi faire disparaître l'« ombre rougeâtre » à laquelle fait allusion l'Ange. Car chaque fois que le moi exilé, captif dans le Puits obscur, s'identifie à sa Nature Parfaite, il retrouve par là même son être de lumière. Les deux ailes deviennent alors deux miroirs se reflétant l'un l'autre : face de Dieu pour l'homme et face de l'homme pour Dieu.

Cette individuation réalisée à la fin de l'initiation mystique personnelle s'annonce comme une *dualitude* qui n'est point celle de deux contradictions, « lumière ohrmazdienne et ténèbre ahrimanienne, mais celle d'Ohrmazd et de sa propre Fravarti, deux jumeaux de lumière, l'âme pacifiée" et son "témoin dans le Ciel", Hermès et sa Nature Parfaite, Phôs et son guide de lumière, conscience et *surconscience*[11] ».

L'âme incarnée possède ainsi un compagnon céleste, qui est prêt à l'aider et auquel il doit soit se réunir soit au contraire le perdre à jamais, selon que sa vie terrestre aura rendu possible, ou impossible, le retour à la conjonction transcendante de leur bi-unité. « Si longtemps que tu ailles c'est au point de départ que tu arriveras de nouveau, dit Sohrawardî ; comme la pointe du compas revenant sur elle-même. » Cependant que s'est-il passé entre les deux ? Quelque chose a eu lieu : l'être que l'on retrouve là-bas, c'est-à-dire au seuil de la montagne *Qâf*, est le Soi de notre personne. C'est là que s'effectue précisément le mariage des deux ; leur bi-unité, tout comme dans l'eschatologie mazdéenne c'est à l'entrée du Pont Chinvat qu'a lieu la rencontre de l'ange Daênâ avec le moi exilé en ce monde terrestre.

CHAPITRE VI

De l'épopée héroïque à l'épopée mystique

En énumérant les traits caractérisant les récits visionnaires, nous avons constaté que le Récit (*hikâyat*) se présentait comme une histoire, une imitation et un *ta'wîl*, c'est-à-dire que le récit arrachant le passé à son passé le réactualisait dans un temps réversible où le récit devenait un événement de l'âme dans la métahistoire. Considéré sous ce point de vue, tout récit est un *ta'wîl* : c'est ainsi que Sohrawardî reconduit la geste iranienne à son sens mystique, c'est-à-dire à son *Orient*, où l'événement héroïque se transforme en un événement mystique vécu comme une expérience personnelle. Cette conversion-là, Corbin l'appelle le passage de l'épopée héroïque à l'épopée mystique.

Cependant l'*epos* des épopées peut correspondre à différents niveaux. Il peut y avoir en effet, selon Corbin, une épopée dont l'*epos*, le *dire*, se maintienne dans la métahistoire, « reste à jamais ontologiquement *pré-historique* ». Et il peut y avoir une épopée, dont l'*epos* dise la reconquête de cette métahistoire et c'est l'*epos* mystique, l'épopée du gnostique, de l'exilé qui, venu dans un monde étranger, se trouve chez lui, dans son monde propre. « Entre les deux, se situe l'épopée héroïque dont l'*epos* profère les gestes accomplis par les héros dont la dimension est autre que celle des personnages de la chronique, parce que leur personne et leur geste se meuvent déjà dans une dimension qui est celle du huitième climat[1]. » Et c'est précisément cette dimension-là qui permettra à l'épopée héroïque de s'achever en épopée mystique, c'est-à-dire de trouver son dénouement à l'Orient au sens sohrawardien de ce mot.

Ainsi en raison même du fait que certains héros bénéficient d'ores et déjà d'une dimension « orientale », ils deviennent semblables aux étrangers de l'exil occidental, puisque leur geste de même que celle des exilés est un voyage initiatique afin de reconquérir le Sinaï mystique de l'âme et de rentrer chez les siens. La *hikâyat* qui décrit le parcours de l'exilé tout comme le récit héroïque qui caractérise la vie du héros suivent un cours parallèle. Cependant le héros a ceci de particulier qu'il est aussi historiquement un personnage public et mythique : tantôt le souverain-Sage, détenteur de la Coupe de Graal, tantôt héros glorieux de la dynastie des Kayanides. Son statut particulier confère à sa personne une *aura* royale qui le différencie du pèlerin tout court. Mais la finalité orientale des deux est strictement identique puisqu'ils mettent à l'œuvre tous les deux le principe d'arrachement à la causalité historique et procèdent à la même conversion : reconduire l'homme-pèlerin ou l'homme-héros à son origine, à son Orient. L'épopée mystique et le récit initiatique surgissent au moment où la geste et la quête deviennent des événements personnels et ne peuvent être dites qu'en *récit*.

Au fond les héros « passent alors par une transmutation orientale[2] ». Car le dénouement de la geste iranienne en épopée mystique est en parfait accord avec le dessein de la théosophie orientale. Tout comme Sohrawardî rapatrie les mages hellénisés en un Iran islamique, de même aussi l'avènement de l'épopée héroïque de l'Iran en épopée mystique est un phénomène de transmutation que subissent les Sages de l'Iran ancien pour se retrouver chez eux dans la Perse islamique de Sohrawardî[3].

D'autre part, tout comme la *hikâyat* présupposait un monde intermédiaire situé entre le sensible et l'intelligible, de même aussi le revirement de la geste épique en récit mystique implique l'existence de ce monde intermédiaire qui est le *Malakût*. Celui-ci est par conséquent le lieu où s'opère le passage de l'épopée héroïque à l'épopée mystique.

Au reste ce passage, du fait même qu'il présuppose l'intériorisation des mondes, est aussi un passage à la hiérohistoire de l'âme. Il est donc eschatologique. En retournant « chez lui », le héros subit une transmutation alchimique : son lieu de Retour (*ma'âd*) est aussi le lieu de son Origine (*mabda'*). Il ne s'agit pas toutefois de partir de soi-même pour arriver de nouveau à soi-même. Entre départ et arrivée, un grand événement aura changé toutes choses. Le moi que l'on retrouve là-bas au sommet de la montagne cosmique (*Qâf*), c'est le Moi transcendant, « le moi à la seconde personne », c'est-à-dire le face-à-face du héros avec son ange personnel. Le héros subit l'individuation avec toutes ses conséquences : reconstitution du Couple originel, la bi-unité des deux portions de l'être, et enfin la conjonction des « deux ailes » de l'archange Gabriel.

1) Le Sage extatique de l'ancienne Perse (Kay Khosraw)

a) Kay Khosraw – archétype du chevalier

La vocation spirituelle de l'Iran fut de nouer le lien entre la tradition abrahamique qu'il a faite sienne grâce à l'Islam et la tradition zoroastrienne qu'il héritait de ses origines immémoriales. Avec Sohrawardî, restaurateur en Islam iranien de la Sagesse illuminative des anciens Perses, on assiste à la métamorphose de l'épopée héroïque de l'ancienne chevalerie iranienne en épopée mystique du pèlerin de Dieu, dans le soufisme iranien.

« C'est par une intuition parfaitement juste, dit Corbin, qu'Eugenio d'Ors, en commentant l'idée avestique de l'Ange et de la Fravarti, entité céleste archétype de chaque créature de Lumière, put écrire : La religion de Zoroastre se traduit en une sorte d'Ordre de chevalerie[4]. L'épopée sohrawardienne du héros gnostique, à la quête du Graal de Jamshîd (Kay Khosraw), offre maintes ressemblances avec l'épopée mystique de l'Occident, celle de la quête du Graal. "Et de même que l'idée de la hiérarchie mystique de l'Ordre" des *Ishrâqîyûn* nous reconduisait à l'idée de la hiérarchie ésotérique professée dans le shî'isme, de même celle-ci, à maintes reprises, nous a fait entendre certaines résonances avec l'éthique chevaleresque de l'ancien Iran d'une part, et avec l'éthique de la chevalerie d'Occident d'autre part (…). Il y a un *ethos* commun, une situation commune aux croyants que rassemble l'idée zoroastrienne du Saoshyant (Sauveur, futur Messie) et aux croyants que rassemble l'attente de la parousie de l'Imâm, comme aux croyants dans l'attente du règne du Paraclet. Et ce ne fut pas le moindre enseignement de nos recherches que de constater que nos théosophes shî'ites avaient identifié le XIIe Imâm aussi bien avec le Soashyant des zoroastriens qu'avec le Paraclet annoncé dans l'Évangile de Jean[5]. »

De même que l'Archétype des chevaliers par excellence est l'Imâm dans l'idée shî'ite de la chevalerie, de même Kay Khosraw, le héros extatique de l'ancienne Perse, reste-t-il pour Sohrawardî le modèle exemplaire de tout chevalier à la quête du Graal. Il n'est pas étonnant dès lors qu'il soit aussi le détenteur de la Coupe de Jam. Toute quête à la recherche de l'âme du monde, – celle du pèlerin gnostique exilé en ce monde, aussi bien que celle du chevalier restant fidèle au pacte de la pré-éternité, Parsifal aussi bien que Kay Khosraw, – présuppose une appartenance à un monde autre. On entre dans ce monde par droit de *naissance*, mais on n'appartient en réalité qu'au monde du « huitième climat », c'est-à-dire au monde de l'invisible. C'est pourquoi le devoir de tout gnostique ou tout héros digne de ce nom est de retourner au monde auquel il a toujours appartenu.

Le temps de chaque quête est ainsi un *quantum* du « temps chevaleresque » mais le « temps chevaleresque » se passe « entre les temps ». Le « temps chevaleresque » comme celui de Parsifal, de l'Imâm ou de Kay Khosraw ne s'achève pas à une date de la chronologie, mais il est un temps de l'occultation[6]. De même l'histoire de Kay Khosraw, ou celle du Graal, n'a pas été close avec l'occultation du héros (retour au huitième climat) mais se poursuit dans la dimension de l'eschatologie, puisque le héros, s'occultant, rejoint les « sauveurs », les futurs Saoshyants qui viendront, lors de leur parousie, provoquer la transfiguration du monde.

En rejoignant la geste mystique des héros extatiques de la Perse à l'idée gnostique du retour, Sohrawardî relie les chevaliers de l'Iran à l'ethos commun de toute chevalerie et intériorise la lecture du *Shahnâmeh* de Ferdowsî (xᵉ siècle), de la même façon qu'on ferait l'herméneutique de la Bible ou du Qorân. Ainsi le *Shahnâmeh*, de même que la geste des héros de l'ancienne Perse, rentre-t-il également dans le phénomène du « Livre saint », tout comme le statut du chevalier (*Javanmard*) est identifié à l'*ethos* de tout pèlerin en quête de son âme. C'est grâce à l'ouverture que lui offrait l'herméneutique du Livre saint en Islam que

Sohrawardî put intégrer si magistralement la sagesse de l'Iran ancien dans l'ensemble des textes sacrés de l'humanité.

b) Kay Khosraw et le Xvarnah royal

Le grand livre de la *Théosophie orientale* dit que Kay Khosraw fut admis, dès avant Zoroastre, à la vision directe des « sources de la Lumière-de-Gloire » ohrmazdienne, c'est-à-dire du *Xvarnah* (persan *Khorrah*), qui est à la fois la « gloire » et le « destin » des êtres de Lumière. Mais cette Lumière-de-Gloire a d'autres formes de manifestation, et parmi celles-ci la coupe du Graal (*Jâm-e Jam*) dont la contemplation révèle des secrets de l'invisible[7].

De ce Graal furent détenteurs le roi primordial Jamshîd, les souverains de la dynastie des Kayânides, en particulier Kay Khosraw, à qui fut donné, comme à quelques autres héros d'épopée, le rare privilège d'émerger hors du monde visible sans pour autant franchir le seuil de la mort. Kay Khosraw était le fils du prince Siyâvash, au destin tragique, assassiné par Afrâsyâb, le Touranien, qui est le prototype même de l'antagoniste s'opposant à la chevalerie iranienne. Il incombait donc à Kay Khosraw de le vaincre définitivement.

La figure et le destin de Kay Khosraw ont pu être comparés avec le personnage de Parsifal dans le cycle du Graal en Occident. Corbin estime que plus d'un trait justifie la comparaison, bien que ces ressemblances aient aussi leurs limites.

Il y a tout d'abord le fameux château construit par le père de Kay Khosraw et qui avait motivé des comparaisons avec le château du Graal[8]. Il s'agit de la citadelle de *Kang Dêz*. Ce château est quelque part dans l'extrême nord, à proximité du pôle céleste, du Rocher d'émeraude, là où commence selon Sohrawardî le « huitième climat » (l'Orient intermédiaire). On le croit donc situé au sommet de la montagne cosmique Alborz, version iranienne de la montagne Qâf. Pour y parvenir, il faudrait traverser le climat central (*Erân-Vej*), au milieu des mondes. Les descriptions qu'on en donne ressemblent beaucoup à celles qui décrivent les cités fabuleuses du huitième climat : *Jâbalqâ, Jâbarsâ, Hûrqalyâ*[9].

Dans ce château vit un des fils de Zoroastre, Khorshâd-Čehr, en compagnie d'autres chevaliers eschatologiques qui l'aideront à conduire le combat final contre les forces ahrimaniennes. C'est là aussi que se retirera, comme nous le verrons bientôt, le héros extatique Kay Khosraw en tant que l'un des sept princes eschatologiques qui entourent le futur sauveur Saoshyant.

L'enfance du héros iranien révèle, d'autre part, des ressemblances étonnantes avec celle de Parsifal. Comme celui-ci, il a été élevé par sa mère dans la solitude des montagnes[10] et des forêts. Sa longue et pénible quête le fera voyager pendant sept ans en péripéties miraculeuses, à la poursuite d'Afrâsyâb. Chevauchée de désert, navigations mystérieuses jusqu'aux rivages de Chine et au-delà de la Chine, jusqu'au lointain rivage de Mekran, où le héros s'embarque pour une navigation de sept mois, et réussit finalement à atteindre la forteresse d'Afrâsyâb, qui est une sorte de château souterrain, la forme inversée de Kang-Dêz. Tous ces événements ont lieu en des terres mythiques, non localisables sur nos cartes usuelles. Ayant détruit le Malin, le héros rentre triomphalement chez lui, en *Erân-Vêj* (Berceau des Aryens). Dès lors la Lumière-de-Gloire (*Xvarnah*) repose uniquement sur Kay Khosraw qui est à présent le détenteur de la « Gloire royale ».

Voilà ce qu'en dit Sohrawardî dans le *Partow-nâmeh* (le *Livre du rayon de Lumière*) :

« À celui qui connaît la sagesse (*hikmat*, la *theosophia*), persévère dans l'action de grâce et le service divin de la Lumière des Lumières (…), à celui-là est donnée la Lumière de Gloire royale (*Khorrah-ye kayânî*, le *Xvar-nah*) et est conférée la splendeur de Lumière (*Farr-e nûrânî*). Une fulguration divine le revêt de la robe de la majesté et de la beauté. Il devient le chef naturel du monde. Du monde suprême lui vient l'assistance qui donne la victoire. Son Verbe est entendu dans le monde d'en haut. Ses songes et son inspiration atteignent à la Perfection[11]. »

La rencontre en la même personne du sage à l'autorité royale et du Roi à l'âme hiératique résulte de cette modalité propre au *Xvarnah* que l'Avesta (*Yasht* XIX) dénomme *Kavaênam Xvarêno*, c'est-à-dire la Lumière-de-Gloire royale. « Tel fut le charisme de ce roi exceptionnel, prototype du Sage royal à l'âme hiératique, et au nom duquel Sohrawardî fait dériver l'appellation des *khosrawânîyûn* donnée par lui en propre aux Sages de l'ancienne Perse[12]. »

c) Kay Khosraw et le Jâm-e Jam (Coupe du Graal)
Lorsque le règne de ce souverain arrive à son terme, Kay Khosraw prépare son ultime voyage. Il reçoit d'abord un avertissement céleste lui demandant de se préparer au Grand Renoncement, puis il dresse son camp devant la ville et prend les dispositions nécessaires pour le maintien de l'ordre. Enfin il dit adieu aux siens et se dirige vers une haute et lointaine montagne. Et Sohrawardî de décrire :

« Voici qu'enfin le convoqua le héraut de l'amour (des êtres spirituels et de leur monde[13]). Et lui de répondre : "Me voici" (*labbayk*). L'ordre du magistrat Ardent-Désir (*shawq*) lui parvint, et il l'accueillit avec docilité. Son *père* au monde spirituel l'appelait, et il entendit que son *père* l'appelait. Il acquiesça à son appel et émigra vers Dieu, abandonnant, en préparant son départ vers lui, toute souveraineté de ce monde (…). On ne se souvient d'aucun autre roi que la force divine ait mis en mouvement pour qu'il sortît, comme il le fit de ses domaines terrestres. Salut soit à ce jour où le bienheureux roi Kay Khosraw se sépara de la patrie terrienne, au jour où il conjoignit avec le monde d'en haut ![14] »

Huit de ses fidèles chevaliers décident de l'accompagner dans son voyage mais le roi les met en garde : le chemin qu'il doit parcourir passe par des contrées désertiques et comme ils ne peuvent de toute façon le suivre « jusqu'au Ciel », qu'ils s'épargnent donc au moins les ennuis du retour. Trois d'entre eux suivent ce conseil : Godarz, Zâl et Rostam. Les cinq autres insistent et restent. On fait halte un soir au bord d'une source. Puis le Roi se baigne dans la source et ses compagnons s'aperçoivent soudain qu'il a disparu. Succombant à la fatigue ils s'endorment et la tempête de neige les ensevelit. Ils ne se réveilleront plus à ce monde. C'est seulement ainsi qu'ils peuvent, eux, rejoindre le prince qu'ils ont tant aimé et admiré. Ainsi s'achève l'épisode du *Shahnâmeh* et les références qu'y fait Sohrawardî[15].

L'extase visionnaire de Kay Khosraw est du même type que celle qui éleva Zoroastre, lorsqu'il eut la vision de la Heptade divine, lors de ses entretiens avec les « Archanges Immortels ». Elle est aussi analogue aux entretiens du Sage que décrit le livre pehlevi qui porte précisément le titre de *Mênôke-Xrat* (La sagesse céleste).

Cependant si Kay Khosraw typifie le Roi-Sage, il est aussi, grâce à la science infuse dont il semble être doté, le visionnaire par excellence et c'est cela que symbolise la coupe du Graal dont il est le détenteur.

Dans le récit de *La langue des fourmis*, Sohrawardî décrit ainsi les « vertus hiératiques » de ce Héros[16] :

« Kay Khosraw possédait le Grand miroir de l'univers. Tout ce qui pouvait être l'objet de son désir, il le contemplait dans ce Graal. Il y scrutait l'ensemble des êtres ; il y était informé des mondes invisibles. Ce Graal était enfermé dans un fourreau de cuir dont la forme avait été façonnée au tour, et qui comportait dix jointures. Lorsque Kay Khosraw voulait contempler quelque mystère de l'invisible, il remettait ce fourreau au tournage (pour le défaire). Lorsqu'il avait délié tous les liens, le Graal n'apparaissait plus. Mais lorsque tous les liens étaient liés de nouveau dans l'atelier, le Graal apparaissait.

« Au moment de l'équinoxe du printemps, Kay Khosraw tenait le Graal exposé face au Soleil, et l'éclat de l'astre venait frapper le Graal ; voici que toutes les lignes et empreintes des mondes y étaient manifestées[17]. »

La Coupe est une des manifestations du *Xvarnah* royal que détient Kay Khosraw, elle est souvent reprise dès lors dans la littérature mystique persane comme désignant la « cosmo-vision » (*dîd-e Jahânbîn*) du voyant, comme opposée à la vision étroite du dévot pieux (Hâfez).

Le Graal de Jamshîd comme celui de Kay Khosraw est un *microcosme*. Il est en d'autres termes le « Miroir de l'Univers ». Son détenteur peut y contempler les mystères occultes de l'univers. Le récit décrit par Sohrawardî suggère que la « Coupe de l'Univers » est le microcosme (Lumière *Espahbad*) enfermé dans le corps, c'est-à-dire le « fourreau de cuir ». Lorsqu'on veut défaire cette lumière captive, autrement dit lorsqu'on dénoue les liens, la « Coupe » devient invisible et l'âme se lève à son Orient qui est son *situs* hors de ce monde. Il n'est donc visible que lorsque le fourreau de cuir (corps de chair) le lie de nouveau. D'où les dix jointures typifiant les cinq sens externes et les cinq sens internes[18]

Au moment de l'équinoxe du printemps, Kay Khosraw y contemple toutes les merveilles du cosmos, « non pas tant les affaires des sept climats du monde terrestre, que celles d'un monde invisible dont les planètes et les constellations ne sont que les signes[19] ». Cependant, pour pouvoir jouir de cette vision-là, c'est-à-dire pour pénétrer à la vision intérieure que dévoile cette Coupe (*Jâm-gîtî-namâ*) (« Coupe qui révèle le cosmos »), il faut avoir un corps de lumière, et posséder le *Xvarnah* tant au niveau de l'être qu'à celui de l'épiphanie qui fait de l'homme un vrai microcosme. Il faut être, en d'autres termes, un hiératique, comme le souverain charismatique Kay Khosraw, qui, investi du *Xvarnah* royal, fit libérer, telle une flamme ardente, la Lumière *Espahbad* enfermée dans la dépouille périssable de notre « gaine de peau ».

CHAPITRE VII

L'éros transfiguré

L'évolution du thème métaphysique de l'Intelligence agente en épopée mystique d'amour chez Sohrawardî fait transition avec la doctrine des « Fidèles d'Amour » telle que nous la retrouvons chez Rûzbehân de Shîrâz et Ibn 'Arabî.

Pour Corbin, l'idée de l'*éros transfiguré* fut suggérée par le philosophe russe Boris Vycheslavtsev dont le livre *Éthique de l'Éros* est une contribution majeure pour la recherche sur l'imagination. Au sujet de ce philosophe, Corbin précise : « Acceptant les conclusions de la "psychologie des profondeurs", le philosophe estime que seule l'imagination fournit la clef du subconscient, parce qu'elle élève l'énergie psychique à un niveau "supérieur". Le processus de *sublimation* correspond à cette transfiguration de l'homme par la voie spirituelle, à cette divinisation dont parle le mystique chrétien. En invoquant la sublimation en tant que force motrice de l'âme, Vycheslavtsev est à même de parler d'une nouvelle éthique, d'un dépassement de moralisme : "La véritable éthique de grâce est celle qui est capable de transfigurer et de sublimer"[1]. »

Or cette puissance de transfiguration accordée à l'*imagination* rend possible la mise en sympathie de l'invisible et du visible ; elle rend également possible la typification de l'Aimé et de l'Amant en figures concrètes. Le lieu de leur rencontre pose d'emblée la nécessité de reconnaître l'ontologie propre d'un monde imaginal, où agit précisément la puissance de l'imagination. Car toute vraie rencontre implique une transformation de l'être. Celle-ci apparaît chez Sohrawardî sous forme de *ta'alloh* (*theosis*) qui est une illumination, tout comme chez Rûzbehân, par exemple, elle implique la transfiguration de l'Éros humain en Éros divin. Chez Ibn 'Arabî, cette même imagination créatrice projette un espace propre, où le spirituel et le sensible se rencontrent en une union imaginative, car sans la transfiguration qu'opère l'imagination, toute union est un leurre. L'Amour divin est Esprit sans corps, l'amour physique est un corps sans esprit. L'amour spirituel possède en revanche esprit et corps (Ibn 'Arabî).

Au reste c'est aussi cette transformation des entités métaphysiques en figures concrètes de l'Éros transfiguré que nous suggère le petit roman mystique de Sohrawardî *Le Vade-mecum des fidèles d'amour*.

1) Beauté, Amour, Nostalgie-Tristesse

L'intuition du Shaykh Al-Ishrâq fut de substituer ici à la triade des entités de la cosmogonie avicennienne trois personnes d'un drame. L'intelligence est beauté, l'âme céleste est amour, le ciel est nostalgie. Dès lors voici que la triade Intelligence, Âme, Ciel devient respectivement Beauté (*Nîkû'î*), Amour (*Mihr*), Nostalgie (*Andûh*). Ces trois termes ne désignent plus un universel logique ni une individualité concrète du monde extérieur mais des « essences » ne pouvant être manifestées qu'au niveau de l'*imaginal*, voire de l'Éros transfiguré par les personnages d'un roman symbolique.

En effet dans la cosmogonie avicennienne, cette première Intelligence, que Sohrawardî désignera du nom de Bahman[2], accomplit trois actes de contemplation desquels procèdent respectivement une seconde Intelligence, la première Âme et le premier Ciel. L'Âme aspire par amour à s'unir à l'Intelligence dont elle émane. Le Ciel marque la distance qui sépare l'Intelligence et l'Âme, et l'Âme entraîne le Ciel dans son mouvement d'amour pour l'Intelligence[3].

Cette première transfiguration subira dans le traité du *Vade-mecum des Fidèles d'Amour* une personnification.

Les trois entités se manifestent comme trois personnes portant non plus leur nom cosmogonique, « mais le nom de leur apparition (de leur "phénomène") au monde intérieur de l'homme, au niveau par conséquent où s'instaure la religion de l'Éros transfiguré[4] ». Leur nom désigne bien des *essences* actives mais des essences dont l'énergie subit encore un processus de personnification pour se concrétiser en trois figures nouvelles dérivant du Qorân et de la Bible : Joseph (Beauté), Zolaykhâ (Amour), Jacob (Tristesse). Par rapport aux trois entités cosmogoniques qui procèdent de la triple-intellection de l'Intelligence première, ces trois *dramatis personae* sont moins des abstractions que des symbolisations, puisque leur correspondent également, comme nous venons de le constater, les figures de l'hagiographie biblico-qorânique. Lisons encore une fois Sohrawardî lui-même :

« Sache que le premier être que Dieu créa fut une essence de lumière, dont le nom est Intelligence (*Noûs, 'aql*). Cette tradition le dit : "le premier être que Dieu créa fut l'Intelligence". Et Dieu Très-Haut dota cette essence de trois propriétés : connaissance de Dieu, connaissance

de soi-même, connaissance du fait que d'abord elle-même
n'était pas et ensuite se mit à être. De par celle de ses propriétés qui se rattache à sa connaissance de Dieu, fut
manifestée la beauté, que l'on appelle en persan *Mihr*. De
par celle de ses propriétés qui se rattache à sa connaissance de soi, fut manifesté l'amour, que l'on appelle en
persan *Nikû'î*. De par celle de ses propriétés qui se rattache à sa connaissance de l'antériorité de son non-être sur
son être, fut manifestée la nostalgie, que l'on appelle en
persan *Andûh*.

« Et ces trois êtres : Beauté, Amour, Nostalgie, éclos
d'une même source originelle, sont *frères* l'un de l'autre.
Beauté, qui est le frère aîné, se contempla soi-même. Elle
eut vision d'elle-même comme étant le Bien suprême ;
l'allégresse naquit en elle, et elle sourit. Alors des milliers
d'anges du plus haut rang furent manifestés, éclos de ce
sourire. Amour, le frère moyen, était le compagnon familier de Beauté. Il ne pouvait détacher d'elle son regard, et
restait en serviteur assidu à son service. Lorsque lui apparut le sourire de Beauté, il fut pris d'un vertige de folie ;
il fut bouleversé. Il voulut faire un mouvement, s'en aller.
Mais Nostalgie, le jeune frère, se suspendit à lui. Et c'est
de cette suspension de la Nostalgie étreignant l'Amour,
que prirent naissance le Ciel et la Terre[5]. »

La suite du récit de Sohrawardî montre la concrétisa-
tion progressive de ces trois essences qui se rendent respectivement auprès d'un être humain de ce monde, avec
lequel chacun lie compagnie afin de parvenir à une identification parfaite ou de devenir si l'on veut, la *typification
de son archétype*.

Le jeune Joseph sera ainsi la typification de la Beauté,
parce que l'Amour symbolise le premier acte de la triple
contemplation de l'Intelligence Première. Zolaykhâ sera
la typification de l'Amour, parce que ce dernier symbolise

l'aspiration, l'élan d'amour de l'âme céleste vers l'Intelligence dont elle émane. Et Jacob sera la typification de la Nostalgie, parce que celle-ci typifie la distance qui existe entre l'Intelligence et l'Âme, entre Amour et Beauté ; la distance entre Jacob au pays de Kanaan et Joseph en Égypte[6]

Résumons un peu cette histoire pour en marquer les points forts.

Tout d'abord l'Amour ne peut se détacher de la Beauté, il est quasi son esclave. Lorsqu'il décide enfin de s'en libérer et de retourner sur son propre chemin, voilà que la Nostalgie se suspend à lui. « Et c'est de cette étreinte de Tristesse, dit Corbin, maintenant l'amour dans la nostalgie inassouvie de la Beauté, que sont nés et que durent le Ciel et la Terre. Car la séparation, l'interdit de Beauté devenue inaccessible à l'amour, c'est le secret non seulement de l'histoire" du gnostique, mais celui de toute la race humaine, voire de tout l'univers[7]. »

Le premier épisode réfère à un « événement dans le Ciel ». Beauté, apprenant l'existence d'Adam devant qui se prosternèrent tous les anges, se précipite sur son coursier vers le château fort où Adam est né. Amour et Tristesse la suivent immédiatement. La Beauté investit totalement la forme d'Adam qui devient son épiphanie : l'Amour y est encore frappé de stupeur. De nouveau la Nostalgie vient à son secours, il voit tous les êtres baiser la terre au seuil de la Beauté : « tous les Anges l'adorèrent » ([15 :30], Qorân).

Un second épisode s'ouvre avec l'« histoire » de Joseph qui typifie dans la littérature mystique islamique la parfaite épiphanie de la Beauté. Amour et Nostalgie s'y présentent mais sont repoussés avec une sainte indifférence. Alors commence l'histoire de la *séparation*.

Chacun des deux jeunes frères va de son côté. Chacun choisira l'élu apte à le *typifier* et à le symboliser. Nostalgie se rend au pays de Kanaan. Jacob, le voyant arriver, discerne en lui l'empreinte de l'Amour. L'ayant interrogé, la Nostalgie répond, comme l'Ange dans la plupart des récits de Sohrawardî, Je viens de *Nâ-kojâ-âbâd* (le pays du Non-où). Jacob s'identifie à tel point à la Nostalgie après le secret de l'initiation, qu'il devient l'incarnation vivante de la Nostalgie-Tristesse.

L'Amour se rend en Égypte et cet épisode retrace l'origine du couple archétype Joseph/Zolaykhâ dans l'épopée mystique en Islam.

Zolaykhâ, le voyant apparaître, l'interroge : « D'où viens-tu ? » « Je viens de la région qui est le pays de l'Esprit (*Rûh-âbâd*, le monde spirituel), par la voie escarpée de la Beauté. Je possède une demeure dans le voisinage immédiat de Nostalgie. Ma profession est de voyager. Je suis un soufi sans attache. À chaque instant je pars dans une direction. Chaque jour je franchis une étape ; chaque nuit je fais d'une demeure mon lieu de halte. Lorsque je suis chez les Arabes, on m'appelle *'Ishq*. Lorsque je viens chez les Persans, on m'appelle *Mihr* (Mithra)[8]. Dans les cieux je suis réputé comme celui qui met en mouvement. Sur terre, je suis connu comme celui qui immobilise (…). Bien que je sois pauvre, je suis de haute lignée. Longue est mon histoire[9]… »

L'Amour initie Zolaykhâ à son mystère. Un chemin à neuf étapes conduit à son royaume. Par-delà la « voûte aux neuf coupoles », s'élève le château fort de l'âme (*shahrestân-e Jân*). Il faut ainsi sortir de la crypte cosmique pour arriver au lieu du Non-où (*Nâ-kojâ-âbâd*).

Au cœur et au sommet du château fort, surgit la Source de la Vie, et au-dessus encore de cette « Cité de l'Âme », s'étagent d'autres châteaux.

Zolaykhâ livre sa demeure tout entière au pouvoir d'Amour. Lorsque Joseph paraît, « Amour enlace l'épaule de Zolaykhâ et tous deux s'acheminent à la contemplation qui met fin à la séparation. Zolaykhâ *est* Amour ; Beauté et Amour sont réunis[10] ».

Nostalgie fait diriger Jacob vers l'Égypte. Et c'est assis sur le trône que Jacob aperçoit Joseph et Zolaykhâ. Lorsque Nostalgie voit Amour réuni en compagnie de Beauté, elle tombe à genoux et se prosterne le visage contre terre. Jacob et ses enfants se prosternent aussi le visage contre terre, « alors Joseph s'adressant à Jacob lui dit : "Ô mon père ! Voici l'interprétation symbolique (*ta'wîl*) du songe que je t'avais raconté : Père, voici que j'ai vu onze étoiles, ainsi que le Soleil et la Lune. Et je les ai vus se prosternant devant moi" (Qorân 12 : 4)[11] ».

Le récit du *Vade-mecum des fidèles d'amour* marque le profond accord de la mystique d'amour chez Sohrawardî et chez les autres grands chantres de l'Amour comme Rûzbehân et Ibn 'Arabî. Et cette mystique caractérisera plus tard une vaste littérature en langue persane, où se précisera de plus en plus le passage (amorcé déjà chez Ferdowsî, et accentué chez Sohrawardî) de l'épopée héroïque à l'épopée mystique. Quant au passage de l'amour humain à l'amour divin que postule déjà le récit de Sohrawardî, il sera chez Rûzbehân, de même que chez Ibn 'Arabî, la clef de voûte de toute l'épopée de l'amour. Cette transformation ne consistera pas à substituer un objet divin à un objet humain mais à provoquer cette *métamorphose de l'âme* où l'amour humain et l'amour divin deviennent les deux faces d'un même et unique Amour.

LIVRE V

DE L'AMOUR HUMAIN
À L'AMOUR DIVIN

CHAPITRE I

Rûzbehân ou le maître
aux paradoxes inspirés

De tous les maîtres du soufisme, Ibn 'Arabî et Rûzbe-hân de Shîrâz sont ceux qui ont poussé le plus loin l'analyse des phénomènes de l'amour. Nous avons vu, d'autre part, que la transformation des thèmes métaphysiques de l'Intelligence agente en épopée mystique d'amour était déjà entamée chez Sohrawardî et que le récit du *Vade-mecum des fidèles d'Amour* faisait transition avec la doctrine des fidèles d'Amour qui marqua tant l'école d'Ibn 'Arabî et ses répercussions multiples en Iran. Ceci est d'autant plus intéressant que des cent cinquante commentaires écrits sur l'une des plus célèbres œuvres d'Ibn 'Arabî, le *Fosûs al-Hikam*, cent trente environ, qu'ils soient écrits en arabe ou en persan, ont des Persans pour auteurs.

D'autre part, le XIIᵉ siècle et le début du XIIIᵉ siècle font configurer toute une topographie philosophique d'une importance majeure. Corbin y voit des synchronismes hautement significatifs qui dépassent de loin les simples coïncidences chronologiques. En effet c'est bien au XIIᵉ siècle que Sohrawardî instaure la doctrine de l'ancienne Perse concernant la Lumière et les Ténèbres.

Un an avant la naissance d'Ibn 'Arabî, le 8 août 1164, c'est la déclaration de la « Grande Résurrection » dans le château fort d'Alamût au nord-ouest de l'Iran. Grâce à cette déclaration le néo-ismaélisme iranien assume les traits d'une religion de salut personnel de résurrection spirituelle qui lui permettra ainsi de survivre aux péripéties du temps en se revêtant du manteau du soufisme, lorsque le château fort d'Alamût sera rasé par les hordes mongoles.

Au XIIIe siècle sous la poussée des envahisseurs mongols, refluent vers le centre et l'ouest de l'Iran les soufis de l'Asie centrale. En Transoxiane, un autre grand maître spirituel, Najmoddîn Kobrâ, imprime au soufisme une direction nouvelle, le dirigeant vers la physiologie subtile des Lumières colorées, vécues au cours des états spirituels. Son école comptera des disciples prestigieux : Najmoddîn Râzî, 'Azîzoddîn Nasafî, 'Alâoddawleh Semnânî. En ce même siècle (XIIIe) à Neyshâpûr dans le Khorâsân, Farîdoddîn 'Attâr élabore ses rhapsodies mystiques en persan. Devant la poussée mongole, Jalâloddîn Rûmî[1], encore adolescent, rencontre, accompagné de son père, 'Attâr ; ils émigrent vers l'Anatolie et s'installent à Konyâ en Turquie.

Au début de ce même siècle (1201), Ibn 'Arabî émigre vers l'Orient, abandonnant définitivement sa terre natale, l'Andalousie. Il se fait ainsi pèlerin de l'Orient et y propage une mystique d'amour d'une incomparable puissance qui marquera de son sceau toutes les spéculations ultérieures de la dialectique d'amour. Grâce à Sadroddîn Qonyawî (671/1272 ou 673/1273-74), sa doctrine se répandra dans le monde iranien. Ce dernier est la jonction entre Ibn 'Arabî et le soufisme iranien. Il fut en rapport avec Jalâloddîn Rûmî et devint aussi le maître de 'Erâqî, l'un des grands poètes mystiques de langue persane. Les *Lama'ât* (miroitements) de 'Erâqî puisèrent leur inspiration dans les *Fosûs* d'Ibn 'Arabî, que lui enseigna Qonyawî. En outre la jonction de la mystique d'Ibn

'Arabî avec l'*Ishrâq* de Sohrawardî, en passant par Haydar Amolî (qui fait la synthèse entre soufisme et shî'isme) et Ibn Abî Jomhûr (xve) (qui élabore la cohésion entre la théosophie d'Ishrâq de Sohrawardî, celle d'Ibn 'Arabî et le shî'isme), aboutit finalement aux grands penseurs et théosophes shî'ites de l'École d'Ispahan comme Mollâ Sadrâ.

Tels sont les synchronismes (xiie et xiiie siècle) qui permettent de situer spirituellement Rûzbehân de Shîrâz qui quitta ce monde quelques mois après qu'Ibn 'Arabî eut abandonné définitivement l'Andalousie. Ainsi est-il l'aîné d'Ibn 'Arabî tout en étant le continuateur d'une tradition de mystique d'amour qui s'annonçait déjà chez Sohrawardî comme la doctrine de l'Éros transfiguré. C'est pourquoi il offre maints traits communs avec l'un (Sohrawardî) comme l'autre (Ibn 'Arabî). Rûzbehân (1128-1209) fut un contemporain de Sohrawardî, mais tandis que celui-ci est un homme du nord de l'Iran, Rûzbehân était originaire du Sud, du Fars, c'est-à-dire de la « Perside ».

C'est avec l'aide du docteur Mohammad Mo'în, professeur à l'Université de Téhéran, que Corbin entreprit la restauration de l'œuvre de Rûzbehân. Le Jasmin des *Fidèles d'Amour* (*Kitâb-e 'Abhar al-'ashiqîn*), traité de soufisme, parut en persan avec une introduction et la traduction du premier chapitre en français, dans la Bibliothèque iranienne en 1958. En 1966 Corbin publia un autre texte persan très important de Rûzbehân ; son commentaire sur les paradoxes des soufis (*Sharh-e Shathîyât*) (Bibliothèque iranienne, 1966). La plupart des études de Corbin furent reprises plus tard dans son *En Islam iranien*, vol. III, où il développa amplement la doctrine des Fidèles d'Amour et les rapports du shî'isme et du soufisme.

1) Un visionnaire par excellence

Abû Mohammad ibn Abî Nasr Rûzbehân est né à Fasâ, bourgade de la région de Shîrâz, en 522 h (1128 A.D.). Il est mort à l'âge de quatre-vingt-quatre ans (lunaires). Le shaykh porte un nom typiquement iranien. Les deux éléments *rûz* (jour) et *beh* (heureux, fortuné) forment un qualitatif donnant le sens de « quelqu'un dont le jour est favorisé », ou dont « le destin est favorable » (*khwosh-bakht*)[2].

Les auteurs le désignent comunément comme « Rûzbehân Baqlî Shîrâzî ». Le mot Baqlî, qui est le *nisba* accompagnant son nom, vient du nom *baql* (pluriel *boqûl*) : herbes et légumes, et fait probablement allusion au magasin que possédait le shaykh dans sa jeunesse et où il vendait des herbes et des légumes, jusqu'au jour mémorable où il envoya tout promener. On l'appelle également le Maître des paradoxes, ou le « maître aux outrances » (*shaykh shattâh*). Ce surnom particulier fait allusion à la singularité de sa doctrine où le *paradoxe*, l'aspect ambivalent de l'amphibolie, joue un rôle essentiel.

Pour connaître la vie du shaykh au cours de ses années d'enfance et ses expériences mystiques précoces, le mieux serait de lire son *Diarium Spirituale*, le *Kashf al-asrâr*. Le « journal spirituel » de Rûzbehân fut écrit par lui à la demande d'un ami. Il avait alors cinquante-cinq ans ; il en avait quinze, dit-il, au moment où commencèrent à se produire chez lui ses expériences visionnaires. C'est donc le journal de ses visions et de ses songes depuis l'âge de quinze ans. Rûzbehân s'y révèle comme ayant été, dès l'enfance, doué d'une puissance émotive et d'une aptitude visionnaire exceptionnelles. À quinze ans il abandonna sa maison. Une vision lui révéla son rang secret dans la hiérarchie mystique. Puis les visions prestigieuses se succédèrent : vision d'anges et d'êtres de beauté, de paysages en fleurs, d'aurores rougeoyantes. « Tous les livres de Rûzbehân, dit Corbin, sont écrits dans une langue très personnelle vibrant d'un lyrisme extatique continu qui n'en rend pas toujours aisée la lecture. Il reste que ce journal autobiographique nous fournit la base expérimentale, pour cerner les étapes et les épreuves par lesquelles la dialectique d'amour conduit, sur la voie des théophanies, au *tawhîd* ésotérique[3]. »

L'expérience de ces rencontres mystiques, survenant dès l'enfance, suscite une telle puissance visionnaire, qu'elle transfigure les êtres et les choses en visages de beauté : « Ma conscience secrète (*sirr*) (...) fut affermie dans les réalités suprasensibles (*haqâ'iq*) et commença pour moi l'ascension des degrés de l'échelle mystique. Je fis l'expérience des demeures spirituelles (*maqâmât*), des états intérieurs passagers (*ahwâl*), des révélations (*mokâshafât*), des hautes connaissances du *tawhîd* ; bref, je passai dans les contrées enchantées du cœur par d'innombrables découvertes des mondes invisibles[4]. »

Il voit des anges, des beautés célestes : « Je vis les Anges de l'Esprit (*rûhânîyûn*), les Anges de la Domination (*rabbânîyûn*), les Anges de la Sainteté (*qodsîyûn*), les Anges de la Majesté (*jalâlîyûn*), les Anges de la Beauté (*jamâlîyûn*)[5]... » Il voit les quatre anges, le prophète à l'état d'extase, la pierre noire, les quatre porteurs du trône : « Il m'apparut que j'étais dans le Temple de La Mekke (*al-masjad al-harâm*). Je vis le Prophète qui semblait en état d'extase. Il circumambulait ; il était près de la Pierre Noire, du côté gauche de la Ka'ba. Gabriel se tenait sous le portique, près de la porte de Safâ. Michaël se tenait près de lui, Seraphiel près de tous les deux, tandis qu'un couple d'Anges se tenait dans la cour du Temple.

(…) Il me sembla que la Ka'ba elle-même s'ébranlait et se rapprochait d'eux. Alors je dansais avec eux. Dieu se rendit visible à eux, et j'étais là avec eux, partageant leur extase amoureuse, goûtant une paix profonde[6]. »

Il y a aussi la rencontre avec Khezr. Tout comme Ibn 'Arabî, Rûzbehân est un disciple de Khezr : un soufi qui, antérieurement à tout contact avec un être humain, reçoit son initiation au monde céleste par le ministère de celui qui est le maître personnel de tous les « sans-maître »[7] (ceux que dans le shî'isme, on appelle les *Owaysis*). Ainsi la rencontre avec Khezr symbolise la rencontre avec la contrepartie divine de son être, l'atteinte de la source de la vie, qui est toujours une renaissance ou une nouvelle naissance. « J'étais à cette époque encore ignorant des hautes sciences théosophiques… et voici que je vis Khezr. Il me donna une pomme dont je mangeai un morceau. Il me dit : mange-la tout entière… alors ma bouche s'ouvrit malgré moi, et tout le contenu de cette mer de Lumière y entra ; il n'en resta une goutte que je n'aie absorbée[8]. »

Il y a aussi la révélation de la Nuit du Destin (*Laylat al-Qadr*), nuit bénie d'entre toutes les nuits. « En cette nuit les Anges et l'Esprit descendent avec la permission de leur Seigneur pour régler toutes choses : et c'est une paix qui dure jusqu'au lever de l'aurore (97 : 45)[9]. » Rûzbehân a la vision de l'Ange Gabriel qui lui apparaît sous les traits de l'éternel Féminin : « Dieu me montra l'ensemble des Anges ayant tous l'apparence humaine (…). Parmi eux, il y avait Gabriel, et c'est le plus beau des Anges. Les tresses de leurs chevelures étaient pareilles à celles des femmes. Leurs visages étaient comme la rose rouge[10]. » Ce Féminin éternel, archétype si puissant dans la doctrine de l'Éros transfiguré, fait également irruption comme une « charmante fée », une « jeune fille céleste », dont la personnalité reste imprécise mais dont Rûzbehân décrit la beauté fulgurante avec « toutes les ressources que la langue persane met à sa disposition[11] ». Ces visions confirment les multiples théophanies de Celui qui par essence est à jamais invisible, et dont Moïse entendit le refus (*Tu ne me verras point*). C'est ce paradoxe de l'Essence invisible et des théophanies récurrentes, dit Corbin, qui est affirmé et vécu d'un bout à l'autre de l'expérience personnelle de Rûzbehân, parce que aussi bien il n'est possible d'aimer d'amour qu'un être à la personne et au visage déterminés[12]. C'est cela le secret de la théophanie qui sous-tend la métaphysique de Rûzbehân.

2) *Une vision qui pense en images*

La profusion des images, l'exubérance des visions, l'exaltation des émotions mêlées aux états contemplatifs de plus en plus intenses, suggèrent une manière de penser qui incite Corbin à affirmer : « C'est une métaphysique qui ne s'exprime pas en concepts ; elle s'exprime essentiellement en *images* – somptueuses, baroques, fulgurantes, nostalgiques ; il y en a de toutes sortes. (...) La pensée et les perceptions de Rûzbehân sont essentiellement celles de l'*imaginal*, ce qui ne veut nullement dire *imaginaire*, pas plus que le monde "imaginal" n'est un monde "imaginaire". Le *Malakût* est le lieu des visions théophaniques, des formes *malakûtî*[13]. »

Ainsi cette vision *malakûtî* implique une transfiguration des sens, qui permet de voir, de sentir, de communiquer toutes choses avec l'œil du cœur. Et c'est parce que Rûzbehân pense en images que son langage est éminemment symbolique. Corbin est revenu souvent dans ses écrits sur la distinction fondamentale qu'il sied à faire entre le *symbole* et l'*allégorie*. Cette distinction est essentielle pour lui, parce qu'elle est à la base de ce qui distingue la pensée mystique de la pensée rationaliste. Ainsi l'allégorie « est une opération rationnelle, n'impliquant de passage ni à un nouveau plan de l'être, ni à une nouvelle profondeur de conscience : c'est la figuration, à un même niveau de conscience, de ce qui peut être déjà fort bien connu d'une autre manière[14] ». Par contre le symbole joue à un autre registre ; « il est le "chiffre" d'un mystère, le seul moyen de dire ce qui peut être appréhendé autrement ; il n'est jamais "expliqué" une fois pour toutes, mais toujours à déchiffrer de nouveau, de même qu'une partition musicale n'est jamais déchiffrée une fois pour toutes, mais appelle une exécution toujours nouvelle[15] ».

L'organe de cette perception symbolique est l'imagination active et celle-ci n'éclôt qu'au niveau de l'*imaginal* ; il est de ce fait « l'exemplification privilégiée d'un archétype[16] ». D'ailleurs, les schémas formés sur la racine arabe du mot « *mithâl* » (symbole) s'y prêtent parfaitement. *Tamthîl* n'est pas une allégorisation mais la typification, ou si l'on veut, « l'exemplification d'un archétype », d'un archétype qui raconte un événement vécu de l'âme. Quant aux connotations de « *tamaththol* », « c'est l'état de la chose sensible ou imaginale qui possède cette investiture de l'archétype, et cette investiture, en le faisant symboliser avec lui, l'exhausse à son maximum de sens[17]... ».

Transmuer le sensible en symbole et retourner le symbole à la situation qui le fait éclore, « ces deux mouvements ouvrent et referment le cercle herméneutique[18] ». Et c'est à l'intérieur de ce même cercle qu'un Rûzbehân pense en *images*, parce que tout son effort visionnaire reste en *suspens* entre ces deux mouvements du cercle herméneutique, lequel est en rapport avec le double sens de l'amphibolie (*iltibâs*).

CHAPITRE II

L'ennuagement
et l'épreuve du voile

Il ne suffit pas de situer Rûzbehân entre Hallâj (on lui doit la conservation du texte unique de l'œuvre de Hallâj) et Ibn 'Arabî pour définir sa personne et sa doctrine. Il se différencie des soufis antérieurs en repoussant un ascétisme qui opposerait amour humain et amour divin ; il éprouve l'un et l'autre comme deux formes d'un seul et même amour. Il n'y a pas transfert d'un « objet » humain à un « objet » divin, mais métamorphose, transfiguration du sujet. Cette valorisation de l'amour humain comme initiation à l'amour divin porte profondément, dit Corbin, la marque du soufisme iranien ; « elle caractérise ceux qu'à la suite de Rûzbehân nous désignons comme les fidèles d'amour, pour les distinguer des pieux dévots ou des dévots ascètes (*zohhâd*)[1] ». Ainsi, malgré les similitudes qu'offre cette religion d'amour avec l'amour *'odhrite*[2], la voie d'approche de Rûzbehân est différente. Contrairement à certains soufis qui craignent que l'amour humain ne compromette la transcendance, Rûzbehân valorise l'homme comme forme épiphanique divine et miroir de la beauté de Dieu. « Seul l'amour humain passe entre les deux abîmes, et il conduit à les franchir lorsqu'il prend conscience que cette forme de beauté qui l'aimante est précisément la forme théophanique par excellence[3]. »

À la source de la doctrine, il y a l'intuition fondamentale qui remonte à la cosmogonie du Trésor caché (idée que l'on retrouvera chez la plupart des maîtres soufis) qui aspire à être connu et crée le monde afin d'être connu et de se connaître dans les créatures.

La première des figures de la cosmogonie de Rûzbehân n'est ni l'Intelligence première comme chez les philosophes avicenniens ni le Soupir du Compatissant (*Nafas al-Rahman*) comme chez Ibn 'Arabî, mais l'*Esprit*. C'est grâce à cet Esprit instaurateur que viennent à l'être les *arwâh-e qodsî* (les Esprits Saints), c'est-à-dire les « individualités spirituelles prééternelles[4] » qui constituent ensemble la communauté des Esprits Saints. Et c'est par eux que sont créés les *voiles* qui sont comme autant d'Épreuves qu'ils doivent écarter sur le chemin du retour. Mais en instaurant le Voile, l'Être divin éprouve alors de la jalousie à l'égard de soi-même. « En s'objectivant à soi-même, en se révélant, il *n'est* plus identiquement son propre témoin à soi-même ; il *a* un témoin en dehors de lui-même, un *autre* que lui-même. Et c'est le premier Voile. Aussi l'Être Divin cherche-t-il à se reprendre lui-même ; il détourne cet Esprit de Le contempler, et renvoie sa créature à la contemplation d'elle-même. Cette vision d'elle-même par soi-même est le second Voile. L'épreuve du Voile est le sens même de la Création : la descente des Esprits Saints dans la condition terrestre n'a d'autre fin que de les conduire à l'issue victorieuse de cette épreuve[5]. »

Or il ne s'agit pas de chercher Dieu au-delà du Voile, car ce faisant, dit Rûzbehân, on tombera dans la « démence de l'inaccessible », mais faire en sorte que le voile devienne un *miroir*. Transformer le voile en miroir, c'est aussi être *témoin*, c'est être « les yeux par lesquels

Dieu regarde encore le monde, et par là même aussi le "concerne" encore[6] ».

Et tous les témoins sont en dernier ressort les *yeux* de Dieu se contemplant soi-même. Tels sont les prophètes, les fidèles d'amour. « Sans ces yeux, Dieu ne verrait pas le monde, car le monde c'est ce qui n'a pas d'*yeux*, et sans ce regard le monde ne pourrait pas subsister[7]. »

Le voile est, d'autre part, l'*ennuagement du cœur*. Dans Le Livre de l'Ennuagement (*Kitâb al-Ighâna*), Rûzbehân s'inspire des propos rapportés par le prophète : « Il *nuage* sur mon cœur, et en vérité j'en demande pardon à Dieu soixante-dix fois par jour. » Ce propos est complété par cet autre : « Il y a pour les prophètes et pour les *Awliyâ* l'ennuagement des mystères (*ighânat al-asrâr*) et le voilement des lumières. Et c'est cela l'épreuve par laquelle Dieu les éprouve[8]. »

Rûzbehân étudie les soixante-dix voiles dont doivent triompher les mystiques ; il y a les voiles que doit surmonter l'Ange, celui que doit écarter le prophète, celui dont doit triompher l'Ami de Dieu. Il y a des voiles correspondant à chaque degré, à chaque étape de la hiérarchie mystique. En bref, le voile est ce qui fait détourner le *regard*, tout ce qui empêche l'œil de transmuer le voile en un miroir transparent de beauté. Dieu ne peut regarder un monde opaque, sans transparence, puisque où qu'il se penche, où qu'il regarde, « Il ne peut regarder que ses propres yeux qui Le regardent[9] ». Mais l'homme ne parvient à cette transparence du voile que par la « vision de la vision » (*kashf 'iyân al-'iyân*).

Voici un extrait de cette issue victorieuse telle que la décrit Rûzbehân dans son *Jasmin* :

« Je devins assez fort pour voguer sur l'océan de la gnose mystique (...). J'abordai aux rivages des Attributs de l'opération divine ; graduellement, par les hautes connaissances initiant à l'unification (*tawhîd*), à l'individuation (*tafrîd*), à l'immatérialisation (*tajrîd*), je me dirigeai vers l'univers de la prééternité. (…) L'Être Divin me plaça à côté de lui ; il me dépouilla du vêtement de la condition servile pour me revêtir de la condition de l'homme libre, puis il me dit : "Voici ce que tu es devenu un fidèle d'amour, un amant, un ami, un être de désir, un homme libre, aux audacieux paradoxes (*shattâh*), un gnostique, un être de beauté (…). Eh bien ! Sois donc créateur de par ma propre action créatrice, contemple par mon propre regard, écoute par ma propre audition, énonce par ma propre énonciation, (…) aime par mon amour. Car tu es au nombre de mes Amis (*Awliyâ*) (…). Étant revenu du monde célestiel, ce que j'éprouvais en ce monde-ci, c'étaient les conditions mêmes de l'épreuve (…). *Et voici que brusquement, à la limite du square des Munificences, dans le miroir des signes* (âyât) *de la beauté je perçus les Attributs divins*[10]. (…) Avec les yeux du cœur je contemplais la beauté incréée ; avec les yeux de l'intelligence, je m'attachais à comprendre le secret de la forme humaine.

« Elle-même me disait : "Contemple donc le monde de l'homme avec le regard d'un être humain." Les yeux de mon cœur mirent alors à leur service les yeux de mon corps. Et voici que je vis devant moi une belle et charmante fée dont la grâce et la beauté livraient au pouvoir de l'amour tous les êtres de ce monde. Oh ! Cette jeune impie, tendre, espiègle, charmante, enjouée, prime-sautière[11] ! »

Tous les grands thèmes de Rûzbehân sont plus ou moins réunis dans ce texte. L'idée de la liberté souveraine, du fidèle d'amour, aux audacieux paradoxes. L'union du Contemplant et du Contemplé, où le mystique finit par s'unir à Dieu et n'aimer que par l'amour du divin lui-même ; la descente dans le monde sensible et la découverte de la beauté humaine comme théophanie de la beauté divine ; et les reflets de la Beauté divine dans le miroir des *signes*. Rûzbehân décrit ensuite le regard poly-dimensionnel du mystique, son œil participe à tous les niveaux de réalité et tandis que le regard de l'âme contemple le miroir de la beauté, les yeux de l'intelligence perçoivent le chef-d'œuvre qui incarne cette même beauté. Ensuite s'opère l'inversion, et les yeux du cœur prennent à leur service les yeux du corps, et voici qu'apparaît la beauté *féminine*, perçue à travers les yeux transmués de l'âme et ceux de l'esprit. Et cette beauté révèle les qualités ambivalentes de la forme humaine qui est tour à tour impie, tendre, espiègle, charmeuse, et miroir-témoin. Ces aspects paradoxaux constituent en propre tout le secret de l'amphibolie chez Rûzbehân.

CHAPITRE III

Le pèlerinage intérieur

Les thèmes qui marquent les étapes du pèlerinage intérieur de Rûzbehân constituent selon Corbin six étapes : 1. La théophanie divine comme Beauté divine dans l'homme ; 2. Mohammad est le prophète par excellence de la religion d'amour ; 3. Le sens prophétique de cette beauté se révèle à celui qui dévoile l'amphibolie, ou le phénomène du miroir ; 4. Le fondement pré-existentiel de l'amour est la primordialité des Esprits Saints (individualités humaines pré-existantes) ; 5. Effectuer le sens prophétique équivaut à transformer le voile en miroir comme *shâhid-mashhûd* (le Contemplant-Contemplé) ; ceci est aussi un passage de l'amour métaphorique (*majâzî*) à l'amour véridique (*haqîqî*) ; 6. À son apothéose, l'amour humain débouche sur le secret du *tawhîd* (unicité) ésotérique. C'est Dieu même qui est l'amour, l'amant et l'aimé. « Et là même s'achève l'"histoire" des fidèles d'amour[1]. »

1) La théophanie comme Beauté divine dans l'homme

Il y a parmi toutes les expériences humaines une expérience qui détient un rôle privilégié, puisqu'elle se relie au motif même de la théophanie divine : c'est celle de l'amour humain pour un être de beauté. Il ne s'agit bien entendu pas d'un amour qui serait conditionné par les désirs possessifs, mais d'un amour qui, tout en se reflétant sur la face d'un être de beauté, la transfigure et en fait un *miroir* transparent.

Mais l'amour à l'origine est un acte de contemplation : « Lorsque Dieu, par amour et inclination, fait de son fidèle le Désirant et le Désiré, l'Amant ou l'Aimé, ce serf d'amour assume envers Dieu le rôle de Témoin-de-contemplation (*shâhid*). (…) Tant que dans l'amour tu ne deviens pas identique à l'Aimé, il t'est impossible de ne faire qu'un avec l'Aimé dans l'ermitage de l'atteinte[2]. »

L'amour divin est donc le secret de la théophanie, tout comme il est le motif de l'anthropomorphose. « Adam, dit Rûzbehân, c'est Dieu même ayant revêtu le vêtement de l'être (*libâs-e hastî*) et assumant la qualification humaine (c'est-à-dire passant par l'anthropomorphose)[3]. »

Cette théophanie passe ainsi par les voiles successifs de l'Intelligence, du Cœur et de la nature physique qui sont autant d'étapes d'ennuagement. Cependant cette manifestation théophanique « n'est nullement une incarnation[4] ». Car l'incarnation égare le fidèle d'amour, elle empêche qu'il franchisse l'obstacle et perçoive l'image dans le miroir. Elle confond l'éros humain avec la sexualité charnelle. L'image n'est pas incarnée dans le miroir, mais en y apparaissant « … elle voit et montre à lui-même celui qui se regarde dans le miroir et dont elle *est* l'image »[5]. Privé du sentiment théophanique l'on n'arrive jamais à éprouver l'amour tel que l'expérimente un Rûzbehân. Et cet obstacle Rûzbehân lui-même l'a connu. Il en fait d'ailleurs l'aveu : « Il ne comprenait pas encore que cet événement se passe à l'extérieur de l'argile humaine, sans qu'il y ait quelque chose comme une pénétration matérielle des Attributs divins à l'intérieur des frontières du créaturel !... » S'il l'avait su, dit-il « avec la rosée des larmes de la tristesse d'amour, il aurait effacé la poussière de l'éphémère au visage de la Fiancée éternelle[6] ».

Effacer donc la poussière, c'est reconnaître et percevoir la théophanie comme une forme docétiste, comme une image en suspens, non matérialisée dans une épiphanie quelconque. Cela équivaut à se dégager aussi bien de l'incarnationnisme que de l'idolâtrie, car « la Fiancée éternelle initie son *fidèle* d'amour en filtrant pour lui le pur breuvage d'amour, n'y laissant aucune trace d'impur mélange matériel de la divinité avec l'humanité, et cependant atténuant les traits de sa sublimité pour que la beauté en soit supportable à un être humain, par cette teinture au suave parfum à laquelle fait allusion ce verset : Nous avons créé l'être humain en lui donnant la plus belle des statures[7] ».

Corbin a souvent opposé dans ses écrits les formes théophaniques à l'incarnation. L'incarnation, étant un fait unique et irréversible, s'inscrit dans la trame des faits matériels : Dieu en personne s'incarne à un moment précis de l'histoire. Et ce fait devient un point repérable. Par contre la théophanie présuppose un autre niveau d'être où les formes apparaissent comme des images sur un miroir. Il nous faut donc un monde qui assure ontologiquement ces formes en suspens. En bref, un monde où apparaît transfigurée dans son auréole réelle (comme une *icône*) l'essence réelle de la beauté humaine et non son *idole*. De même que l'incarnation implique le phénomène de l'histoire commençant à partir d'un point repérable, de même aussi la *théophanie* présuppose une hiérohistoire des événements dans le Ciel, apparaissant dans l'espace imaginal de l'âme. Ce ne sont pas les yeux corporels des témoins qui contemplent cette « théophanie dans l'histoire », c'est l'organe de leur vue céleste (*chashm-e malakûtî*) qui le contemple « dans le Ciel » comme *caro spiritualis*. « Et parce qu'elle est un "événement dans le Ciel", non point un fait matériel entré irréversiblement dans l'histoire, la théophanie se répète autant de fois qu'il y a de *shâhid* au présent, de visages de beauté investis de leur sens prophétique. N'étant ni *enoïkesis* (*holûl*, immanence), ni ensarkôsis (*tajassod*, incarnation), elle n'est pas non plus une *kenôsis*, exténuation, effacement du divin, mais manifestation triomphale, éclatante en majesté, de l'attribut divin par excellence qui est la Beauté[8]. »

Tout le secret du *Jasmin* est de conduire l'amour de sa forme humaine à sa forme divine, de percevoir dans le miroir de la Beauté humaine l'Image célestielle, telle qu'elle apparaît dans l'acte théophanique sans le confondre ni avec la matérialité des incarnationnistes (*holûlîyân*) ni avec la ressemblance des associateurs (*moshrikân*). Et une fois ce passage effectué, l'Amant, l'Amour et l'Aimé ne font qu'un dans le secret suprême du *tawhîd*, de sorte que le sujet lui-même se métamorphose pour devenir, comme Majnûn, le « Miroir de Dieu ». À présent, c'est Dieu-même qui, dans le regard de l'Amant pour l'Aimé, contemple son propre visage éternel. Et l'Amant n'est que l'œil par lequel l'Aimé se contemple lui-même.

2) Mohammad, prophète de la religion d'amour

La Beauté est la manifestation éclatante de l'attribut divin par excellence. Les fidèles d'amour disent et ne cessent de répéter : « Dieu est beau et il aime la beauté. » C'est parce qu'il est beau qu'il aime se manifester ; et c'est parce qu'il est beau qu'il y a amour, et désir de s'unir à la personne dont la beauté suscite l'amour. Le refus de la beauté par certaines formes de l'ascétisme est trahison et sacrilège de la part de l'homme, car, ce faisant, on chasse Dieu du paradis, puisque la beauté est mode d'être du paradis. C'est ce culte de la beauté qui opposera Rûzbehân, de même qu'Ibn 'Arabî plus tard, aux pieux dévots, et à tous ceux dont les prémisses spirituelles sont restées étrangères à la beauté de l'amour humain. La beauté est l'attribut essentiel de Dieu et c'est le prophète Mohammad qui en est l'épiphanie en tant qu'*anthropos* céleste.

Mohammad est donc le prophète de l'anthropomorphose divine, de la révélation de la beauté de Dieu dans l'homme. Ce charisme-là le distingue de tous les prophètes qui l'ont précédé. Son expérience mystique personnelle le place au rang du prototype par excellence de toute expérience visionnaire. Rûzbehân dira que lorsque le Prophète « eut vu avec les yeux de l'âme l'empreinte de l'Aimé dans le miroir qu'est Adam de par sa substance même, alors il annonça aux Esprits Saints (*arwâh-e qodsî*, les individualités spirituelles des hommes), avec l'accent d'une voix triomphante : *Dieu a créé Adam comme image de sa propre forme*[9] ».

Tous les traits que lui attribue Rûzbehân attestent de cette situation privilégiée du prophète de l'amour. Il assume le rôle de l'archange Michel et convie les anges à l'adoration de la forme humaine[10] ; il jouit de toutes les tendresses de l'Amant : lorsqu'il voit une rose il la porte à ses yeux en disant : « La rose rouge appartient à la beauté de Dieu. » La beauté est inhérente à sa nature même, c'est pourquoi on l'appelle un « second Adam[11] ».

Mohammad est ainsi le prophète de l'*Éros* divin[12].

L'état d'Abraham n'était pas encore celui de la vision de la beauté humaine ; il y allait de la foi. Les « trois déclinants » (Soleil, Lune, Vénus) sont les signes de la foi[13]. De même la vision fut refusée à Moïse : « Tu ne me verras point (*lan tarânî*). » Par conséquent cette vision oculaire qui est l'épiphanie de l'Essence (*majlâ-e dhât*) était réservée à celui qui fut le Sceau des prophètes[14], c'est-à-dire Mohammad, l'annonciateur du sens prophétique de la religion des fidèles d'amour.

Mohammad est d'autre part le prophète qui annonce la « mort mystique d'amour », l'atteinte à l'amour vrai où l'on ne devient pas seulement Témoin oculaire (*shâhid*) mais également *martyr* (*shahîd*)[15]. L'amant qui atteint cette fidélité d'amour devient le partenaire des prophètes, mais comme la beauté elle-même a une fonction prophétique, tout amant qui effectue ce passage devient à la fois fidèle d'amour et *nabî*. Promus à ce rang suprême, prophètes et fidèles d'amour sont associés par le même lien du témoignage. « Lorsque l'amour a promu l'amant au rang de Témoin véridique (*shâhid*) il devient le partenaire des prophètes au monde du *Jabarût* et dans les arènes du *Malakût*, chevauchant avec eux la monture de l'amour, car la voie royale est le lieu (*mashâhid*) où sont tués les martyrs et où rendent témoignage les prophètes[16]. »

Parvenir au rang du témoin et du martyr, c'est éprouver et atteindre le niveau du *tawhîd* ésotérique qui est le pilier central de la religion de l'Amour et l'apothéose de toute quête mystique.

3) L'amphibolie ou le phénomène du miroir

Tout le journal de Rûzbehân est « une suite de variations sur le thème de l'amphibolie (*iltibâs*) de l'Image humaine qui à la fois "est" et "n'est pas". Tout le sensible, le visible, l'audible, est amphibolie, a un double sens, puisqu'il révèle l'invisible, l'inaudible, et c'est cela même la fonction théophanique de la beauté des créatures, sans contradiction avec le dépouillement de la pure Essence (*tanzîh*)[17]. »

L'amphibolie approfondit une ambiguïté fondamentale qui tient au paradoxe essentiel de l'existence même. De même que toute théophanie est un voile qui tout en révélant l'être n'en recèle pas moins la dimension de ce qui s'occulte, de même aussi le langage traduit cette ambivalence par des paradoxes inspirés. Tout paradoxe a un double sens qui simultanément voile et révèle l'invisible tout comme le miroir montrant l'image qui s'y manifeste renvoie à ce qui reste au-delà de cette image. « Une fois, dira Rûzbehân, dans la seconde partie de la nuit, après m'être assis sur le tapis de l'adoration dans l'attente de l'apparition des Fiancées invisibles (*'arâ'is al-ghayb*), ma conscience secrète prit son envol dans les régions du *Malakût*, et je contemplai la majesté divine, en la station de l'amphibolie, à plusieurs reprises, sous l'aspect lumineux (*hayba*) de sa beauté ! Mon cœur ne s'en contentait pas, aspirant à la découverte de la majesté éternelle qui embrase les secrets des consciences et des pensées. Voici que je contemplais un Visage plus vaste que l'ensemble des Cieux, de la Terre, du Trône et du *Korsî*. En irradiaient les lumières de la Beauté, il transcendait toute idée de pareil et de semblable. Cependant je perçus sa beauté comme ayant l'aspect de la rose rouge, mais à la façon d'un monde dans un monde, comme si en effusaient des roses rouges, et je n'en voyais pas la limite. Mon cœur se souvint alors de ce propos de notre prophète : la rose rouge fait partie de la beauté divine[18]. »

Ici Rûzbehân perce le mystère de l'amphibolie comme d'une théophanie qui transcende toutes choses, qui provoque l'étonnement et qui en même temps apparaît dans le revêtement d'une *fleur* rouge. Il y a donc d'une part le revêtement des attributs (*symboles*) qui en réfléchissent la beauté comme la forme humaine, la rose rouge ; et, d'autre part, le dépouillement de la pure essence laquelle tout en transcendant toute réduction à quelque objet que ce soit, ne reste pas cependant en contradiction avec cette apparition, qui est aussi une symbolisation.

D'où une première conséquence : l'*amphibolie* présuppose une *transfiguration* qui est le point de jonction de ce double sens ; elle est à la limite même du passage qui conduit de la dualité (opposant le Seigneur divin et son fidèle d'amour) à l'état d'union théophanique, où les rapports s'inversent. Le fidèle perçoit à présent toutes choses avec le regard transfigurateur de l'amour : il réalise de la sorte la « vision oculaire (*shohûd*) de la Face divine sous une forme belle à contempler, en la personne d'une créature humaine au beau visage[19] ».

Le fidèle d'amour parvenu à l'amour réel demeure lui-même au point de jonction de ce double sens : grâce à l'amphibolie, il perçoit la face humaine *transfigurée* par la Face divine, et c'est avec ce regard nouveau qu'il redécouvre la face humaine, de sorte que l'Amant, l'Aimé et le lien de l'amour les réunissant deviennent homochrome (*hamrang*). Ceci non pas parce que « ses yeux se fermeraient devant la forme extérieure et visible de l'Aimé et s'en détourneraient, mais en ce sens que l'Amant arrive ainsi à la découverte intérieure de l'amour (*kashf-e 'ishq*)... Il lui devient manifeste que c'est l'Être divin qui se montre à lui dans la beauté de l'Aimé[20] ».

Mais pour que le voile puisse être levé et se transformer en miroir, pour que la Beauté puisse se révéler tout en se cachant et se cacher tout en se révélant dans le double sens même du *symbole*, il faut que cette vision reste à une distance égale d'un double écueil : l'anthropomorphisme des idolâtres et l'abstractionnisme intransigeant des briseurs des *icônes*. Car si l'*idole* réduit l'Essence à un attribut particulier et le monothéisme l'en sépare à jamais, en revanche l'*icône* sauve à la fois le multiple et l'un, l'image et le miroir ; et ce qui par-delà le miroir reste caché.

a) L'iltibas entre ta'tîl et tashbîh

Le mystère de l'*amphibolie* se résume dans cette formule souvent répétée des soufis : « J'ai vu mon Dieu sous la plus belle des formes. » Ce témoignage résout la contradiction de l'anthropomorphisme (*tashbîh*) et du monothéisme abstrait (*ta'tîl*), de l'immanence et de la transcendance. Dieu reste Dieu tout en se revêtant de la plus belle des formes. Il n'est ni associé à la forme théophanique dont il est la réalité transcendante, ni isolé en dehors de tout lien théophanique avec le monde. Il est et il n'est pas ; il se montre et se cache ; et c'est installé dans le cœur même de cette ambivalence que le fidèle d'amour devient comme *Majnûn* (prototype de l'Amour) le miroir de Dieu, c'est-à-dire l'homme au *regard théophanique* (*sâhib-e nazar*)[21].

Par ailleurs l'amphibolie ne peut être dépassée qu'au risque de faire naufrage soit dans l'idolâtrie métaphysique, soit dans l'abstraction de l'essence indéterminée. Ce n'est qu'en sauvant le *phénomène*, qu'en *transfigurant* le monde qu'on le dépasse en évitant le péril qu'encourut Moïse sur la montagne[22].

« Voici que, dit Rûzbehân, je le (Dieu) vis avec l'attribution de la Majesté et de la Beauté, dans une demeure, *sous la plus belle des formes*. J'éprouvai une nostalgie, un amour, un désir, qui s'accroissaient l'un par l'autre. Pendant mon état d'extase, était bannie de mon cœur toute l'affaire du *tashbîh* et du *ta'tîl*, parce qu'en sa présence s'écroulent les normes des intellects et des connaissances[23]. »

Le double bannissement du *tashbîh* et du *ta'tîl* ne consiste ni à sacrifier l'Un au multiple, ni à réduire celui-là à celui-ci. C'est en passant entre l'un et l'autre à égale proximité que l'âme conquiert sa distance par rapport à l'un comme à l'autre ; et c'est ainsi qu'il parvient à la station d'amour et substitue, ce faisant, à l'unité théologique des littéralistes, l'unité ontologique (*tawhîd wojûdî*) des fidèles d'amour. C'est presque avec exaspération que Rûzbehân vitupère les *foqahâ'* (théologiens) de la religion légalitaire qui, aveugles, ne voient partout qu'association (*shirk*) et incarnation (*tajassod*). Il dit : « Bien que cette perle (c'est-à-dire la perle de la contemplation qui s'attache au *shâhid*) ait la pureté d'un joyau, les hypocrites de la religion légalitaire et les petits esprits de la vie dévote y aperçoivent une manière d'incarnation. Grand Dieu ! Quand ceux-là qui ont des yeux ne voient pas, qu'en sera-t-il de ceux qui n'ont pas d'yeux[24]. » L'attaque contre les censeurs, les prohibiteurs religieux qui caractérisent tant le soufisme iranien, anticipe déjà sur le ton encore plus véhément avec lequel deux siècles plus tard Hâfez, le célèbre poète lyrico-mystique de l'Iran, défiera sans complaisance les hypocrites de la religion légalitaire. Corbin revient souvent sur l'affinité qui existe entre Rûzbehân et Hâfez, plus encore sur l'affiliation possible du grand poète de Shîrâz à l'ordre rûzbehânien. D'ailleurs le glossateur de Rûzbehân cite deux strophes de Hâfez et deux autres de Sa'dî (deux célèbres poètes de Shîrâz comme Rûzbehân lui-même) pour illustrer l'aspect apparitionnel des phénomènes de vision. Hâfez de dire : « Au regard de chacun paraît notre idole, et pourtant ! Cette séduction que je contemple, nul autre que moi ne la voit. » À quoi répond en antistrophe ce distique de Sa'dî : « Il ne convient pas que n'importe quel regard contemple une telle beauté – hormis toi qui traces autour de toi-même le cercle protecteur du Nom divin[25]. »

4) *De l'amour métaphorique à l'Amour vrai*

Récapitulons à grands traits la dialectique de l'Amour. La création est une théophanie ; elle est aussi la manifestation de la beauté divine sous la forme humaine. Il y a d'autre part dès la pré-éternité *unio mystica* et affinité (*ta'alof*) entre divinité et humanité. C'est ce rapport théophanique qui fonde la révélation de l'amour divin dans l'amour humain parce que, éclos à son extrême limite, celui-ci n'est autre que l'Amour de Dieu pour lui-même.

D'autre part, le terme ultime de l'Amour humain qui est aussi l'unité ésotérique (*tawhîd wojûdî*) ne peut être atteint qu'à partir de l'amour humain. C'est ce trait particulier qui différencie si nettement la spiritualité d'un Rûzbehân par rapport à non seulement « l'ascète chrétien en général, mais aussi à l'égard de ceux des soufis en Islam que Rûzbehân désigne comme les "pieux ascètes" (*zohhâd*) par contraste avec les fidèles d'amour[26] ». C'est-à-dire tous ceux pour qui la beauté humaine est une tentation de la chair, un piège. Sur cette voie même, Rûzbehân ne craint pas de figurer comme un *malâmatî*, comme l'un de ceux qui volontairement, pour dissimuler la pureté de leur visage intérieur, assument à l'occasion une conduite encourant le blâme officiel. De ce point de vue il peut être considéré comme le précurseur du célèbre poète Hâfez de Shîrâz dont le *Dîwân* est encore consulté comme memento mystique[27].

L'originalité du soufisme iranien est là : « Elle comporte, dit Corbin, un défi et une éthique individuelle, héroïque et secrète, typifiée dans le personnage du *Javân-*

mard, le chevalier de l'âme. Pour Rûzbehân, comme pour Ahmad Ghazâlî, Fakhr 'Erâqî, Hâfez, il s'agit d'un seul et même amour. Comme [Rûzbehân] l'écrit : "Il ne s'agit que d'un seul et même amour, et c'est dans le livre de l'amour humain (*'ishq insânî*) qu'il faut apprendre à lire la règle de l'amour divin (*'ishq rabbânî*)". Il s'agit donc d'un seul et même texte, mais il faut apprendre à le lire ; ici, par excellence, l'exégèse du texte se révèle comme étant l'exégèse de l'âme (...) ; il faut s'initier à une herméneutique spirituelle, à un *ta'wîl* de l'amour[28]... »

Or le *ta'wîl* de l'amour est aussi comme nous le disions plus haut l'épreuve du voile, ou de l'ennuagement. Ce voile-là c'est l'herméneutique de l'amour qui l'amène à la *transparence du miroir*, c'est-à-dire du triple miroir du cœur (*sirr*) qui contemple l'invisible, du *miroir* des sens internes transfigurés qui contemple l'apparent, la forme visible de Dieu, et du miroir des yeux humains illuminés par l'amour qui contemple la Face de la Fiancée éternelle. Tout l'être de l'amant, en vertu de cette métamorphose alchimique, devient des miroirs où se réfléchissent en même temps l'invisible, l'apparent et la Face de l'Aimée ; et le tout dans l'apparition d'une image en suspens qui caractérise l'amphibolie[29].

À ce stade d'union les rôles *s'inversent*. « C'est la limite à laquelle le héros de l'Amour Majnûn sait qu'il est lui-même devenu l'Aimée Layla, il l'a si totalement intériorisée, s'y est tant identifié que, lui demande-t-on son nom, il répond "Layla". Loin donc qu'il y ait opposition entre l'Éros humain et l'amour divin, celui-ci ne peut-être découvert et vécu que dans le premier[30]. »

La conception rûzbehânienne de l'amour, celle du passage de l'amour humain à l'amour divin n'est possible que là où la pensée transfigure toute chair en *caros spiritualis*, toute donnée sensible en symbole, et tout voile en miroir de contemplation. Bref, il faut que l'Amour devienne le *Miroir de Dieu*.

5) Du tawhîd *exotérique au* tawhîd *ésotérique*

Le passage de l'Amour humain à l'Amour divin est aussi, considéré sous l'angle de la vision ontologique, comme le passage du *tawhîd* (unité) exotérique de la foi monothéiste au *tawhîd* ésotérique de la vision spirituelle. De même que par l'Amour Majnûn intériorise Layla pour ne voir rien d'autre que son Image sur le miroir de son cœur, de même le passage à l'unité ésotérique présuppose le retour à un état antérieur à l'opposition de sujet-objet ; un état où c'est le Sujet lui-même qui devient à la fois l'Amant et l'Aimé.

Rûzbehân distingue trois degrés de *tawhîd* dans son traité persan intitulé *Risâla-ye Qodsîya*. D'après les commentaires de Corbin, les trois degrés du *tawhîd* sont les suivants[31] :

1) Il y a un premier degré appelé le *tawhîd* du commun (*tawhîd-e 'âmm*), c'est le monothéisme abstrait professé par la conscience naïve et commune. Il présuppose un Être suprême (*Ens supremum*) transcendant la totalité des êtres. Il procède par conséquent par la négation (*tanzîh*). Séparer le divin de toutes les catégories du créé en préservant sa transcendance. « La totalité des êtres rassemblés sur un plan égalitaire, maintenus équidistants de l'objet transcendant par son exigence totalitaire, pourrait être représentée par une graphie comme n + 1. Pour le soufisme, comme pour l'ismaélisme, le *tawhîd* du commun ne cesse de commettre l'idolâtrie métaphysique[32]... »

2) Le *tawhîd* de l'élite (*tawhîd-e khâss*) est une unité particulière dans laquelle la totalité des êtres s'effacent

dans la théophanie essentielle de l'Être unique. C'est un état d'anéantissement (*fanâ*) qui n'implique que l'existence unique de Dieu et la négation de Tout-autre-que-Lui. Elle substitue ainsi au n + 1 du *tawhîd* commun l'identité métaphysique de 1 = 1. Dans ce contexte, les apparences, les théophanies, s'avèrent être des édifices illusoires à même de s'évanouir dans l'anéantissement primordial de l'Ipséité divine. Si le *tawhîd* commun va du monde à Dieu (*az 'âlam-e molk be Haqq*), le second va du moi personnel à Dieu (*az khod be Haqq*) tandis que le troisième va de Dieu à Dieu (*az Haqq be Haqq*).

Corbin précise : tandis que le *tawhîd* du commun peut être représenté graphiquement par un n + 1, et le *tawhîd* du second degré par 1 = 1, Rûzbehân nous a déjà suggéré la graphie correspondant au troisième degré, en précisant : « Tant qu'il ne devient pas le produit de l'unité par l'unité (*wâhid dar wâhid* 1 × 1), le pèlerin mystique n'arrive pas à la vision de la vision du *tawhîd* (...). C'était là formuler rigoureusement le rapport de l'unité avec la multiplicité des théophanies, tel qu'il se vérifie dans le *chaque fois, kath'héna*, pour donner le produit de l'unité par elle-même, du même regard se multipliant par lui-même, unité de l'unité, *vision de la vision*, parce que le Contemplé est *chaque fois* le propre regard du Contemplant[33]. » Corbin, interprétant ailleurs le passage de l'Unité théologique à l'unité ontologique chez Haydar Amolî, parvient au même résultat. L'unité ontologique est le niveau de l'intégration de l'intégration (*jam' al-jam'*) tout comme il est chez Rûzbehân l'unité de l'élite de l'élite. Il faut donc passer du Tout indifférencié au tout différencié de nouveau. C'est la vision intégrale que possède le Sage : « vision intégrale du Dieu-Un et des formes divines multiples. On voit et la forêt et les arbres, et l'encre et les lettres... »[34].

3) Ce dernier est le *tawhîd* de l'élite de l'élite (*tawhîd-e khâss-e khâss*). Il anéantit le second anéantissement provoqué par le second *tawhîd*. C'est la ré-apparition de toutes les formes à partir de l'effacement initial de l'identité métaphysique.

Mais ici s'opère précisément ce renversement dont nous parlions à propos du passage de l'Amour humain à l'amour divin. Désormais le haut devient le bas et le bas devient le haut. À ce niveau-là le mystique voit tout, mais il le perçoit avec l'œil de Dieu ; il est lui-même le regard alchimique de Dieu qui transfigure toutes choses en sa propre vision. Le moi, l'égoïté s'étant effacé, il est un miroir où se reflète l'ipséité divine : s'étant anéanti (son moi effacé) dans l'essence annihilante de la Majesté il réapparaît grâce à la surexistence (*baqâ'*) de Dieu. Il voit sans soi-même Dieu par Dieu (*bî-khod Haqq râ be Haqq bînad*). Il voit certes, et pourtant ce n'est pas lui qui voit. C'est Dieu qui voit *par lui*. Il est l'œil par lequel Dieu se contemple soi-même. C'est ce que veut dire d'ailleurs : « l'en-haut est devenu l'en-bas », et réciproquement : « Il sait que c'est là un pas du non-être à l'être. Le second pas le fait sortir de la condition humaine servile (*bandagî*) sur l'aile de la condition divine seigneuriale (*robûbîyat*) dans le libre espace de l'Ipséité divine (*howîyat*)[35]. »

Ceci est le secret du *tawhîd*. Il est à la fois quant à la science du regard la Vision de la vision (*'iyân al-'iyân*) et quant au témoin oculaire la coalescence du témoignant-témoigné (*shâhid* et *mashhûd*) et quant au prototype qui l'incarne, l'état de la divine folie que typifie *Majnûn*.

a) Vision de la vision

Lorsque ton propre regard est l'œil par lequel Dieu se contemple lui-même, alors tu es dans l'état de la vision de la vision. Car la vision qu'a l'homme du monde est celle-là même que perçoit le regard divin. Ainsi cette vision postule une *ek-statis*, une sortie hors de soi-même. Sortie qu'exprime admirablement ce paradoxe de Rûzbehân « *man bar man bî man 'âsheqam* » : « C'est moi-même qui, sans moi-même (c'est-à-dire hors de moi-même), suis l'amant de moi-même. » Paradoxe suprême qui résume aussi toute l'ambiguïté de la science du regard. Le regard que l'amant contemple dans le miroir est son propre regard ; et pourtant ce n'est pas lui puisque c'est le regard de l'autre, et cependant cet autre n'est en dernier ressort que lui-même. *Vision de la vision* et mystère de ce qui est et qui n'est pas et pourtant est et n'est pas en même temps, et qui reste, en fin de compte, en suspens entre l'être et le non-être. C'est ce degré de la *vision de la vision* qui atteste d'ailleurs le célèbre paradoxe de Hallâj : « Je suis Dieu. » Rûzbehân l'explique :

« Lorsque tu as atteint à la vision de la vision, chaque atome de ton être proclame : "Je suis Dieu". » Parce que alors chaque atome de la création est un œil de Dieu[36]. Mais si tous les *atomes* sont les yeux de Dieu, la raison en est que les actes de la création aussi sont des contemplations divines (*nazarât*). En fait toutes les catégories de la création ne sont pas des objets distincts de Dieu, mais les organes mêmes de sa création. Chaque création constitue un *œil* divin, car sans cet organe de vision rien n'aurait pu se montrer. Et c'est en ce sens que toute création est une théophanie. Dans l'état de la vision de la vision, il se produit une coalescence de sorte que, dit Rûzbehân, « la coalescence du *regard* (...) de l'Amant et du regard (...) de l'Aimé est impliquée dans le *regard* de coalescence (*'ayn-e jam'*) qui est l'essence de l'amour[37] ». Ceci est un état homochrome (*hamrang*), co-naturel entre l'Amant et l'Aimée, une *symmorphose* ou un *synchromatisme*[38], dit

Corbin, grâce auxquels l'amant mystique contemple l'œil
qui le contemple comme s'il était lui-même cet œil.

b) *Témoin-de-contemplation*

L'idée de la vision de la vision est en rapport avec une
autre notion qui elle-même est un terme-clef du *Livre de
l'Ennuagement* et dont l'usage est fréquent dans le livre
du *Jasmin*. Il s'agit du terme *Shâhid*. Voici comment
l'interprète Corbin : « La racine dont il provient comporte
l'idée d'assister en personne à un événement et porter
témoignage de ce que l'on a vu. D'où *Shâhid* est à traduire tantôt par celui qui est *présent*, celui qui *contemple*,
et tantôt par témoin[39]. » Dans toute théophanie il y a une
réversibilité de rapports, de sorte que le témoin de toute
Image perçue sur un miroir devient par là même un
« témoin-de-contemplation »   (Contemplant-Contemplé).
Le témoin (*Shâhid*) est non plus l'œil *autre* qui regarde
Dieu, mais l'œil par lequel Dieu regarde et se montre à
soi-même sous les variantes infinies que sont ses formes
contemplées (*mashhûd*). D'ailleurs l'inversion de cette
réciprocité qui constitue, comme nous l'avons vu, le troisième degré du *tawhîd* (la vision de la vision), révèle,
grâce aux paradoxes qu'il met en œuvre, le secret de
l'*amphibolie* qui est en quelque sorte la clef de voûte de
tout l'édifice visionnaire de Rûzbehân. Laissons-le parler
encore : « Le *shâhid* c'est Lui, et le *mashhûd*, c'est Lui. Il
se voit soi-même par soi-même, puisque personne ne Le
voit en réalité... Le *shâhid* c'est Lui, et le *mashhûd* ce
sont les cœurs des mystiques auxquels Il est présent (...).
Et le *shâhid* ce sont aussi les cœurs des amants mystiques,
tandis que leur *mashhûd* c'est L'avoir face à face. Il est
leur *shâhid* et il est leur *mashhûd*[40]... »

c) *Majnûn, Miroir de Dieu*

Majnûn est beaucoup plus qu'un modèle. Il est le « Miroir de Dieu ». L'Être de Majnûn est devenu l'œil (*dîdeh-hastî*) par lequel Dieu se regarde. « Il ne pourrait dire de la manière dont il dit : Je suis Layla, s'il n'était devenu ce miroir[41]. » Majnûn sait qu'il ne peut franchir « le fleuve torrentueux (le Jayhûn) du *tawhîd* sans le pont de ton amour ». Mais franchir ce pont, c'est effectuer le passage de l'amour humain à l'amour divin grâce auquel le cœur de l'amant devient le miroir où l'œil de Dieu s'y contemple, puisqu'il s'y est révélé à soi-même dans l'incomparable beauté de l'Aimée, Layla. Franchir ce pont n'est pas non plus un transfert d'un objet humain à l'objet divin, « c'est passer par une métamorphose telle que la notion d'objet elle-même est renversée[42] ».

C'est en raison de l'intériorisation parfaite de l'Aimée Layla dans la personne de l'Amant que Majnûn ne voit rien d'autre que l'Aimée, puisque étant un miroir parfait, il n'existe que dans la mesure où il épiphanise l'Image de l'Aimée. Il en voit le reflet partout : dans une montagne, une fleur. Layla est en quelque sorte l'Image par laquelle le monde lui apparaît transfiguré dans l'auréole de la pure beauté. Cela va même si loin que Majnûn évite la présence physique de Layla *de peur qu'elle ne l'en éloigne de son amour*. C'est en raison de cette absorption totale en la présence intériorisée de l'Aimée que les maîtres soufis, Shiblî par exemple (861-945 A.D.), présentent dans leurs visions « Majnûn comme le modèle du vrai mystique dont la conscience est si totalement absorbée par Dieu, qu'il ne se connaît soi-même et ne perçoit le monde extérieur que par Dieu ». Et c'est cela toute l'histoire d'amour du couple *Majnûn-Layla*.

CHAPITRE IV

Les paradoxes inspirés

Le mot *shath*[1], pluriel *shathîyat*, a été traduit par « outrances », « propos extatiques ». Louis Massignon avait proposé de le traduire par « locutions théopathiques ». Tous ces équivalents sont, selon Corbin, plus ou moins exacts, mais ils ne couvrent pas l'ensemble de la situation que vise Rûzbehân. La raison en est que les propos rapportés n'ont pas été dits en extase mais en état de parfait sang-froid, et qu'ils décrivent avant toute chose une vision en rapport avec l'amphibolie. Ils sont en quelque sorte l'expression verbale d'une situation qui, ontologiquement, reste l'ambiguïté de l'être et du non-être à la fois.

Ainsi, pour Sarrâj, des expressions étranges dont se servent les mystiques en extase déroutent l'auditeur. Car à vrai dire l'énonciateur des propos paradoxaux ressemble à un fleuve coulant entre des rives trop étroites ; il ne peut communiquer son expérience sans inonder et assommer du même coup celui à qui il s'adresse : « le flot des lumières spirituelles déborde jusqu'à la langue, et celle-ci se met à proférer des propos que les auditeurs éprouvent comme de scandaleux paradoxes, hormis ceux qui sont capables d'en approfondir le sens vrai[2] ».

Pour Rûzbehân, par exemple, « dans le langage des

soufis, *shath* provient des mouvements qui agitent le fond intime de leur cœur (*asrâr-e del*). Lorsque l'extase devient en eux violente, et que la lumière de la théophanie envahit jusqu'à leur secret intime (*sirr*) (...) leur âme est mise en mouvement (com-motionnée), leur fond intime entre en ébullition, leur langue se met à parler. L'extatique profère alors des propos qui procèdent de l'incandescence de son état intime et de l'exaltation de son esprit, propos concernant les sciences relatives aux étapes mystiques, et dont l'apparence (le *zâhir*) est à double sens (*motashâbih*, ambigu). (...) Ces propos, les gens les jugent extravagants, et comme dans l'usage exotérique on ignore la modalité qui leur est propre, et que l'on ne voit pas quelle "balance" en pèse le sens, alors on cède à leur provocation en portant la censure et le blâme contre celui qui les profère[3] ».

De ce texte découlent deux *conséquences* : 1) le paradoxe a un double sens, et 2) celui qui le profère encourt le blâme et la censure des auditeurs. Il devient, en d'autres termes, un *malâmatî*. En fait le paradoxe apparaît tout autant dans le Verbe de Dieu, c'est-à-dire au niveau du Livre saint, que dans les sentences des prophètes et les locutions extatiques des mystiques.

Le Verbe divin revêt nécessairement un *double-sens* ; il est par conséquent un discours éminemment ambigu (*motashâbih*), amphibolique. Si on réduit Dieu à une abstraction on tombe dans le piège de l'abstractionnisme (*ta'tîl*) et du coup on élimine le sens intérieur, qu'implique nécessairement le *ta'wîl* qui est contenu d'ailleurs implicitement dans tout paradoxe. Le *shath* apparaît partout où l'éternel (*qidam*) s'exprime dans le temporel (*hadath*). « Celui-ci n'est alors *rien de moins* qu'un symbole[4]. » Il n'appartient dès lors qu'aux gnostiques éprouvés, les *râsikhûn fi'l 'ilm*, de le déchiffrer, d'en

déplier les sens, d'en être les témoins. Vu ainsi le *paradoxe* remplit la même fonction amplifiante que l'herméneutique spirituelle dans la lecture des textes sacrés. Tout
comme la parole divine ne peut être comprise, décodée
que par un acte de compréhension qui reconduit au sens
caché des apparences, de même l'éclosion du sens recelé
dans les paradoxes requiert une herméneutique. Il est
impossible de dissocier les deux sens apparent et occulte :
l'apparence n'est pas le vrai sens, mais d'autre part le vrai
sens ne peut être désigné que par l'apparence. Chaque fois
que l'éternel épouse le revêtement d'un discours quelconque, indubitablement celui-ci devient ambigu, c'est-à-dire
à double sens.

Le sens apparent devient choquant, déroutant, scandaleux. D'ailleurs, ajoute Corbin, « le terme grec *paradoxos*
désigne une proposition contraire aux idées reçues,
incroyable, scandaleuse, étrange, extravagante, mais dont
le sens vrai est caché sous cette apparence[5] ». Ceci accen-
tue d'autant plus la ressemblance avec le *shath* que la
racine arabe à la seconde forme, *shattaha*, signifie « renverser quelqu'un à terre ».

Ainsi étendu au sens de l'amour, le paradoxe dans le
Jasmin devient le paradoxe même de l'amour à la fois
divin et humain, parce qu'il est en somme un seul et
même amour.

De même que la Beauté divine apparaît transfigurée sur
le miroir du cœur, de même l'inexprimable, l'ineffable,
apparaît dans le revêtement des paradoxes, d'autant plus
fulgurants qu'ils sont inspirés, c'est-à-dire qu'ils proviennent de l'ambiguïté même du mystère de l'être. C'est
pourquoi Corbin propose, pour traduire le *shath*, l'équivalent du « paradoxe inspiré » pour bien marquer par là
l'origine mystique de ces propos inhabituels et insolites.
« L'herméneutique, le *ta'wîl* du *shath* chez les soufis, ne

diffère pas en essence du *ta'wîl* appliqué à atteindre le sens spirituel de la Révélation qorânique, ou celui des propos tenus par le Prophète dans les *hadîths*, puisque ce sont différents cas de "paradoxes inspirés". Et c'est pourquoi aussi le livre de Rûzbehân sur les *paradoxes* des soufis doit être étudié conjointement avec son grand commentaire du Qorân, comme avec le livre du *Jasmin* méditant le paradoxe de l'amour[6]. »

1) Le Sage malâmatî

La personne du mystique devient un paradoxe non pas parce qu'il lui arrive d'exprimer à la première personne (parce que son *ego* humain s'est retiré) des propositions dont seul l'Être divin peut être le sujet, mais aussi parce que cette attitude le pousse à défier la religion exotérique des littéralistes, et à passer aux yeux des dévots pieux et des représentants de la religion comme un infidèle, ou un profanateur. Tout comme la vision amphibolique entraîne le mystique à proférer des propos paradoxaux à même de déranger le bon sens du commun des mortels, de même aussi l'homme qui en incarne le statut devient un *malâmatî*, une sorte de libertin inspiré (*Rend*, selon Hâfez) qui, volontairement, afin de dissimuler la pureté de son cœur, assume à l'occasion des comportements scandaleux encourant le blâme officiel. De ce point de vue Rûzbehân peut être considéré comme le précurseur de Hâfez dont les Persans consultent le *Diwân* à la façon dont les Chinois recourent au *Yi Jing*.

Rûzbehân nous apprend qu'il eut dans sa jeunesse un shaykh *malâmatî*. « Au temps de ma jeunesse, dit-il, j'avais un shaykh. C'était un shaykh de grande science mystique, perpétuellement en état d'ivresse, un shaykh *malâmatî*, dont la vraie figure était ignorée du commun des gens. Une nuit je contemplais une vaste plaine dans les plaines du Mystère, et voici que je vis Dieu ayant l'apparence de ce shaykh, (…). Je m'approchai de lui. Alors il me fit signe, me montrant une autre plaine. Je m'avançai vers cette plaine, et de là de nouveau je vis un shaykh pareil à lui, et ce shaykh c'était Dieu. De nouveau il me fit signe, me montrant une autre plaine, ainsi de suite jusqu'à ce qu'il m'eût dévoilé *soixante-dix mille plaines*, et chaque fois, à l'avancée de chaque plaine, je voyais une figure semblable à celle que j'avais vue dans la première. (…) À cet instant, je sentis en moi l'emprise des réalités ésotériques du *Tawhîd*, depuis la mer de la Magnificence[7]. »

Dans ce texte Rûzbehân déclare ouvertement son affiliation à l'ordre des *malâmatîs*, puis associe la vision de son shaykh au plus haut degré de *tawhîd* : où il apparaît comme le produit de l'unité multipliée par l'unité (*wâhid*, 1×1). Tout est individuel, pourtant tout est un. C'est la vision intégrale de Dieu-Un et des formes multiples, la Vision de la vision et le suprême secret de *l'amphibolie*. Car ce rapport de l'un au multiple et *vice versa*, c'est aussi le mystère de leur connivence, connivence découlant de l'ambiguïté d'un paradoxe : la « multiplicité de l'Unique et l'identité du Multiple[8] ». Et c'est parce que ce *paradoxe* a inondé le cœur, l'âme, la vision du mystique et a transfiguré l'essence de son être qu'il devient socialement un *malâmatî*. C'est-à-dire un intrépide qui, pour rester fidèle à la connivence qu'il symbolise, ne craint guère d'affronter la béate quiétude des inconscients, ni d'affronter le blâme officiel des institutions publiques. Car il est tel qu'il est, un *paradoxe inspiré* à la limite de l'ambiguïté même de l'être et du non-être, partant une « brebis galeuse » pour tous les Musulmans bien pensants. « Je fus agréé parmi les gnostiques portant la parure de l'amour. Mais chez les pieux dévots (*zohhâd*) mon histoire est impiété scandaleuse[9]. »

Pour finir disons que Corbin s'est souvent référé à l'affinité qu'il y a entre Hâfez, le célèbre poète persan du XIVe siècle, et probablement l'un des plus grands lyriques et mystiques de tous les temps et l'« ordre de soufi rûzbehânien » (*tarîqa rûzbehânîya*). Un commentateur turc de Hâfez nous livre l'indice d'une *isnâd* (transmission) qui ferait de Hâfez un membre de cet ordre. Quelle que soit la véracité des faits une chose est certaine : l'affinité entre les deux grands Shîrâzî Hâfez et Rûzbehân est certaine. Malheureusement nous n'aurons pas l'occasion de nous pencher sur ce problème qui mérite à lui seul une étude à part, et dépasse le cadre de celle-ci.

CHAPITRE V

Ibn 'Arabî et l'imagination créatrice

Ibn 'Arabî fut un écrivain d'une fécondité colossale. Le répertoire de ses œuvres, que nous devons au labeur d'Osman Yahia, comprend huit cent cinquante-six ouvrages, dont cinq cent cinquante nous sont parvenus et sont attestés par deux mille neuf cent dix-sept manuscrits. Son chef-d'œuvre le plus connu est l'immense ouvrage intitulé le *Livre des conquêtes spirituelles de La Mekke* (*Kitâb al-Fotûhât al-Makkîya*) dont la première édition critique est toujours en cours par les soins d'Osman Yahia. L'ouvrage a été lu au long des siècles par tous les philosophes spirituels de l'Islam. On peut en dire autant du compendium *Les Gemmes des sagesses des prophètes* (*Fosûs al-Hikam*), lequel est, plutôt qu'une histoire des prophètes, une méditation spéculative contemplant les archétypes de la Révélation divine. L'ouvrage ressortit lui-même au « phénomène du Livre révélé », et Ibn 'Arabî le présente comme ayant été inspiré du Ciel par le Prophète. Il existe des commentaires sunnites et des commentaires shî'ites. Osman Yahia en a recensé cent cinquante dont cent trente sont l'œuvre des mystiques iraniens. Ceci montre d'emblée l'énorme influence de la pensée d'Ibn 'Arabî dans le monde iranien. Et lorsque plus tard aura lieu la coalescence de la théosophie d'Ibn 'Arabî et de la philosophie orientale (*Ishrâq*) de Sohrawardî, ce phénomène-ci provoquera le grand essor de la métaphysique shî'ite en Iran dont « les virtualités, dit Corbin, sont loin d'être épuisées de nos jours[1] ».

Ibn 'Arabî naît à Murcie en Andalousie, en 560/1165, décède à Damas en 638/1240. Trois motifs, dit Corbin, vont marquer sa vie et déterminer la courbe de sa vie : le témoin aux funérailles d'Averroës, le pèlerin de l'Orient, le disciple de *Khezr*.

Récapitulons tout d'abord les événements synchroniques qui marquent l'époque d'Ibn 'Arabî. Corbin a été extrêmement sensible à ces événements synchroniques d'une profonde signification qui tissent pour ainsi dire la trame d'une topographie visionnaire en connexion avec la *hiérohistoire*. Cette époque particulière se situe à la charnière des XIIe et XIIIe siècles. C'est au XIIe siècle que Sohrawardî se propose de restaurer la doctrine des anciens sages de l'Iran. Le 8 août 1164, un an avant la naissance d'Ibn 'Arabî, est proclamée à Alamût la Grande Résurrection ismaélienne. La première année du XIIIe siècle, Ibn 'Arabî est déjà à La Mekke, il est un « pèlerin de l'Orient » ayant quitté l'intolérante Andalousie des Almohades. Sa religion de l'amour présente une convergence avec celle de Rûzbehân, son aîné de plusieurs années. Grâce au disciple de Ibn 'Arabî, Sadr Qonyawî et l'élève de ce dernier Fakr 'Eraqî, sa pensée pénètre dans le monde iranien et y trouve un accueil exceptionnel. La coalescence de sa pensée avec l'*Ishrâq* de Sohrawardî et les spéculations des penseurs shî'ites prépare l'éclosion de l'école d'Ispahan sous les Safavides. Enfin, fait non moins intéressant et symbolique, au XIIIe siècle sous la poussée mongole, refluent vers le centre-ouest de l'Iran les soufis de l'Asie centrale. Parmi eux, les disciples de Najmoddîn Kobrâ[2]. Ainsi grâce à tous ces événements la gnose spéculative d'Ibn 'Arabî pénètre progressivement dans le monde iranien et y trouve, sans obstacle aucun, un parfait droit de cité. Pour Corbin, ces événements s'accomplissent dans « un temps psychique, discontinu, qualitatif pur » où le passé reste présent à l'avenir, où l'avenir est déjà présent au passé. D'où les récurrences, les réversibilités, les synchronismes rationnellement incompréhensibles, échappant au réalisme historique, mais saisissables à un autre réalisme, celui du monde subtil *'âlam al-mithâl*[3]...

Ces événements synchroniques annoncent *deux mouvements en sens inverse* : une marche d'Ibn 'Arabî allant de l'Occident vers l'Orient, et une marche allant de l'Extrême-Orient du monde islamique (l'Asie centrale) vers l'Iran intérieur, le lieu de *rejonction* étant le Moyen-Orient. Et c'est à l'intérieur même du monde iranien que s'effectuent ces coalescences et ces recroisements dont surgira cette *synthèse* de la gnose, de la philosophie et du shî'isme qui fera de l'Iran le continuateur d'une pensée éminemment gnostique, alors qu'à l'Occident islamique la philosophie se perdait dans le sable après la mort d'Averroës[4].

1) Le témoin aux funérailles d'Averroës

Averroës meurt en 595/1198. On a considéré longtemps et à juste titre que ses funérailles avaient également été celles de la philosophie islamique. Car avec lui s'achevait une certaine phase de la philosophie islamique que l'on a désignée comme « péripatétisme arabe ». Pourtant on ne prenait guère en considération ce fait majeur que la mort d'Averroës coïncidait avec l'apparition de quelque chose de nouveau : l'*Ishrâq* de Sohrawardî et la théosophie d'Ibn 'Arabî. Ces deux noms sont souvent associés par Corbin et pour cause : Ibn 'Arabî a reçu le surnom d'Ibn Aflâtûn, le « fils de Platon ». D'autre part les *Ishrâqîyûn*, disciples de Sohrawardî, sont désignés comme *Ashâb-e Aflâtûn*, les *Ishrâqîyûn-e Irân*, les « Platoniciens de Perse ». Averroës est né en 1126, il est mort en 1198, Sohrawardî est né en 1155 à Sohraward (Azerbaïdjan), il devait mourir à Alep en 1191. Ibn 'Arabî, leur contemporain plus jeune, est né à Murcie en 1165, il décède à Damas en 1240. « Entre Sohrawardî et Ibn 'Arabî, il n'y eut point de relations personnelles. Cependant ils eurent, l'un après l'autre, le même ami intime, al-Malik al-Zahîr, gouverneur d'Alep et fils de Salâheddîn (Saladin)[5]. »

Ibn 'Arabî rencontre trois fois Averroës, une première fois à Cordoue[6] ; la deuxième rencontre a lieu dans un rêve. Averroës lui apparaît dans une sorte d'extase (*wâqi'a*) sous un léger voile[7]. La troisième rencontre est la plus décisive : elle a lieu en l'année 595 h (1198 A.D.) à Marakesh. Ibn 'Arabî assiste aux obsèques du grand philosophe. Il voit le cercueil chargé au flanc d'une bête de somme, tandis que de l'autre côté on a mis ses œuvres pour faire contrepoids : « D'un côté le maître, de l'autre les œuvres. Ah ! comme je voudrais savoir si ses espoirs ont été exaucés[8]. »

Cette rencontre revêt pour Corbin un sens symbolique. Car si la mort d'Averroës recèle un sens profond pour le monde islamique, c'est la *mort* d'un type de pensée qui cherchait à restaurer en sa pureté un aristotélisme de stricte observance. Sa mort est aussi une survie en Occident puisque, comme nous l'avons vu déjà, cette pensée devait y engendrer l'averroïsme latin et toutes les conséquences qui en résultèrent (la double vérité). Mais si avec Averroës la pensée islamique se perd, aux dires de Renan, dans les sables, la migration d'Ibn 'Arabî, le fils de Platon, vers l'Orient et la résurrection des platoniciens de Perse en Iran avec Sohrawardî, inaugurent un autre type de pensée dont la jonction et la coalescence produira un phénomène nouveau : la théosophie. D'un côté le triomphe de l'averroïsme latin, de l'autre la résurrection de l'avicennisme sous sa forme *ishrâqî*, voici les deux destinées occidentale et orientale de la philosophie et entre les deux le voyage symbolique d'Ibn 'Arabî entre l'Andalousie et l'Orient. Voici reconstituée à grands traits, dans le contexte de ces deux événements symboliques, l'importance de l'œuvre d'Ibn 'Arabî, fils de Platon.

2) Le pèlerin de l'Orient

Trois ans après ces funérailles, un autre événement va prendre dans la vie d'Ibn 'Arabî une signification symbolique. Renonçant à prolonger son séjour dans cette Andalousie qui le vit naître, Ibn 'Arabî se mit en marche vers l'Orient, sans désir de retour.

De même que l'expatrié de l'exil occidental accomplit son voyage de retour pour s'abreuver à la Source de la Vie au Sinaï mystique, de même l'exilé Ibn 'Arabî, le disciple de *Khezr*, aspire-t-il à retourner vers l'Orient, c'est-à-dire vers la Source de la Vie, abandonnant sa patrie terrienne, l'Andalousie. L'événement décisif de ce voyage sera tout d'abord la méditation autour de la Ka'ba, c'est-à-dire les circumambulations rituelles autour du centre du monde. Autrefois un oiseau d'une incomparable beauté lui avait communiqué l'ordre de partir pour l'Orient. Cet oiseau qui est l'Archange Gabriel sera son guide personnel, son ange initiateur durant toute sa vie. Et c'est encore autour du Temple qu'Ibn 'Arabî, le visionnaire, le rencontrera de nouveau. Ce sont ces rencontres advenues toutes dans le royaume des visions qui sont à l'origine du Livre immense des *Fotûhât*, Livre des révélations divines reçues à La Mekke. « Ces moments théophaniques privilégiés recoupent la continuité du temps profane, quantifié et immersible, mais leurs *tempus discretum* (celui de l'angélologie) ne s'y insère pas. C'est ce qu'il ne faut pas perdre de vue pour relier les théophanies les unes aux autres, celles par exemple de la jeune fille *Sophia* et du jouvenceau mystique des *Fotûhât*[9]. »

Ibn 'Arabî fut reçu à La Mekke dans une noble famille iranienne originaire d'Ispahan. Ce shaykh persan avait une fille « conjoignant le double don d'une extraordinaire beauté physique et de la sagesse spirituelle[10] ». Elle sera pour Ibn 'Arabî ce que Béatrice fut pour Dante : c'est-à-dire la manifestation sensible, esthétique de la *Sophia Aeterna*. C'est à elle en somme qu'il dut son initiation à la religion des « Fidèles d'amour »[11]. Cette rencontre illustre une des intuitions fondamentales de Corbin : « entre l'Andalousie et l'Iran » qui est le premier chapitre de son livre intitulé *L'imagination créatrice dans le soufisme d'Ibn 'Arabî*. Du moment où le pèlerin d'Orient quitte l'exil occidental pour retrouver sa patrie, c'est de l'Orient que lui revient en sens inverse la *sophia* (la jeune fille iranienne) qui devait l'initier à cette religion des « Fidèles d'amour » dont Rûzbehân, avant lui, avait dévoilé le sens dans son pèlerinage intérieur. Cela illustre symboliquement l'accueil que devait réserver la Perse à la pensée d'Ibn 'Arabî. Elle est justifiée du fait que si, dès les origines, les Iraniens ont pris une part essentielle à l'épanouissement de la pensée spéculative en Islam, on peut dire qu'avec la mort d'Averroës, le centre de gravité de la pensée se déplaça définitivement de l'Islam occidental (l'Andalousie) en Islam oriental, en Iran. Et c'est vers l'Orient que se mit en marche Ibn 'Arabî, et c'est une

jeune fille persane qui l'initia aux secrets des Fidèles
d'amour. Ibn 'Arabî la décrit comme quelqu'un « dont la
seule présence était l'ornement des ensembles et émer-
veillait jusqu'à la stupeur quiconque la contemplait[12] ».
Son nom était Nezâm (*Harmonia*) et son surnom « Œil du
Soleil et de la Beauté (*'ayn al-Shams wa'l-Bathâ'*).
Savante et pieuse, jouissant de l'expérience mystique...
La magie de son regard était un pur enchantement, élo-
quente, concise, dissertante, claire et transparente. » Elle
lui inspire des poèmes d'amour, bien que ces poèmes fussent incapables « d'exprimer même une partie de l'émo-
tion que mon âme éprouvait et que la fréquentation de
cette jeune fille éveillait dans mon cœur, ni du généreux
amour que je ressentais, ni du souvenir que son amitié
constante laissa dans ma mémoire, ni ce qu'étaient la
grâce de son esprit et la pudeur de son maintien,
puisqu'elle est l'objet de ma Quête et mon espoir, la
Vierge Très Pure (*al-adhrâ 'al-batûl*)[13] ». Elle est en outre
associée « aux inspirations divines (*wâridât*), aux visita-
tions spirituelles (*tanazzolât rûhânîya*), aux correspondances avec le monde des Anges... » – puis un
avertissement pour qu'on ne se méprenne pas sur la nature
de ses relations : « Que Dieu préserve le lecteur de ce
Dîwân de toute tentation l'entraînant à supposer des choses indignes[14]... »

Corbin pense que ces textes témoignent de la transfiguration d'un être perçu directement au niveau du symbole,
assimilé à une vision théophanique « où elle se manifeste
comme une figure d'apparition (*sûrat mithâlîya*) de la
Sophia Aeterna[15] ». Mais il y a plus : cette jeune fille persane est également saluée par Ibn 'Arabî comme une princesse *grecque*. Cette nouvelle qualification suggère à
Corbin une généalogie spirituelle, puisque la jeune fille
est la typification (*tamthîl*) d'un Ange sous la forme

humaine, ceci est « une raison suffisante pour qu'Ibn
'Arabî la proclame de la race du Christ, la qualifiant de
"sagesse christique" *(hikmat 'isawîya)*, et concluant qu'elle
appartient au monde de Rûm, c'est-à-dire à la chrétienté
grecque de Byzance[16] ».

Nous verrons plus loin l'énorme portée de la Sophia
dans la dialectique de l'Amour d'Ibn 'Arabî, et les répercussions qu'elle eut dans sa religion d'Amour.

3) Le disciple de Khezr

Dans le récit de *L'Archange empourpré* (Sohrawardî),
au pèlerin qui cherche la « Source de la vie », le sage
répond : « Si tu veux partir à la Quête de cette Source de
la Vie, chausse les mêmes sandales que Khezr *(kha-
dir)*[17]. » Chausser les sandales de Khezr, c'est être initié
au secret qui permet de franchir la montagne Qâf, et
d'atteindre à la Source de la Vie. Et quiconque se baigne
en cette Source sera préservé à jamais de toute souillure.
Ainsi le ministère de Khezr comme Guide personnel
s'accorde avec l'idée de la « Nature Parfaite » chez
Sohrawardî. Il est donc la part allouée à chacun, son individualité absolue, le Nom divin investi en lui, voire l'intégration du moi individuel avec la contrepartie céleste.
C'est pourquoi Khezr symbolise le Guide spirituel,
l'Ange que nous verrons apparaître métamorphosé sous
différentes formes, tantôt comme l'Archange Gabriel, tantôt comme l'Aimée, tantôt comme l'Intelligence agente.

« Le cas d'Ibn 'Arabî, comme disciple de Khezr, rentre
dans le cas des soufis qui se désignent comme des
Owaysîs[18]. » La rencontre avec Khezr revêt pour Ibn
'Arabî, trois significations : 1) il est tout d'abord le Guide

intérieur ; 2) il symbolise l'investiture du manteau vert ; 3) il est une initiation à l'ordre vertical de l'ascension.

1) Une première rencontre mémorable pour Ibn 'Arabî se produisit pendant son adolescence quand il étudiait à Séville. La deuxième rencontre a lieu à Tunis, par une nuit chaude de pleine lune. Ibn 'Arabî, reposant dans la cabine d'un bateau, voit quelqu'un marcher vers lui à pieds secs sur les eaux, il converse un moment avec lui puis disparaît dans une grotte à quelque milles de là. Le lendemain un homme le rencontre et lui dit : « Eh bien ! Qu'en a-t-il été cette nuit avec Khezr[19] ? »

Ces rencontres confirment qu'Ibn 'Arabî est sur la voie du pèlerinage intérieur.

Rencontrer Khezr, c'est s'apprêter au dialogue du moi et de l'Ange dans la conjonction du Soi, c'est-à-dire dans la Totalité propre de son individualité. Dans la sourate XVIII (v. 59-81), Khezr apparaît comme le guide de Moïse, c'est-à-dire comme son initiateur « à la science de la prédestination ». Il symbolise une science infuse supérieure à la loi. Khezr lui est donc supérieur puisqu'il lui révèle la vérité intérieure (*haqîqa*) de la Loi[20].

Ainsi Khezr est en même temps une personne et un archétype. Il est le maître de tous les sans-maître parce qu'il *montre* à tous ceux dont il est le maître comment *être* ce qu'il est lui-même[21]. Sa relation avec tout un chacun est celle « de l'exemplaire ou de l'exemplarité avec l'exemplifiant[22] ». C'est ainsi qu'il peut être archétype-maître individuel de chacun. D'ailleurs les traits le caractérisant s'y prêtent. Il est décrit comme celui qui a atteint à la Source de la Vie, s'est abreuvé de l'Eau d'Immortalité. Il est en d'autres termes « l'Éternel Adolescent », le Verdoyant (L. Massignon), le toujours-Vert[23]. Et le vert est « la couleur liturgique spirituelle de l'Islam[24] ».

2) L'investiture du manteau aurait eu lieu pour Ibn
'Arabî en l'année 601/1204. Après une halte à Bagdad, il
se rend à Mossoul, attiré par l'enseignement du maître
soufi 'Alî ibn Jâmi'. Or ce maître avait reçu directement
de Khezr « en personne » l'investiture de la *khirqa*, le
manteau vert. Voici comment Ibn 'Arabî nous décrit les
circonstances qui donnèrent lieu à cette investiture :

« Cette consociation avec Khezr, un de nos shaykhs
l'expérimenta, le shaykh 'Alî ibn 'Abdollah ibn Jâmi' (...).
Il habitait dans un jardin qu'il possédait aux environs de
Mossoul. Là même Khezr l'avait investi du manteau, en
présence de Qadîb Albân. Et c'est à l'endroit même où
dans son jardin Khezr l'en avait revêtu que le shaykh
m'en revêtit à mon tour, en observant le même cérémonial
que Khezr avait lui-même observé en lui conférant
l'investiture[25]. »

Ce qu'accomplit le rite d'investiture, ce n'est pas seulement une affiliation, mais bien une identification avec
l'état spirituel de Khezr. Désormais le mystique est
Khezr, c'est-à-dire qu'il a atteint au « Khezr de son être ».

3) Atteindre l'état de Khezr, c'est aussi éprouver la
dimension de la transhistoricité, puisque, ayant franchi la
limite du monde visible, on parvient à la Source de la Vie,
et on devient apte à vivre des événements qui s'accomplissent dans le Ciel, en un endroit autre que la réalité
physique. En un lieu où tout se transmue en symbole, où
tout est un événement de l'âme. Ainsi l'investiture du
manteau s'accomplit en deux dimensions : celle de l'ordre
latitudinal des successions, des générations qui transmet-
tent sans interruption l'investiture, et celle de l'ordre *lon-
gitudinal*, qui reliant le visible à l'invisible nous fait
accéder à la hiérohistoire de l'âme.

CHAPITRE VI

La théophanie,
la nuée primordiale et les noms divins

Quel est donc le *leitmotiv* de la théophanie dans le soufisme ? À cela répond la nostalgie du Dieu pathétique caché dans les abîmes insondables d'une profonde occultation. Au point de départ, dit Corbin, « remémorons-nous le *hadîth* inlassablement médité par tous les mystiques en Islam, celui où la divinité révèle le secret de sa passion (son *pathos*) : "J'étais un trésor caché et j'ai aimé à être connu. Alors j'ai créé les créatures afin d'être connu par elles." Avec plus de fidélité envers la pensée d'Ibn 'Arabî, traduisons : "afin de devenir en elles l'objet de ma connaissance"[1] ».

Toute la cosmogonie théophanique de la création peut se déduire à partir des trois moments contenus dans la dramaturgie de ce *hadîth*. Dieu est un Trésor Caché, ceci implique une profonde occultation que l'on peut identifier au *Theos agnostos*, le Dieu inconnaissable. Le Trésor aime à être connu ; il éprouve en son for intérieur une nostalgie, un désir de se révéler, puis vient le second acte qui met en œuvre ce même désir et dénomme les *Noms divins*, les émancipe pour ainsi dire de cette virtualité où ils étaient retenus.

C'est par le Soupir du Miséricordieux (*Nafas al-Rahmân*) que Dieu dilate les Noms à partir de leur occultation. La Spiration divine donne origine à toute la masse subtile d'une création primordiale qu'Ibn 'Arabî désigne du nom de Nuée (*'amâ*). D'où le sens de ce hadîth : « On demandait au prophète : Où était ton Seigneur avant de créer sa création (visible) ? – Il était dans une Nuée ; il n'y avait pas d'espace ni au-dessus ni au-dessous[2]. »

Cette Nuée exhalée à partir de l'Être divin est ce qui à la fois reçoit toutes les formes et donne les formes aux êtres. Elle est active et passive, réceptrice et essentiatrice (*mohaqqiq*)[3]. Cette double dimension se retrouve à tous les degrés de l'être : les Noms divins sont à la fois *actifs* comme déterminant l'attribut qu'ils investissent et *passifs* en tant que déterminés dans et par cette forme qui les manifeste. Par conséquent Nuée primordiale, Compassion du Souffle créateur, Imagination absolue désignent toutes une même réalité originelle : le Dieu créé (*Haqq makhlûq*) et dont est créée toute créature. C'est le Créateur-Créature, Caché-Manifesté, le Premier-Dernier. Dans cette Nuée sont manifestées toutes les formes de l'être, les Archanges, les genres, les espèces d'individus, jusqu'aux niveaux de la nature inorganique. « Dieu, dit Ibn 'Arabî, déploya dans cette Nuée primordiale les formes de toutes choses qui existent en ce monde, à l'exclusion de lui-même. Cette Nuée est une Imagination essentiatrice (*khayâl al-mohaqqiq*). Ne le vois-tu pas qui reçoit les formes de tous les êtres créés et *configure* les formes (*mossawir*) à partir de ce qui ne fut jamais existant... Dans cette Nuée apparurent tous les êtres créés et il est appelé l'aspect apparent de Dieu, en vertu de ce qui a été dit (dans le Qorân) : Il est le Premier, le Dernier, l'Apparent et le Caché[4]. »

La création n'est ni une émanation au sens néoplatonicien du terme ni une création *ex nihilo*. « C'est bien plutôt une séquence de manifestation de l'être, par intensification d'une lumière croissante, à l'intérieur du Divin primitivement indifférencié, en propre, une succession de *tajallîyât*, de *théophanies*. Ici prend place un des motifs les plus caractéristiques de la pensée d'Ibn 'Arabî, la doctrine des *Noms divins* (que l'on a appelée parfois, assez inexactement, sa "mythologie" des Noms divins)[5]. »

Il y a donc une double épiphanie qui soulage la Tristesse du Trésor Caché aspirant à sortir de l'abîme insondable de l'Inconnaissance : la théophanie ou l'Effusion sacro-sainte (*fayz aqdas*). C'est l'épiphanie de l'Être divin à soi-même et pour soi-même. Elle consiste en la théophanie de Dieu depuis la pré-éternité et la post-éternité à lui-même sous forme des Essences-fixes (*'ayyân thâbita*) et les aptitudes et capacités de celles-ci[6].

La seconde théophanie est l'Effusion sainte (*fayz moqaddas*), « hiératique ou hiérophanique »[7] ou contemplative (*shohûdî*). Ce degré est l'union nuptiale des réalités des Noms et des Essences-fixes. Tout Nom aspire à se manifester, c'est ce que traduit la Nostalgie de Dieu pour se faire connaître. Il a donc besoin d'une épiphanie, d'un miroir où il puisse se refléter : le connaissant (*'âlim*) aspire à être connu (*ma'lûm*). C'est-à-dire que les Noms ont besoin des épiphanies pour se manifester tout comme celles-ci aspirent aux Noms qui les investiront de leur réalité. Cette aspiration mutuelle, cette sym-pathie entre les Essences-fixes qui veulent être investies de la présence divine (dans la mesure de leur capacité) et les Noms qui cherchent un miroir pour s'y réfléchir, constitue en propre la seconde théophanie hiérophanique[8].

1) *Les Noms divins*

Mais que sont donc les Noms divins ? L'essence (*dhât*) s'appropriant un attribut devient le Nom correspondant à cet Attribut : munie de connaissance (*ma'al 'ilm*) elle sera le Connaissant, pourvue de vision elle sera le Voyant, de puissance elle sera le Puissant. Mais pour que ces Noms (Connaissant, Voyant) puissent être *connus*, ils ont besoin d'un support, d'une forme épiphanique (*mazhar*). Les Noms divins n'ont de raison d'être que par rapport aux êtres qui les manifestent. Mais de même que les Noms divins existent de toute éternité, de même aussi les formes et les supports pouvant les manifester ont existé depuis toujours dans l'éternité. Les Noms divins n'ont de réalité que pour des êtres qui en sont les formes épiphaniques. Celles-ci sont appelées par Ibn 'Arabî et son école comme les « Essences-fixes » (*'ayyân thâbita*) ou selon certains commentateurs[9] comme « Formes intelligibles des Noms divins » (*sowar-e ma'kûla-ye asmâ'ye ilâhîya* en persan). Chacune de ces Essences-fixes ou « heccéités éternelles », est pourvue d'une certaine capacité ontologique et reçoit l'effusion de l'Être ou du Nom divin proportionnellement à cette capacité ni plus ni moins, et ce dont elle a été incapable de par sa nature ne lui sera jamais dévolu. On les compare par conséquent aux miroirs de l'être. L'un des traits du miroir est que l'image qui s'y reflète épouse la condition du miroir : ce n'est pas le miroir qui se décrit en fonction de l'image qui s'y mire, mais bien plutôt c'est le miroir qui cause le reflet de l'image et lui imprime ses propriétés. Les *Essences-fixes* sont pur non-être (*'adam*) et c'est Dieu qui les investit de leur réalité. Elles sont, en d'autres termes, des miroirs de la Beauté divine et l'image qui s'y réfléchit, c'est le monde. D'autre part chaque Nom divin est le Seigneur (*rabb*) de l'être qui le manifeste, celui-ci étant le vassal (*marbûb*) de son Seigneur. Chaque être est la forme de son propre Seigneur (*al-rabb al-khâss*), c'est-à-dire ne manifeste l'Essence divine que chaque fois particularisée dans ce Nom. Aucun être ne peut être la forme épiphanique du Divin dans sa totalité. « Chaque être, dit Ibn 'Arabî, n'a comme Dieu que son Seigneur en particulier, il est impossible qu'il ait le Tout[10]. »

Enfin, dit Corbin, les Noms divins sont essentiellement relatifs aux êtres qui les nomment, tels que ces êtres les éprouvent dans leur mode d'être. C'est pourquoi ces Noms sont aussi désignés comme des *Présences* (*hadarât*), c'est-à-dire comme les états dans lesquels la divinité se révèle à son fidèle sous la forme de tel ou tel de ses Noms infinis[11].

D'autre part, tout être est l'épiphanie, ou le vassal (*marbûb*) d'un Nom qui est son Seigneur (*Rabb*) et celui-ci est identique au dénommé qui est l'Essence divine, donc tout Nom doit contenir tous les Noms. Dawûd Qaysarî, le célèbre commentateur des *Fosûs* d'Ibn 'Arabî, dit : « Chacun d'entre les êtres du monde est le signe (*'alâma*) d'un Nom divin et vu que chaque Nom divin comprend l'Essence qui totalise elle aussi tous les Noms, ce Nom doit contenir, lui aussi, tous les Noms, de même que chaque être d'entre les êtres est lui-même un monde par lequel il connaît la totalité des Noms. Ainsi vus sous ces aspects, les univers sont infinis[12]. »

CHAPITRE VII

L'imagination créatrice comme théophanie

L'idée centrale de la mystique spéculative d'Ibn 'Arabî, c'est que la création est avant tout une théophanie (*tajalli*). Comme telle elle est l'œuvre de l'Imagination créatrice. Autrement dit la divinité possède l'imagination et « c'est en l'*imaginant* que Dieu a créé l'univers ; que cet univers Dieu l'a tiré de son propre sein, des virtualités et puissances éternelles de son propre être ; qu'il existe entre l'univers de l'esprit pur et le monde sensible un monde intermédiaire qui est le monde des Idées-Images, *mundus imaginalis*[1] ». C'est précisément sur ce monde symbolisé au niveau macrocosmique comme une Nuée primordiale que l'Imagination produit ses effets. On pourrait dire ainsi que la valorisation de l'image assimilée à un degré de réalité propre et autonome est corrélative à un concept de création contraire à l'idée de création ex nihilo. Le fait même que la théophanie ait été réduite à la création ex nihilo présuppose une dégradation de l'imagination au niveau de la fantaisie et de l'imaginaire.

Or dans la gnose d'Ibn 'Arabî, le monde de l'Imagination, tant au niveau macrocosmique de la Nuée primordiale qu'au niveau microcosmique de l'imagination de l'homme qui lui est contiguë, configure un monde réel, objectif, autonome, intermédiaire entre l'Esprit et le sensible. Son organe noétique est l'Imagination, et c'est avec cet organe que l'homme accède au monde imaginal où ont lieu et ont leur lieu les événements visionnaires et les histoires symboliques.

Ainsi vue dans le contexte de la théosophie d'Ibn 'Arabî, l'imagination est une *théogonie* puisqu'elle a trait à la Nuée primordiale ; *théogonie* aussi quand elle se rapporte à la « mythologie » des Noms divins. Mais elle est également *cosmologie* car cette création est aussi l'instauration de l'univers en tant qu'acte de la théophanie.

1) L'imagination conjointe et l'imagination disjointe

Ibn 'Arabî distingue une *imagination conjointe* (*khayâl mottasil*) au sujet imaginant et inséparable de lui, et une *imagination disjointe* (*kayâl monfasil*) séparée du sujet. Quant à celle-ci, elle a une existence autonome, subsistante par elle-même, et correspond au plan d'être que symbolise la Nuée primordiale ou le Monde intermédiaire de l'*imaginal*. « Le fait que ces Images séparables subsistent dans un monde qui leur est propre, et que par conséquent l'Imagination où elles se produisent soit une "Présence" qui a le statut d'une "essence" (*hadrat dhâtîya*), perpétuellement apte à accueillir les Idées (*ma'ânî*) et les Esprits (*arwâh*), à leur donner le "corps d'apparition" qui permet leur épiphanie, tout cela atteste bien que nous sommes aussi loin que possible de tout psychologisme[2]. » L'imagination *conjointe* n'est pas vouée à l'arbitraire puisqu'elle est régie par l'imagination disjointe. La vision de l'Ange, par exemple, implique le passage d'une réalité spirituelle du plan de l'imagination disjointe à celle de l'imagination conjointe inséparable du

sujet imaginant. Et celle-ci, tout en étant liée au sujet imaginant, débouche sur le *malakût* (le monde de l'âme).
D'ailleurs Sohrawardî nous apprenait que lorsque l'imagination était au service de l'Esprit, elle devenait pensée
contemplative tandis que subjuguée par l'estimative elle
ne produisait que les fantaisies fumeuses et les fantasmes
de l'imaginaire.

Aussi bien n'y a-t-il tout compte fait qu'une seule Imagination autonome parce qu'elle est Imagination absolue
(*khayâl motlaq*), « c'est-à-dire, dit Corbin, *absoute* de
toute condition subordonnant sa substance, et c'est la
Nuée primordiale constituant l'univers comme théophanie[3] ». D'autre part, l'imagination conjointe, tout en
étant liée au sujet même qui la sécrète, fait partie elle
aussi des modes de l'imagination absolue, laquelle est la
Présence absolument englobante (*al-Hadrat al-jâmi'a, al-
martabat al-shâmila*)[4].

2) L'imagination comme « monde intermédiaire »

La science de l'imagination est la *science des miroirs*
(katoptrique), des surfaces miroitantes, des images en suspens. Comme science du *speculum*, elle met en valeur la
nature docétiste de l'Image suspendue entre l'être et le
non-être. Les formes perçues dans le miroir ont une existence apparitionnelle, d'où la nécessité d'un monde aux
formes subtiles, d'une géographie visionnaire, qui a ses
tours, ses montagnes magiques, ses fleuves... Par exemple, la forme d'une statue à l'état pur, libérée du bois, du
bronze ou du marbre et qui serait elle-même la matière de
son corps subtil, présuppose un mode *apparitionnel* qui
est celui de la vision des images en *suspens* dans un
miroir. Or une image en *suspens* n'est ni matérielle ni

purement spirituelle : elle est l'entre-deux : elle a une forme immatérielle, mais elle apparaît aussi revêtue de forme propre. C'est un monde « où se corporalisent les Esprits et où se spiritualisent les corps ».

Et c'est parce que le monde de l'imagination est inter-médiaire et qu'il symbolise avec les mondes qu'il média-tise, qu'il est aussi le « lieu d'apparition » des êtres spirituels. Anges et Esprits qui y apparaissent sont revêtus de la figure et de la forme de leur « corps d'apparition ». Les concepts abstraits et les données sensibles s'y rencontrent pour éclore en figures concrètes, de sorte que ce lieu devient le lieu de leur dramaturgie. Ce lieu est autrement dit l'espace privilégié de l'âme et de sa « hiéro-histoire ».

L'imagination en tant qu'intermédiaire a aussi une dou-ble dimension :

a) comme imagination créatrice imaginant la création qu'elle projette ; et b) comme imagination créaturelle imaginant le Créateur dont il est la forme imaginée. *Si la première est un acte de théophanie, la seconde en revan-che est la Prière de l'homme imaginant son monde, son Dieu et ses symboles.* a) C'est grâce à l'imagination active qu'il y a du multiple, ou si l'on veut le passage de l'Un au multiple. C'est cela même que vient de mettre en œuvre l'Intention initiale du Trésor caché cherchant à être connu. b) Mais comme cet Autre-que-Dieu n'est pas absolument séparé de Dieu, mais est la forme même de sa création, voire l'ombre du Soleil divin et parce que la forme même de cette ombre est déjà la « matière » imagi-native, « elle est plus qu'apparence, dit Corbin, elle est apparition. Et c'est pourquoi il y a un *ta'wîl* possible, parce qu'il y a du symbole et de la transparence[5] ».

3) L'imagination comme herméneutique spirituelle (ta'wîl)

L'imagination active est l'organe qui nous fait accéder à la science des Images, des miroirs et des théophanies. Il serait absurde de la considérer comme une science vaine ou illusoire. Car dans la mesure où l'Être divin veut se connaître, il ne peut le faire que pour autant qu'il met *en œuvre* l'organe de sa propre imagination tout comme nous ne pouvons pénétrer la transparence du voile que par notre propre pouvoir imaginatif.

Dire que la forme épiphanique est autre que Dieu, cela n'équivaut pas à la dégrader, mais à la valoriser et « la fonder comme symbole référant au symbolisé (*marmûz ilayhi*) lequel est l'Être divin[6] ». Et c'est parce que l'Être divin se révèle par son Imagination qu'une science d'exégèse des formes est nécessaire, puisqu'elle conduit les formes à leur vraie nature, et nous révèle les *lointains* qui s'annoncent au-delà du symbole.

C'est parce qu'il y a de l'Imagination qu'il y a de l'herméneutique (*ta'wîl*) et c'est parce qu'il y a du *ta'wîl* qu'il y a symbolisme[7], voire la double dimension des choses : le symbolisant et le symbolisé. Cette vision reparaît dans tous les couples de termes qui caractérisent la gnose d'Ibn 'Arabî : Créateur et Créature (*Haqq* et *Khalq*), divinité et humanité (*Lâhût et Nasût*), Seigneur et vassal (*Rabb et 'Abd*). Les deux termes des couples ne se contredisent guère, mais sont au contraire complémentaires puisqu'ils forment une *coincidentia oppositorum*. Et c'est l'*imagination* qui opère cette conjonction, puisqu'elle est le lieu de leur rencontre. Mais ce qui importe de voir, dit Corbin, « c'est que le *mysterium conjonctionis* unissant les deux termes est une union théophanique (vue du côté du Créateur) ou une union théopathique (vue du côté de la créature), ce n'est en aucun cas une "union hypostatique"[8] ».

4) Dieu « imaginé » ou « Dieu créé dans les croyances »

L'acte d'imagination divine trouve des désignations différentes, telles que le « Dieu imaginé », c'est-à-dire projeté par l'Imagination (*al-Haqq al-motakhayyal*) ou le « Dieu créé dans les croyances » (*al-Haqq al-makhlûq fî'l i'tiqâdât*). À l'acte primordial du Divin imaginant le monde répond, comme une réponse à son propre Amour, la créature imaginant son propre monde. Si le Divin a créé le monde en l'imaginant, la création retrouve son Dieu en le re-créant par sa propre imagination et selon sa propre croyance. Mais ce n'est pas à la Déité (*olûhîya*) occulte que s'adresse la créature, mais à la « suzeraineté » (*robûbîya*) du Seigneur personnel. *Al-Lâh* est le Nom qui désigne l'Essence divine qualifiée par l'universalité de ses Attributs, alors que le Seigneur, le *rabb*, c'est l'Être divin personnifié et individualisé sous l'un de ses Noms et Attributs. Autrement dit, dans cet Attribut particularisé, la Déité s'individualise selon la capacité du réceptacle qui l'accueille, comme son Dieu personnel (*rabb*).

Commentant un vers d'Ibn 'Arabî : « En le connaissant je lui donne l'être », Corbin conclut que cela ne veut point dire que l'homme existencie l'Essence de Dieu, laquelle est au-delà de toute détermination ; cela vise en particulier le « Dieu créé dans les croyances », c'est-à-dire le Dieu se présentant dans chaque être en la forme de ce que croit cet être selon sa capacité de connaissance. « Le vers revient à dire : je connais Dieu en proportion des Noms et attributs divins qui s'épiphanisent à moi et par moi dans les formes des êtres, car Dieu s'épiphanise à chacun de nous dans la forme de ce qu'il aime ; la forme de ton amour est la forme même de la foi que tu professes. De tout cela je "crée" le Dieu en qui je crois et que j'adore[9]. » Car la forme qui se montre est la forme même de celui qui la reçoit. Dieu « est à la fois ce qui se montre (*motajallî*) et ce à quoi il se montre (*motajallâ laho*)[10] ».

Ce que nous créons par l'imagination en répondant à l'imagination préexistentielle du Divin, ce n'est pas un Dieu *fictif*, créé de toutes pièces, mais cela même qui nous fut destiné à la prééternité. C'est pourquoi l'Image de Dieu que crée le fidèle est aussi l'Image de son propre être révélé par le « Trésor caché ». Il est alors *psychologiquement* vrai de dire que « le Dieu créé dans les "croyances" est le symbole du Soi[11] ». Dans l'acte même de cette double création allant en sens inverse à la rencontre l'une de l'autre se recompose la totalité d'un moi qui se conjoint à son Ange ou à son Seigneur personnel et c'est cette intégration qui culmine en une *unio sympathetica*.

5) L'imagination comme lieu de rencontre entre l'amour humain et l'amour divin

Pour que l'amour humain puisse rencontrer l'amour divin, en d'autres termes pour que l'Amour puisse entrer en sympathie avec l'Aimé réel, sans s'égarer dans le désir charnel, ni s'abîmer dans l'abstraction vertigineuse d'un amour impossible que Rûzbehân appelait la « démence de l'inaccessible », il faut qu'il y ait un lieu de rencontre propre. L'imagination, du fait qu'elle fait descendre l'Esprit au niveau de l'Image, et parce qu'elle permet l'éclosion d'un espace approprié où l'Image garde sa valeur noétique propre, et comme aussi elle rend possible, grâce à sa puissance transfiguratrice, la transmutation des données sensibles en symbole, opère un double mouvement qui se rencontre en ce point de jonction qu'Ibn 'Arabî appelle « con-descendance » (*monâzala*)[12].

L'Imagination est donc elle-même le lieu de rencontre où « descendent ensemble dans une même demeure le Divin supra-sensible et le sensible[13] ». C'est par l'Imagination que la dialectique d'amour atteint sa phase culminante. Sans celle-ci, l'Aimé n'aurait aucune réalité concrète. Il faut que l'Aimé puisse être typifié, symbolisé en une figure concrète par une Imagination active et qu'il atteigne un mode d'existence conforme à l'œil transfiguré qui le reçoit. L'imagination est ce qui réalise la *mise en sympathie* de l'invisible et du visible, du spirituel et du physique. C'est grâce à l'amour qu'il est possible, déclare Ibn 'Arabî, « d'aimer un être du monde sensible dans lequel on aime la manifestation de l'Aimé divin ; car alors nous spiritualisons cet être en l'élevant (de sa forme sensible) jusqu'à son image incorruptible (c'est-à-dire au rang d'une Image théophanique), en le revêtant d'une beauté supérieure à celle qui était sienne, et en l'investissant d'une présence telle qu'il ne peut la perdre ni s'en absenter, et qu'ainsi le mystique ne cesse jamais d'être uni avec l'Aimé[14] ».

Cette *mise en sympathie* crée le lieu de rencontre entre l'Amant et l'Aimé, l'invisible et le visible. Mais en raison de la conjonction qu'elle opère, elle est aussi une « union imaginatrice » (*ittisâl fî'l khayâl*), car sans la transfiguration qu'elle dévoile, toute union physique ne serait qu'un leurre, une perdition mentale. La pure « contemplation imaginative » (*moshâhadat khayâlîya*) peut atteindre une telle intensité de présence que tout contact physique la ferait descendre au-dessous d'elle-même. Et tel est le phénomène de Majnûn qui, pour Ibn 'Arabî comme pour Rûzbehân, symbolise l'Amant parfait, Majnûn s'était tellement identifié à Layla qu'il est devenu le « miroir de Dieu » ou le « miroir de la Fiancée éternelle ».

Cette proximité excessive de l'Amant-Aimé, proximité qui fait dire au mystique : « l'Aimé est plus proche de l'Amant que sa veine jugulaire[15] », pose aussi le problème de la réversibilité des rapports. Tout comme chez Rûzbehân, la transfiguration du regard faisait en sorte que l'Amant contemplait l'Aimé avec l'œil par lequel ce dernier se voyait lui-même ; de même chez Ibn 'Arabî il est simultanément vrai de dire que l'Aimé est en nous et n'est pas en nous, que son cœur est dans l'être aimé, ou que celui-ci est dans son cœur ; car arrivé au niveau de la conjonction les rapports se renversent, et c'est l'imagination qui opère cette transfiguration de sorte qu'ajoute Ibn 'Arabî : « *L'Amant divin est Esprit sans corps ; l'Amant physique pur et simple est un corps sans esprit ; l'amant spirituel (c'est-à-dire l'amant mystique) possède Esprit et corps*[16]. » L'amour spirituel, en d'autres termes, est celui qui possède le secret de l'amphibolie (Rûzbehân). Il est à l'abri et de la pure abstraction et de l'idolâtrie anthropomorphique. Et cette interdépendance, cette « unité de leur bi-unité », où chacun tient de l'autre son rôle, Corbin l'appelle une *unio sympathetica*[17].

Cependant l'Amour fait également intervenir un autre facteur : l'Image de la femme. Dieu a aimé Ève, car en aimant Ève comme il le fait, Adam ne fait qu'imiter le modèle même de Dieu, Adam devient selon notre *shaykh* une exemplification divine (*takhalloq ilâhî*). Et ceci veut dire que dans son amour spirituel pour la femme, l'homme n'aime que son Seigneur[18]. Ainsi la Femme est-elle en fin de compte le miroir dans lequel l'homme contemple sa propre Image, celle qui représente son propre Soi.

CHAPITRE VIII

La religion de l'amour

À propos de l'Amour divin, Ibn 'Arabî précise : « sous quelque aspect qu'on veuille bien le regarder, le mouvement à partir de l'occultation immuable (de Dieu) vers son existenciation est un mouvement d'Amour aussi bien du côté de Dieu que du côté du monde manifesté[1] ».

Mais l'Amour a deux dimensions : d'une part, c'est le désir du Trésor caché qui cherche à se réaliser dans les êtres afin d'être révélé par eux et pour eux ; d'autre part, c'est l'amour ou le désir des êtres pour Dieu ou l'Amour de Dieu pour lui-même, puisqu'il est à la fois le créateur et la créature, l'Amant et l'Aimé. À ce double mouvement de l'Amour de Dieu pour se manifester dans les êtres et l'Amour de ces derniers aspirant à s'unir aux Noms dont ils sont les épiphanies, correspondent les deux arcs de la Descente et de la Remontée, dont l'un typifie l'influx incessant de l'être et l'autre le mouvement de retour vers la divinité ; celui-là, la création en une effusion récurrente et sans faille ; celui-ci, les résurrections des êtres et leur retour à leur cause initiale et finale.

« En réalité, l'être qui soupire de nostalgie (al-moshtâq) est en même temps l'être vers qui sa nostalgie soupire (al-moshtâq ilayhî)[2]. » Ce ne sont pas deux êtres différents et hétérogènes mais un être se rencontrant avec soi-même (à la fois *un* et *deux*, une bi-unité)[3].

Aussi Ibn 'Arabî distingue-t-il trois modes d'Amour : 1) l'*Amour divin* (*hibb ilâhî*) qui n'est rien d'autre que le désir de Dieu manifesté dans la créature, aspirant à revenir à soi-même. C'est cette dialectique d'Amour qui constitue l'éternel dialogue divino-humain ; 2) l'*Amour spirituel* (*hibb rûhânî*) dont le siège est la créature et qui n'a d'autre souci que de se réunir avec l'Aimé ; 3) l'*Amour naturel* (*hibb tabî'î*), ou l'amour de celui qui veut posséder, qui recherche à assouvir ses désirs sans prendre en considération le désir de l'Aimé. « Et telle est hélas !, dit Ibn 'Arabî, la manière dont la plupart des gens d'aujourd'hui comprennent l'amour[4]. »

« Il faut que de nouveau le spirituel et le physique soient mis en *sympathie*, pour que l'amour éclose comme étant dans la créature la *théopathie* répondant à la nostalgie divine d'être connu, c'est-à-dire pour qu'advienne la bi-unité, l'*unio sympathetica*, du seigneur d'Amour (*rabb*) et de son serf d'amour (*marbûb*)[5]. » Ceci nous met encore une fois en rapport avec la fonction intermédiaire de l'imagination qui est le lieu de rencontre entre l'amour humain et l'amour divin. Cette mise en sympathie ne néglige ni l'aspect spirituel de l'Amour divin ni son aspect physique, mais fait en sorte que celui-ci apparaît transfiguré au niveau de l'Esprit, c'est-à-dire typifié en une figure concrète. Donc, d'une part, amour « physique » puisque l'âme contemple une image concrète, mais en même temps, amour spirituel, car il ne s'agit guère de posséder l'image mais d'en être entièrement imprégné. Cette conjonction décrit en propre l'amour mystique des Fidèles d'Amour[6]. C'est cette même doctrine de l'*Éros transfiguré* que Corbin retrouve chez Sohrawardî et chez Rûzbehân. « Et toute la dialectique d'amour d'un

Ibn 'Arabî, d'un Rûzbehân, ou d'un Jalâloddîn Rûmî, en investissant l'être aimé de cette *aura*, de cette dimension en au-delà, se préservera d'une idolâtrie que l'ascétisme de ses critiques est au contraire si prompt à y déceler, parce qu'il est aveugle justement à cette dimension en au-delà. Et c'est bien là le paradoxe le plus fécond de la religion des Fidèles d'amour, laquelle dans chaque Aimé reconnaît l'unique Aimé, dans chaque Nom divin, la totalité des Noms, parce que entre les Noms divins il y a une *unio sympathetica*[7]. »

C'est au cœur du *Diwân* d'Ibn 'Arabî qu'éclate cette profession du Fidèle d'amour, lorsqu'en circumambulations rituelles autour du Temple de la *Ka'ba*, il avait rencontré la Vierge Très-Pure en la personne concrète de la jeune fille persane.

« Ô merveille ! Un jardin parmi les flammes...
Mon cœur est devenu capable de toutes formes.
C'est une prairie pour les gazelles et un couvent pour
    [les moines chrétiens,
Un temple pour les idoles et la Ka'ba du pèlerin,
Les Tables de la Tora et le livre du Qorân.
Je professe la religion de l'Amour, et quelque direction
Que prenne sa monture, l'Amour est ma religion
    et ma foi[8]. »

CONCLUSION

L'actualité de la pensée
d'Henry Corbin[1]

Qu'est-ce qui fait l'actualité de la pensée d'Henry Corbin ? Ce qui fait l'actualité de cette pensée, c'est l'impensé ou l'inexpliqué qu'il décèle. Heidegger dit à ce sujet : « Plus grande est l'œuvre d'un penseur – ce qui ne se mesure aucunement à l'étendue et au nombre de ses écrits – et d'autant plus riche est l'impensé qu'elle renferme, c'est-à-dire ce qui, pour la première fois, grâce à elle, monte à la surface comme n'ayant pas encore été pensé[2]. »

Qu'est-ce donc l'impensé que contient la pensée d'Henry Corbin ? Lorsque nous parcourons les étapes de la trajectoire spirituelle de Corbin depuis les premières intuitions de sa jeunesse jusqu'à sa pleine maturité, nous constatons que tout son effort tend à la prise en charge d'une *connaissance* qui n'est pas dépassée parce que appartenant au passé, mais actuelle au présent parce que s'ouvrant à l'avenir. Corbin en prenant l'héritage de cette pensée s'en fait l'héritier de sorte qu'il devient lui-même « au présent » cette tradition. Se référant à l'actualité de la tradition irano-islamique il conclut : « Le passé n'est qu'une chose que l'on "dépasse". Il s'agit de comprendre ce qui une fois rendit ce passé possible, le fit advenir, en fut l'avenir. Dans toute la mesure où une âme ressaisit ce possible, parce qu'il lui est mystérieusement congénital, elle en *est* elle-même à son tour l'avenir. Elle libère ce qu'on appelle le passé de la pesanteur qui faisait de lui le passé[3]. »

C'est parce que l'âme a une *histoire* qui est toujours « au présent », que cette histoire contient en elle-même les grandes étapes de sa chute et de sa remontée, que son passé est son origine et sa remontée son avenir ; et qu'entre cette *préhistoire* et cette *posthistoire* éclôt sa *hiéro-histoire* qui est toujours là prête à être mise au présent par celui qui en assume la charge. Tous les quatre itinéraires de Corbin, en modes prophétique, ontologique, narratif et érotico-mystique, dont nous avons parcouru les grandes articulations dans ce livre, relatent en quelque sorte comme un « récit d'initiation » (*hikâyat*) l'histoire de l'âme et la façon dont elle noue son passé à son avenir dans l'acte même de l'individuation que Corbin décrit comme la « rencontre avec l'Ange ». Dans cette rencontre l'âme boucle la boucle de son histoire de sorte que le point initial de son passé (Origine) rejoint le point final de son avenir (Retour).

Mais une telle expérience ne peut être mise en œuvre que si elle se démarque d'une part d'un concept pétrifié de la tradition réduite à un « cortège funèbre » et se distingue d'autre part des impératifs de l'historicisme tout court. D'où le combat de Corbin sur un double front : montrer que la tradition n'est morte que pour ceux-là mêmes qui en interprètent le message comme une lettre morte, et révéler en même temps que cette tradition (qui est à chaque fois renaissance pour quiconque en assume la charge) est irréductible au mouvement négateur du nihilisme, pour lequel les grandes structures de l'esprit ne sont que des épiphénomènes de la nature et de l'histoire. Ces deux combats sont complémentaires chez Corbin : la revalorisation de l'esprit s'accompagne d'une critique des valeurs réductrices de notre temps. Vu dans ce contexte, Corbin rejoint le cortège des destructeurs de notre époque : le refoulement de la *Lebenswelt* mis en évidence par la crise de la conscience européenne (Husserl), la destruction ontologique de Heidegger, l'éclipse de la raison démontrée par l'École de Francfort, le retrait des projections de l'esprit que révèle la psychologie des profondeurs (Jung). Tous ces penseurs dénoncent à leur manière l'appauvrissement de l'esprit et redécouvrent une plage de la vérité. Il est non moins significatif que les penseurs les plus audacieux, venant de camps aussi opposés que peut être celui qui oppose un Horkheimer à un Heidegger, émettent un jugement si sévère sur le destin spirituel de l'humanité. On parle de sécularisation, de démythisation, de désacralisation, du nivellement de l'homme réduit à l'unidimensionnalité d'une pensée instrumentalisée, etc. : termes négatifs qui révèlent, somme toute, des soustractions faites aux facultés autrement importantes de l'esprit. Mais tandis que la plupart de ces penseurs dénonçant les symptômes de ce mal se complaisent dans la tâche critique sans faire une option quelconque, Corbin tout en les dénonçant n'en dévoile pas moins l'issue qui mettra fin à cet « exil occidental ». Que le chemin qu'il nous montre soit une consolation suffisante pour les uns ou un souhait illusoire pour les autres ne nous concerne pas ici ; ce qui compte en revanche, c'est qu'il ait eu le courage de choisir et de réorienter une pensée qui est désaxée parce que dépourvue précisément de sa dimension polaire. Le catastrophisme qui caractérise la plupart de nos penseurs démontre une anomalie par rapport à un état de fait antérieur : la raison s'instrumentalise parce qu'elle perd tout contact ontologique avec son siège originel : le *logos* ; les symboles s'atrophient car les valeurs, les cristallisant

autrefois dans les *canons culturels*, s'effondrent les unes
après les autres ; la domination de la technique se fait défi
et « arraisonnement », car l'Être s'occulte sous ses mises
en retrait successifs, etc. En bref, la catastrophe est là
mais personne ne sait comment s'en sortir. Si le présent se
déprécie par rapport à un passé qui se révèle de plus en
plus riche et même nostalgique, le présent, lui, se réduit
maintenant à l'absence, et l'avenir s'exclut de l'horizon
de l'attente. Toute l'histoire de la pensée n'est en fin de
compte que l'histoire du nihilisme : « Les valeurs supé-
rieures se déprécient, dit Nietzsche, car les fins man-
quent. » Entre un commencement qui se confond avec la
matérialité des faits empiriques et un avenir qui se réduit
à un progrès à rebours, l'histoire n'a plus de sens ; elle est
dés-orientée. Toutes les valeurs sur lesquelles reposait la
hiérohistoire de l'humanité ont perdu leur crédibilité et
nous débouchons sur une période de l'entre-deux qui est
le résultat d'une double négation : « ni le Dieu de
Christ... ni le Dieu des philosophes... ni bien, ni mal, ni
responsabilité, ni culpabilité, ni lien avec un ordre, ni
devoir » (H. Rauschning). L'homme vit de la sorte sans
« unité interne, sous l'effet des impulsions, des instants,
des *quanta* de volonté et des sensations, sans succession,
sans lien, sans durée ».

Ce qui distingue, par contre, la critique de Corbin par
rapport aux autres grands destructeurs de notre temps,
c'est que son regard n'est pas seulement celui d'un témoin
indifférent mais celui d'un visionnaire qui voit le monde
à travers les lunettes de l'esprit lui-même : sa présence au
monde est une présence « engagée » mais engagée hic et
nunc, par-delà et au-delà de la mort. C'est de l'intérieur
même de cette vision qu'il revalorise ou dévalorise, selon
les cas, les symptômes de notre civilisation. Quand il
parle de l'*incarnation* (entendue au sens historiciste du

terme), dans son esprit lui fait contrepoids la vision docétiste du « phénomène du miroir » ; quand il se réfère à
l'allégorie, il la déprécie par rapport au dynamisme polyvalent du symbole ; quand il dénonce l'idolâtrie métaphysique à laquelle aboutit un monothéisme oublieux de son
vrai paradoxe, il lui oppose l'amphibolie (*iltibâs*) de
l'Image qui est et n'est pas à la fois ; voire la vision théophanique du monde sans laquelle il n'y aurait ni Ange, ni
symbole, ni théologie apophatique. Son passé n'est jamais
en arrière comme critère permettant la comparaison avec
l'état présent, mais un passé qui, à chaque instant, peut
surgir à la conscience comme étant son avenir. L'allégorie
n'a de réalité autonome que si l'espace où éclôt la transmutation du symbole reste voilé au regard intérieur ;
l'incarnation n'est une entrave que dans la mesure où le
regard tombant en arrière de lui-même n'arrive pas à
s'épanouir à la transfiguration de l'Image intellective. Et
si « les idéologies socio-politiques de l'Occident sont les
laïcisations et sécularisations des systèmes antérieurs[4] »,
la raison en est que nous n'arrivons pas à percer le seuil
de la métahistoire où les rapports s'inversent, car à ce
niveau-là l'histoire se transfigure sous la projection d'un
autre regard.

Les couples de termes qui émergent de sa double attitude dévalorisante et revalorisante à la fois comme allégorie et symbole, historicisme et théophanie, démythisation
et récits visionnaires, nihilisme et théologie apophatique
renvoient à d'autres *modes de perception*. Il y a d'autres
modes de voir comme il y a différentes manières d'être,
l'un ne va pas sans l'autre. Et si on reste à un niveau,
si en d'autres termes on penche trop d'un côté le plateau de la balance sans se soucier de l'équilibre, c'est
que l'on a oublié la « science de la Balance » (*'ilm al-
Mîzân*). Car la « partie visible d'un être présuppose qu'elle

soit équilibrée par sa contrepartie invisible, céleste.
L'apparent, l'exotérique (*zâhir*) est équilibré par le caché,
l'ésotérique (*bâtin*). Le refus agnostique moderne ignore
cette loi de l'être intégral et ne fait donc que mutiler
l'intégralité de chaque être[5]. » Et parmi ces différents
modes de percevoir, il y a un point d'équilibre qui reste à
une équidistance d'un double péril qui de tout temps a
tenté les penseurs et les théologiens. Entre le renchérisse-
ment théologique des docteurs de la Loi qui prennent si
bien soin de Dieu qu'ils finissent par le renfermer dans un
tiroir oublié et les réductionnistes de tout acabit qui à
coup de valeurs créent de toutes pièces des systèmes du
monde, faisant de chaque fragment de l'Être une nouvelle
divinité, il y a le regard du sage qui reste entre les deux
– non pas entre deux négations dans le sens nihiliste du
terme –, mais entre deux réductions afin de sauver le
« phénomène » du monde. Mais un monde à part entière,
vu comme une image sur un miroir et non des images
déformées à travers les miroirs brisés. Car tous les frag-
ments de l'être sont érigés en « choses en soi », que ce
soit la volonté de puissance, ou la « sanctification de
l'ego », ou comme le dit Corbin, « l'hypertrophie du moi
dégénérant en impérialisme spirituel[6] ». Bref, tout ce qui
ressortit au « réflexe agnostique » qui est devenu de nos
jours le comportement naturel de l'homme ayant perdu
son âme. Dans ce sens Corbin revalorise, réhabilite
l'amphibolie, le paradoxe, le double sens inhérent à la
nature insolite des choses. Le monde est une « Image en
suspens » sur un miroir. Et ne le voit comme Image en
suspens que celui dont l'œil est devenu un miroir, et l'œil
ne devient miroir que lorsque le voile recouvrant le
monde tout autant que l'âme le contemplant se font eux-
mêmes miroirs réfléchissant la même Image. C'est ce
phénomène-là que Corbin désigne comme la vision théo-

phanique, l'opposant tantôt à l'« idolâtrie métaphysique »,
tantôt à l'incarnation historicisante, tantôt au monothéisme abstrait des religieux eux-mêmes ; en bref, à tous
les *ismes* qui sous une forme ou une autre en empêchent
l'éclosion et la perception. Car la perte de l'âme qui
résulte de cette double réduction (consistant à pencher la
balance d'un côté ou de l'autre) est aussi la perte de la
singularité du sujet lui-même. Nous n'entendons pas le
sujet qui en tant qu'*ego* en suspens ferait face à d'autres
ego pour que se réfléchissant les uns les autres ils créent
le jeu narcissique des feux croisés, mais l'individualité
spirituelle dont la dimension dépasse l'*ego* en tant que tel
et qui implique un prolongement vertical de l'être dans le
sens de la hauteur et de l'intégration de la dimension
polaire. Si la perte de l'individu entraîne la « collectivisation de la Psyché »[7], celle-ci a pour conséquence la déso-
rientation des symboles, voire la perte de la dimension
imaginale. Car, dit Corbin : « La dimension verticale est
individuation et sacralisation ; l'autre est collectivisation
et sécularisation. La première libère à la fois l'ombre individuelle et l'ombre collective[8]. »

La tragédie d'une culture peut venir aussi lorsque toute
essence y est perçue sous l'espèce de l'universel logique
du concept : avec celui-ci on n'écrit qu'un traité de
philosophie théorique. Avec le singulier concret on fait
de l'histoire ou un roman. Avec l'universel métaphysique, se manifestant au niveau du concret, celui du *mundus
imaginalis*, on écrit un récit visionnaire, ou un récit
d'initiation[9]. Autrement dit l'individualité spirituelle ne
peut être contenue dans la trame d'un roman où les personnages en suspens comme les ego cartésiens ont à
affronter, au lieu d'une vérité absolue, un réseau de vérités qui se contredisent les unes les autres, et où la seule
certitude est « la sagesse de l'incertitude » comme dit

Milan Kundera[10]. Il n'est dès lors pas étonnant que le roman n'ait jamais été produit dans la littérature classique persane.

Mais pourquoi cette perte ? Elle est sans doute l'histoire d'une séparation, d'un divorce entre foi et connaissance, intellect et psyché. Ils symbolisent aussi deux destinées : la destinée de l'averroïsme et celle de l'avicennisme.

« Les noms d'Avicenne et d'Averroës, dit Corbin, pourraient être pris comme les symboles des destinées spirituelles respectives qui attendaient l'Orient et l'Occident, sans que la divergence de celles-ci soit imputable au seul averroïsme[11]. » En effet la cosmologie d'Averroës – de stricte observance péripatéticienne – parvint à détruire la seconde hiérarchie de l'angélologie avicennienne, notamment celle des Âmes célestes. Et avec cette élimination disparaissaient du même coup le monde de l'âme, ses symboles, la géographie visionnaire, cette « courroie de transmission » qui assurait la continuité ascensionnelle des univers – de sorte que la science de l'herméneutique dont l'objet avait pour but de dévoiler l'espace de l'âme se réduisait à une pure technique d'interprétation du sens littéral au sens figuré et n'était plus l'acte contemplatif de la théologie négative. Corollairement, Averroës rejeta l'idée avicennienne de l'Intelligence agente comme *Dator formarum*, c'est-à-dire cette Intelligence qui permettait précisément l'homologie entre l'intellect des philosophes et l'ange de la révélation des prophètes. « Maintenant, conclut Corbin, une fois abolie la notion d'*Anima caelestis*, qu'en sera-t-il du principe qui était au fondement de l'anthropologie avicennienne : l'homologie entre *Anima caelestis* et *Anima humana* ? L'homologie entre le rapport de l'âme humaine avec l'Intelligence angélique active et le rapport de chaque *Anima caelestis* avec l'Intelligence par laquelle la meut son désir ? Comment serait-il encore possible, le voyage mystique vers l'Orient en compagnie de Hayy ibn Yaqzân[12] ? »

Et, tandis que l'averroïsme aboutissait à la politique pour s'incarner dans l'anthropologie naturaliste de Machiavel et de Hobbes, l'avicennisme inaugurait le cycle des récits visionnaires qui, d'Avicenne à Sohrawardî, devait aboutir à la théosophie de l'École d'Ispahan au XVIIe puis à la gnose de l'École Shaykhie au XIXe en Iran.

Or le développement de toute l'histoire de la pensée occidentale ne s'est effectué qu'au détriment des grandes structures de la vision traditionnelle du monde et en premier lieu, selon Corbin, au détriment du monde de l'entre-deux, voire le monde de l'*imaginal*. Sa perte, comme on l'a déjà souvent dit, provoqua une fissure irrémédiable à l'intérieur de l'esprit, une scission dangereuse entre l'Intellect et la Psyché[13]. Or non seulement cette scission se concrétisa en Occident par le triomphe de l'averroïsme, mais elle fut également le point de départ d'un processus que nous avons appelé ailleurs le *dépouillement ontologique* du monde et de l'homme[14], c'est-à-dire la démythisation du temps, le désenchantement de la nature, la naturalisation de l'homme et l'instrumentalisation de la raison. Quatre mouvements réducteurs allant 1) de la vision contemplative à la pensée technique ; 2) des formes substantielles aux concepts mécanico-mathématiques ; 3) des substances spirituelles aux pulsions primitives ; 4) de l'eschatologie à l'idolâtrie de l'histoire (Gilbert Durand). Le point de convergence de ces quatre mouvements constitue si l'on veut la *Gestalt* de l'impact planétaire de l'Occident qui, du fait de sa domination universelle, a rompu tout dialogue réel entre les civilisations. Face à ces quatre mouvements descendants par rapport à la dimension polaire de l'Esprit, les quatre itinéraires de Corbin

tendent précisément à parcourir à rebours le chemin
inverse de ces descentes et à revaloriser tour à tour la
fonction méditative de la pensée, la vision théophanique
de la nature, l'individuation spirituelle de l'homme et la
hiérohistoire de l'âme. À ces quatre mouvements réducteurs Corbin oppose quatre ascensions par la révélation, la
pensée, l'imagination et l'affectivité qui sont autant de
ruptures de niveau et de *ta'wîl* (herméneutique). Ainsi au-
delà de la pensée scientifico-technique, Corbin propose
une connaissance présentielle (*'ilm hozûrî*) qui culmine en
une métaphysique de présence ; face à la mathématisation
du monde il montre la fonction médiatrice et théophanique de l'Ange ; face aux pulsions primitives qui sous
forme d'infrastructures sous-tendent les idéologies modernes, il révèle l'expérience mystique de l'Individuation et
face à l'historicisme enfin, il dévoile les événements dans
le Ciel qui ont leur lieu dans l'espace visionnaire des
symboles.

Cet effort est d'autant plus méritoire que les scissions
en question restent pour ainsi dire des plaies ouvertes dans
la vision de l'homme moderne. Personne n'a, à notre
connaissance, mis mieux en valeur leur opposition que
Th. W. Adorno et M. Horkheimer dans leur livre intitulé
La dialectique de la raison[15]. Ce livre postule deux thèses
complémentaires : le mythe est déjà raison et la raison se
retourne en mythologie. En s'instrumentalisant, la raison
se subjectivise (divorce avec le *Logos*) et régresse à l'état
de nature et, ce faisant, se retourne contre elle-même,
c'est-à-dire qu'elle devient un instrument d'autodestruc-
tion dans les systèmes totalitaires. Ces deux penseurs
opposent à l'identité du concept universel « la dialectique
de la non-identité », le refus de tout nivellement de l'Individu dans un ordre collectif quelconque : totalité hégélienne
ou société sans classes afin de sauver l'individualité mena-

cée de l'homme. Mais la non-identité sauvant l'individu ne l'intègre pas pour autant dans un ensemble spirituel, loin de là, l'individu reste doublement déchiré face à une totalité qu'il renie et face à la « nostalgie d'un radicale-ment-autre »[16] qui reste en quelque sorte inaccessible. Face à ces deux possibilités : l'identité et la non-identité, Corbin professe l'individuation spirituelle qui est irréduc-tible à la fois à toute identité collective comme à toute mutilation de l'*ego*[17].

Ce que l'École de Francfort appelle l'instrumentalisa-tion de la raison, d'autres le désignent autrement. Il y a toute une évaluation négative de l'histoire de la pensée dont on retrouve les connotations tantôt comme nihilisme passif et actif (Nietzsche), tantôt sous forme de Discours de l'Être se retirant dans l'Histoire (Heidegger), tantôt comme retrait de projection, provoquant des compen-sations susceptibles de revaloriser le vide laissé par la fuite des Dieux (Jung), tantôt comme la perte de l'*aura* qui caractérisait autrefois la valeur cultuelle des choses (W. Benjamin). Le dénominateur commun de tous ces regards dépréciatifs converge vers un centre : le retrait de quelque chose qui fut là et qui ne l'est plus. Or ces sous-tractions faites sur des facultés spirituelles de l'homme intégral avaient des réalités on ne peut plus concrètes. Qu'il s'agisse du contenu eschatologique du temps, des formes théophaniques de la Nature envisagée comme *Liber revelatus*, de l'acte de présence de l'homme au-delà de la mort et de l'expérience de l'individuation spirituelle (la rencontre avec l'Ange). Leur déclin progressif fit en sorte que l'esprit *dé-symbolisé* se mit au service des inté-rêts et des instincts de l'homme et voulant refouler la nature, l'homme régressa vers cette nature qu'il croyait avoir définitivement domptée ; celle-ci prit sa revanche en idéologisant justement l'univers magique de l'homme.

Or, c'est parce qu'il y eut cette scission entre le mythe et la raison, entre l'Âme et l'Intellect, que ces deux régions de l'être, dont la *co-appartenance* essentielle dans l'Être sauvegardait autrefois l'acte de présence de l'homme dans le monde, furent séparées et qu'il y eut divorce entre le mythe et la raison : de sorte que celle-ci se développa au détriment de l'autre et qu'à leur co-présence se substitua la dialectique de leur opposition, c'est-à-dire celle de l'*Aufklärung*. Car pour l'homme visionnaire, le mythe est tout aussi « raisonnable » que la raison est mythique : c'est cette identification même que chercha à réaliser la philosophie islamique lorsqu'elle homologua l'Intelligence agente des philosophes avec l'Ange de la Révélation des prophètes ; et tout l'effort de la gnose consistait précisément à sauvegarder l'espace imaginal de leur transmutation où la raison revêtait la forme de l'Imagination active tout comme la Nature y transmuait les données sensibles en symboles. L'Imagination était le « milieu », le « lieu » où l'opposition des deux se réconciliait dans les formes épiphaniques des symboles ; où, grâce à la faculté transmuante de la gnose, le dualisme du Moi et de l'inconscient s'intégrait dans la totalité du Soi et où enfin cette opposition ne se transformait pas en une synthèse capable d'identifier le sujet et l'objet dans une totalité idéologique quelconque, mais en un *revirement*, une conversion, une rupture de niveau qui était dévoilement.

C'est en ce sens que l'on doit interpréter toutes les expériences parapsychologiques, qui constituent la théorie et la pratique des *mandalas* de même que la base physiologique de l'homme de Lumière[18]. Ainsi cette expérience de Soi qui sauvegardait l'intégralité de l'Individu s'opposait à la fois à l'identité totalisante et la non-identité aliénante.

Corbin, du fait qu'il met en lumière la crise spirituelle de l'homme en y apportant un remède, donne par là même une réponse à ce dilemme. Il montre ce qui dans le contexte de cette dichotomie essentielle de l'homme reste impensé et ne peut être mené à la conscience que par un effort réciproque soutenu des deux côtés, impliquant en Occident comme en Orient une prise de conscience respective.

Mais alors comment faire ? Puisque l'exemple de Corbin reste un pèlerinage à sens unique. Si tout l'effort de Corbin est une « herméneutique amplifiante » (Paul Ricœur) visant à faire sortir l'homme de sa « chute dans la captivité », pour qu'il retrouve, à partir du « temps de la chute », l'Ange de la terre des visions, l'inverse de ce pèlerinage est-il tout aussi vrai ? Si, en d'autres termes, Corbin effectue le passage de Heidegger à Sohrawardî, les héritiers de celui-ci sont-ils en mesure de faire l'inverse, c'est-à-dire de refaire à rebours le chemin qui de Sohrawardî aboutirait au temps de la détresse qu'annonce Heidegger ? Mais refaire ce chemin voudrait dire que l'on est capable de reconnaître l'aventure extraordinaire que fut l'histoire de l'Être en Occident ; qu'on est en mesure de démontrer pièce par pièce ce qui nous envoûte et dont la genèse nous reste si obscure. Cela voudrait dire aussi que nous maîtrisons déjà la méthode critique de l'« herméneutique réductrice » (Ricœur). Mais malheureusement tel n'est pas le cas. Heidegger ajoute : « Depuis toujours dans notre histoire, "penser" a voulu dire se conformer à l'injonction de l'Être et, partant de cette conformité, parcourir, discuter et décrire l'étant dans son être, discourir sur lui. Ce dis-cours (*dialegesthai*) se développe dans l'histoire de la pensée occidentale et devient la dialectique[19]. » Que ce discours soit le développement progressif de l'Esprit dans l'histoire (Hegel) ou l'histoire de ses retraits – apparaissant comme *idea* avec Platon, *energeia* avec Aristote, substantialité au Moyen Age ou comme subjectivité de l'ego cartésien avec les Temps modernes, pour aboutir finalement à la « volonté de la volonté » de l'ère de la domination planétaire[20] –, cela nous reste somme toute inaccessible.

C'est ce discours de l'être qui échappe aux non-Occidentaux de sorte que l'Occident qu'ils reconnaissent leur apparaît déjà sous ses formes les plus pétrifiées, c'est-à-dire sous la forme idéologique où l'être est réduit à une infrastructure. « La chaîne ininterrompue de l'évolution, qui de Marx remonte au début matinal de cette pensée où la co-appartenance du *mythos* et du *logos* était encore perceptible à la vision des tout premiers penseurs, leur échappe de même que toute la problématique de la tradition occidentale[21]. »

Dès lors le point de contact des deux mondes ne s'interprète plus en termes d'injonctions contenues dans le discours de l'être (donc *dialegesthai*), ni par l'herméneutique amplifiante du type de celle que met en œuvre Corbin, mais se présente comme un terrain stérile qui comprend à la fois les défauts de l'un et de l'autre, terrain où l'Occident se réduit à une infrastructure socio-économique apte à accommoder n'importe quelle idée et où aussi le contenu « oriental » de la tradition s'y occidentalise inconsciemment. C'est, par conséquent, l'idéologie dans tout ce qu'elle a d'irrationnel, de fausse conscience, de sclérosé qui devient la langue mutilée de ce nouveau dialogue de sourds.

D'un côté un Occident ethnocentrique, hellénocentrique, qui reste prisonnier dans les catégories de l'histoire ; de l'autre côté un Orient désorienté par rapport à sa propre tradition et incapable d'assimiler intérieurement la marche dialectique de cette histoire. C'est pourquoi il nous semble que l'issue hors de ce dilemme exigerait un double itinéraire des deux côtés visant à réintégrer ces deux mondes qui restent qu'on le veuille ou non les deux dimensions complémentaires de l'être. Reportons-nous à ce que nous disions ailleurs : « Si l'homme occidental ressent aujourd'hui la nécessité de recourir à une "herméneutique amplifiante" visant à redécouvrir le langage négligé de la pensée mytho-poïètique ; si cette mise en œuvre, non seulement lui révèle ce qu'il est dans les niches oubliées de sa mémoire, mais en même temps le prédispose à l'intégration d'autres niveaux de culture, son homologue oriental, lui, devrait orienter ses efforts vers une "herméneutique réductrice" (démystification) destinée à détruire (je dirais presque à *démonter*), dans leur contexte propre, à l'abri des fausses identifications, ces concepts hybrides qu'il a forgés sous l'influence de son occidentalisation inconsciente. Savoir faire les deux cheminements à la fois : telle est la condition d'un dialogue véritable de l'homme avec lui-même. Mais pareil mouvement exigerait de part et d'autre un besoin authentique de désidéologisation mutuelle, une libération hors des cercles fermés où se complaisent les attitudes manichéennes de l'esprit[22]. »

Ainsi l'un ne peut aboutir sans l'autre. Si le pèlerin de l'Occident qu'est Corbin commence son voyage mystique à partir de son exil occidental afin de revaloriser l'Individualité spirituelle de l'homme et de la réintégrer dans l'expérience de la rencontre avec l'Ange, son homologue oriental, outre le fait qu'il est censé avoir réévalué cette même expérience dans le contexte de l'homme moderne, doit avoir subi le vertige dans la chute de l'histoire et éprouvé l'impact du temps de la détresse qui est la condition sine qua non de toute prise de conscience. Si l'Orient peut réactualiser sa tradition et renaître selon son propre temps, il n'en reste pas moins qu'il subit aussi le temps impersonnel de l'histoire ; qu'il peut vivre selon son temps tout en restant captif dans l'histoire. Mais l'impact de ce temps historique est tel que *collectivement* il ne peut le contourner, il ne peut échapper à son emprise, le court-circuiter et aboutir à je ne sais quelle transcendance utopique. Il ne peut que lui faire face : faire face afin de s'en libérer et d'en connaître les rouages. Sinon il en serait la victime involontaire. Si individuellement – et encore – tout est possible et si l'homme peut faire le saut au-delà de la mort, socialement ce dépassement est impossible. Car le social, il faut le penser. Or toutes les cultures non occidentales sont à la traîne des idéologies occidentales. Elles sont toutes contaminées par les impératifs de l'histoire et toutes subissent sans coup férir la puissance du nihilisme et le processus de l'idéologisation en cours. C'est pourquoi toute revalorisation d'une tradition qui ne serait pas suivie d'une conscience correspondant à l'esprit du temps, d'une mise en perspective de la destinée historique, loin d'aboutir à un raccourci hors de l'histoire, ne précipiterait que davantage le processus d'idéologisation provoquant inévitablement ce phénomène insidieux que nous avons appelé ailleurs : l'occidentalisation inconsciente[23].

Vis-à-vis de cette double impasse deux livres parus récemment, et s'inspirant tous deux de l'herméneutique corbinienne, essaient d'amorcer le début d'un dialogue timide : nous entendons le livre de Christian Jambet, *La logique des Orientaux*[24] et le nôtre propre, *Qu'est-ce qu'une révolution religieuse ?*. Deux livres fort différents mais qui envisagent la même situation vue du côté de l'Occident et de l'Orient. Jambet est un philosophe, il veut que la philosophie occidentale sorte de sa coquille étroite, qu'elle étende la tâche de la phénoménologie de l'Esprit à d'autres continents de la raison, notamment ceux que nous dévoile la « Logique des Orientaux » dont l'œuvre de Corbin atteste l'actualité. « Henry Corbin, dit Christian Jambet, vit s'amplifier sa tâche aux dimensions d'une phénoménologie générale. Il s'agirait alors de mettre à jour les noèmes de l'*Orient*, pour généraliser la raison, dont Husserl avait après Kant et Nietzsche commencé d'explorer le continent *occidental*. Ici encore, l'ambition était de contourner Hegel, non pas au niveau, indépassable, de sa philosophie du droit, mais à celui de la philosophie de l'Esprit[25]. » Ainsi la vraie tâche de la philosophie serait d'abord de redécouvrir ce continent *oriental* où se joue pour ainsi dire l'« autobiographie de l'Ange de l'humanité », et de la ré-insérer dans l'horizon de nos connaissances philosophiques. Fonder en quelque sorte une phénoménologie non hégélienne, c'est-à-dire une phénoménologie qui, du fait qu'elle se situe « hors de l'espace » de Hegel, s'arracherait à l'histoire et ce faisant se retournerait au niveau du *mundus imaginalis* de la logique des Orientaux. Or le grand problème c'est qu'il manque précisément à la pensée occidentale un « encadrement métaphysique » apte à assurer l'existence ontologique de ce monde médian où les esprits se corporalisent et les corps se spiritualisent, et qui puisse par là même le préserver des dérèglements démentiels de l'imaginaire. Tout porte à croire que le développement prodigieux de la pensée occidentale n'ait pu aboutir qu'au détriment de ce monde-là, sinon l'écart épistémologique auquel nous assistons de nos jours entre les *cultures*, écart dû en partie à l'incompatibilité des mondes en jeu, n'eût jamais pu se produire. Jambet le sait puisque tout en définissant le « *mundus imaginalis* comme la matière de la métahistoire[26] » dont les formes intelligibles sont les *Noms* (les Formes archétypes) ne s'exemplifiant qu'au *singulier* (à l'encontre de l'universel abstrait), il l'oppose carrément au temps historique et parle de la « béance entre les deux temps ». « Or nous devons constater, dit-il, qu'entre ces deux réalités, histoire et métahistoire, aucune harmonie préétablie n'est admissible. Bien au contraire, ce qui nous apparaît est une béance, de sorte que les *points de contact* restent énigmatiques[27]. »

C'est cette béance qui suscite une opposition irréductible entre les cultures et fait en sorte que nous avons d'une part un être-pour-la-mort et d'autre part un être-pour-au-delà-de-la-mort. Pour qu'il y ait métahistoire, il faut qu'il y ait *hiérohistoire* et pour qu'il y ait hiérohistoire, il faut qu'il y ait une matière subtile à même de la projeter, et pour qu'il y ait de l'imaginal il faut qu'il y ait l'Ange. Mais la raison dialectique ne peut s'ouvrir à l'Ange tout comme l'étendue cartésienne ne peut découvrir les formes théophaniques de la nature, tout comme le mythe refoulé ne peut se réconcilier avec une raison fétichisée. La logique des Orientaux sans l'appareil critique de la raison dégénérerait en idéologie totalitaire tout comme une raison instrumentalisée dépourvue d'une finalité spirituelle aboutit hélas à la misère existentielle de l'homme unidimensionnel. Ainsi Jambet a raison d'évoquer les merveilles de la logique des Orientaux. Mais alors que faire pour rester à la juste limite des deux mondes ? Y être présent aux deux niveaux de l'être sans les confondre, ni les réduire l'un à l'autre. Ne sombrer ni dans l'excès d'un fanatisme délirant ni dans les formes atrophiées d'une histoire *désorientée*.

Qu'est-ce qu'une révolution religieuse ? essaie de son côté de montrer que la domination de la raison dans l'histoire précipite la chute de cette *écologie métaphysique* qui rendait possible la présence de ce continent perdu (Logique des Orientaux). La destruction des grandes structures de l'esprit n'a pas seulement décliné la verticalité du retour, c'est-à-dire de la dimension polaire de l'être et les théologies apophatique et affirmative qui leur sont concomitantes, mais également l'espace imaginal des transmutations grâce auquel le récit visionnaire avait un *situs*, un lieu lui permettant d'avoir lieu. La brèche fondamentale qui devait déboucher sur la dualité cartésienne ne fut jamais colmatée. Dès lors cette scission trouvait une solution non pas par le truchement d'une théophanie qui, à la rigueur, eût pu sauver le « phénomène du monde » mais par l'artifice d'une pensée dialectique qui, avec Hegel, devenait le *processus* de l'être lui-même, déplaçant ainsi le problème ontologique de l'horizon de l'être à celui de l'histoire, hypostasiée elle-même au rang d'un *Fatum* indépassable. En raison de l'hégémonie implacable de cette Raison, toutes les autres civilisations entrèrent, sans l'avoir choisi elles-mêmes, dans le champ magnétique de l'histoire, subissant ici les formes les plus métamorphosées, là les discours les plus réductionnistes, brassant le tout dans des amalgames incongrus, et espérant que, contre-attaquant les formes agressives de l'Occident au nom d'une identité traditionnelle somme toute illusoire, on pourrait s'en libérer ou tout au plus les dompter et les rendre caduques. C'était hélas ! sous-estimer l'impact de la modernité qui non seulement transformait de tout au tout le « climat culturel », la structure sociologique des sociétés en question, mais altérait radicalement les soubassements des croyances, de sorte que tout un courant *infrastructurel* se substituait subrepticement à la constellation culturelle ancienne. Le *Da* du *Dasein* se rétrécissait à présent jusqu'au niveau plat d'une infrastructure et c'est à l'intérieur de cette enveloppe réduite que l'on coulait le contenu eschatologique des versets qorâniques.

Ainsi, *Qu'est-ce qu'une révolution religieuse ?*, partant
des mêmes prémisses que celles qui inspiraient *La logique
des Orientaux* de Jambet, parcourait le chemin inverse
pour arriver toutefois à la même conclusion. Il est vrai que
la tâche de la phénoménologie doit s'étendre à une phénoménologie généralisée ; il est souhaitable aussi que
l'Occident sorte de sa coquille ethnocentique ; mais il est
tout aussi vrai que l'Orient doit connaître à fond cette
même raison qui avait transformé depuis quatre siècles le
monde et créé la civilisation moderne. Les héritiers de
Sohrawardî ne pouvaient plus s'aventurer dans le continent perdu de l'âme (du moins culturellement au niveau
collectif) tant qu'ils n'avaient pas assimilé la raison dialectique elle-même. On arrivait ainsi à un paradoxe
étrange : pour sauver l'âme et l'individu, il fallait *sécula-
riser* la société. Car sans la séparation de la foi et du
savoir, pas de sujet de droit, donc pas de démocratie. Sans
le désenchantement du monde, pas d'objectivité, et sans la
mathématisation galiléenne du monde, pas de sciences de
la nature et pas de nouvelle cosmologie. Sans le choc bio-
logique de la phylogenèse, pas d'histoire naturelle de
l'homme et sans la destruction des grands tabous culturels, pas de connaissance des mécanismes obscurs de
l'inconscient. Ce que d'un côté on revalorisait devenait de
l'autre côté, c'est-à-dire dans un monde démuni des prémisses solides de la raison dialectique, un processus délirant, pour ne pas dire démentiel d'idéologisation. Car la
modernité non seulement avait fait éclater le monde clos
des civilisations traditionnelles, mais en avait mutilé aussi
la topographie métaphysique et détruit le cadre sociologique des rapports humains et cela jusqu'au niveau de
l'espace intérieur qui à présent ne trouvait plus d'abri
contre les changements en cours. Dès lors le monde des
Images s'était retiré du monde pour se réfugier dans

l'arrière-plan du refoulement. Nous assistions en quelque sorte à un retrait de projections où le phénomène de compensation, faisant contrepoids à la valeur dépréciée, ne valorisait plus une région particulière de l'étant comme dans l'exemple des substitutions de la psyché occidentale – où par exemple la Raison remplaçait la révélation pour être à son tour supplantée par les pulsions –, mais les Images déformées de la tradition elle-même. Ce n'était donc plus la Raison comme *lumen naturale* qui venait se substituer à notre modernité mais une religion idéologisée où la révélation coulait immédiatement dans le monde infrastructurel des idéologies nouvelles sans avoir subi le dressage progressif de la raison dialectique. Pour donner un exemple encore plus concret, l'Ange Gabriel descendait dans l'histoire pour devenir le Guide d'un ordre spirituel, mais un Guide qui restait captif à son insu dans la ruse de l'histoire.

Pour que l'individualité spirituelle fût en mesure de s'épanouir il fallait que par un des paradoxes inexplicables de nos temps, l'homme pût vivre dans un milieu sécularisé. D'où la nécessité d'une double vérité qui, à présent, prenait valeur de salut. Entre l'individu et son écologie métaphysique il y avait une dichotomie, de sorte qu'à présent il fallait qu'individuellement l'homme restât à tous les niveaux herméneutiques et que collectivement il vécût, en toute conscience, la dimension de l'historicité. La béance dont parle Jambet était une béance entre l'esprit et l'histoire. La religion en tant que structure collective n'avait plus de sens, car à peine sortie de sa coquille fragile elle se laissait récupérer immédiatement par des formes agressives qui lui étaient incompatibles ; mais l'Esprit, lui, pouvait transcender la béance des deux temps. La béance devenait ainsi le nouvel ordre schizophrénique de notre monde, un ordre dont on devait s'accommoder, qu'on devait apprivoiser et soigner comme une déchirure qui dans le tréfonds de notre être reste une source de tension et de richesse. La *double vérité* devenait ainsi deux ordres de grandeur, superposables mais non interchangeables. Le passage de l'un à l'autre impliquait, quoi qu'on en ait pu dire, une *rupture* et non une évolution. Et c'est pour avoir méconnu leur incompatibilité fondamentale que l'on arrivait de nos jours au phénomène d'hybridation qui est probablement l'une des conséquences les plus funestes de l'occidentalisation inconsciente. Mais si en revanche on pouvait aménager leur cohabitation, si on pouvait les placer chacun à leur place respective, on arriverait peut-être à faire de cette béance un abri contre un double péril : la réduction de la hiérohistoire à l'histoire et de celle-là à celle-ci. De la sorte parviendra-t-on peut-être un jour à sauver le phénomène du monde, sachant qu'il y a d'autres modes de percevoir et qu'il y a aussi un regard pour qui l'histoire peut apparaître parfois transfigurée par la vision de l'Ange.

Notes

I. LE PÈLERIN DE L'OCCIDENT

I. Une biographie spirituelle

1. « De Heidegger à Sohrawardî », *L'Herne,* cahier dirigé par Ch. Jambet, Paris, 1981, p. 24.
2. « Post-Scriptum biographique à un entretien philosophique », *L'Herne*, p. 42.
3. « Aesthetica in Nuce », traduit par Corbin, *L'Herne*, p. 196.
4. « Post-Scriptum biographique à un entretien philosophique », *op. cit.*, p. 41.
5. *Ibid.*, p. 40.
6. *Ibid.*
7. *Ibid.*, p. 41.
8. *Ibid.*, p. 39.
9. *Ibid.*, p. 40.
10. *Ibid.*
11. Rudolf Otto, *Das Heilige, über dos Irrationale in dem Göttlichen und sein Verhältnis zum Rationalen*, München, 1963, nouvelle édition, p. 31.
12. *Eranos Jahrbuch* XXXIII/1964, repris in *Face de Dieu, face de l'homme*, pp. 41-151.
13. « Henry Corbin : théologien protestant », *L'Herne*, p. 187.
14. Il s'agit de Karl Barth.

15. *Hic et Nunc* 1, novembre 1932, pp. 1-2.

16. « Post-Scriptum biographique... », *L'Herne*, p. 45.

17. Richard Stauffer, « Henry Corbin, théologien protestant », *L'Herne*, p. 189.

18. « Post-Scriptum biographique... », *L'Herne*, p. 45.

19. *Philosophie des formes symboliques*, traduction de Jean Lacoste, Paris, 1972, vol. II, p. 131.

20. « Post-Scriptum biographique... », *L'Herne*, p. 43.

21. Corbin avait pratiqué aussi le russe.

22. *Profils philosophiques et politiques*, trad. par F. Dastur, J.-R. Ladmiral et M. de Launay, Paris, Gallimard, 1974, pp. 23-24.

23. Cité par Wilhelm Weischedel : « Philosophische Theologie im Schatten des Nihilismus ! », in *Der Nihilismus als Phänomen der Geistesgeschichte in der Wissenschaftlichen Diskussion unseres Jahrhunderts ;* hrg. von Dieter Arendt, Darmstadt, 1974, p. 16.

24. Henri Stierlin, *Ispahan, Images de Paradis*, préface de H. Corbin, Bibliothèque des Arts, Lausanne/Paris, 1978, p. 6.

25. *Ibid.*

26. *Ibid.*, p. 10.

27. Daryush Shayegan, « L'homme à la lampe magique », in *Mélanges offerts à Henry Corbin*, Téhéran, 1977.

28. Publication de la société d'Iranologie, n° 3, Téhéran, 1946.

29. « Post-Scriptum biographique... », *L'Herne*, p. 47.

30. *Ibid.*

31. *Humanisme actif, Mélanges d'art et de littérature offerts à Julien Cain*, Paris, 1968.

32. *Ibid.*, p. 309.

33. « Le sens du ta'wîl », *L'Herne*, pp. 84-85.

34. « Post-Scriptum biographique... », *L'Herne*, p. 47.

35. « De l'Iran à Eranos », *L'Herne*, p. 261.

36. « Le Temps d'Eranos », *L'Herne*, p. 258.

37. « La Sophia éternelle. À propos d'un livre de C.G. Jung », in *Revue de culture européenne*, n° 5, 3ᵉ année, 1ᵉʳ trimestre 1953, Paris, pp. 11-44.

38. « Post-Scriptum biographique... », *L'Herne*, p. 48.

39. Postface d'H. Corbin in C.G. Jung, *Réponse à Job*, Paris, Buchet-Chastel, 1964, p. 249.
40. *Ibid.*
41. C.G. Jung, l'*homme à la recherche de son âme*, Paris, 1962, pp. 60-70 ; *Psychologie de l'inconscient*, Paris, 1963, p. 171.
42. « Traumsymbole des Individuationsprozesses », in *Eranos Jahrbuch*, 1936, pp. 13-14.
43. Erich Neumann, « Der mystische Mensch », in *Eranos Jahrbuch*, 1948.
44. *Ibid.*, p. 329.
45. D. Shayegan, « De la pré-éternité à la post-éternité, le cycle de l'Être », in *Eranos Jahrbuch*, 1981, pp. 108-109.
46. « Post-Scriptum biographique... », *L'Herne*, p. 48.
47. *Ibid.*, p. 49.
48. *Ibid.*
49. *L'impact planétaire de la pensée occidentale rend-il possible un dialogue réel entre les civilisations ?*, publication du Centre iranien pour l'Étude des Civilisations, Berg International, Paris, 1979, p. 401.

II. L'herméneutique et Heidegger

1. « De Heidegger à Sohrawardî », *op. cit.*, p. 24.
2. *Ibid.*
3. *Ibid.*
4. « Théologie dialectique et histoire », *op. cit.*, p. 268.
5. *Qu'est-ce que la Métaphysique ?*, trad. H. Corbin, Paris, Gallimard, 1938, p. 14.
6. « De Heidegger à Sohrawardî », *op. cit.*, p. 26.
7. « L'être et le temps », in *Qu'est-ce que la Métaphysique ?*, p. 176.
8. « De Heidegger à Sohrawardî », *op. cit.*, p. 31.
9. *Ibid.*
10. *Qu'est-ce que la Métaphysique ?, op. cit.*, p. 132.
11. *Ibid.*, p. 122.
12. *Ibid.*, p. 143.
13. *Ibid.*, p. 145.

14. *Ibid.*

15. *Ibid.*, p. 159.

16. *Ibid.*, p. 161.

17. *Ibid.*, p. 162.

18. *Ibid.*, p. 163.

19. *Ibid.*, p. 33.

20. *Ibid.*, p. 34.

21. *Ibid.*

22. *Ibid.*, p. 35.

23. Je tiens à souligner cependant que les méditations du Heidegger tardif, notamment le déplacement de l'accent de l'Être-là vers l'Être qui fut interprété comme un Retour, et la mise en œuvre des notions telles que l'Oubli de l'Être (*Seinsvergessenheit*), la différence ontologique et l'homme : Berger de l'Être, n'ont pas retenu l'attention de Corbin. Tout en reconnaissant que la pensée de Heidegger épousait une dimension de plus en plus théologique et même mystique, Corbin estimait qu'il n'avait toujours pas découvert le *mundus imaginalis*, c'est-à-dire le fondement ontologique du monde des Images-Archétypes. En ce sens Corbin est toujours resté un platonicien convaincu.

24. *Qu'est-ce que la Métaphysique ?*, p. 136.

III. Corbin et le monde iranien

1. *Philosophie iranienne et philosophie comparée*, pp. 22-23.

2. *En Islam iranien*, I, p. 140.

3. *Ibid.*

IV. La métaphysique de l'imagination

1. *Orient*, n° 39 (3ᵉ trimestre 1966), p. 70.

2. Nous verrons comment à partir de la triple méditation de la première Intelligence chez Avicenne, par exemple, émanent respectivement la deuxième Intelligence, l'Âme céleste et le Ciel. Ces Âmes célestes constituent ainsi la seconde hiérarchie angélique

dans la procession des dix Intelligences et leur monde est celui de l'Imagination active. La cosmologie d'Avicenne se présente comme « une phénoménologie de la conscience angélique » (*Paradoxe du monothéisme*, p. 164). Elle est par conséquent solidaire d'une angélologie, laquelle fonde une gnoséologie, dont dépend par ailleurs l'anthropologie. De la sorte tout est harmonieusement intégré dans un encadrement métaphysique propre. Il s'instaure d'autre part une série d'homologies entre la double hiérarchie des Intelligences, des Âmes et des Cieux et les facultés de l'homme. Chaque âme humaine étant à l'endroit de l'Intelligence humaine dans le même rapport que chaque Âme céleste à l'égard de l'Intelligence dont elle procède.

3. *Face de Dieu, face de l'homme*, p. 17.

4. *En Islam iranien*, IV, p. 384.

5. *Corps spirituel et terre céleste*, p. 8.

6. *Face de Dieu, face de l'homme*, p. 27.

7. *Ibid.*, p. 18.

8. *Sâheb-e nazar*, in D. Shayegan, « La topographie visionnaire de Hâfez de Shîrâz », *Cahiers de l'U.S.J.J.* n° 7, Paris, Berg International, 1981.

9. *L'Archange empourpré*, p. 229.

10. *Face de Dieu, face de l'homme*, pp. 11-12.

11. *Ibid.*, p. 13.

12. *Ibid.*

13. *En Islam iranien*, IV, p. 384.

14. *Face de Dieu, face de l'homme*, p. 21.

15. *En Islam iranien*, IV, p. 102.

16. *Ibid.*

V. Les quatre itinéraires de Corbin dans le monde irano-islamique

1. *En Islam iranien*, IV, p. 208.

2. A. Gide, *Offrande lyrique*, Paris, Gallimard, 1963, p. 28.

II. DU CYCLE DE LA PROPHÉTIE (*NOBOWWAT*) AU CYCLE D'INITIATION (*WALÂYAT*)

I. Le phénomène du Livre saint

1. *En Islam iranien*, III, p. 222.
2. *Face de Dieu, face de l'homme*, p. 45.
3. *Ibid.*, pp. 41-51.

II. La prophétie et la walâyat (l'imâmat)

1. *Sharh-e Golshan-e Râz*, Téhéran, 1337.
2. D. Shayegan, *Hindouisme et soufisme,* La Différence, Paris, 1979, pp. 184-198.
3. Il y a une prophétie absolue (*motlaq*) et une prophétie parti-culière (*moqayyad*). La première est celle qui est propre à la Réalité mohammadienne et la seconde est constituée par les prophètes avant Mohammad.
4. *Sharh-e Goishan-e Râz*, p. 315.
5. *En Islam iranien*, I, p. 259.
6. *Sharh-e Golshan-e Râz*, p. 276.
7. Originaire de Ray (Raghès) près de Téhéran ; compilateur de milliers de traditions (*hadîth* et (*ahhbâr*) qui forment le plus ancien *corpus* des traditions shî'ites.
8. *Sharh-e Golshan-e Râz*, p. 48.
9. Pour les différentes formes de diagrammes possibles, cf. *En Islam iranien*, I, p. 273.
10. *Histoire de la philosophie islamique*, p. 56.
11. « Prophétie et Imâmat (ou *walâyat*) correspondent à un dou-ble mouvement cosmique : *mabda'* et *ma'âd*, genèse et retour, des-cente et remontée à l'origine. À ce double mouvement correspondent d'une part le *tanzîl*, la Révélation, qui est l'acte de faire *descendre* le Livre saint dont le prophète est chargé d'énoncer la lettre (la *sharî'at...*), et d'autre part le *ta'wîl* qui est l'acte de

reconduire la lettre de la Révélation à son sens vrai, *exêgêsis* spirituelle qui est le ministère de l'Imâm. Ce sens vrai est le sens spirituel, la *haqîqat* ou l'Idée. Comme l'écrit Nâsir-e Khosraw (xiᵉ siècle), un des plus grands théosophes ismaéliens de l'Iran : "La religion positive (*sharî'at*) est l'aspect exotérique de l'Idée spirituelle (*haqîqat*), et l'Idée spirituelle est l'aspect ésotérique de la religion positive ; la religion positive est le symbole (*mathal*), l'Idée spirituelle est le symbolisé (*mamthûl*)". » *Face de Dieu, face de l'homme*, p. 109.

12. *Temple et contemplation*, p. 7.

13. *En Islam iranien*, IV, p. 198.

14. *En Islam iranien*, III, pp. 279-280.

15. *Ibid.*, p. 281.

16. *Ibid.*, pp. 281-282.

17. Pour le symbolisme de la lumière noire, voir *L'homme de lumière dans le soufisme iranien*, pp. 149-164. Et sur le symbolisme des couleurs en général, voir *Temple et contemplation*, pp. 7-48.

18. *En Islam iranien*, III, p. 290.

19. *L'Archange empourpré*, pp. 273-280.

III. La philosophie prophétique

1. *En Islam iranien*, I, p. 46.

2. *La philosophie iranienne islamique...*, p. 39.

3. *Ibid.*, p. 40.

4. *Ibid.*, p. 42.

5. *En Islam iranien*, III, p. 223.

6. *Ibid.*, p. 223.

7. *Ibid.*, p. 246.

8. *La philosophie iranienne islamique...*, pp. 39-43.

9. *Le paradoxe du monothéisme*, pp. 148-149.

10. *Ibid.*, p. 109.

11. *En Islam iranien*, III, p. 223.

12. *Le paradoxe du monothéisme*, p. 169.

13. *L'imagination créatrice dans le soufisme d'Ibn 'Arabî*, p. 29.

14. *Le paradoxe du monothéisme*, p. 252.

15. *Ibid.*

16. *La philosophie iranienne islamique...*, p. 264.

17. Idée fort intéressante, car cela démontre qu'une philosophie démunie du *monde intermédiaire*, des Images, perd le *sens* des symboles et transforme en allégories toutes les données nouvelles d'où la confusion de l'allégorie et du symbole qui est un des thèmes de prédilection de Corbin.

18. Ces derniers mots désignent l'initiation spirituelle incombant aux « Amis de Dieu » (*Awlîya'*) lesquels sont les saints Imâms dont la lignée remonte à 'Alî ibn Abî Tâlib.

19. *La philosophie iranienne islamique...*, p. 265.

20. *En Islam iranien*, I, p. 302.

21. *Ibid.*

IV. Le shî'isme

1. *En Islam iranien*, I, pp. 114-115.

2. *Ibid.*, IV, p. 70.

3. *Ibid.*, I, p. 40.

4. *Ibid.*, IV, p. 328.

5. *Ibid.*

6. *Ibid.*, III, p. 151.

7. *Ibid.*, I, p. 92.

8. Ces « six jours » sont des unités de temps qualitatif ; comme telles, elles sont les unités qualitatives du temps de la hiérohistoire. Voir aussi : « L'initiation ismaélienne ou l'ésotérisme et le Verbe » dans *L'homme et son Ange*, pp. 103-106.

9. *Le Livre réunissant les deux sagesses*, pp. 125-126.

10. *En Islam iranien*, IV, p. 297.

11. *Ibid.*

12. *Face de Dieu, face de l'homme*, p. 337.

13. Pour l'*hexaêmeron* de la création de l'homme spirituel chez Swedenborg, voir *Face de Dieu, face de l'homme*, pp. 73-99.

14. *Face de Dieu, face de l'homme*, p. 120.

15. *En Islam iranien*, I, p. 264.

16. *L'alchimie comme art hiératique*, pp. 162-163.

17. *Temple et contemplation*, p. 191.

18. *L'alchimie comme art hiératique*, p. 169.

19. *En Islam iranien*, I, p. 93.
20. *Ibid.*, IV, p. 71.
21. *Ibid.*, I, p. 93.
22. *Ibid.*, I, p. 94.
23. *Ibid.*, III, p. 10.
24. *Ibid.*, I, p. 41.
25. *Ibid.*, I, p. 42.
26. *Ibid.*, I, p. XXVIII-XXIX.
27. *Ibid.*, I, pp. 89-90.
28. *Ibid.*
29. *Ibid.*, p. 90.
30. *Ibid.*
31. *Le Livre réunissant les deux sagesses*, pp. 62-63.
32. « Sur le douzième imâm », *Table ronde*, fév. 1957, p. 19.
33. *En Islam iranien*, I, p. 132.
34. Sayyed Haydar Amolî : « Le Texte des Textes » (*Nass al-Nosûs*), Prolégomènes publiés avec une double introduction par Henry Corbin et Osman Yahia, Bibliothèque iranienne, 21, Téhéran-Paris, 1975.
35. Sayyed Haydar Amolî : *La philosophie shî'ite ;* 1) Somme des doctrines ésotériques (*jâmi'al-asrâr*), 2) Traité de la connaissance de l'être (*Fî ma 'rifat al-wojûd*) par Henry Corbin et Osman Yahia, Bibliothèque iranienne, 16, Téhéran-Paris, 1969.
36. *Jâmi al-asrâr*, trad. in *En Islam iranien*, III, p. 179.
37. *En Islam iranien*, III, p. VI.
38. *Ibid.*, III, pp. 15-16.
39. *Ibid.*
40. *Ibid.*, III, p. X.
41. *Ibid.*, III, pp. 168-169.
42. *Ibid.*, I, p. 92.
43. *Ibid.*, I, p. 91.
44. *Ibid.*, I, p. XXIX.

V. L'imâmologie

1. *En Islam iranien*, I, p. 305.
2. *Ibid.*, p. 307.

3. *Ibid.*

4. *Ibid.*, p. 230.

5. « Nous avons proposé le dépôt de nos secrets aux Cieux, à la Terre et aux Montagnes ; tous ont refusé de l'assumer, tous ont tremblé de le recevoir. Mais l'homme accepta de s'en charger ; c'est un violent et un ignorant » (Qorân 33 :72).

6. *En Islam iranien*, I, p. 98.

7. *Ibid.*, p. 300.

8. *Ibid.*, IV, p. 166.

9. *Face de Dieu, face de l'homme*, p. 294.

10. *Ibid.*, p. 246.

11. Sur le symbolisme de l'Île verte, voir *En Islam iranien*, IV, pp. 346-367.

12. *En Islam iranien*, I, p. 270.

13. *Ibid.*, p. 314.

14. *Ibid.*, I, p. 102.

15. Les trois attestations sont respectivement l'Attestation de l'Unité de Dieu, du message prophétique et de l'Imâmat selon les shî'ites. Pour les sunnites dès lors, les deux premières Attestations suffisent.

16. *En Islam iranien*, I, p. 128.

VI. Les douze imâms, forme configuratrice du temple de la prophétie

1. *En Islam iranien*, I, p. 64.

2. Sur la succession des douze Imâms, voir *En Islam iranien*, I, pp. 66-68.

3. *Ibid.*, p. 63.

4. *Temple et contemplation*, p. 239.

5. *Ibid.*, p. 223.

6. *En Islam iranien*, I, p. 56.

7. *Ibid.*, p. 57.

8. *Ibid.*, IV, p. 304.

9. Ces récits remontent à des témoins contemporains ayant participé aux événements. Corbin a suivi la rédaction du grand théolo-

gien Ibn Babûyeh de Qomm, surnommé Saykh Sadûq (*En Islam iranien*, IV, p. 310).

10. *Ibid.*, IV, p. 313.

11. *Face de Dieu, face de l'homme*, p. 343.

12. *Ibid.*, pp. 345-346.

13. *Ibid.*, p. 344.

14. Dans la mesure où la parousie du XIIe Imâm, à la fois Paraclet (*Fâraqlît*) et Saoshyant, commande l'idée des périodes de ce temps cyclique, la philosophie iranienne pourra être au diapason avec les pensées écloses précisément à l'époque même de Sohrawardî. Le règne du Paraclet, de l'Esprit Saint, détermine au XIIe siècle la vision historiosophique de Joachim de Flore et des Joachimites. Voir *Face de Dieu, face de l'homme*, pp. 311-345.

15. *En Islam iranien*, I, p. 127.

16. *Ibid.*

17. *Histoire de la philosophie islamique*, II, pp. 1104-1105.

18. *En Islam iranien*, IV, p. 410.

19. Cf. *En Islam iranien*, IV, pp. 415-416.

20. *Ibid.*, p. 409.

21. *Ibid.*, p. 460 ; cf. aussi « Juvénilité et chevalerie en Islam iranien » in *L'homme et son Ange*, pp. 207-260.

VII. L'ismaélisme

1. Bibliothèque iranienne, vol. 1, Téhéran/Paris, 1949.

2. Bibliothèque iranienne, vol. 3, Téhéran/Paris, 1953.

3. *Id.*, vol. 6, 1955.

4. *Id.*, vol. 9, 1961.

5. *Trilogie ismaélienne*, p. 3.

6. Berg International, Paris, 1982.

7. Fayard, Paris, 1983.

8. S'ajoutent à la contribution de Corbin sur l'ismaélisme ses cours à l'École pratique des hautes études : sur Hamîdoddîn Kermânî en 1956, 57 et 58 ; sur Qâzî No'mân (*Kitâb asâs al-ta'wîl*) en 1964 ; sur Idris Imâdoddîn (Ismaélisme yéménite) en 1971.

9. *Le Livre réunissant les deux sagesses*, p. 60.

10. *Ibid.*, pp. 5-6.

11. *Histoire de la philosophie islamique* 1, p. 110.

12. « Sur le douzième Imâm », *op. cit.*, p. 12.

13. *En Islam iranien*, IV, pp. 298-299.

14. « Sur le douzième Imâm », *op. cit.*, p. 12.

15. *Histoire de la philosophie islamique*, I, p. 138.

16. *Ibid.*, p. 111.

17. *Ibid.*, p. 113.

18. *Ibid.*

19. *En Islam iranien*, 1, p. 77.

20. *Le Livre réunissant les deux sagesses*, p. 7.

21. *Histoire de la philosophie islamique*, 1, p. 140.

22. *Le Livre réunissant les deux sagesses*, p. 8.

23. *Ibid.*, p. 9.

24. Ce texte a été publié après la rédaction de ce livre : Abû Ya'qûb Sejestânî, *Le Dévoilement des choses cachées*, Verdier, 1988.

25. *Ibid.*, p. 18.

26. *Ibid.*, p. 17.

27. *Histoire de la philosophie islamique* I, p. 119.

28. *Ibid.*, p. 122.

29. Voir l'article : « De la théologie apophatique comme antidote du nihilisme », in *Paradoxe du monothéisme*.

30. *Le Livre réunissant les deux sagesses*, p. 60.

III. DE LA MÉTAPHYSIQUE DES ESSENCES À LA THÉOSOPHIE DE LA PRÉSENCE

I. Averroïsme et avicennisme

1. *Philosophie iranienne et philosophie comparée*, p. 126.

2. *Ibid.*

II. *Avicenne ou un aristotélisme fortement néoplatonisé*

1. Le théologien de *kalâm* sunnite al-Ash'ârî est mort en 935. Le philosophe Fârâbî, appelé le « second maître » (après Aristote), avait quitté ce monde trente ans avant la naissance d'Avicenne. Shaykh Sadûq ibn Bâbûyeh (991) et Shaykh Mofîd (1022) constituèrent le *corpus* des Imâms du shî'isme duodécimain. Avicenne est également contemporain du *corpus* ismaélien de langue arabe et persane où s'élaborent la gnose et la théosophie de cette branche particulière de l'Islam shî'ite que l'on dénomme Ismaélisme. On sait aussi que ses parents étaient de confession ismaélienne.

2. *Le Paradoxe du monothéisme*, p. 164.

3. Il s'agit de 1) sa contemplation de l'essence de l'Être Nécessaire ; 2) la contemplation de sa propre essence qui est nécessaire grâce à l'Être Nécessaire de Dieu qui l'investit de l'être ou qui le nécessite de l'être ; 3) la contemplation de sa propre essence comme être possible, qui est son aspect d'ombre et de non-Être.

4. *Avicenne et le récit visionnaire*, p. 84.

5. *Ibid.*, p. 60.

6. *Ibid.*, p. 68.

7. *Ibid.*, p. 131.

8. *Le Paradoxe du monothéisme*, p. 115.

9. *Avicenne et le récit visionnaire*, p. 85.

10. *Ibid.*

11. *Ibid.*, p. 92.

12. *Kitâb al-Shifâ'* I, 361.

13. *Avicenne et le récit visionnaire*, p. 284.

14. *Philosophie iranienne et philosophie comparée*, p. 129.

15. *Avicenne et le récit visionnaire*, p. 36.

III. *L'avicennisme latin*

1. *Avicenne et le récit visionnaire*, p. 117.

2. *Ibid.*, p. 298.

3. « Avicenne », in *Encyclopaedia Universalis*, p. 253.

IV. Sohrawardî
et la théosophie « orientale »

1. « De Heidegger à Sohravardî », *L'Herne*.
2. Corbin donne, outre les éditions critiques de ses œuvres principales comme le *Hikmat al-Ishrâq* (*Opera metaphysica*, vol. I et II), une traduction magistrale de ses récits visionnaires, qui parut sous le titre de *L'Archange empourpré*. Il traduisit également le *Hikmat al-Ishrâq*, l'œuvre principale philosophique du Shaykh qui parut grâce aux soins de Christian Jambet : *Le Livre de la sagesse orientale*, avec les commentaires de Qotboddîn Shîrâzî et Mollâ Sadrâ Shîrâzî, Verdier, 1986.
3. *En Islam iranien*, II, p. 35.
4. *Ibid.*, pp. 36-37.
5. *L'Archange empourpré*, p. 170.
6. *Ibid.*, p. 172.

V. Conjonction de la philosophie
et de l'expérience mystique

1. *En Islam iranien*, II, p. 335.
2. *Prolégomènes* I, p. 32.
3. *Prolégomènes* I, pp. XXXI-XXXIII.
4. *Ibid.*, p. XXXII.
5. *En Islam iranien*, II, p. 40.
6. *Ibid.*, p. 63.
7. *Prolégomènes* I, pp. XXX1V-XXXV.
8. *Prolégomènes* I, p. XXXV.
9. *Histoire de la philosophie islamique*, pp. 290-291.
10. *L'Archange empourpré*, p. 404.
11. *Ibid.*, pp. 375-376.
12. *Philosophie iranienne et philosophie comparée*, p. 136.
13. *Philosophie iranienne islamique*, pp. 352-353.

VI. *Mollâ Sadrâ*
ou la théosophie de la présence
comme témoignage

1. Le droit canonique (*fiqh*), le *tafsîr* du Qorân, la science des *hadîths* ou traditions des saints Imâms, la science des *rijâl* (hommes qui les ont transmises). Il obtint du Shaykh l'*ijâzat* ou la licence lui donnant droit à l'enseignement. Cf. *Le livre des Pénétrations métaphysiques*, p. 4.

2. Mîr Dâmâd, tout comme son illustre prédécesseur Sohrawardî, professait qu'une philosophie non accompagnée d'une réalisation spirituelle est une entreprise vaine et qu'une expérience mystique non appuyée d'une solide formation philosophique conduit aux égarements de l'esprit.

3. Voir à ce sujet : Daryush Shayegan, *Hindouisme et soufisme*, Paris, Éditions de la Différence, 1979.

4. *En Islam iranien*, IV, p. 59.

5. *Le Livre des Pénétrations métaphysiques*, pp. 17-18.

6. *En Islam iranien*, IV, p. 76.

7. *Le Livre des Pénétrations métaphysiques*, p. 11.

8. *En Islam iranien*, IV, pp. 61-62.

9. Cette œuvre comprend, selon le recensement de Corbin, un peu plus de quarante titres. Corbin a consacré de longues et pénétrantes pages à Mollâ Sadrâ. Non seulement il traduisit *Le Livre des Pénétrations métaphysiques* avec une introduction importante sur le vocabulaire de l'Être et les connotations multiples que comporte ce terme dans la pensée de Sadrâ, mais il revint sur le même auteur dans l'introduction à l'*Anthologie des philosophes iraniens*, publiée avec la collaboration de Seyyed Jalâloddîn Ashtiyânî, de même que dans le volume IV de *En Islam iranien*. En ce qui concerne le fond de la pensée de Sadrâ, il dit : « Le type constant de pensée qui s'en dégage est cette *Hikmat ilâhîya*, Sagesse divine, dont nos annotations du *Kitâb al-Mashâ'ir* auront ici-même l'occasion de rappeler qu'elle n'est en propre ni ce que nous désignons communément comme théologie, ni ce que nous désignons comme philosophie, mais étymologiquement *theo-sophia*. C'est un type de pensée qui prend naissance en propre au sein d'une religion pro-

phétique, d'une communauté spirituelle groupée autour du Livre saint révélé par un prophète... » (*Le Livre des Pénétrations métaphysiques*, p. 9).

10. *En Islam iranien*, IV, p. 64. Le premier de ces quatre voyages spirituels commence à partir du monde créaturel pour aboutir à Dieu (*mina'l-khalq ilâ'l-Haqq*). Le deuxième voyage est son pèlerinage à partir de Dieu, en Dieu et par Dieu (*fî'l-Haqq bi'l-Haqq*). Ici le *sâlik* (pèlerin) reste au niveau de la métaphysique pure : Essence divine, Nom divin, Attribut, etc. Le troisième voyage s'effectue mentalement dans l'ordre inverse du premier (*mina'l-Haqq ilâ'l-khalq bi'l-Haqq*) ; il traite donc de cosmogonie et d'angélologie. Enfin, le quatrième voyage s'accomplit « avec Dieu » ou « par Dieu » dans le monde créaturel même (*bi'l-Haqq fî'l-khalq*). C'est l'initiation aux perspectives de l'eschatologie, aux Intermondes et au grand Retour.

11. *En Islam iranien*, IV, pp. 67-68.
12. *L'Herne*, p. 50.
13. *Actualité de la philosophie traditionnelle en Iran*, p. 6.
14. *Ibid.*

VII. Priorité de l'existence

1. *Le Livre des Pénétrations métaphysiques*, p. 74.
2. *La Philosophie iranienne islamique aux XVIe et XVIIe siècles*, p. 54.
3. *Ibid.*, p. 52.
4. *Ibid.*, p. 51.
5. *En Islam iranien*, IV, p. 78.
6. *Philosophie iranienne et philosophie comparée*, p. 38.
7. *Le Livre des Pénétrations métaphysiques*, p. 170.
8. *Ibid.*, p. 104.
9. *Ibid.*
10. *Histoire de la philosophie islamique*, II, p. 1161.

VIII. Le mouvement intrasubstantiel

1. *Le Livre des Pénétrations métaphysiques*, p. 233.
2. *Ibid.*, p. 232.
3. *En Islam iranien*, IV, p. 79.
4. *Le Livre des Pénétrations métaphysiques*, p. 236.
5. *En Islam iranien*, IV, p. 95.
6. *Ibid.*, p. 89.
7. *Ibid.*, pp. 89-90.
8. *Le Livre des Pénétrations métaphysiques*, p. 228.

IX. Unification du sujet qui intellige avec la forme intelligée

1. *La philosophie iranienne islamique aux XVIe et XVIIe siècles*, p. 81.
2. *Ibid.*, pp. 73-74.
3. *Ibid.*
4. *Ibid.*
5. *Ibid.*, p. 73.
6. *Ibid.*, p. 76.

X. L'imaginal et le monde de l'âme

1. *La philosophie iranienne islamique aux XVIIe et XVIIIe siècles*, pp. 59-60.
2. *En Islam iranien*, I, p. 243.
3. *La philosophie iranienne islamique aux XVIIe et XVIIIe siècles*, p. 77.
4. *En Islam iranien*, IV, p. 102.
5. *Ibid.*
6. *Ibid.*, p. 98.
7. *Ibid.*, p. 97.
8. *Ibid.*, p. 94.

9. *Ibid.*, p. 99.
10. *Ibid.*, p. 100.
11. *Ibid.*, p. 111.

XI. *Les trois résurrections*

1. *En Islam iranien*, IV, p. 77.
2. *Ibid.*, I, p. 322.
3. *Ibid.*, IV, p. 80.
4. *Ibid.*
5. *Le Livre des Pénétrations métaphysiques*, p. 79.
6. *En Islam iranien*, IV, p. 81.
7. *Le Livre des Pénétrations métaphysiques*, p. 81.
8. *En Islam iranien*, IV, p. 117.
9. *Ibid.*
10. *Ibid.*, p. 118.
11. *Ibid.*
12. *Ibid.*
13. *Ibid.*
14. Daryush Shayegan, *Hindouisme et soufisme, op. cit.*, pp. 209-210.
15. En *Islam iranien*, IV, p. 110.
16. *Ibid.*, p. 119.
17. *Ibid.*, p. 121.

IV. DE L'EXPOSÉ DOCTRINAL
AU RÉCIT VISIONNAIRE

I. *La philosophie « orientale » d'Avicenne*

1. *Avicenne et le récit visionnaire*, p. 16.
2. *Ibid.*, p. 17.
3. *Ibid.*, p. 154.

4. *Ibid.*

5. *Ibid.*, p. 155.

6. *Ibid.*, p. 169.

7. *Ibid.*, p. 170.

8. Ces deux compagnons symbolisent le côté gauche, c'est-à-dire l'ombre occidentale dans l'Orient de l'âme. Ce sont des énergies négatives et démoniaques qui encouragent les « anges terrestres » à se précipiter dans l'enfer de l'existence. Ils reparaîtront plus tard, dit Corbin, dans le *Récit de Salâmân et Absâl*, typifiés cette fois dans les figures du cuisinier et du majordome.

9. *Avicenne et le récit visionnaire*, p. 157.

10. L'Orient intermédiaire se situe entre le monde sensible et le monde des Intelligences ; il est le monde de l'*imaginal* où se corporalisent les esprits et où se spiritualisent les corps. C'est ici-même que l'intelligible se revêt de symbole et le sensible se transmue en formes apparitionnelles et où l'imagination agit comme organe de métamorphose. L'Occident, lui, se situe « sur la gauche du Cosmos » ; il comprend l'*Extrême-Occident* du non-être (c'est-à-dire la privation de l'être), l'*Occident terrestre* où les formes émigrées et exilées dans la Matière se livrent un combat sans merci, et l'*Occident céleste* qui englobe tout le système des sphères et dont la matière est subtile et diaphane. Ici ce sont les âmes célestes qui, éprouvant l'exil, se sentent étrangères et sont transies de la nostalgie du Retour. C'est « le monde de la Tristesse des Anges » (cf. *ibid.*, p. 177).

11. *Ibid.*, p. 164.

12. La Source de la Vie, commente Corbin, est l'*Aqua permanens*. Elle est la gnose divine (toujours associée avec *Khezr*, le guide que nous verrons apparaître chez Rûzbehân, Ibn 'Arabî et Sohrawardî). Elle est de la sorte la *Philosophia prima* et quiconque s'y purifie et s'y abreuve ne goûtera plus jamais à l'amertume de la mort. (*Ibid.*, p. 157.)

13. *Ibid.*, pp. 164-165.

14. Avicenne a écrit ce texte en arabe accessible depuis les éditions données par Mehren. Il existe quatre traductions persanes : *Tarjamat lisân al-Haqq, wa howa risâlat al-Tayr :* Traduction de la langue divine et c'est l'Épître de l'Oiseau.

15. *Avicenne et le récit visionnaire*, p. 194.

16. *Ibid.*, pp. 198-199.
17. *Ibid.*, pp. 204-205.
18. *Ibid.*, p. 205.
19. *Ibid.*, p. 207.
20. *Ibid.*, p. 208.
21. L'idée du Messager a une longue généalogie dans les récits visionnaires. Il est tout à la fois le *Rasûl karîm* dans le Qorân (8 : 19), l'Ange Gabriel des révélations prophétiques et l'Intelligence agente des philosophes, de même que le Sage-Jouvenceau que le pèlerin rencontre dans le Pays du Non-Où. Il est dans la tradition hermétiste la « Nature Parfaite », à la fois Ange de la Connaissance et Ange de la Révélation. Se conjoindre à lui équivaut à s'élever au rang du « Sceau de la Prophétie ». Car étant l'herméneute des mystères, il est aussi cette individuation spirituelle qui nous permet de nous conjoindre à notre archétype céleste. D'où aussi sa « mission » sotériologique qui se confond avec l'eschatologie même de notre fin dernière.
22. *Avicenne et le récit visionnaire*, pp. 213-214.
23. *Ibid.*
24. James Darmesteter, le *Zend-Avesta*, II, p. 495, n. 26.
25. *Avicenne et le récit visionnaire*, p. 215.
26. *Ibid.*, p. 215.
27. *Ibid.*, p. 217.
28. *Ibid.*, p. 218.
29. *Ibid.*
30. *Ibid.*, pp. 218-219 ; trad. de Corbin des vers 4205-4230.
31. *Ibid.*, p. 220.

II. Avicenne et Sohrawardî

1. *Avicenne et le récit visionnaire*, p. 17.
2. *Histoire de la philosophie islamique*, I, p. 287.
3. *Avicenne et le récit visionnaire*, p. 50.
4. *Histoire de la philosophie islamique* I, p. 287.
5. *L'Archange empourpré*, p. 273.
6. *Avicenne et le récit visionnaire*, p. 52.

III. Sohrawardî
et les récits visionnaires

1. *L'Archange empourpré*, p. 186.
2. *En Islam iranien*, II, pp. 162-163.
3. *Ibid.*, I, p. 213.
4. *L'Archange empourpré*, p. 197.
5. *En Islam iranien*, II, pp. 190-191.
6. *Ibid.*, p. 194.
7. *Ibid.*, p. 191.
8. *L'Archange empourpré*, p. 187.
9. *En Islam iranien*, II, p. 204.
10. *Ibid.*, p. 269.
11. Au sens mythique, Qâf est la chaîne de montagnes entourant le monde, celle que l'Avesta dénomme *Haraiti Bareza* (persan Alborz). Géographiquement, c'est la montagne qui s'étend au nord de l'Iran. Mais il s'agit ici de géographie visionnaire. Cf. *L'Archange empourpré*, p. 216.
12. *Face de Dieu, face de l'homme*, pp. 11-12.
13. *Ibid.*, pp. 12-13.
14. *Ibid.*, p. 13.
15. *En Islam iranien*, IV, p. 384.
16. *Ibid.*, p. 385.
17. Dans les récits visionnaires de Sohrawardî, c'est dans le *Khângâh* (Loge des soufis) que se retire le spirituel : c'est là que s'opère la rencontre avec l'Ange. Le *Khângâh*, sanctuaire du temple qui est le microcosme, est situé au « confluent des deux mers » (*Temple et Contemplation*, p. 297).
18. Les dix sages représentent la procession des dix Intelligences archangéliques dont la dixième est l'Intelligence agente ou l'Ange humanisé.
19. *L'Archange empourpré*, pp. 228-229.
20. *Ibid.*, p. 324.
21. *Ibid.*, p. 337.
22. *Ibid.*, p. 168.
23. *Corps spirituel et terre céleste*, p. 38.
24. *Ibid.*

IV. L'exil occidental
(une hikâyat initiatique)

1. Le *Récit de l'exil occidental*, tout comme les récits de *L'Archange empourpré* ou le *Vade-mecum des Fidèles d'Amour*, la *Langue des fourmis*, l'*Incantation de la Sîmorgh*, illustrent la doctrine devenant événement de l'âme.
2. *L'Archange empourpré*, p. 274.
3. *L'homme de lumière dans le soufisme iranien*, pp. 43-44.
4. *L'Archange empourpré*, p. 270.
5. *Ibid.*, p. 275.
6. *Ibid.*, p. 276.
7. *Ibid.*
8. *Ibid.*, p. 270.
9. *Ibid.*, p. 276.
10. *Ibid.*, p. 307.
11. *Ibid.*, p. 311.
12. *Ibid.*
13. *Ibid.*, p. 278.
14. *Ibid.*, p. 279.

V. La rencontre avec l'ange personnel
(processus d'individuation)

1. *L'Archange empourpré*, p. 321.
2. *Ibid.*, p. XIX.
3. Sohrawardî identifie aussi l'Ange Gabriel avec l'Ange Sroasha (pehlevi, *serosh*) de l'Avesta. Celui-ci, sans être l'un des sept Amahraspands, est une figure de premier plan parmi les *Dii Angeli*, les *Yazds* de l'Avesta. Par cette équivalence la jonction est établie entre l'angélologie biblico-qorânique et l'angélologie des néoplatoniciens zoroastriens de *l'Ishrâq*.
4. *En Islam iranien*, II, p. 260.
5. *L'Archange empourpré*, p. 386.
6. *L'homme de Lumière dans le soufisme iranien*, p. 34.

7. *En Islam iranien*, II, p. 261.
8. *Ibid.*, pp. 261-262.
9. *Ibid.*, p. 298.
10. *L'Archange empourpré*, pp. 202-203.
11. *L'homme de Lumière dans le soufisme iranien*, p. 148.

VI. De l'épopée héroïque à l'épopée mystique

1. *Face de Dieu, face de l'homme*, p. 170.
2. *En Islam iranien*, II, pp. 139-140.
3. *Ibid.*, pp. 244-245.
4. *En Islam iranien*, IV, p. 391.
5. *Ibid.*, p. 391.
6. *Ibid.*, pp. 429-430.
7. *Face de Dieu, face de l'homme*, pp. 205-206.
8. *Ibid.*, p. 207.
9. *Ibid.*, pp. 207-208.
10. *Ibid.*, p. 208.
11. *L'Archange empourpré*, p. 147.
12. *Motifs zoroastriens dans la philosophie du Shaykh al-Ishrâq*, pp. 41-42.
13. Dans le texte du *Shahnâmeh*, c'est *Sorûsh*, le Messager, l'équivalent de Gabriel, qui remplit cet office.
14. *L'Archange empourpré*, p. 113.
15. *Face de Dieu, face de l'homme*, pp. 210-212.
16. *L'Archange empourpré*, p. 423.
17. *En Islam iranien*, II, p. 206. Cette coupe est désignée aussi comme le « Graal de Jamshîd » (*Jâm-e Jam*), c'est-à-dire la Coupe de Jamshîd (Jamshîd est l'équivalent persan de *Yima*, le souverain mythique, qui dans l'Avesta reçut l'ordre d'ériger en *Erân-Vêj* le *Var* ou l'enclos qui offre tant d'analogies avec Kang Dêz, le paradis de Siyâvash, père de Kay Khosraw).
18. *L'Archange empourpré*, p. 434.
19. *En Islam iranien*, II, p. 161.

VII. *L'Éros transfiguré*

1. *En Islam iranien*, II, p. 362.

2. Il y a toute une série de symboles d'origine iranienne chez Sohrawardî et chez d'autres auteurs mystiques iraniens, que Corbin a appelés « *symboles mazdéanisants* ». Cf. *En Islam iranien*, III, pp. 103-104.

3. *Ibid.*, II, p. 371.

4. *Ibid.*, pp. 371-372.

5. *L'Archange empourpré*, pp. 302-303.

6. *Ibid.*, p. 299.

7. *En Islam iranien*, II, p. 372.

8. Forme persane du nom de Mithra, signifiant simultanément « Soleil et Amour ».

9. *L'Archange empourpré*, pp. 306-307.

10. *En Islam iranien*, II, p. 374.

11. *L'Archange empourpré*, p. 313.

V. DE L'AMOUR HUMAIN À L'AMOUR DIVIN

I. *Rûzbehân ou le maître aux paradoxes inspirés*

1. Le célèbre auteur du *Mathnawî* en persan, qui sera reconnu plus tard par les grands maîtres du soufisme iranien comme le Qorân persan.

2. *Le Jasmin des Fidèles d'Amour*, pp. 30-31.

3. *En Islam iranien*, III, p. VII.

4. *Ibid.*, p. 45.

5. *Ibid.*, p. 47.

6. *Ibid.*, p. 51.

7. *Le Jasmin des Fidèles d'Amour*, p. 36.

8. *Ibid.*, p. 37.

9. *En Islam iranien*, III, p. 51.

10. *Ibid.*, p. 52.

11. *Ibid.*, p. 71.

12. *Ibid.*, pp. 21-22.

13. *Commentaires sur les paradoxes des soufis*, pp. 3-4.

14. *L'imagination créatrice dans le soufisme d'Ibn 'Arabî*, p. 19.

15. *Ibid.*, p. 19.

16. *Avicenne et le récit visionnaire*, p. 40.

17. *Ibid.*, p. 40.

18. *Ibid.*, pp. 40-41.

II. L'ennuagement et l'épreuve du voile

1. *En Islam iranien*, III, p. 138.

2. Il a existé, ou la tradition poétique fait exister, en Arabie du Sud, dans le Yémen, une tribu idéale, célèbre pour la pratique d'un amour platonique et chaste qui est désigné comme amour *'odhrite*. Le couple Majnûn-Layla sera la réplique en Arabie du Nord de ces figures idéales célébrées par les poètes de l'Arabie du Sud *(ibid.)*.

3. *Le Jasmin des Fidèles d'Amour*, p. 13.

4. *En Islam iranien*, III, p. 31.

5. *Ibid.*, p. VII.

6. *Ibid.*, p. VIII.

7. *Ibid.*, p. 128.

8. *Le Jasmin des Fidèles d'Amour*, p. 87.

9. *En Islam iranien*, III, p. 39.

10. C'est nous qui soulignons.

11. *Le Jasmin des Fidèles d'Amour*, pp. 112-115.

III. Le pèlerinage intérieur

1. *En Islam iranien*, III, pp. 81-82.

2. *Le Jasmin des Fidèles d'Amour*, chap. XXX, § 271 – trad. *En Islam iranien*, III, p. 87.

3. *Ibid.*, V, § 97 – trad. *ibid.*, pp. 83-84.

4. *Ibid.*, V, § 601 – trad. *ibid.*, p. 84.

5. *En Islam iranien*, III, p. 80.

6. *Le Jasmin des Fidèles d'Amour*, chap. X, § 121 – trad. *En Islam iranien*, III, p. 85.

7. *Ibid.*, chap. X, § 122 – trad. *ibid.*, pp. 86-87.

8. *En Islam iranien*, III, p. 79.

9. *Le Jasmin des Fidèles d'Amour*, chap. V, § 74 – trad. *En Islam iranien*, III, p. 88.

10. *Ibid.*, § 97 – trad. *ibid.*, p. 89.

11. *Ibid.*, § 73 – trad. *ibid.*

12. *En Islam iranien*, III, p. 94.

13. *Le Jasmin des Fidèles d'Amour*, chap. V, § 80 – trad. *En Islam iranien*, III, p. 95.

14. *Ibid.*, chap. V, § 81 – trad. *ibid.*, p. 95.

15. *Ibid.*, chap. IV, § 54 – trad. *ibid.*, p. 92.

16. *Ibid.*, chap. V, § 55 – trad. *ibid.*, p. 93.

17. *Histoire de la philosophie islamique*, II, p. 1100.

18. Cité par H. Corbin in *En Islam iranien*, III, p. 59.

19. *Le Jasmin des Fidèles d'Amour*, chap. VI, glose 38 – trad. *En Islam iranien*, III, p. 100.

20. *Ibid.*, chap. VI, § 94 – trad. *ibid.*, p. 100.

21. *Ibid.*, chap. VI, § 64 – trad. *ibid.*, p. 101.

22. *En Islam iranien*, III, pp. 57-58.

23. *Ibid.*, p. 49.

24. *Le Jasmin des Fidèles d'Amour*, chap. X, § 125 – trad. *En Islam iranien*, III, p. 105.

25. Cité par Corbin in *En Islam iranien*, III, p. 105.

26. *Ibid.*, p. 67.

27. *Ibid.*, pp. VI-VII.

28. *Ibid.*, pp. 67-68.

29. *Ibid.*, p. 144.

30. *Ibid.*, p. 17. L'unité de l'Amant-Aimé est une dualitude (*dû'î*, persan), non pas une dualité. Car il est « un Unique et un Unique qui, en se multipliant l'un par l'autre, sont *un* Unique ». C'est cela le secret de l'unité ésotérique, où l'Amant devient le partenaire de la Fiancée éternelle. Et « voici que cet homme de désir devient le partenaire d'une fiancée telle que toi, car pour ceux qui

cherchent l'intimité divine, c'est toi qui es le lieu de l'intimité ; tu es, pour ceux qui comprennent vraiment ce qui meut leur désir, la fleur épanouie au jardin de la connaissance mystique » (Rûzbehân, *Le Jasmin des Fidèles d'Amour*, chap. XXXI. §§ 274-275).

31. *En Islam iranien*, III, pp. 131-134.
32. *Ibid.*, p. 130.
33. *Ibid.*, p. 133 ; cf. aussi *ibid.*, p. 81.
34. *Le paradoxe du monothéisme*, p. 25.
35. *En Islam iranien*, III, p. 132.
36. *Ibid.*, pp. 140-141.
37. *Ibid.*, p. 143.
38. *Ibid.*
39. *Ibid.*, p. 77.
40. *Ibid.*, p. 78.
41. *Ibid.*, p. 140.
42. *Ibid.*

IV. Les paradoxes inspirés

1. Sur le sens de ce mot chez Abû Nasr Sarrâj, *cf. Commentaires sur les paradoxes des soufis*, p. 7.
2. *Ibid.*
3. *Ibid.*, p. 9.
4. *Ibid.*, p. 10.
5. *Ibid.*, p. 15.
6. *Ibid.*, p. 18.
7. *En Islam iranien*, III, p. 56.
8. *Ibid.*
9. *Ibid.*, p. 123.

V. Ibn 'Arabî et l'imagination créatrice

1. *Histoire de la philosophie islamique*, II, p. 1106.
2. *Le Jasmin des Fidèles d'Amour*, p. 23.

3. *L'imagination créatrice dans le soufisme d'Ibn 'Arabî*, pp. 34-35.

4. *Ibid.*, p. 30.

5. *Histoire de la philosophie islamique*, II, p. 1116.

6. Sur les détails de cette rencontre, cf. *L'imagination créatrice dans le soufisme d'Ibn 'Arabî*, pp. 39-40.

7. *Ibid.*, p. 40.

8. *Ibid.*

9. *Ibid.*, p. 48.

10. *Ibid.*, p. 47.

11. *Ibid.*

12. *Ibid.*, p. 110.

13. *Ibid.*, p. 111.

14. *Ibid.*

15. *Ibid.*, p. 112.

16. *Ibid.*, p. 113.

17. *L'Archange empourpré*, p. 211.

18. *L'imagination créatrice dans le soufisme d'Ibn 'Arabî*, p. 32. Les *Owaysîs* doivent probablement leur nom à un ascète du Yémen, Oways al-Qaranî, contemporain du Prophète, qu'il connut sans l'avoir cependant jamais vu de son vivant. Le Prophète de son côté le connaissait sans l'avoir rencontré, et c'est à lui qu'il aurait fait allusion dans ce *hadîth* : « Je sens le souffle du Miséricordieux venant de la direction du Yémen. » De la sorte, tous les soufis qui n'ont pas de *morshid* (guide) en chair et en os revendiquent l'appellation *d'Owaysîs*. L'exemple des *Owaysîs* est fréquent dans l'histoire spirituelle de l'Islam.

19. *Ibid.*, p. 56.

20. *Ibid.*, p. 50.

21. *Ibid.*, p. 53.

22. *Ibid.*, p. 54.

23. *Ibid.*, p. 50.

24. *Ibid.*, pp. 50-51.

25. *Ibid.*, p. 56.

VI. La théophanie,
la nuée primordiale et les noms divins

1. *L'imagination créatrice dans le soufisme d'Ibn 'Arabî*, p. 93.
2. *Ibid.*, p. 144.
3. *Ibid.*
4. *Fotûhât* II, p. 125.
5. *L'imagination créatrice dans le soufisme d'Ibn 'Arabî*, p. 94.
6. Les Essences-fixes ou les « heccéités éternelles », comme les dénomme Corbin, ne se distinguent pas des Noms, de même que ces derniers ne se distinguent pas de l'Essence, puisque ce degré est le plan du Nom ésotérique (*bâtin*) et le monde du Mystère (*'âlam al-ghayb*) ou le degré de la théologie négative (*tanzîh*) où tout Attribut, quel qu'en soit le degré, est jugé indigne de Dieu si ce n'est la Connaissance qu'a Dieu de sa propre Ispéité.
7. *L'imagination créatrice dans le soufisme d'Ibn 'Arabî*, p. 151.
8. *Ibid.*, p. 173.
9. Shamsoddîn Mohammad Lâhîjî, *Sharh-e Golsham-e Râz*, commentaires sur le poème philosophique de Mahmûd Shabestarî, Téhéran, 1377 h., p. 212.
10. *L'imagination créatrice dans le soufisme d'Ibn 'Arabî*, pp. 98-99.
11. *Ibid.*, p. 94.
12. Jalâloddîn Ashtiyânî, *Sharh-e Moqadima-ye Qaysarî dar Tasawwof-e Islâmî*, Mashhad, 1344 h.

VII. L'imagination créatrice
comme théophanie

1. *L'imagination créatrice dans le soufisme d'Ibn 'Arabî*, p. 141.
2. *Ibid.*, p. 169.
3. *Ibid.*, p. 170.
4. *Ibid.*

5. *Ibid.*, p. 150.
6. *Ibid.*, p. 160.
7. *Ibid.*, p. 161.
8. *Ibid.*
9. *Ibid.*, p. 101.
10. *Ibid.*, p. 153.
11. *Ibid.*, p. 205.
12. *Ibid.*, p. 124.
13. *Ibid.*
14. *Ibid.*
15. Allusion au verset qorânique, *ibid.*, p. 125.
16. *Ibid.*, p. 125. C'est nous qui soulignons.
17. *Ibid.*, p. 126.
18. *Ibid.*, p. 128.

VII. *La religion de l'amour*

1. *Fosûs...*, p. 203.
2. *L'imagination créatrice dans le soufisme d'Ibn 'Arabî*, p. 118.
3. *Ibid.*, p. 118.
4. *Ibid.*, p. 119.
5. *Ibid.*, p. 120.
6. *Ibid.*, pp. 120-121.
7. *Ibid.*, p. 108.
8. *Ibid.*, p. 109.

Conclusion

1. Ceci est le titre d'un article que nous avons écrit autrefois sur le même sujet et qui parut dans les *Études philosophiques*, n° 1, 1980. Quelques thèses de cet article ont été reprises ici pour la conclusion de ce livre.
2. Martin Heidegger, *Le principe de raison*, trad. André Préau, Paris, Gallimard, 1962, p. 66.

3. « L'Actualité de la philosophie traditionnelle en Iran », *Acta Iranica*, I, Téhéran, janv.-mars 1968, p. 2.

4. *Philosophie iranienne et philosophie comparée*, p. 48.

5. *Temple et contemplation*, pp. 69-70.

6. *L'imagination créatrice dans le soufisme d'Ibn 'Arabî*, p. 162.

7. *L'homme de lumière dans le soufisme iranien*, p. 78.

8. *Ibid.*

9. *En Islam iranien*, II, p. 365.

10. « Et si le roman nous abandonne », *Le Nouvel Observateur*, 28 août 1983.

11. *Histoire de la philosophie islamique*, I, p. 343.

12. *Ibid.*, pp. 340-341.

13. Guiseppe Tucci, *Théorie pratique du Mandala*, trad. André Padu, Paris, Fayard, 1974, p. 11.

14. Daryush Shayegan, *Qu'est-ce qu'une révolution religieuse ?*, Presses d'aujourd'hui, Paris, 1982, p. 15.

15. Trad. Éliane Kaufholz, Paris, Gallimard, 1974.

16. Max Horkheimer, « La théorie critique hier et aujourd'hui », in *Théorie critique*, trad. Luc Ferry, Paris, Payot, 1978, p. 361.

17. *Le paradoxe du monothéisme*, pp. 227-229 et *Philosophie iranienne et philosophie comparée*, p. 173.

18. D. Shayegan, *Qu'est-ce qu'une révolution religieuse ?*, *op. cit.*, pp. 198-199.

19. *Le principe de raison, op. cit.*, p. 192.

20. Martin Heidegger, *Identität und Differenz*, Pfullinger, 1975, p. 58.

21. Daryush Shayegan, « L'actualité de la pensée d'Henry Corbin », *op. cit.*, p. 68.

22. D. Shayegan, *Qu'est-ce qu'une révolution religieuse ?*, *op. cit.*, p. 239.

23. *Ibid.*, p. 129.

24. Le Seuil, Paris, 1983.

25. *La logique des Orientaux*, p. 22.

26. *Ibid.*, p. 283.

27. *Ibid.*, p. 292.

Le lecteur intéressé trouvera une bibliographie exhaustive des travaux d'Henry Corbin dans le numéro 39 des *Cahiers de l'Herne*, qui lui est consacré.

Remerciements

Je suis redevable aux responsables de *The Institute of Ismaili Studies* pour la rédaction de ce livre. Sans leur aide précieuse, je n'aurais jamais pu accomplir ce travail de longue haleine. Qu'ils trouvent ici l'expression de ma profonde gratitude. Je tiens à remercier Mme Stella Corbin qui mit tous les documents à ma disposition et m'encouragea avec beaucoup de dévouement. Sans son soutien généreux, ce projet eût été irréalisable. Christian Jambet eut l'amabilité de lire une partie de mon manuscrit et m'apporta maintes suggestions utiles, je lui en suis très reconnaissant. Je remercie également Mlle Isabelle Clévy qui m'a aidé pour la réalisation technique de ce livre.

Table

Table 425

LIVRE III
DE LA MÉTAPHYSIQUE DES ESSENCES
À LA THÉOSOPHIE DE LA PRÉSENCE

Table 427

Composition Nord Compo
Impression CPI Bussière en décembre 2010
à Saint-Amand-Montrond (Cher)
Editions Albin Michel
22, rue Huyghens, 75014 Paris
www.albin-michel.fr

ISBN 978-2-226-21568-0
N° d'édition : 19586/01. – N° d'impression : 103405/1.
Dépôt légal : janvier 2011.
Imprimé en France.